文学基础与写作

罗玲谊　杨华轲　李晓筝　魏石当　编

黄河水利出版社
·郑州·

内容提要

本书以古今中外的优秀文学作品为基础，在鉴赏优秀文学作品的过程中学习相关的文学基础知识和基本理论，以提升口头表达和写作能力。全书共分上下两编，上编为文学基础部分，主要选取了中国古代、现当代及外国最具代表性的诗词、散文、戏剧（曲）、小说；下编为写作部分，分别介绍了散文写作、常用公文写作、日常生活类文体写作、演讲稿写作、学术论文写作等内容。

本书不仅适于作为普通高校的语文教材，而且适于广大文学工作者及爱好者作为参考用书和自学用书。

图书在版编目（CIP）数据

文学基础与写作/罗玲谊等编. —郑州：黄河水利出版社，2011.2

ISBN 978－7－80734－990－7

Ⅰ. ①文… Ⅱ. ①罗… Ⅲ. ①文学理论－高等学校－教材 ②文学创作－高等学校－教材 Ⅳ. ①I0 ②I04

中国版本图书馆 CIP 数据核字（2011）第 013397 号

组稿编辑：王路平　联系电话：0371－66022212　E-mail：hhslwlp@126.com

出 版 社：黄河水利出版社

地址：河南省郑州市顺河路黄委会综合楼 14 层　邮政编码：450003

发行单位：黄河水利出版社

发行部电话：0371－66026940、66020550、66028024、66022620（传真）

E-mail：hhslcbs@126.com

承印单位：河南承创印务有限公司

开本：787 mm×1 092 mm　1/16

印张：18

字数：420 千字　印数：1—7 000

版次：2011 年 2 月第 1 版　印次：2011 年 2 月第 1 次印刷

定价：26.00 元

前　言

人类社会进入21世纪，素质教育成为普通高等教育的核心，培养适应于社会发展的高素质人才，已成为普通高等教育的最终目的。一个大学毕业生对语言的掌握是素质教育的重要内容，而其中最重要最基本的是大学生运用母语的能力。故而，母语教育在当今世界各国的高等教育中，都已占据着并将继续占据着不可替代的重要位置，在许多发达国家的高等院校中，母语教育更早已成为必不可少的公共必修课。

为了全面贯彻落实我国的教育方针，实施素质教育，提高普通高等院校大学生的综合素质，培养德、智、体、美等全面发展的面向21世纪的优秀建设人才，也为了积极响应《国家"十一五"时期文化发展规划纲要》中提出的"高等学校要创造条件，面向全体大学生开设中国语文课"，编者结合高等学校公共艺术课程及在校大学生的实际情况，组织编写了这本《文学基础与写作》。

本书以古今中外的优秀文学作品为基础，在鉴赏优秀文学作品的过程中学习相关的文学基础知识和基本理论，提升学生的人文素质和审美能力，提升学生的口头表达和写作能力。编写过程中，我们力图将文学作品与写作结合，期望它不仅适于作为普通高校的语文教材，而且适于广大文学工作者及爱好者作为参考用书和自学用书。

本书共分上下两编，上编为文学基础部分。这部分内容按文体来编写，其中，第一章为诗词，第二章为散文，第三章为戏剧（曲），第四章为小说，主要选取了中国古代、现当代及外国最具代表性的诗词、散文、戏剧（曲）、小说。下编写作部分，分别为散文写作、常用公文写作、日常生活类文体写作、演讲稿写作、学术论文写作。因篇幅有限，仍有顾此失彼、挂一漏万之嫌。

本书四位编者的编写分工如下：

罗玲谊（华北水利水电学院人文艺术教育中心）：编写第二章，第三章，第四章第二、三节；

杨华轲（华北水利水电学院人文艺术教育中心）：编写第一章第一、二节，第五至第九章；

李晓筝（华北水利水电学院人文艺术教育中心）：编写第一章第三至第九节，第四章第一节；

魏石当（华北水利水电学院人文艺术教育中心）：制定编写大纲、列题、修改、统稿、定稿。

在本书的编写过程中，始终得到了华北水利水电学院领导、教务处、人文艺术教育中心以及相关部门的具体指导和大力支持。另外，在编写过程中，我们还参考、引用了一些专家、学者的有关资料，在此一并表示衷心的感谢！

由于编者水平所限，书中疏漏和不妥之处在所难免，敬请专家、同行和广大读者批评指导。

编　者

2010 年 10 月

目　录

下编 写 作

上编

文学基础

第一章　诗　词

第一节　先秦诗歌

七　月

七月流火[1]，九月授衣[2]。一之日[3]觱发[4]，二之日栗烈[5]。无衣无褐[6]，何以卒岁！三之日于耜[7]，四之日举趾[8]。同我妇子，馌彼南亩[9]，田畯[10]至喜。

七月流火，九月授衣。春日载阳[11]，有鸣仓庚[12]。女执懿[13]筐，遵彼微行[14]，爰求柔桑[15]。春日迟迟[16]，采蘩祁祁[17]。女心伤悲，殆及公子同归[18]。

七月流火，八月萑苇[19]。蚕月条桑[20]，取彼斧斨[21]。以伐远扬[22]，猗彼女桑[23]。七月鸣鵙[24]，八月载绩。载玄载黄[25]，我朱孔阳[26]，为公子裳。

四月秀葽[27]，五月鸣蜩[28]。八月其获，十月陨萚[29]。一之日于貉[30]，取彼狐狸，为公子裘。二之日其同[31]，载缵武功[32]。言私其豵[33]，献豜于公[34]。

五月斯螽动股[35]，六月莎鸡振羽[36]。七月在野，八月在宇，九月在户，十月蟋蟀入我床下[37]。穹窒[38]熏鼠，塞向墐户[39]。嗟我妇子，曰为改岁[40]，入此室处。

六月食郁及薁[41]，七月亨葵及菽[42]。八月剥[43]枣，十月获稻。为此春酒[44]，以介眉寿[45]。七月食瓜，八月断壶[46]，九月叔苴[47]，采荼薪樗[48]，食我农夫。

九月筑场圃[49]，十月纳禾稼[50]。黍稷重穋[51]，禾麻菽麦[52]。嗟我农夫！我稼既同，上入执宫功[53]。昼尔于茅，宵尔索綯[54]，亟其乘屋[55]，其始播百谷。

二之日凿冰冲冲[56]，三之日纳于凌阴[57]。四之日其蚤[58]，献羔祭韭[59]。九月肃霜[60]，十月涤场[61]。朋酒斯飨[62]，曰杀羔羊。跻彼公堂[63]，称彼兕觥[64]，万寿无疆[65]！

【注释】

[1] 七月流火：火（古读如毁），或称大火，星名，即心宿。每年夏历五月，黄昏时候，这星当正南方，也就是正中和最高的位置。过了六月就偏西向下了，这就叫做

“流”。[2] 授衣：将裁制冬衣的工作交给女工。九月丝麻等事结束，所以在这时开始做冬衣。[3] 一之日：十月以后第一个月的日子，以下二之日、三之日等仿此，为豳历纪日法。[4] 觱（bì）发：大风触物声。[5] 栗烈：或作“凛冽”，形容气寒。[6] 褐：粗布衣。[7] 于：犹“为”。为耜（sì）是说修理耒（lěi）耜（耕田起土之具）。[8] 趾（zhǐ）：足。“举趾”是说去耕田。[9] 馌（yè）：馈送食物。南亩：向阳田地。田耕成若干垄，高处为亩，低处为畎（quǎn）。田垄东西向的叫做“东亩”，南北向的叫做“南亩”。这两句是说妇人童子往田里送饭给耕者。[10] 田畯（jùn）：农官名，又称农正或田大夫。[11] 春日：指二月。载：始。阳：温暖。[12] 仓庚：鸟名，就是黄莺。[13] 懿：深。[14] 微行：小径（桑间道）。[15] 爰：于，于是。柔桑：初生的桑叶。[16] 迟迟：天长的意思。[17] 蘩（fán）：菊科植物，即白蒿，古人用于祭祀，女子在嫁前有“教成之祭”。一说用蘩“沃”蚕子，则蚕易出，所以养蚕者需要它。其法未详。祁祁：众多（指采蘩者）。[18] 公子：指国君之子。殆及公子同归：是说采桑女心里伤悲，害怕自己被公子们掳去。一说指怕被带去陪嫁。[19] 萑（huán）苇：芦苇。八月萑苇长成，收割下来，可以做箔。[20] 蚕月：指三月。条桑：修剪桑树。[21] 斨（qiāng）：方孔的斧头。[22] 远扬：长得太长而高扬的枝条。[23] 猗（yī）：《说文》、《广雅》作“掎（jǐ）”，牵引。“掎桑”是用手拉着桑枝来采叶。南朝乐府诗《采桑度》云：“系条采春桑，采叶何纷纷”，似先用绳系桑然后拉着绳子采。女桑：小桑。[24] 鵙（jú）：鸟名，即伯劳。[25] 玄：黑而赤的颜色。玄、黄指丝织品与麻织品的染色。[26] 朱：赤色。阳：鲜明。以上两句言染色有玄有黄有朱，而朱色尤为鲜明。[27] 葽（yāo）：植物名，今名远志。秀葽：言远志结实。[28] 蜩（tiáo）：蝉。[29] 陨箨（tuò）：落叶。[30] 貉（hé）：通“祃”。田猎者演习武事的礼仪叫祃祭或貉祭。于貉：言举行貉祭。《郑笺》：“于貉（hè），往博貉以自为裘也。”[31] 同：聚合，言狩猎之前聚合众人。[32] 缵：继续。武功：指田猎。[33] 豵（zōng）：一岁小猪，这里用来代表比较小的兽。私其豵：言小兽归猎者私有。[34] 豜（jiān）：三岁的猪，代表大兽。献豜于公：大兽献给公家。[35] 斯螽（zhōng）：虫名，蝗类，即蚱蜢、蚂蚱。旧说斯螽以两股相切发声，“动股”言其发出鸣声。[36] 莎（suō）鸡：虫名，今名纺织娘。振羽：言鼓翅发声。[37] 以上四句都指蟋蟀，先在野地，后移宇下（即檐下），再移到户内，最后入床下。言其鸣声由远而近。[38] 穹：穷尽，清除。窒（zhì）：堵塞。穹窒：言将室内满塞的角落搬空，搬空了才便于熏鼠。[39] 向：朝北的窗户。墐（jìn）：用泥涂抹。贫家门扇用柴竹编成，涂泥使它不通风。[40] 曰：《汉书》引作“聿（yù）”，发语词。“改岁”是说旧年将尽，新年快到。[41] 郁：植物名，树高五六尺，果实像李子，赤色。薁（yù）：植物名，果实大如桂圆。一说为野葡萄。[42] 菽：豆的总名。[43] 剥：读为“扑”，打。[44] 春酒：冬天酿酒经春始成，叫做“春酒”。枣和稻都是酿酒的原料。[45] 介：祈求。眉寿：长寿，人老眉间有毫毛，叫秀眉，所以长寿称眉寿。[46] 壶：葫芦。[47] 叔：拾。苴（jū）：秋麻之籽，可以吃。[48] 樗（chū）：木名，臭椿。薪樗：言采樗木为薪。[49] 场：打谷的场地。圃：菜园。春夏作菜园的地方秋冬就作成场地，所以场圃连成一词。[50] 纳：收进谷仓。稼：古读如“故”。禾稼：谷类通称。

［51］重（zhǒng）：即“种”，是先种后熟的谷。穋（lù）：即稑（lù），稑是后种先熟的谷。［52］禾麻菽麦：这句的“禾”是专指一种谷，即今之小米。［53］功：事。宫功：指建筑宫室，或指室内的事。［54］索：动词，指制绳。綯（táo）：绳。“索綯”是说打绳子。这两句言白天取茅草，夜晚打绳子。［55］亟：急。乘屋：盖屋。茅和绳都是盖屋需用的东西。以上三句言宫功完毕后，急忙修理自己的屋子。因为播谷的工作又要开始了，不得不急。［56］冲冲：古读如“沉”，凿冰之声。［57］凌：聚集的水。阴：指藏冰之处。［58］蚤：同“早”，早晨。这句是说取冰。［59］献羔祭韭：这句是说用羔羊和韭菜祭祖。《礼记·月令》说仲春献羔开冰，四之日正是仲春。［60］肃霜：犹“肃爽”，双声连语。这句是说九月天高气爽。［61］涤场：清扫场地。这句是说十月农事完全结束，将场地打扫干净。一说“涤场”即“涤荡”，“十月涤荡”是说到了十月草木摇落无余。［62］朋酒：设两樽酒。这句连下句是说年终燕乐。［63］跻：登。公堂：或指公共场所，不一定是国君的朝堂。［64］称：举。兕觥（sì gōng）：角爵。古代用兽角做的酒器。［65］万：大。无疆：无穷。以上三句言升堂举觞，祝君长寿。

新　　台

新台有泚[1]，河水瀰瀰[2]。燕婉之求，籧篨不鲜[3]。
新台有洒[4]，河水浼浼[5]。燕婉之求，籧篨不殄[6]。
鱼网之设，鸿则离之[7]。燕婉之求，得此戚施[8]。

【注释】

［1］新台：卫宣公所筑台。据《毛诗序》，宣公为他的儿子伋（jí）聘齐女为妻，听说她貌美，就想自己娶为夫人，并在黄河边筑台迎接她。有泚（cǐ）：犹“泚泚”，鲜明貌。［2］瀰瀰（mǐ）：水盛满貌。［3］燕婉：或作“宴婉”，安乐美好貌。籧篨（qú chú），即“居诸”，也就是蛤蟆，用来比作卫宣公。鲜（古音 xī）：美。这两句说本来希望美满的新婚生活，不料却嫁得这蛤蟆似的丑物。这是代齐女设想，下两章仿此。［4］洒（xiǎn）：鲜貌。［5］浼浼（měi）：盛貌。［6］殄（tiǎn）：美丽。［7］鸿：“苦蠪（lóng）”的合音，“苦蠪”即蛤蟆（此说见闻一多《诗新台鸿字说》）。离：通“罹”，到临。这两句说设网本为捕鱼，却网来一只蛤蟆。［8］戚施：即蛤蟆。

木　　瓜

投我以木瓜[1]，报之以琼琚[2]。匪报也，永以为好[3]也！
投我以木桃[4]，报之以琼瑶[5]。匪报也，永以为好也！
投我以木李，报之以琼玖[6]。匪报也，永以为好也！

【注释】

[1] 木瓜：植物名，落叶灌木，又称“楙（mào）”，果实椭圆。[2] 琼：赤玉，又是美玉的通称。琚（jū）：佩玉名。“琼琚”和下两章的“琼瑶”、“琼玖”都是泛指佩玉而言。[3] 好：爱。[4] 木桃：就是桃子，下章的“木李”也就是李子，为了和上章“木瓜”一律，所以加上“木”字。[5] 瑶：美石，也就是次等的玉。[6] 玖（jiǔ）：黑色的次等玉。

蒹　葭

蒹葭苍苍[1]，白露为霜。所谓伊人[2]，在水一方[3]。溯洄从之[4]，道阻[5]且长。溯游[6]从之，宛[7]在水中央。

蒹葭萋萋[8]，白露未晞[9]。所谓伊人，在水之湄[10]。溯洄从之，道阻且跻[11]。溯游从之，宛在水中坻[12]。

蒹葭采采[13]，白露未已，所谓伊人，在水之涘[14]。溯洄从之，道阻且右[15]。溯游从之，宛在水中沚[16]。

【注释】

[1] 蒹葭（jiān jiā）：芦苇。苍苍：鲜明貌。《传疏》：“蒹葭，即萑（huán）苇之未秀者。”《毛传》：“苍苍，盛也。”[2] 所谓：所念。伊人：犹“是人”或“彼人”，指诗人所思念追寻的人。《集传》：“伊人，犹言彼人也。”[3] 方：边。“在水一方”就是说在水的另一边。[4] 溯（sù）：逆水而行。这里是说傍水走向上游。看下文“道阻且跻”可知是陆行而非水行。洄：回曲盘迂的水道。从：就。[5] 阻：难。[6] 游：通“流”，流是直流的水道。[7] 宛：可见貌，犹言“仿佛是”。从以上四句见出彼人所在的地点似是一条曲水和一条直流相交之处。诗人如沿直流上行，就看见彼人在曲水的彼方，好像被水包围着；如走向曲水的上游，虽然可绕到彼人所在的地方，但道路艰难而且遥远。[8] 萋萋：犹“苍苍”。[9] 晞（xī）：干。[10] 湄（méi）：岸边水草交接之处。[11] 跻（jī）：升，升高。[12] 坻（chí）：水中小洲，小岛。[13] 采采：犹“萋萋”。[14] 涘（sì）：水边。[15] 右：古读为“已”，迂回曲折。[16] 沚（zhǐ）：水中的沙滩。

采　薇

采薇采薇[1]，薇亦[2]作[3]止[4]。曰归曰归，岁亦莫止。
靡室靡家，猃狁[5]之故。不遑启居，猃狁之故。
采薇采薇，薇亦柔[6]止。曰归曰归，心亦忧止。
忧心烈烈[7]，载饥载渴。我戍未定，靡使归聘[8]。
采薇采薇，薇亦刚[9]止。曰归曰归，岁亦阳[10]止。
王事靡盬，不遑启处。忧心孔疚[11]，我行不来[12]。

彼尔[13]维何？维常[14]之华。彼路[15]斯何？君子之车。
戎车既驾，四牡业业。岂敢定居？一月三捷。
驾彼四牡，四牡骙骙[16]。君子所依，小人所腓[17]。
四牡翼翼[18]，象弭[19]鱼服[20]。岂不日戒，猃狁孔棘[21]。
昔我往矣，杨柳依依[22]。今我来思，雨雪霏霏。
行道迟迟，载渴载饥。我心伤悲，莫知我哀！

【注释】

本篇选自《诗经·小雅》，篇名取自首句的两个字。

[1] 薇：野豌豆。[2] 亦：语气词。[3] 作：初生。[4] 止：句尾语气词。[5] 猃狁（xiǎn yǔn）：我国古代民族名。春秋时被称"戎"或"狄"。一说秦汉时为"匈奴"或"胡"，隋唐时称"突厥"。[6] 柔：嫩。比喻进一步的生长。[7] 烈：忧貌。[8] 聘：问，问候。[9] 刚：植物长得粗硬，即将老了。[10] 阳：阴历十月。[11] 孔：非常。疚：病痛，苦痛。[12] 来：慰问。[13] 尔（ěr）：同"茶"，花盛貌。[14] 常：常棣，樱桃。[15] 路：同"辂"，大车。[16] 骙骙（kúi）：马强壮貌。[17] 腓（féi）：庇，掩护。此句意思为战士（步兵）以战车作掩护。[18] 翼翼：形容驾车的战马行列整饬。[19] 弭（mǐ）：弓末的弯曲处，以骨为之。象弭：用象牙镶饰的弓。[20] 鱼服：鱼皮制的箭袋。此句指武器精良。[21] 棘：急。孔棘：非常紧急。[22] 依依：茂盛貌。

黍　离

彼黍[1]离离[2]，彼稷[3]之苗。行迈[4]靡靡[5]，中心[6]摇摇[7]。知我者谓[8]我心忧，不知我者谓我何求。悠悠[9]苍天，此何人哉[10]！彼黍离离，彼稷之穗。行迈靡靡，中心如醉。知我者谓我心忧，不知我者谓我何求。悠悠苍天，此何人哉！彼黍离离，彼稷之实[11]。行迈靡靡，中心如噎[12]。知我者谓我心忧，不知我者谓我何求。悠悠苍天，此何人哉！

【注释】

[1] 黍：一种农作物，即糜子，子实去皮后叫黄米，有黏性，可以酿酒、做糕等。[2] 离离：庄稼一行行排列的样子。[3] 稷：谷子，一说高粱。[4] 行迈：远行。迈：行、走。[5] 靡靡：迟迟、缓慢，犹疑不决的样子。[6] 中心：内心。[7] 摇摇：心中愁闷难忍。[8] 谓：说。[9] 悠悠：遥远、渺茫。[10] 此何人哉：这（指故国沦亡的凄凉景象）是谁造成的呢？[11] 实：子粒。[12] 噎：哽咽，这里指忧愤得心中堵塞。

生　民

厥初生民[1]，时维姜嫄[2]。生民如何？克禋克祀[3]，以弗无子[4]。履帝武敏[5]，歆攸介攸止[6]。载震载夙[7]，载生载育。时维后稷[8]。

诞弥厥月[9]，先生如达[10]。不坼不副[11]，无菑[12]无害，以赫厥灵[13]。上帝不宁，不康禋祀[14]，居然生子[15]。

诞寘之隘巷[16]，牛羊腓字之[17]。诞寘之平林[18]，会伐平林[19]。诞寘之寒冰，鸟覆翼之。鸟乃去矣，后稷呱[20]矣。实覃实訏[21]，厥声载路[22]。

诞实匍匐[23]，克岐克嶷[24]。以就口食[25]。蓺之荏菽[26]，荏菽旆旆[27]。禾役穟穟[28]，麻麦幪幪[29]，瓜瓞唪唪[30]。

诞后稷之穑，有相之道[31]。茀[32]厥丰草，种之黄茂[33]。实方实苞[34]，实种实褎[35]，实发实秀[36]，实坚实好[37]，实颖实栗[38]，即有邰家室[39]。

诞降[40]嘉种，维秬维秠[41]，维穈维芑[42]。恒之秬秠[43]，是获是亩[44]。恒之穈芑，是任[45]是负。以归肇祀[46]。

诞我祀如何？或舂或揄[47]，或簸或蹂[48]。释之叟叟[49]，烝之浮浮[50]。载谋载惟[51]。取萧祭脂[52]。取羝以軷[53]。载燔载烈[54]，以兴嗣岁[55]。

卬盛于豆[56]，于豆于登[57]。其香始升，上帝居歆[58]。胡臭亶时[59]！后稷肇祀。庶无罪悔，以迄于今[60]。

【注释】

[1] 民：人，指周人。[2] 时：是。姜嫄（yuán）：传说中远古帝王高辛氏（帝喾）之妃，周始祖后稷之母。姜是姓。“嫄”亦作“原”，是谥号，取本原之义。以上两句言姜嫄始生周人，就是指生后稷。喾（kù）：亦作“俈”，古帝王名。《史记·三代世表》：“帝俈，黄帝曾孙。起黄帝至俈四世。号高辛。”[3] 禋（yīn）祀：一种野祭。祭时用火烧牲，使烟气上升。这里似指祀天帝。一说指祀郊禖（méi）。禖是求子之神，祭于郊外。[4] 弗：“祓（fú）”的借字。祓是除不祥，祓无子就是除去无子的不祥，也就是求有子。[5] 履：践，踩。帝：天帝。武：指足迹。敏：脚拇指。“武敏”就是足迹的脚拇指。姜嫄践巨人脚印而感生后稷的故事是周民族的传说。（或疑履迹是祭祀仪式的一部分，即一种象征的舞蹈。所谓帝就是代表上帝的神尸。神尸舞于前，姜嫄尾随其后，践神尸之迹而舞）[6] 歆：欣喜。介：同“愒（qì）”，息。这句是说祭毕休息。[7] 震：娠，就是怀身。夙：肃，言谨守胎教。[8] 时维后稷：即是为后稷。后稷又名弃。[9] 诞：叹词，有叹美的意思。弥：满。弥厥月：言满了怀孕应有的月数。[10] 先生：犹言“首生”。如：同“而”。达：顺利。这句是说头生子很顺利地出生。[11] 坼（chè）：裂。副（pì）：裂开，剖开。这句是说生得顺利不致破裂产门。[12] 菑（zāi）：“灾”的异体字。[13] 赫：显。这句是说因上述的情况而显得灵异。[14] 不：发声词，无义。宁：安宁。康：安乐。言上帝莫非不安享我的禋祀吗？这是写姜嫄的惴惧。践大人迹而生子是大怪异的事，姜嫄疑为不祥，所以下文又说“居然生子”。[15] 居然：徒然。生子而不敢养育所以为徒然。这里三句辞义和下章紧相连接。[16] 寘（zhì），即“置”，搁。隘：狭。这句是说将婴儿弃置在狭巷。

[17] 腓（féi）：隐蔽。见《小雅·采薇》篇。字：乳育。[18] 平林：平原上的树林。[19] 会：适逢。这句是说适逢有人来伐木，不便弃置。[20] 呱（gū）：啼哭。[21] 实:作“是”解。覃（tán）：长。訏（xū）：大。[22] 载：满。以上两句言婴儿哭声壮大。[23] 匐：古音“必”。匍匐：伏地爬行。 [24] 岐：知意。嶷：古音“逆”，认识。克岐克嶷是说能有所识别。[25] 以：同“已”。就：求。以上三句是说后稷才能匍匐的时候就很聪颖，能自求口食。[26] 蓺（yì）：种植。荏（rěn）菽：大豆。这句的“蓺之”两字贯下“禾役”、“瓜瓞（dié）”等句。[27] 旆旆（pèi），即“芾芾（fèi）”，茂盛。 [28] 役：《说文》引作“颖”，禾尖。穟穟（suì）：美好。[29] 幪幪（méng）：茂盛覆地。 [30] 唪唪（běng）：《说文》引作“菶菶（běng）”，多果实貌。以上五句是说后稷从小就爱好种植，所种瓜谷无不良好。[31] 相:视，观察。以上两句是说后稷的收获有助成之道，即指下文茀草等事。[32] 茀（fú）：拔除。 [33] 黄茂：指嘉谷。 [34] 方：开始发芽。苞：含苞。[35] 种（zhòng）：短。褎（xiù）：禾苗渐长貌。引申为出众。(《汉书·董仲舒传》：“今子大夫褎然为举首。”后以“褎然举首”指人的才能超出同辈）种短，褎长，对文见义。此句意谓禾苗由短而长。[36] 发：舒发。秀：初长穗。[37] 坚、好：言谷粒充实。[38] 颖：垂穗。栗：犹“栗栗”，众。以上五句依禾生长成熟的次第描写禾的美好，言外见出人工之善。[39] 邰（tái）：地名，又作“斄”，音同。邰故城在今陕西省武功县西南。这句是说后稷到邰地定居。相传后稷在虞舜时代佐禹有功，始封于邰。[40] 降：天赐。 [41] 秬（jù）：黑黍。秠（pǐ）：一种黑黍。《尔雅·释草》：“秠，一稃二米。”稃（fú）：指米粒的外壳。[42] 穈（mén）：赤苗嘉谷（初生时叶纯色）。芑（qǐ）：白苗嘉谷（初生时色微白）。[43] 恒（gèng）：遍，满。“恒之秬秠”言遍种秬秠。[44] 是获是亩：收割而分亩计数。[45] 任：犹“抱”。[46] 肇：始。以上五句言遍种四种谷，成熟收获后背起而归，始祭上帝。[47] 揄（yǎo）:《说文》引作“舀”，取出。[48] 蹂（róu）：通“揉”，揉搓。[49] 释：淘米。叟叟：亦作“溲溲（sōu）”，释米之声。 [50] 烝：同“蒸”。浮浮：《说文》引作“烰烰（fú）”，热气上升貌。以上四句写准备用于祭祀的米和酒。[51] 惟：思。此句意思是共同计谋、思考，使祭祀更加完美。[52] 萧：香蒿。祭脂，即牛肠脂。祭祀用香蒿和牛肠脂合烧，取其香气。[53] 羝（dī）：牡羊。軷（bá）：祭道路之神。因为将要郊祀上帝，先祭道神，就是《说文》所说“将有事于道，必先告其神”。这句是说取牡羊为牲以用軷祭。[54] 燔（fán）、烈：烧烤。这句是说将萧与脂烧燎起来。[55] 岁：古读如“雪”。嗣岁：来年。这句是说祭祀是为了兴旺来年，意思就是祈求来岁的丰年。[56] 卬（áng）：我。[57] 豆：盛肉食器，木制。登：瓦豆。[58] 居：安。歆：享。[59] 胡:犹“何”。臭：气息，即指上文“其香始升”的香。亶（dǎn）：诚。时：得其时。这句是说何以那馨香之气这样地真正得其时呢，这是赞美的话。[60] 迄：到。以上三句是说后稷始创周人的祭祀制度，直到于今，庶几乎没有获罪于天、遗恨于心的事了。

国　殇

屈　原

操吴戈兮被犀甲[1]，车错毂兮短兵[2]接。旌蔽日兮敌若云[3]，矢交坠兮士争先[4]。凌余阵兮躐余行[5]，左骖殪兮右刃伤[6]。霾两轮兮絷四马[7]，援玉枹兮击鸣鼓[8]。天时怼兮威灵怒[9]，严杀尽兮弃原野[10]。出不入兮往不反[11]，平原忽兮路超[12]远。带长剑兮挟秦弓[13]，首身离兮心不惩[14]。诚[15]既勇兮又以武，终[16]刚强兮不可凌。身既死兮神以灵[17]，魂魄毅兮为鬼雄[18]。

【作者简介】

屈原（约公元前340—前278），我国文学史上第一位伟大诗人。名平，战国中期楚国人。他生活在楚国由强盛走向衰落的楚怀王和楚顷襄王时期。年轻时曾得到楚怀王的信任，做过楚国的左徒（官名），参与国家大事。他学识广博，有远大的政治理想。为了振兴楚国，进而统一中国，他积极主张对内任用贤能，修明法度，富国强兵；对外联齐抗秦。他的政治主张和活动触犯了腐朽贵族集团的利益，受到诬陷和排挤，被昏庸不察的楚怀王免职流放到汉水北部。后曾做过负责管教王族子弟的三闾大夫。楚顷襄王时又被流放到长江南部。大约在公元前278年，楚都郢城被秦军攻陷。他看到祖国山河破碎，痛感国家政治黑暗，自己的理想无法实现，于农历五月五日，怀着满腔忧愤，投汨罗江（在今湖南省汨罗县）自杀。

他的作品有《九歌》、《离骚》、《九章》、《天问》、《招魂》等，大部分是流放中写的。这些作品，真实地反映了楚国的社会现实和楚国人民的悲惨命运，深刻地表现了他进步的政治理想和正直的人生态度，尖锐地揭露和批判了腐朽反动的政治势力，抒写了爱国爱民的炽烈情怀；激情澎湃，气概非凡，想象奇幻，语言瑰丽，成为我国文学史上积极浪漫主义的光辉起点，对我国文学的发展有着极为深远的影响。

《国殇》是《九歌》中的一篇，是追悼为国捐躯的将士的祭歌。国殇：指为国牺牲的将士。楚怀王在位期间，楚国同秦国有几次较大的战争，大多是楚国抵御强敌的自卫战争。在这首诗中，诗人对为国捐躯的将士的英雄气概和威武不屈的崇高品质，给予了高度评价，赞美他们活着是人中的英雄，死了是鬼中的豪杰。热情歌颂了楚国人民强烈的爱国主义精神和坚毅的性格。这首诗尽管是直赋其事，但既有比喻，又有想象，把强烈的英雄主义色彩和积极的浪漫主义精神融汇在全诗之中。风格悲壮，情调激昂，是《九歌》中一篇很有特色的作品。

【注释】

［1］操：拿着。吴戈：战国时吴国制造的一种特别锋利的戈。被：通“披”。犀甲：犀牛皮制作的铠甲。［2］车错毂：指两国双方激烈交战，兵帅来往交错。毂是车轮中心插轴的地方。短兵：指刀剑一类的短兵器。［3］旌蔽日兮敌若云：旌旗遮蔽了太阳，敌兵像云一样聚集在一起。旌：用羽毛装饰的旗子。［4］矢交坠兮士争先：是说双方激战，流箭交错，纷纷坠落，战士却奋勇争先杀敌。矢：箭。［5］凌：侵犯。

躐：践踏。行：行列。［6］左骖（cān）：古代战车用四匹马拉，中间的两匹马叫“服”，左右两边的叫“骖”。殪（yì）：倒地而死。右：指右骖。刃伤：为兵刃所伤。［7］霾两轮兮絷四马：意思是把（战车）两轮埋在土中，马头上的缰绳也不解开，要同敌人血战到底。霾：通“埋”。絷（zhí）：绊住。［8］援玉枹兮击鸣鼓：主帅鸣击战鼓以振作士气。援：拿着。枹（fú）：鼓槌。［9］天时：天意。怼（duì）：怨。威灵怒：神灵震怒。［10］严杀：酣战痛杀。弃原野：指骸骨弃在战场上。［11］出不入兮往不反：是说战士抱着义无反顾的必死决心。［12］忽：迅速貌。超：通“迢”。［13］挟：携，拿。秦弓：战国秦地所造的弓（因射程较远而著名）。［14］首身离：头和身子分离，指战死。惩（chéng）：恐惧，悔恨。［15］诚：果然是，诚然。［16］终：始终。［17］神以灵：指精神永存。［18］鬼雄：鬼中英雄。

第二节　两汉魏晋南北朝诗歌

行行重行行

无名氏

行行重行行，与君生别离[1]。相去万余里，各在天一涯。道路阻且长[2]，会面安可知？胡马依北风，越鸟巢南枝。相去日已远，衣带日已缓。浮云蔽白日[3]，游子不顾反。思君令人老，岁月忽已晚。弃捐勿复道[4]，努力加餐饭！

【注释】

［1］生别离：活生生的分开。［2］阻：险阻。长：遥远。［3］浮云句：推想游子被某种险恶的客观因素所困。［4］弃捐：丢下。勿复道：不再说。

饮马长城窟行

汉乐府民歌

青青河畔草，绵绵[1]思远道。远道不可思，宿昔[2]梦见之。
梦见在我傍，忽觉在他乡。他乡各异县，展转不相见[3]。
枯桑知天风，海水知天寒[4]。入门各自媚，谁肯相为言！[5]
客从远方来，遗我双鲤鱼[6]。呼儿烹鲤鱼[7]，中有尺素[8]书。
长跪[9]读素书，书中竟何如？上言加餐食，下言长相忆。[10]

【注释】

［1］绵绵：延续不断，形容草也形容对于远方人的相思。［2］宿昔：指昨夜。

[3] 展转：亦作"辗转"，不定。这里是说在他乡作客的人行踪无定。"展转"又是形容不能安眠之词。如将这一句解释指思妇而言，也可以通，就是说她醒后翻来覆去不能再入梦。[4] 枯桑：落了叶的桑树。这两句是说枯桑虽然没有叶，仍然感到风吹，海水虽然不结冰，仍然感到天冷。比喻那远方的人纵然感情淡薄也应该知道我的孤凄、我的想念。[5] 媚：爱。言：问讯。这两句是把远人没有音信归咎于别人不肯代为传送。[6] 双鲤鱼：指藏书信的函，就是刻成鲤鱼形的两块木板，一底一盖，把书信夹在里面。一说将上面写着书信的绢结成鱼形。[7] 烹：煮。假鱼本不能煮，诗人为了造语生动故意将打开书函说成烹鱼。[8] 尺素：素是生绢，古人用绢写信。[9] 长跪：伸直了腰跪着，古人席地而坐，坐时两膝着地，臀部压在脚后根上。跪时将腰伸直，上身就显得长些，所以称为"长跪"。[10] 末两句"上"、"下"指书信的前部与后部。

蒿 里 行[1]

曹 操

关东有义士[2]，兴兵讨群凶。初期会盟津，乃心在咸阳。[3] 军合力不齐[4]，踌躇而雁行。势利使人争，嗣还自相戕[5]。淮南弟称号[6]，刻玺[7]于北方。铠[8]甲生虮虱，万姓以死亡。白骨露于野，千里无鸡鸣。生民百遗一，念之断人肠。

【作者简介】

曹操（155—220），字孟德，杰出的政治家、军事家和文学家。沛国谯郡（今安徽亳州）人。少机警，有权术，任侠放荡，不治行业。二十岁举孝廉。在镇压黄巾起义的过程中，他发展了自己的势力，十数年间，先后击败吕布、袁术、袁绍等豪强集团，征服乌桓，统一北方。建安二十一年封魏王，四年后病死洛阳。其诗均为古题乐府，气韵沉雄，古直悲凉。其文清峻通脱。今有《曹操集》传世。

【注释】

[1]《蒿里行》是挽歌，属《相和歌辞·相和曲》，古辞现存，原为出殡时挽柩者所唱的挽歌，曹操用它来写时事。[2] 关东：指函谷关以东。义士：指起兵讨伐董卓的诸将领。初平元年（190）春关东州郡起兵讨卓，推渤海太守袁绍为盟主。[3] 盟津：地名，就是孟津（在今河南孟州南），相传周武王伐纣时和诸侯在此地会盟。咸阳：故址在今陕西咸阳东，原为秦都城，这里指代洛阳。以上两句是说本来期望团结群雄，像周武王会合诸侯，吊民伐罪；初心是要直捣洛阳，像刘邦、项羽之攻入咸阳。两句都是用典，非实叙。[4] 齐:一致。当时诸将各怀观望，力量不能合一。[5] 还：读为"旋"。"嗣还"，言其后不久。自相戕（qiāng）：指讨卓诸将互相兼并、相互残杀。[6] 袁术（袁绍的从弟）改九江为淮南，设置寿春（今安徽省寿县）。建安二年（197）袁术称帝于寿春。[7] 玺：天子所用的印。初平二年（191）袁绍谋立刘虞为天子，刻作金印。[8] 铠：甲。

白　马　篇[1]

曹　植

白马饰金羁，连翩西北驰。借问谁家子，幽并[2]游侠儿。少小去乡邑，扬声沙漠垂[3]。宿昔秉良弓，楛[4]矢何参差。控弦破左的[5]，右发摧月支[6]。仰手接飞猱[7]，俯身散马蹄[8]。狡捷过猴猿，勇剽若豹螭[9]。边城多警急，胡骑数迁移。羽檄[10]从北来，厉马登高堤。长驱蹈匈奴，左顾陵鲜卑[11]。弃身锋刃端，性命安可怀[12]？父母且不顾，何言子与妻？名编壮士籍，不得中顾私。捐躯赴国难，视死忽如归。

【作者简介】

曹植（192—232），字子建，曹丕同母弟，曾封陈王，谥思，故世称“陈思王”。少聪敏，有才华，很受曹操宠爱，一度想立为太子。曹丕即位后，对他甚是猜忌，多方迫害，不得参与政事。最后郁郁而死，年仅四十一岁。他是建安时期成就最高的文学家，诗风华美，骨气奇高。散文和辞赋亦清丽流畅。今有《曹子建集》传世。

【注释】

[1] 本篇属乐府《杂曲歌辞·齐瑟行》，用篇首两字作篇名，又作《游侠篇》，因其所写的是边塞游侠的忠勇。作者平素也有“捐疆赴难，视死如归”的抱负和从军出塞的经验，写游侠也可能是自况。[2] 幽并：两州名，就是今河北省、山西省和陕西省的一部分地方，是古来出勇侠人物较多的区域。[3] 扬声，即“扬名”。垂，即“陲”，边远的地区。[4] 楛（hù）：木名，茎可以做箭杆。[5] 控弦：拉弓。左的：左方的射击目标。[6] 月支：射帖（箭靶之类）的名称，又名素支。[7] 猱（náo）：动物名，猿类，体矮小，尾金色，攀缘树木极其轻捷，上下如飞。[8] 散：碎裂、摧毁。马蹄：也是射帖名。[9] 剽：轻快。螭（chī）：传说中的动物名，如龙而黄。[10] 檄（xí）：用于征召的文书，写在一尺二寸长的木简上。上插羽毛表示紧急就叫做“羽檄”。[11] 鲜卑：东胡种族，东汉末成为北方强族。[12] 怀：犹“惜”，顾惜。

西　洲　曲

南朝乐府民歌

忆梅下西洲[1]，折梅寄江北。单衫杏子红，双鬓鸦雏色[2]。西洲在何处？两桨桥头渡。日暮伯劳[3]飞，风吹乌臼树。树下即门前，门中露翠钿[4]。开门郎不至，出门采红莲。采莲南塘秋，莲花过人头。低头弄莲子，莲子青如水。置莲怀袖中，莲心彻底红[5]。忆郎郎不至，仰首望飞鸿[6]。鸿飞满西洲，望郎上青楼。楼高望不见，尽日栏杆头。栏杆十二曲，垂手明如玉。卷帘天自高，海水摇空绿[7]。海水梦悠悠[8]，君[9]愁我亦愁。南风知我意，吹梦到西洲。

【注释】

[1] 下：落。落梅时节是本诗中男女共同纪念的时节。西洲：地名，未详所在。它是本篇中男女共同纪念的地方。[2] 鸦雏：小鸦。鸦雏色：言其乌黑发亮。[3] 伯劳：鸣禽，仲夏始鸣。[4] 翠钿：用翠玉做成或镶嵌的首饰。[5] 莲心：隐“怜心”，就是相爱之心。彻底红：就是红得通透底里。这一句意思双关。[6] 望飞鸿：有望书信的意思，古人有鸿雁传书的传说，成为典实。[7] 此两句似倒装。秋夜的一片蓝天像大海。风吹帘动，隔帘见天便觉似海水滉漾。一说内地人有呼江为海者，“海水”即指江水。[8] 悠悠：渺远。天海寥廓无边，所以说它“悠悠”，天海的“悠悠”正如梦的“悠悠”。[9] 君：指在江北的所欢。

第三节　唐代诗歌

春江花月夜[1]

张若虚

春江潮水连海平，海上明月共潮生。滟滟[2]随波千万里，何处春江无月明！
江流宛转绕芳甸，月照花林皆似霰[3]；空里流霜不觉飞，汀上白沙看不见。
江天一色无纤尘，皎皎空中孤月轮。江畔何人初见月？江月何年初照人？
人生代代无穷已[4]，江月年年望相似；不知江月待何人，但见长江送流水。
白云一片去悠悠，青枫浦[5]上不胜愁。谁家今夜扁舟子？何处相思明月楼[6]？
可怜楼上月徘徊，应照离人妆镜台。玉户帘中卷不去，捣衣砧上拂还来[7]。
此时相望不相闻，愿逐月华[8]流照君。鸿雁长飞光不度，鱼龙潜跃水成文[9]。
昨夜闲潭梦落花，可怜春半不还家[10]。江水流春去欲尽，江潭落月复西斜。
斜月沉沉藏海雾，碣石潇湘无限路[11]。不知乘月几人归，落月摇情[12]满江树。

【作者简介】

张若虚（约660—约720），扬州（今属江苏）人。唐代诗人。曾任兖州兵曹。唐中宗神龙（705—707）年间，与贺知章、贺朝、万齐融、邢巨、包融俱以文词俊秀驰名于京都。开元初，与贺知章、张旭、包融齐名，号为“吴中四士”。《全唐诗》仅存录其诗两首，除了著名的《春江花月夜》，另一首《代答闺梦还》诗，比较平庸。

【注释】

[1] 春江花月夜：乐府旧题，南朝陈后主所制，多用以写浮艳的宫体诗。[2] 滟滟（yàn）：水波闪光的样子。[3] 芳甸：遍生花草的原野。霰（xiàn）：小冰粒，俗称雪子。此以形容洁白月光照映下的花朵。[4] 穷已：穷尽。[5] 青枫浦：一名双枫浦，在今湖南浏阳河上，这里是泛指两地相思之一方。[6] 扁（piān）舟子：飘荡江湖的

游子。明月楼：指月夜楼中的思妇。[7] 捣衣砧（zhēn）：捣衣用的垫石。古代妇女缝制衣服前，先要将衣料捣过。为赶制寒衣妇女每于秋夜捣衣，故古诗常以捣衣声寄思妇念远之情。卷不去、拂还来：都指月光，因月光增人愁思，所以想将它卷去、拂去，这是借月光说愁思难以排遣。[8] 逐：跟随。月华：月光。[9] 鸿雁：此指信使。《汉书·苏武传》记有鸿雁传递书信之事。长飞光不度：鸿雁飞得再远，也不能逾越月光。度：通“渡”。鱼龙：此指鲤鱼。见《饮马长城窟行》：“客从远方来，遗我双鲤鱼。呼儿烹鲤鱼，中有尺素书。”意思是说鲤鱼也能传递书信。潜跃水成文：鲤鱼在水底潜游，水面上激起波纹。文：通“纹”，波纹。此两句谓游子、思妇彼此之间难通音信。[10] 闲潭：幽静的水潭。可怜：可惜。[11] 碣石潇湘：碣石是山名，在今河北昌黎县北，这里代指北方。潇湘是水名，在今湖南，这里代指南方。此句是说南北相隔，无限遥远，难以相见。[12] 摇情：牵动着不宁的心情、激动的感情。

渭川[1]田家

王　维

斜光照墟落[2]，穷巷[3]牛羊归。野老念牧童，倚杖候荆扉[4]。
雉雊麦苗秀[5]，蚕眠桑叶稀。田夫荷锄至，相见语依依[6]。
即此羡闲逸，怅然吟《式微》[7]。

【作者简介】

王维（701—761），字摩诘，祖籍太原祁州（今山西祁县），其父徙居蒲州（今山西永济）。开元九年（721）进士，授大乐丞，不久因事贬济州司库参军。张九龄执政，擢为右拾遗。开元二十五年（737）秋，以监察御史出使凉州，后迁殿中侍御史。开元二十九年（741）春，辞官归隐终南。“安史之乱”中被俘，迫受伪职，官给事中。乱平后降为太子中允，后官至尚书右丞，世称“王右丞”。王维多才多艺，精于诗文、书画、音乐。其诗诸体兼善，尤擅长山水田园诗。诗风清新秀雅，诗中有画，气韵生动，熔诗情、画意、禅理于一炉，被清代神韵派奉为圭臬。有《王右丞集》。

【注释】

[1] 渭川：渭水。[2] 斜光：指夕阳。墟落：村庄。[3] 穷巷：深僻的里巷。[4] 荆扉：柴门。[5] 雉雊（zhì gòu）：野鸡鸣叫。秀：指庄稼吐穗开花。[6] 依依：形容恋恋不舍的样子。[7] 式微：以《诗经·邶风·式微》中“式微，式微，胡不归！”之句，表归隐之意。

桃　源　行

王　维

渔舟逐水[1]爱山春，两岸桃花夹古津[2]。坐[3]看红树不知远，行尽青溪不见人[4]。山口潜行始隈[5]隩，山开旷望旋[6]平陆。遥看一处攒云树[7]，近入千家散花竹[8]。樵客[9]初传汉姓名，居人未改秦衣服。居人共住武陵源[10]，还从物外[11]起田园。月明松下房栊[12]静，日出云中鸡犬喧[13]。惊闻俗客[14]争来集，竞引还家问都邑[15]。平明闾巷扫花开[16]，薄暮[17]渔樵乘水入。初因避地去[18]人间，及至成仙遂不还。峡里谁知有人事，世中遥望空云山。不疑灵境[19]难闻见，尘心未尽思乡县[20]。出洞无论隔山水，辞家终拟长游衍[21]。自谓经过旧不迷[22]，安知峰壑[23]今来变。当时只记入山深，青溪几度到云林[24]。春来遍是桃花水[25]，不辨仙源何处寻。

【注释】

［1］逐水：顺着溪水。［2］古津：古渡口。［3］坐：因为。［4］见人：遇到路人。［5］隈：山、水弯曲的地方。［6］旷望：指视野开阔。旋：不久。［7］攒云树：云树相连。攒：聚集。［8］散花竹：指到处都有花和竹林。［9］樵客：原本指打柴人，这里指渔人。［10］武陵源：指桃花源，相传在今湖南桃源县（晋代属武陵郡）西南。武陵，即今湖南常德。［11］物外：世外。［12］房栊：房屋的窗户。［13］喧：叫声嘈杂。［14］俗客：指误入桃花源的渔人。［15］引：领。都邑：指桃源人原来的家乡。［16］平明：天刚亮。闾巷：街巷。开：指开门。［17］薄暮：傍晚。［18］避地：迁居此地以避祸患。去：离开。［19］灵境：指仙境。［20］尘心：普通人的感情。乡县：家乡。［21］游衍：流连不去。［22］自谓：自以为。不迷：不再迷路。［23］峰壑：山峰峡谷。［24］云林：云中山林。［25］桃花水：春水。桃花开时河流涨溢。

燕　歌　行（并序）[1]

高　适

开元二十六年，客有从御史大夫张公[2]出塞而还者，作《燕歌行》以示适。感征戍之事，因而和焉。

汉家烟尘在东北，汉将辞家破残贼。男儿本自重横行，天子非常赐颜色[3]。
摐金伐鼓下榆关，旌旆逶迤碣石间[4]。校尉羽书飞瀚海，单于猎火照狼山[5]。
山川萧条极边土，胡骑凭陵[6]杂风雨。战士军前半死生，美人帐下犹歌舞！
大漠穷秋塞草腓[7]，孤城落日斗兵稀。身当恩遇恒轻敌，力尽关山未解围[8]。
铁衣远戍辛勤久，玉箸应啼别离后[9]。少妇城南欲断肠，征人蓟北空回首[10]。
边庭飘飖那可度，绝域苍茫更何有[11]！杀气三时作阵云，寒声一夜传刁斗[12]。
相看白刃血纷纷，死节从来岂顾勋[13]？君不见沙场征战苦，至今犹忆李将军[14]！

【作者简介】

高适（约702—765），字达夫，渤海（今河北景县）人。少孤贫，潦倒失意，长期客居梁宋，以耕钓为业。又北游燕赵，南下寓于淇上。后中有道科，授封丘尉。后弃官入陇右节度使哥舒翰幕府掌书记。安史之乱，升侍御史，拜谏议大夫。肃宗朝历官御史大夫、扬州长史、淮南节度使，又任彭州、蜀州刺史，转成都尹、剑南西川节度使。后为散骑常侍，封渤海县侯，病逝。其诗以写军旅生活最具特色，粗犷豪放，遒劲有力，是边塞诗派的代表之一，与岑参齐名，世称“高岑”。

【注释】

［1］燕歌行：乐府《相和歌辞·平调曲》旧题，前人曹丕、萧绎、庾信所作，多为思妇怀念征夫之意。［2］御史大夫张公：此指幽州节度使张守珪。开元二十三年（735）张因与契丹作战有功，拜辅国大将军兼御史大夫。遂恃功骄纵，不恤士卒，开元二十六年（738），其部将败于契丹，张却隐瞒败绩，虚报战功，并贿赂奉命前去调查的牛仙童。高适从“客”处得悉实情，乃作此诗以“感征戍之事”。［3］开元十八年（730）五月，契丹及奚族叛唐，此后唐与契、奚之间战事不断（参《资治通鉴》213卷）。汉将：指张守珪将领。非常赐颜色：破格赐予荣耀。［4］摐（chuāng）金伐鼓：军中鸣金击鼓。榆关：山海关。旌旆（jīng pèi）：军中的各种旗帜。逶迤（wēi yí）：连绵不断。碣石：山名，在今河北昌黎县北，此借指东北沿海一带。［5］羽书：插有羽毛的紧急军事文书。瀚海：大沙漠。猎火：狩猎时所举之火。狼山：阴山山脉西段，在今内蒙古自治区中部。此处借瀚海、狼山泛指当时战场。［6］凭陵：逼压。［7］穷秋：深秋。腓（féi）（一作衰）：变黄。隋·虞世基《陇头吟》：“穷秋塞草腓，塞外胡尘飞。”［8］此两句一写主帅受皇恩而轻敌，一写战士拼死苦战也未能冲破敌人的包围。［9］铁衣：借指将士。见《木兰辞》：“寒光照铁衣”。玉箸：白色的筷子，比喻思妇的泪水如注。［10］城南：长安城南，当时是百姓居住区；蓟北：唐蓟州治所在渔阳（今天津蓟县），此泛指东北战场。［11］边庭飘飖：一作边风飘飖，形容边塞战场动荡不宁。绝域：更遥远的边陲。更何有：更加荒凉不毛。［12］三时：早、午、晚。阵云：战云。刁斗：军中巡更、煮饭两用的铜器。［13］死节：为节义而死，此指为国捐躯。［14］李将军：指汉将军李广，能征善战，在战场上常身先士卒，又体恤将士，被后世视为好将军的典范。事见《史记·李将军列传》。

轮台歌奉送封大夫出师西征

岑　参

轮台城头夜吹角，轮台城北旄头落[1]。羽书昨夜过渠黎，单于已在金山西。
戍楼[2]西望烟尘黑，汉兵屯在轮台北。上将拥旄西出征，平明吹笛大军行。
四边伐鼓雪海涌，三军大呼阴山动。虏塞[3]兵气连云屯，战场白骨缠草根。
剑河风急雪片阔，沙口石冻马蹄脱。亚相勤王甘苦辛，誓将报主静边尘。
古来青史谁不见，今见功名胜古人。

【作者简介】

岑参（715—770），原籍南阳（今属河南），迁居江陵（今属湖北）。出身仕宦家庭。早岁孤贫，遍读经史。20岁至长安，求仕不成，奔走京洛，漫游河朔。天宝三年（744）中进士。天宝八年、十三年两次出塞任职。回朝后，任右补阙、起居舍人等职。大历年间官至嘉州刺史，世称岑嘉州。后罢官，客死成都旅舍。事迹见杜确《岑嘉州集序》、《唐诗纪事》、《唐才子传》。

岑参为盛唐著名的边塞诗人，与高适齐名。其诗雄健奔放，想象奇特，色彩瑰丽，尤长于七言古诗。岑参善于写景，在景物中寄寓豪情壮志，感情饱满，推进了边塞诗的发展。唐人杜确编有《岑嘉州诗集》，后人所辑岑诗据此演变。今人注本有陈铁民、侯忠义《岑参集校注》（上海古籍出版社，1979）、刘开扬《岑参诗集编年笺注》（巴蜀书社，1995）。

【注释】

［1］旄头："髦头"，也即是二十八宿中的昴宿，旧时以为"胡星"。旄头落：意谓胡人败亡之兆。［2］戍楼：驻防的城楼。［3］虏塞：敌方要塞。

古　　风（其一）

李　白

齐有倜傥生，鲁连特高妙[1]。明月出海底，一朝开光耀。
却秦振英声[2]，后世仰末照[3]。意轻千金赠，顾向平原笑[4]。
吾亦澹荡人[5]，拂衣可同调[6]。

【作者简介】

李白（701—762），字太白。祖籍陇西成纪（今甘肃天水），其先世隋末移居碎叶（在今吉尔吉斯共和国境内），李白即出生于此。五岁时随父迁于绵州昌隆县（今四川江油）青莲乡，因自号青莲居士。玄宗开元十三年（725）出蜀漫游，踪迹遍及半个中国。玄宗天宝元年（742）奉诏入京供奉翰林，天宝三年（744）便被赐金放还，再度开始漫游生活。"安史之乱"中，隐居庐山屏风叠，后应邀入永王李璘幕府，李璘事败，受累被判长流夜郎，行至巫山遇赦。晚年依族人李阳冰，代宗宝应元年（762）卒于当涂（今安徽当涂）。李白是伟大的浪漫主义诗人。他的思想兼有儒、道、侠、纵横等多家成分而以儒、道为主。李白的诗歌集中反映了自己的内心情感，也多方面反映了所处时代的现实和精神风貌，具有丰富的思想内涵。李白成功地、创造性地运用一切浪漫主义的表现手法，其诗风雄奇奔放，俊逸清新，达到了内容与艺术的完美统一。在形式上能够成功地驾驭多种诗体而以歌行和五、七言绝句最为出色。今存诗一千余首，有《李太白集》。

李白集注本传世的有南宋杨齐贤的《李翰林集》二十五卷、明代胡震亨《李诗通》、清代王琦《李太白文集》等。今人的注本重要的有瞿蜕园、朱金城《李白集校注》（上海古籍出版社，1980）等。中华书局出版的王琦注本，比较适合阅读。

【注释】

［1］《史记·鲁仲连列传》："鲁仲连者，齐人也。好奇伟俶傥之画策，而不肯仕宦任职，好持高节。"此两句语本此。倜傥：形容气度昂扬，不受拘束的样子。倜傥生：犹言倜傥之士。［2］战国赵孝成王时，秦国攻赵都邯郸（今河北邯郸）。魏安釐王派客将军新垣衍劝赵国投降，尊秦王为帝。时鲁仲连正在围城中，往见赵相平原君，反对帝秦，和新垣衍展开激烈的争辩，坚定了赵国抗秦的信心。恰好这时魏国的信陵君率兵救

赵，秦兵解围而去。事见《史记·鲁仲连列传》。[3] 末照：犹言余光。[4] 此两句见《史记·鲁仲连列传》：邯郸解围后，平原君以千金酬谢鲁仲连。仲连笑曰："所贵于天下之士者，为人排患释难解纷乱而无取也。即有取者，是商贾之事也，而连不忍为也。"遂辞去，终身不复见平原君。 [5] 澹荡：澹静而放浪自适，意指不慕荣利。[6] 拂衣：超然高举的意思。可同调：恰同调。同调：指志趣相合，犹如曲调相同。

塞下曲[1]

李白

五月天山雪，无花只有寒[2]。笛中闻折柳，春色未曾看[3]。
晓战随金[4]鼓，宵眠抱玉鞍。愿将腰下剑，直为斩楼兰[5]。

【注释】

[1] 塞下曲：出于汉乐府《出塞》、《入塞》等曲，属《横吹曲辞》。[2] 此句意思是不见花开，只有寒意。[3] 这两句的意思是只能从笛中听到《折杨柳》曲，却看不到春色。折柳，即汉《横吹曲》之《折杨柳》。[4] 金：战斗中用来号令进退的金属乐器。[5] 楼兰：汉代西域国名，遗址在今新疆维吾尔自治区鄯善县东南。唐时已不存在。这里用"楼兰"借指当时在西北地区与唐为敌的各少数民族。

丽人行

杜甫

三月三日天气新，长安水边多丽人[1]。态浓意远[2]淑且真，肌理细腻骨肉匀。
绣罗衣裳照暮春，蹙[3]金孔雀银麒麟。头上何所有，翠为㔩叶垂鬓唇[4]。
背后何所见，珠压腰衱[5]稳称身。就中云幕椒房亲[6]，赐名大国虢与秦。
紫驼之峰出翠釜，水精之盘行素鳞[7]。犀箸厌饫[8]久未下，銮刀缕切空纷纶。
黄门飞鞚不动尘，御厨络绎送八珍[9]。箫鼓哀吟感鬼神，宾从杂遝[10]实要津。
后来鞍马何逡巡，当轩下马入锦茵[11]。杨花雪落覆白蘋，青鸟飞去衔红巾[12]。
炙手可热势绝伦，慎莫近前丞相嗔[13]！

【作者简介】

杜甫（712—770），字子美，巩县（今属河南）人，出身于一个世代"奉儒守官"的封建官僚家庭，是我国古代最伟大的爱国诗人之一。天宝三年（744）在洛阳与李白相识，结下了深厚友谊。天宝五年（746）赴长安应试落第，困顿京城十年。天宝十四年（755）四十四岁时，才被授予右卫率府胄曹参军的微职。"安史之乱"起，在流离颠沛中被叛军所俘，后从长安只身逃奔凤翔，受任左拾遗。不久，被贬为华州司功参军。乾元二年（759），弃官西行，经关陇、秦州、同谷入蜀，定居成都浣花溪草堂。西川节度使严武荐举杜甫为节度参谋、检校工部员外郎，故世称杜工部。大历三年

(768)，携家出峡，漂泊于江陵、公安、岳州、衡阳一带。大历五年（770），病逝于湘水上的舟中。他的诗歌相当真实地反映了广阔的社会生活，充满着强烈的忧国忧民感情，被誉为“诗史”。杜甫善于从一切优秀文学传统中吸取营养并加以发扬光大，形成了“沉郁顿挫”的创作风格。有《杜少陵集》。

现存最早的杜诗本子是宋代王洙所编的《杜工部集》，最早的杜诗注本是南宋初年赵注本（已残，今人林继中有《杜诗赵次公先后解辑校》），其后注家越来越多，出现了所谓千家注杜诗的繁盛局面。建议阅读中华书局出版的仇兆鳌《杜诗详注》，或人民文学出版社1962年版《杜甫诗选》。

【注释】

[1] 三月三日：农历三月三日，为上巳节。人们多到水边春游祭祀，除灾求福，实际上成了游春宴会的节日。丽人：这里指出游的贵妇人。[2] 态浓意远：姿色娇艳，神态高雅。[3] 蹙（cù）：刺绣的一种手法。[4] 翠为匐（è）叶：镶以翡翠的头花。鬓唇：鬓边。[5] 珠压腰衱：齐腰的后襟上缀着珍珠，压垂下来，使衣服合体，腰身匀称。衱（jié）：衣后襟。[6] 就中：其中。云幕：描绘着云彩的帐幕。椒房：以椒末和泥涂壁的房屋。后借指后妃。[7] 紫驼：驼峰肉为当时极名贵的食物。翠釜：翠色的炊具。素鳞：白色的鱼。 [8] 犀箸：用犀牛角制成的筷子，实指象牙筷。厌饫（yù）：吃腻了。[9] 黄门：宦官。飞鞚（kòng）：飞驰的马。鞚：马笼头，此处指马。八珍：此泛指各种山珍海味。[10] 杂遝（tà）：形容纷乱众多。[11] 后来鞍马：最后骑马来的人，指杨国忠。逡（qūn）巡：徘徊。此处形容神态舒缓，大模大样的样子。锦茵：锦绣地毯。[12] 青鸟：代指男女间的信使。红巾：妇女之饰，常用作定情物。[13] 绝伦：无以伦比。丞相：指杨国忠。嗔：发怒。

秋兴八首[1]（其一）

杜　甫

玉露凋伤[2]枫树林，巫山巫峡气萧森[3]。江间波浪兼天涌[4]，塞上风云接地阴[5]。
丛菊两开他日泪[6]，孤舟一系故园心[7]。寒衣处处催刀尺[8]，白帝城高急暮砧[9]。

【注释】

[1]《秋兴八首》是杜甫作于大历元年（766）的一组七言律诗。诗共八首，以身居巫峡、心念长安为线索，抒写遭逢兵乱、滞留他乡的悲慨。八首之间脉络贯通，首尾呼应，组织严密。这里选的是第一首。兴（xìng）：因物感兴、触景生情的意思。秋兴：因秋而感兴。[2] 玉露：白露。凋伤：使草木衰败。[3] 巫山巫峡：指夔州一带长江和两岸山峦。巫山：在今重庆巫山县东南。巫峡：因巫山而得名，是长江三峡中最长的山峡，两岸重岩叠嶂，遮天蔽日，江水湍急。气萧森：气象萧瑟阴森。[4] 江间：指峡中江水。兼天涌：波浪滔天。[5] 塞上：形势险要之地，这里指巫峡上空。接地阴：因风云笼罩，天昏地暗，故云。[6] 丛菊两开：菊已开过两次，寓指自己在漂泊中已度过两个秋天。杜甫离开成都后漂泊不定，第一年秋在云安（今重庆云阳），第二年秋

在夔州。他日泪：往日泪。意思是见丛菊又开，感慨往昔，往日流过的泪禁不住又流了下来。[7] 此句意思是：孤舟系在夔州江岸，如同系住了自己急于出峡归乡的心。故园：指长安。杜甫以长安为第二故乡。 [8] 催刀尺：催人裁剪寒衣。刀：剪刀。[9] 白帝城：在夔州城东，坐落在山头上，西南临长江，是西汉王莽手下大将公孙述据蜀称白帝时所建，因以为名。急暮砧（zhēn）：黄昏时捣衣声更加急促。砧：捣衣石。

观刈麦[1]

白居易

田家少闲月，五月人倍忙。夜来南风起，小麦覆陇黄[2]。妇姑[3]荷箪食[4]，童稚携壶浆[5]。相随饷田去[6]，丁壮在南冈。足蒸暑土气[7]，背灼炎天光。力尽不知热，但惜夏日长。复有贫妇人，抱子在背旁。右手秉[8]遗穗，左臂悬敝筐。听其相顾言，闻者为悲伤："家田输税尽，拾此充饥肠。"今我何功德，曾不[9]事农桑[10]。吏禄三百石，岁晏[11]有余粮。念此私自愧，尽日不能忘。

【作者简介】

白居易（772—846），字乐天，晚年自号香山居士。祖籍太原（今属山西）。至曾祖白温移居下邽（音 guī）（今陕西渭南东北）。祖父白湟、父白季庚都是明经出身，宦游各地，做过县令、州别驾一类小官。白湟长于五言诗，有诗集传世；白季庚为官清廉，多有政绩。母陈夫人粗通诗书，"亲执诗书，昼夜教导"。白居易和弟弟白行简、从祖弟白敏中都及进士第。

白居易出生于新郑县（今属河南）。德宗贞元十六年中进士，历任左拾遗、东宫赞善大夫、江州司马、杭州刺史、苏州刺史、太傅等职。武宗会昌六年（846）八月卒于洛阳，享年75岁。卒赠尚书右仆射，谥曰"文"，世称白文公。与同年元稹酬咏，号元白。与刘禹锡酬咏，号刘白。

白居易是一位伟大的现实主义诗人。他的诗歌题材广泛，形式多样，语言平易通俗。他所写的《秦中吟》、《新乐府》，敢于针对当权者的弊政，反映人民疾苦，深刻地揭露社会矛盾。他又是中唐新乐府运动的主要倡导人。白居易的叙事诗如《长恨歌》、《琵琶行》，描写细腻，生动感人，具有独特的艺术风格。在诗歌创作理论上，他提出"文章合为时而著"、"歌诗合为事而作"的主张，对后世颇有影响。

白居易生前曾亲自对自己的诗文进行多次编集、整理，分为讽喻、闲适、感伤、杂律四类。后经兵乱，虽有亡佚，但绝大部分都保存了下来。现存最早的白集刻本是宋绍兴刻七十一卷《白氏长庆集》。今天较易阅读的版本有顾学颉点校《白居易集》（中华书局，1979）、朱金城笺校《白居易集笺校》（上海古籍出版社，1989）。

【注释】

[1] 刈（yì）：割。 [2] 覆陇黄：小麦黄熟时遮盖住了田埂。覆：盖。陇：同"垄"，这里指农田中种植的土埂。[3] 妇姑：媳妇和婆婆，这里泛指妇女。[4] 荷箪

食：担着圆形竹器盛的食物。荷（hè）：肩挑。箪（dān）食：竹篮盛的食物。[5] 童稚携壶浆：小孩子提着用壶装的汤与水。[6] 饷（xiǎng）田：给在田里劳动的人送饭。[7] 足蒸暑土气：双脚受地面热气的熏蒸。[8] 秉（bǐng）：拿着。[9] 曾不：从未。[10] 农桑：农耕和蚕桑。[11] 岁晏（yàn）：岁末。晏：晚。

长恨歌[1]

白居易

汉皇重色思倾国，御宇多年求不得[2]。杨家有女初长成，养在深闺人未识。
天生丽质难自弃，一朝选在君王侧[3]。回眸一笑百媚生，六宫粉黛无颜色[4]。
春寒赐浴华清池，温泉水滑洗凝脂[5]。侍儿扶起娇无力，始是新承恩泽[6]时。
云鬓花颜金步摇，芙蓉帐暖度春宵[7]。春宵苦短日高起，从此君王不早朝。
承欢侍宴无闲暇，春从春游夜专夜。后宫佳丽三千人，三千宠爱在一身。
金屋[8]妆成娇侍夜，玉楼宴罢醉和春。姊妹弟兄皆列土，可怜光彩生门户[9]。
遂令天下父母心，不重生男重生女[10]。骊宫[11]高处入青云，仙乐风飘处处闻。
缓歌慢舞凝丝竹，尽日君王看不足[12]。渔阳鼙鼓动地来，惊破《霓裳羽衣曲》[13]。
九重城阙烟尘生，千乘万骑西南行[14]。翠华摇摇行复止，西出都门百余里[15]。
六军不发无奈何，宛转蛾眉马前死[16]。花钿委地无人收，翠翘金雀玉搔头[17]。
君王掩面救不得，回看血泪相和流。黄埃散漫风萧索，云栈萦纡登剑阁[18]。
峨嵋山[19]下少人行，旌旗无光日色薄。蜀江水碧蜀山青，圣主朝朝暮暮情。
行宫见月伤心色，夜雨闻铃肠断声[20]。天旋日转回龙驭[21]，到此踌躇不能去。
马嵬坡下泥土中，不见玉颜空死处[22]。君臣相顾尽沾衣，东望都门信[23]马归。
归来池苑皆依旧，太液芙蓉未央柳[24]。芙蓉如面柳如眉，对此如何不泪垂？
春风桃李花开日，秋雨梧桐叶落时。西宫南内多秋草，落叶满阶红不扫[25]。
梨园弟子白发新，椒房阿监青娥老[26]。夕殿萤飞思悄然，孤灯挑尽[27]未成眠。
迟迟钟鼓初长夜，耿耿星河欲曙天[28]。鸳鸯瓦冷霜华重，翡翠衾寒谁与共[29]？
悠悠生死别经年，魂魄不曾来入梦。临邛道士鸿都客，能以精诚致魂魄[30]。
为感君王辗转思，遂教方士殷勤觅。排空驭气[31]奔如电，升天入地求之遍。
上穷碧落下黄泉[32]，两处茫茫皆不见。忽闻海上有仙山，山在虚无缥缈间。
楼阁玲珑五云起，其中绰约多仙子[33]。中有一人字太真，雪肤花貌参差[34]是。
金阙西厢叩玉扃，转教小玉报双成[35]。闻道汉家天子使，九华帐[36]里梦魂惊。
揽衣推枕起徘徊，珠箔银屏迤逦开[37]。云鬓半偏新睡觉[38]，花冠不整下堂来。
风吹仙袂[39]飘飖举，犹似《霓裳羽衣》舞。玉容寂寞泪阑干[40]，梨花一枝春带雨。
含情凝睇[41]谢君王，一别音容两渺茫。昭阳殿里恩爱绝，蓬莱宫中日月长[42]。
回头下望人寰[43]处，不见长安见尘雾。惟将旧物表深情，钿合金钗寄将去[44]。
钗留一股合一扇，钗擘黄金合分钿[45]。但教心似金钿坚，天上人间会相见。
临别殷勤重[46]寄词，词中有誓两心知。七月七日长生殿[47]，夜半无人私语时。

在天愿作比翼鸟，在地愿为连理枝[48]。天长地久有时尽，此恨[49]绵绵无绝期！

【注释】

［1］元和元年，白居易任周至（今属陕西）县尉。一日，与友人陈鸿、王质夫到马嵬驿附近的游仙寺游览，谈及李隆基与杨贵妃事，王质夫认为，像这样突出的事情，如无大手笔加工润色，就会随着时间的迁移而消没。他鼓励白居易：“乐天深于诗，多于情者也，试为歌之如何?”于是，白居易写下此诗。陈鸿同时写下一篇传奇《长恨歌传》。［2］汉皇：此指唐玄宗李隆基。重色：爱好女子。倾国：绝色女子。语出汉李延年诗：“北方有佳人，绝世而独立。一顾倾人城，再顾倾人国。”御宇：驾御宇内，即统治天下。［3］以上四句意为：杨玉环本是蜀州司户杨玄琰之女，随叔父杨玄璬入长安，及笄，嫁于玄宗之子寿王李瑁为妃。后为李隆基看重，欲占为己有，碍于名分，先让她出宫做女道士，然后迎归宫中。白居易此谓“养在深闺人未识”，乃故为隐晦。丽质：美好的资质。［4］六宫粉黛：指宫内所有嫔妃。粉黛：均为女子化妆用品。粉以抹脸，黛以描眉。这里指代宫妃。无颜色：意为相形之下显得不漂亮了。［5］华清池：骊山上多温泉，李隆基常去避寒，辟浴池多处，建温泉宫，后改名华清宫。凝脂：形容皮肤白嫩滋润。［6］新承恩泽：刚得到皇帝的宠幸。［7］金步摇：一种首饰，用金丝制成花枝形状，上缀珠玉，插于发髻，行走时随步履摇动，因名“步摇”。芙蓉帐：绣绘着荷花图案的帐幔。芙蓉：荷花。［8］金屋：据《太真外传》说，杨玉环在华清宫有梳妆之所，名端正楼。此言金屋，系用汉武帝“金屋藏娇”语意。［9］此两句意为：杨玉环被册封为贵妃后，家族沾光受宠。她的大姐封韩国夫人，三姐封虢国夫人，八姐封秦国夫人，堂兄弟杨锜官侍御史，杨钊赐名国忠，官右丞相。姊妹：姐妹。列土：裂土受封。列：通“裂”。可怜：可爱。怜：爱，羡慕。［10］《长恨歌传》记载当时民谣说：“生女勿悲酸，生男勿欢喜”；“男不封侯女作妃，看女却为门上楣”。［11］骊宫：即华清宫。因在骊山上，故称骊宫。［12］凝：凝结。此指歌、舞与乐曲密切吻合，丝丝入扣。足：厌足，满足。［13］“两句指安禄山发动叛乱。渔阳：唐郡名，是范阳节度使安禄山所辖八郡之一。鼙（pí）：古代军中所用小鼓。《霓裳羽衣曲》：唐代著名舞曲。传说是唐玄宗依据西凉节度使杨敬述所献乐曲加工润色而成的。［14］九重城阙：指京城长安。古人以为天有九重，京城为天子所居之地，故云。烟尘生：指发生战乱。天宝十五年（755）六月，安禄山破潼关，李隆基由延秋门出长安，仓皇向西南逃奔。乘（shèng）：马车。［15］李隆基西奔至距长安百余里的马嵬驿（今属陕西兴平县），扈从禁卫军发难，不肯行进，请诛杨国忠、杨玉环兄妹以平民怨。玄宗为保住自己，只得照办。翠华：用翠鸟羽毛装饰的旗帜，用作皇帝的仪仗。此指皇帝的车驾。［16］六军：此指皇帝的御林军。蛾眉：美女的代称，此指杨贵妃。［17］花钿（diàn）：镶嵌金花的首饰。委地：委弃在地。翠翘：形状似翠鸟尾羽的头饰。金雀：雀形的金钗。玉搔头：玉簪。［18］云栈：高入云霄的栈道。剑阁：即剑门关，是大剑山与小剑山之间的一座关隘，在今四川剑阁县北。［19］峨嵋山：即峨眉山，在今四川峨眉县。玄宗奔蜀中，并未经过峨眉山，这里泛指蜀中高山。［20］行宫：皇帝离京出行时住的

地方。《明皇杂录·补遗》："明皇既幸蜀，西南行，初入斜谷，霖雨涉旬，于栈道中闻铃声，与山相应。上既悼念贵妃，采其声为《雨霖铃曲》以寄恨焉。"这里暗咏此事。[21] 天旋日转：犹言云开雾散，喻局势转变。回龙驭：郭子仪军收复长安后，唐肃宗派太子太师韦见素至蜀迎玄宗还京。龙驭：皇帝的车驾。[22] 空死处：空见死处。空：徒然。[23] 信：任，任随。[24] 太液，未央：分别是汉朝宫廷内的池名和殿名。这里借以指称唐代的宫殿池苑。[25] 玄宗还京后初居兴庆宫，肃宗及其亲信惟恐他东山再起，将他迁至太极宫内，近于变相的软禁。西宫：唐太极宫，也称西内。南内：唐兴庆宫，也称南苑。[26] 梨园弟子：玄宗亲自调教的乐工声伎。《雍录》卷九："开元二年，置教坊于蓬莱宫，上自教法曲，谓之'梨园弟子'。至天宝中，即东宫置宜春北苑，命宫女数百人为梨园弟子。'梨园'者，按乐之地；而预教者，名为'弟子'耳。"椒房：后妃住的宫殿。因用花椒和泥涂壁以取其香暖而多子，故名椒房。阿监：宫中女侍官名。青娥：美好的容颜。[27] 孤灯挑尽：古时用油灯照明，为使灯火明亮，过一会就要把灯草挑一挑。唐时宫廷夜间燃烛而不点油灯，此处旨在形容玄宗晚年生活环境的凄苦。[28] 迟迟：异常迟缓，用以形容长夜难眠时的心情。报更钟鼓声起止原有定时，这里意在强调唐玄宗的主观感受。耿耿：明亮貌。欲曙天：长夜将晓之时。[29] 鸳鸯瓦：两片瓦片一俯一仰扣合在一起叫鸳鸯瓦，简称鸳瓦。霜华：霜花。翡翠衾（qīn）：绣饰有翡翠鸟的被子。谁与共：与谁共。[30] 临邛：县名（今四川邛崃）。鸿都：东汉首都洛阳宫门名，此借指长安。此句意谓有个从临邛来的道士客居在长安。致魂魄：使杨贵妃的亡魂前来。[31] 排空驭气：犹言腾云驾雾。[32] 穷：穷极，穷尽，找遍。碧落、黄泉：古人以为，天有九重，最上一层叫碧落；地有九层，最下一层叫黄泉。因而也称九天、九泉。[33] 五云：五彩云霞。绰约：形容风姿美好。[34] 参差（cēn cī）：这里意为仿佛、差不多。[35] 金阙：金碧辉煌的神仙宫阙。叩：叩击，敲。扃（jiōng）：本指门闩或门环，此指门扇。小玉、双成：均为古代传说中的女子名，此借以指杨玉环所在的仙府的侍婢。小玉：传说中吴王夫差之女。双成：传说为西王母的侍女，姓董。此句意谓仙府庭院重重，须经辗转通报。[36] 九华帐：绘饰华美的帐幔，据说也是西王母所有之物。九华：图案名。[37] 珠箔（bó）：用珍珠串编成的帘子。屏：屏风。迤逦（yǐlǐ）：一个接一个，连续不断。[38] 新睡觉：刚睡醒。觉：睡醒。[39] 袂（mèi）：衣袖。[40] 阑干：纵横流淌。[41] 凝睇（dì）：凝视。[42] 昭阳殿：汉代宫殿名，为赵飞燕所居，这里借指杨玉环生前在长安的寝宫。绝：断。蓬莱宫：指杨玉环在仙府的居室。蓬莱：传说中海上三仙山之一。[43] 人寰：人间。[44] 旧物：指生前与玄宗定情的信物。钿合：镶嵌有金花的盒子。寄将去：托道士捎去。[45] 钗由两股结成，此捎去一股，留下一股；盒由两片合成，此捎去一片，留下一片。擘（bò）：分开。合分钿：钿盒上的金花图案各得一半。[46] 重（chóng）：再，又。[47] 长生殿：在骊山上，天宝元年建，名"集灵台"，以祀神。一说，唐代后妃所居寝宫，通称为长生殿。[48] 比翼鸟：本名鹣鹣，飞时雌雄相从，比翼齐飞。《尔雅·释地》："南方有比翼鸟焉，不比不飞，其名谓之鹣鹣。"比，并。连理枝：异本草木，两棵树不同根而枝叶连生在一起。[49] 恨：遗憾。

李凭箜篌引[1]

李　贺

吴丝蜀桐张高秋[2]，空山凝云颓不流[3]。湘娥啼竹素女愁[4]，李凭中国[5]弹箜篌。

昆山玉碎凤凰叫[6]，芙蓉泣露香兰笑[7]。十二门前融冷光[8]，二十三弦动紫皇[9]。

女娲[10]炼石补天处，石破天惊逗[11]秋雨。梦入神山教神妪[12]，老鱼跳波瘦蛟舞[13]。

吴质不眠倚桂树，露脚斜飞湿寒兔[14]。

【作者简介】

李贺（790—816），字长吉，昌谷（今河南宜阳）人，唐皇室远支。因避家讳，不得参加进士科考试。曾官奉礼郎。年少失意，郁郁而死。他早岁工诗，受知于韩愈、皇甫湜。其诗尤长乐府。善于熔铸词采，驰骋想象，运用神话传说，创造出恢奇诡谲、璀璨多彩的鲜明形象，艺术上有显著的特色。但由于他生活孤独，性情冷僻，对广阔的现实缺乏深切的联系和感受，因而诗中带有阴暗低沉的消极色调。他作诗态度严肃，以苦吟著称。有《李长吉歌诗》。

【注释】

［1］李凭：中唐时供奉宫廷的梨园弟子，以擅长弹箜篌而名噪一时。《箜篌（kōng hóu）引》：乐府旧题。箜篌：古琴，有横弹与竖弹两种，李凭所弹的是二十三弦的竖箜篌。［2］吴丝蜀桐：泛言箜篌的精美。吴丝：吴地（今江浙一带）所产的丝做成的弦。蜀桐：蜀地（今四川一带）所产的桐木做成的琴身。张：绞紧琴弦，弹琴时的准备动作，这里指弹奏。高秋：暮秋。［3］此句的意思是李凭弹奏的音乐有响遏行云的艺术效果。凝云：裹在一起的云层。颓不流：静止不动。［4］此句意思是音乐使神女也受到感动。湘娥：传说中溺于湘江成为湘江之神的舜帝二妃。啼竹：相传舜出巡死于苍梧，娥皇、女英寻至湘江，泪洒竹上，使竹成为斑竹。素女：传说中的神女，善鼓瑟。《史记·封禅书》："太帝使素女鼓五十弦瑟，悲，帝禁不止。"［5］中国：国中，指国都长安。［6］昆山：昆仑山，相传是产美玉之地。玉碎凤凰叫：形容乐声清脆激越。［7］芙蓉泣露：形容乐声幽咽哀怨。香兰笑：形容音乐的轻柔欢快。［8］十二门：长安城四面各三门，共有十二门。融冷光：音乐融融使城中寒气消解，气候变得温暖。［9］二十三弦：指李凭所弹的箜篌。动紫皇：感动天帝。［10］女娲（wā）：神话中的女帝，传说她炼五色石以补天。［11］逗：引出来。［12］此句意思是李凭的箜篌把听者引入幻境，仿佛他不是在人间弹奏，而是在神山上把这技艺传授给神仙。神妪（yù）：指成夫人。据《搜神记》记载，成夫人好音乐，"能弹箜篌，闻人弦歌，辄便起舞"。［13］此句形容音乐神妙，能使鱼、蛟跳舞。蛟（jiāo）：古代传说中的一种龙类动物。［14］这两句意思是音乐美妙使吴刚倚桂树而立，既不再砍桂树，也不能入眠，直到露水打湿了玉兔还不察觉。吴质，即吴刚。《酉阳杂俎》载，吴刚因"学仙有过，谪令伐树"。露脚：露水。斜飞：古人以为露是从天上降落下来的，所以诗人想象

其斜飞的样子。寒兔：月兔。古代传说月中有玉兔。

题乌江亭[1]

杜　牧

胜败兵家事不期[2]，包羞忍耻[3]是男儿。
江东子弟多才俊，卷土重来未可知。

【作者简介】

杜牧（803—852），字牧之，京兆万年（今陕西西安）人，宰相杜佑之孙。太和二年进士，授弘文馆校书郎。多年在外地任幕僚，后历任监察御史，史馆修撰，膳部、比部、司勋员外郎，黄州、池州、睦州刺史等职，最终官至中书舍人。晚唐杰出诗人，尤以七言绝句著称。擅长文赋，其《阿房宫赋》为后世传诵。注重军事，写下了不少军事论文，还曾注释《孙子》。有《樊川文集》二十卷传世，为其外甥裴延翰所编，其中诗四卷。又有宋人补编的《樊川外集》和《樊川别集》各一卷。《全唐诗》收杜牧诗八卷。晚唐诗多柔靡，牧之以峻峭矫之。人谓之“小杜”，以别于少陵。

【注释】

[1] 乌江亭：在今安徽和县东北的乌江浦。《史记·项羽本纪》载：项羽兵败，乌江亭长备好船劝他渡江回江东再图发展，他觉得无颜见江东父老，乃自刎于江边。[2] 不期：难以预料。[3] 包羞忍耻：意谓大丈夫能屈能伸，应有忍受屈辱的胸襟气度。

贾　生[1]

李商隐

宣室求贤访逐臣[2]，贾生才调[3]更无伦。
可怜夜半虚前席，不问苍生问鬼神[4]。

【作者简介】

李商隐（812—858），字义山，号玉溪生，又号樊南生。怀州河内（今河南沁阳）人。开成二年（837）进士，授秘书省校书郎，补宏农尉。次年入泾原节度使王茂元幕府。当时牛（僧孺）李（德裕）党争激烈，李商隐被卷入旋涡，政治上受到排挤，此后一生在牛、李两党的倾轧中度过，困顿失意，潦倒终生。曾依桂管观察使郑亚及京兆尹卢宏正。柳仲郢为东川、剑南节度使，辟为判官，检校工部员外郎。李商隐是晚唐著名的诗人，与杜牧齐名，二人合称“小李杜”。与同时期的温庭筠风格相近，二人合称“温李”。李商隐在艺术上有杰出的成就，其中七律成就最高，其他五言、绝句、七古、五古等也多有名篇警句。他的诗浓艳绮丽，幽微含蓄，深情绵邈，寄托极深。善于用典故和神话传说，通过想象、联想和象征，构成丰富多彩的艺术形象。他的散文峭直刚劲，直抒胸臆；工本章奏典丽工整，才情富赡，善于表情达意，对后世影响也很大，被奉为四六文的金科玉律。有《李义山文集》。

【注释】

［1］贾生：贾谊，汉文帝时人。［2］宣室：汉未央宫前殿正室，是皇帝举行大规模祭祀前斋戒居住之地。访：召见。逐臣：贾谊曾被贬往长沙做王太傅。［3］才调：才气。［4］此两句意思是：可惜汉文帝白白地听得入迷，原来不是询问有关国计民生的大事，而是询问鬼神之事。可怜：可惜。虚：徒劳，枉然。前席：向前移动坐处。古人席地而坐，从所坐的席上向前移动，以接近谈话对方，是听得入神的不自觉的动作。苍生：指百姓。

第四节　宋代诗歌

画　眉　鸟

欧阳修

百啭千声随意移[1]，山花红紫树高低。
始知锁向金笼[2]听，不及林间自在啼。

【作者简介】

欧阳修（1007—1072），字永叔，号醉翁、六一居士，吉州永丰（今属江西）人。欧阳修自称庐陵人，因为吉州原属庐陵郡。北宋时期政治家、文学家、史学家。幼年丧父，家境贫寒，母亲用芦杆教他认字。仁宗天圣年间进士。庆历中任谏官，支持范仲淹，要求在政治上有所改良，被诬贬知滁州。王安石推行新法时，对青苗法有所批评。曾任翰林学士、枢密副使、参知政事等职。卒谥文忠。在文坛上，欧阳修对宋代文学的发展起了重要作用，主张文章应“明道”、“致用”，对宋初以来靡丽、险怪的文风表示不满，并积极培养后进，是北宋古文运动的领袖。散文说理畅达，抒情委婉，为“唐宋八大家”之一；诗风与其散文近似，语言流畅自然。其词婉丽，承袭南唐余风。曾与宋祁合修《新唐书》，并独撰《新五代史》。又喜收集金石文字，编为《集古录》，对宋代金石学颇有影响。欧阳修的著述，今存《欧阳文忠公全集》。

【注释】

［1］啭：鸟声婉转。随意移：自由自在地在树林里飞来飞去。［2］金笼：贵重的鸟笼。

和子由渑池怀旧[1]

苏 轼

人生到处知何似，应似飞鸿踏雪泥。
泥上偶然留指爪，鸿飞那复计东西[2]。
老僧已死成新塔，坏壁无由见旧题[3]。
往日崎岖还记否，路长人困蹇驴嘶[4]。

【作者简介】

苏轼（1037—1101），北宋著名文学家、书画家、散文家和诗人。字子瞻，又字和仲，号东坡居士，眉州眉山（即今四川眉州）人。苏洵子。宋仁宗嘉祐二年（1057）进士。神宗时曾任祠部员外郎，因反对王安石新法而求外职，任杭州通判，知密州、徐州、湖州。后以作诗“谤讪朝廷”罪贬黄州。哲宗时任翰林学士，曾出知杭州、颍州等，官至礼部尚书。后又贬谪惠州、儋州。北还后第二年病死常州。南宋时追谥文忠。与父洵弟辙，合称“三苏”。在政治上属于旧党，但也有改革弊政的要求。其文汪洋恣肆，明白畅达，为“唐宋八大家”之一。其诗清新豪健，善用夸张比喻，在艺术表现方面独具风格。少数诗篇也能反映民间疾苦，指责统治者的奢侈骄纵。词开豪放一派，对后代很有影响。《念奴娇·赤壁怀古》、《水调歌头·丙辰中秋》传诵甚广。擅长行书、楷书，取法李邕、徐浩、颜真卿、杨凝式，而能自创新意。用笔丰腴跌宕，有天真烂漫之趣。与蔡襄、黄庭坚、米芾并称“宋四家”。能画竹，学文同，也喜作枯木怪石。论画主张“神似”，认为“论画以形似，见与儿童邻”；高度评价“诗中有画，画中有诗”的艺术造诣。诗文有《苏东坡集》、《东坡乐府》等。存世书迹有《答谢民师论文帖》、《前赤壁赋》、《黄州寒食诗帖》等。画迹有《枯木怪石图》、《竹石图》等。

【注释】

［1］子由：苏轼弟苏辙字子由。渑（miǎn 免）池：今河南渑池县。宋仁宗嘉祐元年（1056）三月，苏轼与弟苏辙赴京应试，路过渑池，止于奉闲僧舍。嘉祐六年（1061）苏轼赴凤翔签判任，再过渑池，苏辙作《怀渑池寄子瞻兄》，作者写了这首和诗。［2］知何似：知道像什么。雪泥：融化着雪水的泥土。留指爪：大雁在雪泥上踏过留下的爪印，比喻往事遗留的痕迹。此四句意谓：人生到处漂泊犹如鸿雁到处飞翔，留下来的只是雪泥上的爪印。［3］老僧：指奉闲。据苏辙原诗自注：“昔与子瞻应举，过宿县中寺舍，题老僧奉闲之壁。”和尚死后火葬，筑小塔埋藏骨灰。人之于世，诗之于壁，均如泥上指爪，不过或存或亡罢了。［4］蹇（jiǎn 减）：跛足。苏轼自注：“往岁，马死于二陵（即崤山，在渑池西），骑驴至渑池。”

梅花绝句

陆　游

闻道梅花坼晓风[1]，雪堆[2]遍满四山中。
何方可化身千亿[3]，一树梅花[4]一放翁。

【作者简介】

陆游（1125—1210），字务观，号放翁，越州山阴（今浙江绍兴）人，12岁即能诗文，一生著述丰富，有《剑南诗稿》、《渭南文集》等数十种存世。陆游具有多方面的文学才能，尤以诗的成就为最。自言“六十年间万首诗”，今尚存九千三百余首。其中许多诗篇抒写了抗金杀敌的豪情和对敌人、卖国贼的仇恨，风格雄奇奔放，沉郁悲壮，洋溢着强烈的爱国主义激情，在思想上、艺术上取得了卓越成就，在生前即有“小李白”之称，不仅成为南宋一代诗坛领袖，而且在中国文学史上享有崇高地位，是我国伟大的爱国诗人，为“南宋四大家”之一。他始终坚持抗金，在仕途上不断受到当权派的排斥打击。中年入蜀抗金，军事生活丰富了他的文学内容，作品吐露出万丈光芒。词作量不如诗篇巨大，但和诗同样贯穿了“气吞残虏”的爱国主义精神，著有《放翁词》一卷，《渭南词》二卷。

【注释】

[1] 闻道：听说。坼（chè）：裂开，这里指梅花绽开。[2] 雪堆：指梅花盛开像雪堆似的。[3] 何方：有什么办法。千亿：指能变成千万个放翁（陆游字放翁）。[4] 梅花：一作梅前。

画　　菊

郑思肖

花开不并[1]百花丛，独立疏篱[2]趣未穷。
宁可枝头抱香死[3]，何曾[4]吹落北风中！

【作者简介】

郑思肖（1241—1318），南宋爱国诗人。字忆翁，号所南，连江（今福建连江）人。他的名和字都寓有不忘故国的意思。他是诗人，又是画家。他善画墨兰，所画的兰花，花多叶稀，不画土，不画根。有人问他，他说，土地被敌人夺去了，你还不知道吗？南宋灭亡后，他隐居吴下（今苏州），坐卧时必向南，表示心向南宋。他的诗多表现出怀念故国的浓厚感情，真挚动人。

【注释】

[1] 不并：不合在一起，不与为伍。[2] 疏篱：稀疏的篱笆。[3] 抱香死：菊花虽枯死于枝头而香气犹存。[4] 何曾：不曾。

料峭[3]春风吹酒醒，微冷，山头斜照却相迎。回首向来萧瑟处，归去，也无风雨也无晴。

【注释】

[1] 吟啸：拉长高声吟诗，表示意态闲适。[2] 芒鞋：草鞋。[3] 料峭：形容寒意。

蝶 恋 花

苏 轼

花褪残红[1]青杏小。燕子飞时，绿水人家绕。枝上柳绵吹又少，天涯[2]何处无芳草。

墙里秋千墙外道。墙外行人，墙里佳人笑。笑渐不闻声渐悄[3]，多情却被无情恼[4]。

【注释】

[1] 花褪残红：残花凋谢。[2] 天涯：指极远的地方。[3] 笑渐不闻声渐悄：墙外行人已渐渐听不到墙里荡秋千的女子的笑语欢声了。[4] 多情：指墙外行人。无情：指墙里的女子。恼：引起烦恼。

水龙吟·次韵章质夫杨花词[1]

苏 轼

似花还似非花，也无人惜从教坠[2]。抛家傍路，思量却是，无情有思[3]。萦损柔肠[4]，困酣娇眼[5]，欲开还闭。梦随风万里，寻郎去处，又还被、莺呼起[6]。

不恨此花飞尽，恨西园、落红难缀[7]。晓来雨过，遗踪何在？一池萍碎[8]。春色三分，二分尘土，一分流水。细看来、不是杨花，点点是离人泪。

【注释】

[1] 这首词大约是哲宗元祐二年（1087），苏轼在汴京任翰林学士时所作。次韵：用原作之韵，并按照原作用韵次序进行创作，称为次韵。章质夫：名楶（jié），浦城（今福建蒲城）人。当时正任荆湖北路提点刑狱，经常和苏轼诗词酬唱。他的《水龙吟》（柳花）词原文如下：“燕忙莺懒花残，正堤上、柳花飘坠。轻飞乱舞，点画青林，全无才思。闲趁游丝，静临深院，日长门闭。傍珠帘散漫，垂垂欲下，依前被、风扶起。兰帐玉人睡觉，怪春衣、雪沾琼缀。绣床渐满，香毬无数，才圆却碎。时见蜂儿，仰粘轻粉，鱼吞池水。望章台路杳，金鞍游荡，有盈盈泪。”[2] 从教：任凭。从教坠：任杨花坠落。[3] 无情有思：言杨花看似无情，却自有它的愁思。韩愈《晚春》：“杨花榆荚无才思，惟解漫天作雪飞。”这里反用其意。思：心绪，情思。有思：即有

情。[4] 萦：萦绕、牵念。柔肠：柳枝细长柔软，故以柔肠为喻。白居易《杨柳枝》："人言柳叶似愁眉，更有愁肠如柳丝。"[5] 困酣：困倦之极。娇眼：美人娇媚的眼睛，比喻柳叶。柳叶初生时，如人睡眼初展，故称柳眼，古人诗赋中常用。[6] 此三句化用唐代金昌绪《春怨》："打起黄莺儿，莫教枝上啼。啼时惊妾梦，不得到辽西。"[7] 落红：落花。缀：连结。[8] 萍碎：相传杨花入水化为浮萍。苏轼《再和曾仲锡荔支》"杨花著水万浮萍"，自注云："柳至易成，飞絮落水中，经宿即化为萍。"

踏 莎 行

秦 观

雾失楼台，月迷津渡[1]。桃源望断无寻处。可堪[2]孤馆闭春寒，杜鹃声里斜阳暮。

驿寄梅花[3]，鱼传尺素。砌成此恨无重数。郴[4]江幸自[5]绕郴山，为谁流下潇湘去？

【作者简介】

秦观（1049—1100），北宋词人。字少游、太虚，号淮海居士，高邮（今属江苏）人。宋神宗元丰八年进士。曾任秘书省正字，兼国史院编修官等职。在新旧党争中屡遭贬谪，死于放还途中藤州。文辞为苏轼所赏识，是"苏门四学士"之一。工诗词。他善于以长调抒写柔情，多是男女离愁别恨及身世伤感之作。语言委婉含蓄，清丽雅淡。诗风与词风相近。词集有《淮海词》、《淮海居士长短句》。

【注释】

[1] 津渡：渡口。[2] 可堪：哪堪。[3] 驿寄梅花：引用陆凯寄赠范晔的诗："折梅逢驿使，寄与陇头人。江南无所有，聊赠一枝春。"作者以远离故乡的范晔自比。[4] 郴（chēn）：郴州，今湖南郴县。[5] 幸自：本是。

凤凰台上忆吹箫

李清照

香冷金猊[1]，被翻红浪，起来慵自梳头。任宝奁[2]尘满，日上帘钩。生怕离怀别苦，多少事、欲说还休。新来瘦，非干病酒，不是悲秋。

休休！这回去也，千万遍阳关[3]，也则难留。念武陵人远[4]，烟锁秦楼[5]。惟有楼前流水，应念我、终日凝眸。凝眸处，从今又添，一段新愁。

【作者简介】

李清照（1084—约1151），南宋著名女词人。号易安居士，齐州章丘（今属山东）人。父李格非为当时著名学者，夫赵明诚为金石考据家。早期生活优裕，与明诚共同致力于书画金石的搜集整理。金兵入主中原，流寓南方，明诚病死，境遇孤苦。所作词，前期多写其悠闲生活，后期多悲叹身世，情调感伤，有的也流露出对中原的怀念。形式上善用白描手法，自辟途径，语言清丽。论词强调协律，崇尚典雅、情致，提出词"别是一家"之说，反对以作诗文之法作词。并能诗，留存不多，部分篇章感时咏史，情辞慷慨，与其词风不同。有《易安居士文集》、《易安词》，已散佚。后人有《漱玉词》辑本。今人有《李清照集校注》。

【注释】

[1] 金猊：狮子形的铜香炉。[2] 宝奁：美丽华贵的梳妆匣。[3] 阳关：王维《送元二使安西》："渭城朝雨浥轻尘，客舍青青柳色新。劝君更尽一杯酒，西出阳关无故人。"后据此诗谱成《阳关三叠》，为送别之曲。此处泛指离歌。[4] 武陵人远：用陶渊明《桃花源记》，武陵人到桃花源事，此处借指丈夫去的远方。[5] 秦楼：即凤台，相传春秋时秦穆公之女弄玉与夫萧史曾住在此。这里指作者当时所居之地。

渔家傲·记梦

李清照

天接云涛连晓雾，星河欲转千帆舞。仿佛梦魂归帝所[1]。闻天语[2]，殷勤问我归何处？

我报路长嗟日暮，学诗谩有[3]惊人句。九万里风鹏正举[4]。风休住，蓬舟吹取三山[5]去！

【注释】

[1] 帝所：天帝的居处。[2] 天语：天帝说话。[3] 谩有：白白有。[4] 九万里：《庄子·逍遥游》中说鲲鹏飞时扶摇直上九万里之高。[5] 三山：《史记·封禅书》记载，渤海之中有蓬莱、方丈、瀛洲三座仙山。

钗头凤

陆　游

红酥[1]手，黄滕酒[2]，满城春色宫墙柳。东风恶，欢情薄，一怀愁绪，几年离索[3]。错！错！错！

春如旧，人空瘦。泪痕红浥鲛绡[4]透。桃花落，闲池阁。山盟虽在，锦书难托。莫！莫！莫！

【注释】

[1] 酥：光洁细腻貌。[2] 黄滕酒：宋时官酒上以黄纸封口，又称黄封酒。[3] 离索：离群索居，分离也。[4] 浥：沾湿，湿透。鲛绡：传说鲛人善织绡，极薄，后泛指薄纱。鲛：传说居海之人，坠泪成珠。

水龙吟·登建康赏心亭[1]

辛弃疾

楚天千里清秋，水随天去秋无际。遥岑远目，献愁供恨，玉簪螺髻[2]。落日楼头，断鸿[3]声里，江南游子。把吴钩[4]看了，栏干拍遍，无人会，登临意。

休说鲈鱼堪鲙[5]，尽西风，季鹰归未？求田问舍，怕应羞见，刘郎才气[6]。可惜流年，忧愁风雨，树犹如此[7]！倩何人，唤取红巾翠袖，揾英雄泪[8]！

【作者简介】

辛弃疾（1140—1207），南宋词人。字幼安，号稼轩，历城（今山东济南）人。出生时，山东已为金兵所占。二十 岁时曾聚众二千参加耿京的抗金起义军，二十三岁时决策南向，归于南宋朝廷。二十四岁被任命江阴（今属江苏）签判，此后又通判建康（今南京）、知滁州（今属安徽）。其间他曾上《美芹十论》于朝，献《九议》给宰相虞允文，力主抗金，并提出一整套计划，均未得到反响。叶衡为相，力荐辛弃疾慷慨有大略，历任江西提点刑狱、湖北转运使、知潭州（今湖南长沙）兼湖南安抚使、知隆兴府（今江西南昌）兼江西安抚使。任职期间，政绩卓著，并招集流亡，训练军队，不断为抗金复土大业作准备，后为当权者所忌，自四十三岁起长期落职闲居江西上饶、铅山一带。晚年又被起用，先后知绍兴府兼浙东安抚使、知镇江府。辛弃疾支持宰相韩侂胄北伐，但反对轻敌冒进，终于不被信任，再度被罢，不久病卒。

辛弃疾是一位民族英雄、伟大的爱国词人。其词抒写力图恢复国家统一的爱国热情，倾诉壮志难酬的悲愤，对南宋上层统治集团的屈辱投降进行揭露和批判；也有不少吟咏祖国河山的作品。艺术风格多样，而以豪放为主。热情洋溢，慷慨悲壮，笔力雄厚，与苏轼并称为“苏辛”。《破阵子·为陈同甫赋壮词以寄之》、《永遇乐·京口北固亭怀古》、《水龙吟·登建康赏心亭》、《菩萨蛮·书江西造口壁》等均有名。但部分作品也流露出抱负不能实现而产生的消极情绪。现存词六百余首，有《稼轩词》（四卷）与《稼轩长短句》（十二卷）两种刊本。

【注释】

［1］建康赏心亭：为秦淮河边一名胜。［2］遥岑，即远山。玉簪螺髻：韩愈《送桂州严大夫》诗：“江作青罗带，山如碧玉簪。”皮日休《缥缈峰》诗：“似将青螺髻，撒在明月中。”此三句意思是：放眼望去，那一层层、一叠叠的远山，有的像美人头上的碧玉簪，有的像美人的青螺发髻一样，似都在发愁，像有无限怨恨。［3］断鸿：失群孤雁。［4］吴钩：吴地特产的弯形宝刀，此指剑。［5］《晋书·张翰传》：“翰（字季鹰）因见秋风起，乃思吴中菰菜、莼羹、鲈鱼脍，曰：‘人生贵得适志，何能羁宦数千里以要名爵乎？’遂命驾而归。”此处表示自己不愿放弃大业，只图个人安逸。［6］见《三国志·魏志·陈登传》：“许汜与刘备并在荆州牧刘表坐，表与备共论天下人，汜曰：‘陈元龙湖海之士，豪气不除。’……备问汜：‘君言豪，宁有事耶？’汜曰：‘昔遭乱过下邳，见元龙。元龙无客主之意，久不相与语，自上大床卧，使客卧下床。’

备曰：'君有国士之名，今天下大乱，帝主失所，望君忧国忘家，有救世之意，而君求田问舍，言无可采，是元龙所讳，何缘当与君语？如小人，欲卧百尺楼上，卧君于地，何但上下床之间耶？'"求田问舍：置地买房。刘郎：指刘备。此处表示自己羞于置田买屋安居乐业。[7] 流年：年光如流。风雨：指国家在风雨飘摇之中。自惜年华在无所作为中逝去，为国运感到忧愁，人比树老得还快。树犹如此：见刘义庆《世说新语·言语》："桓公（桓温）北伐，经金城，见前为琅琊时种柳皆已十围，慨然曰：'木犹如此，人何以堪！'攀枝折条，泫然流泪。"庾信《枯树赋》引桓温语作："树犹如此，人何以堪！" [8] 红巾翠袖：指歌女。宋时宴席上多用歌妓劝酒，故云。揾（wèn）：擦拭。

贺新郎

辛弃疾

同父见和，再用韵答之[1]。

老大那堪说[2]。似而今[3]、元龙臭味[4]，孟公瓜葛[5]。我病君来高歌饮，惊散楼头飞雪。笑富贵千钧如发[6]。硬语盘空谁来听？记当时、只有西窗月[7]。重进酒[8]，换鸣瑟[9]。

事无两样人心别[10]。问渠侬[11]：神州毕竟，几番离合[12]？汗血盐车无人顾[13]，千里空收骏骨[14]。正目断，关河路绝[15]。我最怜君中宵舞[16]，道男儿、到死心如铁。看试手，补天裂[17]。

【注释】

[1] 同父：陈亮的字。陈亮与辛弃疾是知心朋友。宋孝宗淳熙十五年（1188）冬，陈亮到上饶拜望辛弃疾，住了十天，二人同游了鹅湖与瓢泉。别后，彼此以词相酬和，这是其中的一首。[2] 老大：年老。那堪：怎么，哪能。陈亮和词的首句是"老去凭谁说"。都是自叹年老。[3] 似而今：而今似。[4] 元龙臭味：是说与元龙气味相投。元龙：陈登的字，东汉末年人。《三国志·魏志·陈登传》载：陈元龙有"湖海之士，豪气不除"的称誉，对不能忧国忘家的许汜不予理睬，受到刘备的赞许。臭味：气味，情趣。[5] 孟公瓜葛：与孟公建立了情谊。孟公：陈遵的字，西汉末年杜陵（今陕西西安东南）人。性情放纵，好客。瓜葛：牵连、关系，黄庭坚《赠张仲谋》诗："向来情义比瓜葛"。这里的孟公与上句的元龙都比喻陈亮。[6] 笑富贵千钧如发：鄙视富贵，人家看作千钧之重的，我看作一根毛发那么轻。[7] 慷慨激昂、愤世嫉俗的话语，有谁来听呢？记得当时除我们二人外，只有西窗明月。硬语盘空：出自韩愈《荐士》诗"横空盘硬语"。[8] 重进酒：再一次进酒对饮。[9] 瑟：弦拨乐器。[10] 事无两样人心别：国家兴亡之事对每个人来说并无两样，但人们的想法态度彼此是不同的。[11] 问渠侬：问问他们，指在朝当政的人。渠侬：吴语对他人的称呼。[12] 此句意思是：全国到底什么时候才能统一呢？离合：此处专指合，即收复中原使全国统一。

［13］汗血盐车无人顾：良马被人用来拖笨重的盐车，无人过问。比喻人才被埋没和受到屈辱。汗血：良马名，产于西域大宛，传说它流出的汗颜色如血，号称一日千里。盐车：相传伯乐乘车经过虞坂，有骐骥（骏马）伏盐车下，见之长鸣，伯乐下车泣之。［14］千里空收骏骨：是说买了千里马的骨头也是徒劳的，比喻无人重视人才。《战国策·燕策》载：君王要买千里马，使臣以五百金买了千里马的骨头，于是许多人闻讯后纷纷选送千里马。骏骨：骏马的骨头。［15］正目断，关河路绝：放眼望去，山河之间的道路被雪遮住了。这是比喻通向中原的道路断绝。［16］我最怜君中宵舞：我最爱看你（指陈亮）半夜拔剑起舞。［17］看试手，补天裂：时机到来时，让我们一试身手，像女娲补天一样去整顿破碎的山河。

暗　　香

姜　夔

辛亥[1]之冬，予载雪诣石湖[2]。止既月[3]，授简[4]索句，且征新声[5]。作此两曲，石湖把玩不已，使工伎隶习之[6]，音节谐婉，乃名之曰《暗香》、《疏影》。

旧时月色，算几番照我，梅边吹笛？唤起玉人，不管清寒与攀摘。何逊而今渐老[7]，都忘却、春风词笔。但怪得[8]、竹外疏花，香冷入瑶席。

江国，正寂寂，叹寄与路遥[9]，夜雪初积。翠尊[10]易泣，红萼无言耿相忆[11]。长记曾携手处，千树压、西湖寒碧。又片片、吹尽也，几时见得？

【作者简介】

姜夔（约1155—约1221），字尧章，号白石道人，饶州鄱阳（江西波阳）人。曾试进士，不第。一生未入仕途，死于杭州。为诗初学黄庭坚，而自拔于宋人之外，所为《诗说》，多精至之论。精通音律，能自度曲。工诗，尤以词著称。为词格调甚高，清空峭拔，对南宋风雅词派甚有影响，被清初浙西词派奉为圭臬。有词集《白石道人歌曲》。

【注释】

［1］辛亥：光宗绍熙二年。［2］石湖：在苏州西南，与太湖通。范成大居此，因号石湖居士。［3］止既月：指住满一月。［4］简：纸。［5］征新声：征求新的词调。［6］工伎：乐工、歌女。隶习：学习。［7］何逊：南朝梁诗人，早年曾任南平王萧伟的记室。任扬州法曹时，廨舍有梅花一株，常吟咏其下。后居洛思之，请再往。抵扬州，花方盛开，逊对树彷徨终日。杜甫诗："东阁官梅动诗兴，还如何逊在扬州。"后人将何逊作为咏梅者的代表。作者以何逊自比，感慨自己现在的衰老。［8］但怪得：惊异。［9］此处借用诗人陆凯的典故。陆凯从江南寄梅花与范晔，并赠诗云："折梅逢驿使，寄与陇头人。江南无所有，聊赠一枝春。"（《赠范晔》）此处暗用其事，感慨与相思之人遥遥相隔，无法寄梅问讯。［10］翠尊：翠绿酒杯，这里指酒。［11］红萼：指梅花。耿：耿然于心，不能忘怀。

摸 鱼 儿[1]

元好问

问世间、情是何物，只教生死相许？天南地北[2]双飞客，老翅儿回寒暑[3]。欢乐趣，离别苦，就中[4]更有痴儿女。君应有语，渺万里层云，千山暮雪，只影向谁去？

横汾路[5]，寂寞当年箫鼓[6]，荒烟依旧平楚。招魂楚些[7]何嗟及，山鬼暗啼风雨[8]。天也妒，未信与，莺儿燕子俱黄土。千秋万古，为留待骚人，狂歌痛饮，来访雁丘处。

【作者简介】

元好问（1190—1257），字裕之，号遗山，太原秀容（今山西忻县）人，金时杰出的文学家。元好问年轻时，正值蒙古军南侵，山西各地兵荒马乱，他带着母亲，逃到河南。残酷的生活现实和颠沛流离的遭遇，给元好问以深刻的影响。他初步了解了社会和人民，开始创作一些反映现实、诅咒战争的诗歌。同时，写下了《论诗绝句》30首，对魏晋以来的诗歌作了系统的批评，在文学批评上享有很高的地位。金亡后，元好问避居家乡，专事著述。他痛感国破家亡的痛苦，满怀悲愤写下了大量优秀的现实主义诗篇。有《遗山集》。另外，他还著有《中州集》、《壬辰杂编》等史书。元人撰写金史，多取材于此。

【注释】

[1] 摸鱼儿：双调一百一十六字，有摸鱼子、安庆摸、买陂塘、陂塘柳等别名。[2] 天南地北：比喻距离很远。[3] 老翅：鸟类及昆虫的翼，通常用来飞行。寒暑：冬、夏两个季节，泛指岁月。《本草纲目》说雁有四德：“寒则自北而南，止於衡阳，热则自南而北，归於雁门，其信也；飞则有序而前鸣后和，其礼也；失偶不再配，其节也；夜则群宿而一奴巡更，昼则衔芦以避缯缴，其智也。”[4] 就中：与“是中”同义，于此，在这里面。[5] 横汾路：汾河岸，当年汉武帝巡幸处，帝王游幸欢乐的地方。[6] 箫鼓：用排箫与建鼓合奏，一般也用作仪仗音乐，有时乐工可以坐在鼓车中演奏。[7] 楚些：《楚辞·招魂》中多以“些”为句末助词。后以“楚些”为楚辞或招魂的代称。[8] 山鬼：乃楚地（今湖南、湖北）民间传说中的一位美丽女神。风雨：《诗经·郑风》的篇名，共三章。根据诗序：“风雨，思君子也。乱世则思君子不改其度焉。”或亦指男女幽会之诗。首章二句为：“风雨凄凄，鸡鸣喈喈。”

金缕曲[1]·赠梁汾[2]

纳兰性德

德[3]也狂生耳。偶然间、淄尘京国[4]，乌衣门第[5]。有酒唯浇赵州土[6]，谁会成生[7]此意！不信道、竟逢知己。青眼高歌俱未老[8]，向尊前、拭尽英雄泪[9]。君不见，月如水。

共君此夜须沉醉。且由他、娥眉谣诼，古今同忌[10]。身世悠悠[11]何足问，冷笑置之而已。寻思起、从头翻悔。一日心期千劫在[12]，后身缘[13]、恐结他生里。然诺重[14]，君须记。

【作者简介】

纳兰性德（1655—1685），为清朝太傅明珠长子。原名成德，字容若，号楞伽山人，满洲正黄旗人，清初著名词人。容若天资颖慧，博通经史，工书法，擅丹青，又精骑射。十七为诸生，十八举乡试，二十二岁殿试赐进士出身，后晋一等侍卫，受到皇帝宠信，常伴康熙出巡边塞。然与其人生志向不合，心情郁闷。三十一岁时因寒疾而殁。受汉族传统文化熏陶颇深，喜结交朝野文士。能诗文，尤以词著称。词作多抒写扈驾出巡之凄苦、与妻子别离之愁绪，以及“羁栖良苦”的人生感受，情感真切，出语自然，风格婉丽清新。在他生前刻本出版后产生过“家家争唱”的轰动效应。在他身后，清家词话和学者均对他评价甚高，王国维赞曰“以自然之眼观物，以自然之舌言情……北宋以来，一人而已。”有《饮水词》。

【注释】

［1］金缕曲：词调名，又名《贺新郎》。［2］梁汾：顾贞观（1637—1714），字华峰，号梁汾，清初词人，作者的挚友。康熙十五年（1676），作者与顾贞观相识，情意相投，于是作此词赠之。词写知己相遇的情义，以及人才受到排斥的悲愤，情辞恳切，直抒胸臆，性情毕现。［3］德：作者自称。［4］淄尘京国：谢朓《酬王晋安》诗：“谁能久京洛，缁尘染素衣。”这里借用其意，表现身居北京之无奈。淄尘：黑尘，喻污垢。淄：通“缁”，黑色。京国：京城。［5］乌衣门第：东晋王、谢大族多居金陵乌衣巷，后世遂以该巷名指称世家大族。作者出身满洲贵族，父明珠官至武英殿大学士，累加太傅、晋太子太师。故云。［6］此处用李贺《浩歌》“买丝绣作平原君，有酒唯浇赵州土”句，表示愿学战国时赵国平原君，虚己下士，广结宾客。浇：浇酒祭祀。赵州土：平原君墓土。［7］成生：自称。作者原名成德，后避太子讳改性德。［8］此处化用杜甫《短歌行赠王郎司直》“青眼高歌望吾子，眼中之人吾老矣”句，表达对朋友的深厚情谊。作者和顾贞观当时都尚年轻，故云“俱未老”。青眼：尊重之眼光。阮籍能为青白眼，“嵇康赍酒挟琴造之，籍大悦，乃见青眼”。（《世说新语》）［9］此两句为二人自视甚高，又均不得志而感伤。尊：同“樽。”［10］娥眉谣诼：指有人对顾贞观造谣诬陷。语出屈原《离骚》：“众女嫉余之娥眉兮，谣诼谓余以善淫。”娥眉：亦作“蛾眉”，喻才能。谣诼：造谣毁谤。忌：语气助词，无实义。［11］悠悠：遥远而不定貌。［12］心期：心心相印，情投意合。千劫在：经久历险而不变（心）。［13］后身缘：来生情缘。［14］然诺重：即重然诺，守信用。此指作者许诺竭力救助顾贞观落难朋友吴兆骞的事。

第六节　元　曲

［南吕一枝花］不伏老

关汉卿

攀出墙朵朵花，折临路枝枝柳。花攀红蕊嫩，柳折翠条柔，浪子风流。凭着我折柳攀花手，直煞得花残柳败休。半生来折柳攀花，一世里眠花卧柳。

【梁州】我是个普天下郎君领袖，盖世界浪子班头。愿朱颜不改常依旧，花中消遣，酒内忘忧。分茶攧竹，打马藏阄；通五音六律滑熟，甚闲愁到我心头！伴的是银筝女银台前理银筝笑倚银屏；伴的是玉天仙携玉手并玉肩同登玉楼；伴的是金钗客歌《金缕》捧金樽满泛金瓯。你道我老也，暂休。占排场风月功名首，更玲珑又剔透。我是个锦阵花营都帅头，曾玩府游州。

【隔尾】子弟每是个茅草冈、沙土窝初生的兔羔儿乍向围场上走，我是个经笼罩、受索网苍翎毛老野鸡蹅踏得阵马儿熟。经了些窝弓冷箭镴枪头，不曾落人后。恰不道"人到中年万事休"，我怎肯虚度了春秋。

【尾】我是个蒸不烂、煮不熟、捶不匾、炒不爆、响珰珰一粒铜豌豆，恁子弟每谁教你钻入他锄不断、斫不下、解不开、顿不脱、慢腾腾千层锦套头。我玩的是梁园月，饮的是东京酒，赏的是洛阳花，攀的是章台柳。我也会围棋、会蹴踘、会打围、会插科、会歌舞、会吹弹、会咽作、会吟诗、会双陆。你便是落了我牙、歪了我嘴、瘸了我腿、折了我手，天赐与我这几般儿歹症候，尚兀自不肯休！则除是阎王亲自唤，神鬼自来勾，三魂归地府，七魄丧冥幽，天哪！那其间才不向烟花路儿上走！

【作者简介】

关汉卿，号已斋叟，元代大都（今北京）人，约生于金朝末年（13 世纪初），卒于元朝大德年间（13 世纪末）。关于其身份，或称其为金遗民，或言其为太医院尹（一作"户"）。史载其生而倜傥，博学能文，滑稽多智，蕴藉风流，为一时之冠。

第七节　现当代诗歌

蝴　蝶

胡　适

两只黄蝴蝶，双双飞上天，
不知为什么，一只忽飞还。
剩下那一只，孤单怪可怜。
也无心上天，天上太孤单。

【作者简介】

胡适（1891—1962），原名胡洪骍、洪马辛、嗣穈，字希疆，参加“庚款”留美考试后改名适，字适之，学名洪骍，笔名天风、藏晖等。他的故乡是安徽绩溪上庄村。现代著名学者、诗人、历史家、文学家、哲学家。1910年留学美国，入康乃尔大学，后转入哥伦比亚大学，从学于杜威，深受其实验主义哲学的影响。1917年初在《新青年》上发表了《文学改良刍议》。1917年获哲学博士学位，同年回国，任北京大学教授。参加编辑《新青年》，并发表论文《历史的文学观念论》、《建设的文学革命论》，出版新诗集《尝试集》，成为新文化运动中很有影响的人物。1919年发表《多研究些问题，少谈些主义》，主张改良主义。1920年离开《新青年》，后创办《努力周报》。1923年与徐志摩等组织新月社。1924年与陈西滢、王世杰等创办《现代评论》周刊。1932年与蒋廷黻、丁文江创办《独立评论》。1938年任国民政府驻美国大使。1946年任北京大学校长。1948年离开北平，后转赴美国。1958年任台湾“中央研究院院长”。胡适一生在哲学、文学、史学、古典文学考证诸方面都有成就，并有一定的代表性。著有《五十年来之中国文学》、《胡适文存》、《白话文学史》、《中国章回小说考证》等。

胡适一生的学术活动主要在史学、文学和哲学几个方面，主要著作有《中国哲学史大纲》（上）、《尝试集》、《白话文学史》（上）和《胡适文存（四集）》等。他在学术上影响最大的是提倡“大胆的假设、小心的求证”的治学方法。晚年潜心于《水经注》的考证，但未及写出定稿。1962年在台北病逝。

雪花的快乐

徐志摩

假如我是一朵雪花，
翩翩的在半空里潇洒，

我一定认清我的方向——
飞扬，飞扬，飞扬，——

这地面上有我的方向。
不去那冷寞的幽谷，
不去那凄清的山麓，
也不上荒街去惆怅——
飞扬，飞扬，飞扬，——

你看，我有我的方向！
在半空里娟娟的飞舞，
认明了那清幽的住处，
等着她来花园里探望——
飞扬，飞扬，飞扬，——

啊，她身上有朱砂梅的清香！
那时我凭借我的身轻，
盈盈的，沾住了她的衣襟，
贴近她柔波似的心胸——
消溶，消溶，消溶——
溶入了她柔波似的心胸！

【作者简介】

徐志摩（1897—1931），现代诗人、散文家。名章垿，字志摩，小字又申。曾经用过笔名南湖、云中鹤。浙江海宁县硖石镇人。1915年毕业于杭州一中，先后就读于上海沪江大学、天津北洋大学和北京大学。1918年赴美国学习银行学。1921年赴英国留学，入伦敦剑桥大学当特别生，研究政治经济学。在剑桥两年深受西方教育的熏陶及欧美浪漫主义和唯美派诗人的影响。

1921年开始创作新诗。1922年回国后在报刊上发表大量诗文。1923年，参与发起成立新月社，加入文学研究会。1924年与胡适、陈西滢等创办《现代诗评》周刊，任北京大学教授。印度大诗人泰戈尔访华时任翻译。1925年赴欧洲，游历苏、德、意、法等国。1926年在北京主编《晨报》副刊《诗镌》，与闻一多、朱湘等人开展新诗格律化运动，影响到新诗艺术的发展。同年移居上海，任光华大学、大夏大学和南京中央大学教授。1927年参加创办新月书店。次年《新月》月刊创刊后任主编。并出国游历英、美、日、印等国。1930年任中华文化基金委员会委员，被选为英国诗社社员。同年冬到北京大学与北京女子大学任教。1931年初，与陈梦家、方玮德创办《诗刊》季刊，被推选为笔会中国分会理事。同年11月19日，由南京乘飞机到北平，因遇大雾在济南附近触山，机坠身亡。主要诗集有《志摩的诗》、《翡冷翠的一夜》等。散文集有

《落叶》、《自剖》等。

著有诗集《志摩的诗》、《翡冷翠的一夜》、《猛虎集》、《云游》；散文集《落叶》、《巴黎的鳞爪》、《自剖》、《秋》；小说散文集《轮盘》；戏剧《卞昆冈》（与陆小曼合写）；日记《爱眉小札》、《志摩日记》；译著《曼殊斐尔小说集》等。他的作品已编为《徐志摩文集》出版。徐诗字句清新，韵律谐和，比喻新奇，想象丰富，意境优美，神思飘逸，富于变化，并追求艺术形式的整饬、华美，具有鲜明的艺术个性，为新月派的代表诗人。他的散文也自成一格，取得了不亚于诗歌的成就，其中《自剖》、《想飞》、《我所知道的康桥》、《翡冷翠山居闲话》等都是传世的名篇。

烦　忧

戴望舒

说是寂寞的秋的清愁，
说是辽远的海的相思。
假如有人问我的烦忧，
我不敢说出你的名字。

我不敢说出你的名字，
假如有人问我的烦忧：
说是辽远的海的相思，
说是寂寞的秋的清愁。

【作者简介】

戴望舒（1905—1950），笔名戴梦鸥、江恩、艾昂甫等，生于浙江杭州，是中国现代著名的诗人。1923 年，考入上海大学文学系。1925 年，转入上海震旦大学法文班。1926 年同施蛰存、杜衡创办《璎珞》旬刊，在创刊号上发表处女诗作《凝泪出门》和译魏尔伦的诗。1928 年与施蛰存、杜衡、冯雪峰一起创办《文学工场》。1929 年 4 月，第一本诗集《我的记忆》出版，其中《雨巷》成为传诵一时的名作，他因此被称为“雨巷诗人”。1932 年参加施蛰存主编的《现代》杂志的编辑工作。11 月初赴法留学，入里昂中法大学。1935 年春回国。1936 年 10 月，与卞之琳、孙大雨、梁宗岱、冯至等创办《新诗》月刊。抗战爆发后，在香港主编《大公报》文艺副刊，发起出版《耕耘》杂志。1938 年春在香港主编《星岛日报·星岛》副刊。1939 年和艾青主编《顶点》。1941 年底被捕入狱，在狱中写下了《狱中题壁》、《我用残损的手掌》、《心愿》、《等待》等诗篇。1949 年 6 月，在北平出席了中华文学艺术工作代表大会。后担任新闻出版总署国际新闻局法文科科长，从事编译工作。1950 年在北京病逝，享年 45 岁，安葬于北京西山脚下的北京香山万安公墓，墓碑上有茅盾亲笔书写的“诗人戴望舒之墓”。

戴望舒通法语、西班牙语和俄语等欧洲语言，一直从事欧洲文学的翻译工作，他是首个将西班牙诗人洛尔卡的作品翻译成中文的人。

赞　美

穆　旦

走不尽的山峦的起伏，河流和草原，
数不尽的密密的村庄，鸡鸣和狗吠，
接连在原是荒凉的亚洲的土地上，
在野草的茫茫中呼啸着干燥的风，
在低压的暗云下唱着单调的东流的水，
在忧郁的森林里有无数埋藏的年代。
它们静静地和我拥抱：
说不尽的故事是说不尽的灾难，沉默的
是爱情，是在天空飞翔的鹰群，
是干枯的眼睛期待着泉涌的热泪，
当不移的灰色的行列在遥远的天际爬行；
我有太多的话语，太悠久的感情，
我要以荒凉的沙漠，坎坷的小路，骡子车，
我要以槽子船，漫山的野花，阴雨的天气，
我要以一切拥抱你，你，
我到处看见的人民呵，
在耻辱里生活的人民，佝偻的人民，
我要以带血的手和你们一一拥抱。
因为一个民族已经起来。

一个农夫，他粗糙的身躯移动在田野中，
他是一个女人的孩子，许多孩子的父亲，
多少朝代在他的身边升起又降落了
而把希望和失望压在他身上，
而他永远无言地跟在犁后旋转，
翻起同样的泥土溶解过他祖先的，
是同样的受难的形象凝固在路旁。
在大路上多少次愉快的歌声流过去了，
多少次跟来的是临到他的忧患；
在大路上人们演说，叫嚣，欢快，
然而他没有，他只放下了古代的锄头，
再一次相信名词，溶进了大众的爱，
坚定地，他看着自己溶进死亡里，

而这样的路是无限的悠长的，
而他是不能够流泪的，
他没有流泪，因为一个民族已经起来。

在群山的包围里，在蔚蓝的天空下，
在春天和秋天经过他家园的时候，
在幽深的谷里隐着最含蓄的悲哀：
一个老妇期待着孩子，许多孩子期待着
饥饿，而又在饥饿里忍耐，
在路旁仍是那聚集着黑暗的茅屋，
一样的是不可知的恐惧，一样的是
大自然中那侵蚀着生活的泥土，
而他走去了从不回头诅咒。
为了他我要拥抱每一个人，
为了他我失去了拥抱的安慰，
为了他，我们是不能给以幸福的，
痛哭吧，让我们在他的身上痛哭吧，
因为一个民族已经起来。

一样的是这悠久的年代的风，
一样的是从这倾圮的屋檐下散开的
无尽的呻吟和寒冷，
它歌唱在一片枯槁的树顶上，
它吹过了荒芜的沼泽，芦苇和虫鸣，
一样的是这飞过的乌鸦的声音。
当我走过，站在路上踟蹰，
我踟蹰着为了多年耻辱的历史
仍在这广大的山河中等待，
等待着，我们无言的痛苦是太多了。
然而一个民族已经起来，
然而一个民族已经起来。

（1941 年 12 月）

【作者简介】

穆旦（1918—1977），诗人、翻译家。原名查良铮，与著名作家金庸（查良镛）属于平辈，有亲属关系。曾用笔名梁真。浙江海宁人。1918 年出生于天津，少年在南开中学读书时便对文学有浓厚兴趣，开始写诗。1935 年考入北平清华大学外文系，抗日战争爆发后，随学校辗转于长沙、昆明等地，并在香港《大公报》副刊和昆明《文聚》

上发表大量诗作，成为有名的青年诗人。1940年在西南联大毕业后留校任教。1948年赴美国留学，入芝加哥大学英国文学系学习，获文学硕士学位。1953年回国后，任南开大学外文系副教授。1958年受到不公正对待，调图书馆工作。1977年因心脏病突发去世。

穆旦于20世纪40年代出版了《探险者》、《穆旦诗集（1939—1945）》、《旗》三部诗集，将西欧现代主义和中国诗歌传统结合起来，诗风富于象征寓意和心灵思辨，是“九叶诗派”的代表性诗人。50年代起，穆旦开始从事外国诗歌的翻译，译有俄国普希金和英国雪莱、拜伦、布莱克、济慈等人的诗作。同时也翻译了苏联季摩菲耶夫等人的文艺理论著作，在翻译界享有盛誉。今人编有《穆旦诗文集》。

苹果树下（《吐鲁番情歌》其一）

闻　捷

苹果树下那个小伙子，
你不要、不要再唱歌；
姑娘沿着水渠走来了，
年轻的心在胸中跳着。
她的心为什么跳啊？
为什么跳得失去节拍？……

春天，姑娘在果园劳作，
歌声轻轻从她耳边飘过，
枝头的花苞还没有开放，
小伙子就盼望它早结果。
奇怪的念头姑娘不懂得，
她说：别用歌声打扰我。

小伙子夏天在果园度过，
一边劳动一边把姑娘盯着，
果子才结得葡萄那么大，
小伙子就唱着赶快去采摘。
满腔的心思姑娘猜不着。
她说：别像影子一样缠着我。

淡红的果子压弯绿枝，
秋天是一个成熟季节，
姑娘整夜整夜地睡不着，
是不是挂念那树好苹果？

这些事小伙子应该明白，
她说：有句话你怎么不说？

……苹果树下那个小伙子，
你不要、不要再唱歌；
姑娘踏着草坪过来了，
她的笑容里藏着什么？……
说出那句真心的话吧！
种下的爱情已该收获。

【作者简介】

闻捷（1923—1971），当代诗人。原名赵文节，又名巫咸，江苏丹徒人。自幼家贫，小学毕业后曾在煤厂做过学徒。抗战爆发后流亡武汉，满怀爱国热忱，参加抗日救亡演剧工作。1938 年加入中国共产党，1940 年到延安在陕北公学学习，后到陕北文工团工作。之后，一直做报纸的编辑、记者。自 1943 年首篇作品《加强自卫军》发表后，陆续写了不少战地通讯、散文、杂文、特写。参加过解放西北的战斗，1949 年跟随部队抵达新疆。新中国成立后曾任新华社新疆分社社长。从 1957 年起从事专业创作。在这之前，他发表了许多抒情诗歌，描绘了西北地区的瑰丽风光和少数民族的生活，尤其是《吐鲁番情歌》、《果子沟山谣》这两组诗篇，热情地歌颂、表现了劳动人民的爱情和他们的新生活，反映出新中国成立后兄弟民族新的精神面貌。1959 年至 1962 年，陆续发表了代表作、长篇叙事诗《复仇的火焰》第 1、2 部及第 3 部的若干片段。这部史诗通过描写新中国成立初期新疆巴里坤草原上的一次平叛事件，展现了我军解放新疆的历史进程。除却一系列性格鲜明的人物形象、曲折变幻的故事情节外，作品还着意描画天山南北的自然景物，富于草原特色。“文化大革命”中受迫害而死，1978 年上海市文化局为他平反昭雪、恢复名誉。

桂林山水歌

贺敬之

云中的神呵，雾中的仙，
神姿仙态桂林的山！

情一样深呵，梦一样美，
如情似梦漓江的水！

水儿重呵，山儿重？
水绕山环桂林城……

是山城呵，是水城？
都在青山绿水中……

呵！此山此水入胸怀，
此时此身何处来？

……黄河的浪涛塞外的风，
此来关山千万重。

马鞍上梦见沙盘上画：
“桂林山水甲天下”……

呵！是梦境呵，是仙境？
此时身在独秀峰！

心是醉呵，还是醒？
水迎山接入画屏！

画中画——漓江照我身千影，
歌中歌——山山应我响回声……

招手相问老人山，
云罩江山几万年？

——伏波山下还珠洞，
宝珠久等叩门声……

鸡笼山一唱屏风开，
绿水白帆红旗来！

大地的愁容春雨洗，
请看穿山明镜里——

呵！桂林的山来漓江的水——
祖国的笑容这样美！

桂林山水入胸襟，
此景此情战士的心——

江山多娇人多情，
使我白发永不生！

对此江山人自豪，
使我青春永不老！

七星岩去赴神仙会，
招呼刘三姐呵打天上回……

人间天上大路开，
要唱新歌随我来！

三姐的山歌十万八千箩，
战士呵，指点江山唱祖国……

红旗万梭织锦绣，
海北天南一望收！

塞外的风沙呵黄河的浪，
春光万里到故乡。

红旗下：少年英雄遍地生——
望不尽：千姿万态“独秀峰”！

——意满怀呵，情满胸，
恰似漓江春水浓！

呵！汗雨挥洒彩笔画：
桂林山水——满天下！……

【作者简介】

贺敬之（1924—），山东峄县人，著有《乡村的夜》、《放歌集》、《贺敬之诗选》等诗集。他的诗可分为两类：一类是政治抒情诗，代表作是《放声歌唱》、《雷锋之歌》等。这类作品气势磅礴，洋溢着政治激情，有强烈的宣传鼓动作用；形式上，多采用楼梯式。一类是抒情短诗，这类作品一般是表现他对某些事物的感受，感情真挚，意境清新，民歌和古诗韵味浓厚，如《回延安》、《桂林山水歌》等。

一棵开花的树

席慕容

如何让你遇见我
在我最美丽的时刻

为这
我已在佛前求了五百年
求佛让我们结一段尘缘
佛于是把我化做一棵树
长在你必经的路旁

阳光下
慎重地开满了花
朵朵都是我前世的盼望

当你走近
请你细听
那颤抖的叶
是我等待的热情

而当你终于无视地走过
在你身后落了一地的
朋友啊
那不是花瓣
那是我凋零的心

【作者简介】

席慕容（1943—），女，蒙古族，全名穆伦·席连勃，意为浩荡大江河。1943 年生于四川重庆，祖籍察哈尔盟明安旗贵族。蒙古族王族之后，外婆是王族公主，后随家人落居台湾。十三岁起在日记中写诗，十四岁入台北师范艺术科，后又入台湾师范大学艺术系。1964 年入比利时布鲁塞尔皇家艺术学院专攻油画。毕业后任台湾新竹师专美术科副教授。举办过数十次个人画展，出过画集，多次获多种绘画奖。她是台湾知名画家，更是著名散文家与诗人，著有诗集《七里香》、《无怨的青春》、《时光九篇》等，散文集《写给幸福》、《江山有待》等，美术论著《心灵的探索》、《镭射艺术异论》等。1981 年，台湾大地出版社出版席慕容的第一本诗集《七里香》，一年之内再版七次。其他诗集也是一版再版。席慕容的作品浸润东方古老哲学，带有宗教色彩，透露出一种人生无常的苍凉韵味。席慕容多写爱情、人生、乡愁，写得极美，淡雅剔透，抒情灵动，饱含着对生命的挚爱真情，影响了整整一代人的成长历程。

第八节　外国诗歌

为了看看阳光，我来到世上

巴尔蒙特（俄罗斯）

我来到这个世界为的是看太阳，
和蔚蓝色的田野。
我来到这个世界为的是看太阳，
和连绵的群山。

我来到这个世界为的是看大海，
和百花盛开的峡谷。
我与世界面对面签订了和约，
我是世界的真主。

我战胜了冷漠无言的冰川，
我创造了自己的理想。
我每时每刻都充满了启示，
我时时刻刻都在歌唱。

我的理想来自苦难，
但我因此而受人喜爱。
试问天下谁能与我的歌声媲美？
无人、无人媲美。

我来到这个世界为的是看太阳，
而一旦天光熄灭，
我也仍将歌唱……我要歌颂太阳
直到人生的最后时光！

【作者简介】

巴尔蒙特·康斯坦丁·德米特里耶维奇（Бальмонт Константин Дмитриевич，

1867—1942)，俄罗斯诗人、评论家、翻译家。童年时代进行了大量阅读，尤其对诗歌感兴趣，尝试自己写诗。1890 年以后出版了三本诗集：《在北方的天空下》（Под северным небом，1894）、《在无穷之中》（В безбрежности，1895）、《静》（Тишина，1898）。它们不仅确立了巴尔蒙特的诗人地位，也是俄罗斯象征主义的奠基之作。此后诗人笔耕不辍，创作了大量诗篇。1906 ~ 1913 年居住在法国，多次旅行。巴尔蒙特不接受十月革命，1920 年举家迁往法国，并在国外继续从事创作。1937 年出版了最后一本诗集。

致大自然

荷尔德林（德国）

当我还在你的面纱旁游戏，
还像花儿依傍在你身旁，
还倾听你每一声心跳，
它将我温柔颤抖的心环绕，
当我还像你一样满怀信仰和渴望，
站在你的图像前，
为我的泪寻找一个场所，
为我的爱寻找一个世界；

当我的心还向着太阳，
以为阳光听得见它的跃动，
它把星星称作兄弟，
把春天当作神的旋律；
当小树林里气息浮动，
你的灵魂，你欢乐的灵魂，
在寂静的心之波里摇荡，
那时金色的日子将我怀抱。

【作者简介】

荷尔德林（1770—1843），德国著名抒情诗人，死后似乎被遗忘了近一百年，直到 20 世纪中叶，才在德国被重新发现，并在欧洲建立了声誉。

1770 年 3 月 20 日生于斯瓦比亚的小城劳芬，父亲早故，母亲是牧师之女。曾先后在登肯多夫和毛尔布龙修道院学校学习，1788 ~ 1793 年在图宾根大学神学院获硕士学位，有资格担任神职，但他后来并未担任牧师职务，因为他接受的基督教教条同他潜心研究的希腊神话并不相容。他把希腊诸神看成是真实存在的力量。对他来说，诗人的职责就是在神和人之间起到中介作用。1793 年结识席勒，他的诗歌如《许涪里翁》大都发表在席勒的刊物《新塔莉亚》上，这些诗受法国革命精神的鼓舞，歌颂自由、人类、和谐、友谊和大自然。1798 年后因情场失意，身心交瘁，处于精神分裂状态，仍完成了大量作品。后期诗作把人道主义思想和对祖国的爱交织在一起，逐渐转向古希腊的诗歌和自由韵律的形式，艺术上臻于完美。代表作有《自由颂》、《人类颂》、《为祖国而死》、《日落》、《梅农为狄奥提玛而哀叹》、《漫游者》、《返回家乡》、《爱琴海群岛》以及《给大地母亲》、《莱茵河》、《怀念》等。荷尔德林还翻译了索福克勒斯的两部悲剧《俄狄浦斯王》和《安提戈涅》，译本受到很高的评价。1843 年 6 月 7 日在图宾根去世。诗人生命的最后 36 年是在精神失常下度过的。

当你老了

叶芝（爱尔兰）

当你老了，头白了，睡思昏沉，
炉火旁打盹，请取下这部诗歌，
慢慢读，回想你过去眼神的柔和，
回想它们昔日浓重的阴影；

多少人爱你青春欢畅的时辰，
爱慕你的美丽，假意或真心，
只有一个人爱你那朝圣者的灵魂，
爱你衰老了的脸上痛苦的皱纹；

垂下头来，在红光闪耀的炉子旁，
凄然地轻轻诉说那爱情的消逝，
在头顶的山上它缓缓踱着步子，
在一群星星中间隐藏着脸庞。

【作者简介】

叶芝（1865—1939），爱尔兰诗人和剧作家，1923 年获诺贝尔文学奖。出生于都柏林一个画师家庭，政治上属贵族主义者。他的创作可分为三个阶段，而且每个阶段的诗歌内容和风格都有不同的特点。早期作品带有唯美主义倾向和浪漫主义色彩。代表作品有诗剧《心愿之乡》，抒情诗《白鸟》、《世界的玫瑰》等。19 世纪 90 年代后，因支持爱尔兰民族自治运动，诗风逐渐走向坚实明朗和接近现实。代表作有诗剧《1916 年的复活节》（1921）等。20 世纪 20 年代中期后，因接近人民生活和热心玄学派诗歌研究，作品融现实主义、象征主义和哲理思考为一体，以洗练的口语和含义丰富的象征手法，表现善恶、生死、美丑、灵肉的矛盾统一，具有较高艺术价值，突出诗作有《钟楼》（1928）、《盘旋的楼梯》（1929）及《驶向拜占庭》等。

第九节　拓展阅读

【《诗经》】

《诗经》是我国第一部诗歌总集，共收入自西周初期至春秋中叶约五百年间的诗歌三百零五篇。最初称《诗》，汉代儒者奉为经典，乃称《诗经》。其开创了我国古代诗歌创作的现实主义的优秀传统。《诗经》“六义”指的是风、雅、颂、赋、比、兴，前三个说的是内容，后三个说的是手法。《诗经》分为《风》、《雅》、《颂》三部分。《风》包括十五《国风》，诗一百六十篇；《雅》包括《大雅》三十一篇，《小雅》七十四篇；《颂》包括《周颂》三十一篇，《商颂》五篇，《鲁颂》四篇。

这些诗篇，就其原来性质而言，是歌曲的歌词。《风》、《雅》、《颂》三部分的划分，就是依据音乐的不同。《风》是相对于“王畿”——周王朝直接统治地区——而言的、带有地方色彩的音乐，十五《国风》就是十五个地方的土风歌谣。雅是“王畿”之乐，这个地区周人称之为“夏”。“雅”和“夏”古代通用。雅又有“正”的意思，当时把“王畿”之乐看作是正声——典范的音乐。《大雅》、《小雅》之分，众说不同，大约其音乐特点和应用场合都有些区别。《颂》是专门用于宗庙祭祀的音乐。

《诗经》中的乐歌，原来的主要用途，一是作为各种庆典礼仪的一部分，二是娱乐，三是表达对于社会和政治问题的看法。到后来，《诗经》成了贵族教育中普遍使用的文化教材。这种教育一方面具有美化语言的作用，特别在外交场合，常常需要摘引《诗经》中的诗句，曲折地表达自己的意思，叫“赋《诗》言志”。另一方面，《诗经》的教育也具有政治、道德意义。《礼记·经解》引用孔子的话说，经过“诗教”，可以使人“温柔敦厚”。

秦代曾经焚毁包括《诗经》在内的所有儒家典籍。但到汉初传授《诗经》学的有四家，也就是四个学派：齐之辕固，鲁之申培，燕之韩婴，赵之毛亨、毛苌，简称齐诗、鲁诗、韩诗、毛诗。齐、鲁、韩三家属今文经学，是官方承认的学派；毛诗属古文经学，是民间学派。但到了东汉以后，毛诗反而日渐兴盛，并为官方所承认；前三家则逐渐衰落，到南宋，就完全失传了。今天我们看到的《诗经》，就是毛诗一派的传本。

【汉乐府】

汉乐府就是指汉时乐府官署所采制的诗歌。汉乐府掌管的诗歌一部分是供执政者祭祀祖先神明使用的郊庙歌辞，其性质与《诗经》中“颂”相同；另一部分则是采集于民间的无主名的俗乐，世称之为乐府民歌。据《汉书·艺文志》载：“自孝武立乐府而采歌谣，于是有代赵之讴，秦楚之风，皆感于哀乐，缘事而发，亦可以观风俗，知薄厚云。”可见这部分作品乃是汉乐府之精华。宋人郭茂倩所编《乐府诗集》100卷，分12类（郊庙歌辞、燕射歌辞、鼓吹歌辞、横吹歌辞、相和歌辞、清商曲辞、舞曲歌辞、琴曲歌辞、杂曲歌辞、近氏曲辞、杂歌谣辞、新乐府辞）著录，是收罗汉迄五代乐府最为完备的一部诗集。《乐府诗集》现存汉乐府民歌40余篇，多为东汉时期作品，反映当时的社会现实与人民生活，用犀利的言辞表现爱恨情感，较为倾向现实主义风格。

汉乐府是继《诗经》之后，古代民歌的又一次大汇集，不同于《诗经》的浪漫主义手法，它开诗歌现实主义新风。汉乐府民歌中女性题材作品占重要位置，它用通俗的语言构造贴近生活的作品，由杂言渐趋向五言，采用叙事写法，刻画人物细致入微，创造人物性格鲜明，故事情节较为完整，而且能突出思想内涵，着重描绘典型细节，开拓叙事诗发展成熟的新阶段，是中国诗史五言诗体发展的一个重要阶段。

《陌上桑》和《孔雀东南飞》都是汉乐府民歌，后者是我国古代最长的叙事诗，与《木兰诗》合称“乐府双璧”。

【《古诗十九首》】

《古诗十九首》，组诗名，最早见于《文选》，为南朝梁萧统从传世无名氏《古诗》中选录十九首编入，编者把这些亡失主名的五言诗汇集起来，冠以此名，列在“杂诗”类之首，后世遂作为组诗看待。《古诗十九首》习惯上以首句为标题，依次为：《行行重行行》、《青青河畔草》、《青青陵上柏》、《今日良宴会》、《西北有高楼》、《涉江采芙蓉》、《明月皎夜光》、《冉冉孤生竹》、《庭中有奇树》、《迢迢牵牛星》、《回车驾言迈》、《东城高且长》、《驱车上东门》、《去者日以疏》、《生年不满百》、《凛凛岁云暮》、《孟冬寒气至》、《客从远方来》、《明月何皎皎》。

关于《古诗十九首》的作者和时代有多种说法，《昭明文选·杂诗·古诗一十九首》题下注曾释之甚明：“并云古诗，盖不知作者。”曾有说法认为其中有枚乘、傅毅、曹植、王粲等人的创作，例如其中有八首在古代诗歌选集《玉台新咏》里题为汉枚乘作，后人多疑其不确。今人综合考察《古诗十九首》所表现的情感倾向、所折射的社会生活情状以及它纯熟的艺术技巧，一般认为它并不是一时一人之作，它所产生的年代应当在东汉顺帝末到献帝前，即公元140～190年。

《古诗十九首》是乐府古诗文人化的显著标志。汉末文人对个体生存价值的关注，使他们与自己生活的社会环境、自然环境，建立起更为广泛而深刻的情感联系。过去与外在事功相关联的，诸如帝王、诸侯的宗庙祭祀、文治武功、畋猎游乐乃至都城官室等，曾一度霸踞文学的题材领域，现在让位于与诗人的现实生活、精神生活息息相关的进退出处、友谊爱情乃至街衢田畴、物候节气，文学的题材、风格、技巧，因之发生巨大的变化。

《古诗十九首》在五言诗的发展上有重要地位，在中国诗史上也有相当重要的意义，它的题材内容和表现手法为后人师法，几至形成模式。它的艺术风格，也影响到后世诗歌的创作与批评。就古代诗歌发展的实际情况而言，称它为“五言之冠冕”、“千古五言之祖”是并不过分的。诗史上认为《古诗十九首》为五言古诗之权舆的评论有：

明王世贞称“（十九首）谈理不如《三百篇》，而微词婉旨，碎足并驾，是千古五言之祖”；陆时庸则云“（十九首）谓之风余，谓之诗母”。

【唐代诗歌】

一、唐代诗歌的分体、分期概况

唐代诗歌的发展经历了初唐、盛唐、中唐和晚唐四个时期。

（一）*初唐*（618—713）

初唐诗人的主要贡献在于：开拓了题材，使之面向社会，贴近现实；逐步用刚健清新的文风取代六朝的绮靡文风；确立律体。

唐代初期，诗坛主盟者多为陈隋旧臣，诗歌创作仍受南朝诗风的影响，题材较为狭窄，追求华丽词藻。代表人物是有“文章四友”之称的杜审言、崔融、李峤、苏味道。其中，杜审言成绩较大。

待到被称为“四杰”的王勃、杨炯、卢照邻、骆宾王出现，才扩大了诗的表现范围，从宫廷楼榭移向市井边塞，从歌功颂德变为言志抒怀、咏叹人生，显示出雄伟的气势和开阔的襟怀。在诗的体式上，在沈佺期、宋之问的努力下，这时完成了五七言律体的定型。

初唐后期，出现了两位重要诗人：陈子昂和张若虚。陈子昂不仅批判了当时“采丽竞繁”的文风，而且标举“风骨”、“兴寄”，并在创作实践上垂范。他的代表作《感遇》38首和《蓟丘览古》7首等，反映现实，抨击时弊，思索人生，较之“四杰”，深广有加，风格雄浑高古，寄托遥深，洗尽六朝铅华，在理论和实践上廓清六朝文风，为盛唐诗歌繁荣奠定基础。张若虚与贺知章、张旭、包融被称为“吴中四士”。张若虚的《春江花月夜》，写月夜春江明丽纯美的境界，融入浓烈情思和深刻哲理，婉转的音调，无穷的韵味，创造出了非常完美的意境。陈子昂和张若虚艺术上的成熟，透露出盛唐诗歌行将到来的信息。

（二）*盛唐*（714—765）

盛唐诗歌的特点是：雄健刚劲的风骨、高远浑成的意境与天然去雕饰的自然美完美融合。

盛唐是唐诗发展的高峰。此时诗坛群星辉映、流派纷呈：

（1）王、孟山水诗派：他们以清丽疏淡的笔墨，描绘题咏山水田园，重在领悟其中的诗情画意，创造意境，并借以抒情寄趣。形式上，他们多采用五言古体和律体。以王维、孟浩然、常建、储光曦等为代表。

（2）边塞诗派：盛唐的边塞诗派以高适、岑参、李颀、王昌龄为代表。他们多有边塞从戎的生活经历，他们的诗描绘边塞苍茫壮阔、奇异瑰丽的景色，抒发他们立功疆场、报效祖国的豪情壮志，洋溢着激扬高亢的时代精神，风格慷慨雄壮。在七言歌行和绝句的运用上有所创新。

（3）“双子星座”——李白、杜甫。代表唐朝，乃至我国古典诗歌最高成就的是盛唐的两位伟大诗人李白、杜甫。“诗仙”李白的诗歌以澎湃雄放的气势、奇特瑰丽的想象、清新自然的语言、飘逸不群的风格，抒写拯物济世的怀抱，揭露社会政治的黑暗，反映民生的苦难，蔑视权贵，反抗礼教，成为反映盛唐时代精神风貌的一面镜子。而“诗圣”杜甫的诗歌则是“安史之乱”前后的一部诗史。他忧国伤时，谴责战乱，哀恤民瘼，善于把时代的灾难、民生的涂炭和个人的不幸结合起来，用典型事例反映现实，因而他的诗感情深沉，蕴涵深广，语言遒劲，笔法曲折，形成“沉郁顿挫”的风格。又由于他善于学习与总结，成为一位既集前人大成，又开后人无数法门的诗人。

（三）中唐（766—859）

唐代中期，诗歌的发展走向多元化，出现了有明确艺术主张的不同流派和独具风格的诗人。

（1）边塞诗：李益、卢纶的边塞诗能嗣响盛唐。

（2）山水诗：韦应物、刘长卿的山水诗，高雅闲淡，于王维、孟浩然之外，自成一家。

（3）“大历十才子”：“大历十才子”多为权门清客，诗多流连光景酬和投献之作。他们多工五律，意境淡泊，情致闲适，描写细腻精工。但雕琢过甚，有句无篇。

（4）现实主义流派：元结、顾况等，用风格古朴的乐府古体，揭露时弊，反映百姓疾苦，成为介于杜甫与元稹、白居易之间的一个现实主义流派。

（5）韩、孟诗派：以韩愈、孟郊为代表，有李贺、贾岛、姚合等人。他们的风格不尽相同，但都以奇崛险怪为美，重主观，常常打破律体约束，以散文句式入诗。李贺是一位灵心善感、只活了 27 岁的天才诗人。他的诗，想象怪奇而丰富，意象色彩斑斓，而且组合密集。

（6）元、白诗派：以白居易、元稹为主。他们主张发挥诗歌的美刺作用，干预现实，对杜甫的现实主义有所继承和发展。艺术方面，务求晓畅坦易，以俗为美。白居易提出“文章合为时而著，歌诗合为事而作”。元、白都写有新题乐府，表示了对于国家的关心、对于黑暗现象的抨击和对于民生疾苦的同情。

（7）柳宗元与刘禹锡：柳宗元的诗风格近于陶渊明，与韦应物并称“韦柳”。他的诗幽峭明净，深得楚骚精髓，则与韦应物不同。刘禹锡的诗长于咏史吊古，工于七言律绝，雄健苍劲，被誉为“诗豪”。柳宗元、刘禹锡不入流派，而能标新立异。

（四）晚唐（860—907）

晚唐诗风又一变，其主要特点是：题材自社稷江山移向歌台舞榭，审美情趣也转向朦胧幽细婉约。代表人物有杜牧、李商隐、温庭筠。其中杜牧的古体侍，感怀时事，抒发襟抱，慷慨激昂；他的律诗，尤其是七律，俊爽不羁，时寓拗峭；他的咏史诗，精警、婉曲、隽永。李商隐与杜牧并称“小李杜”。李商隐的诗感时伤事、沉郁顿挫，但气魄笔力，略逊杜甫一筹，而寓意的深曲、思绪的缜密、用典的精工，则又过之，亦身危情苦所致。温庭筠的诗成就逊于李商隐，两人以诗风秾丽并称，他们的部分诗歌从题材到表现手法都对词的发展有所影响。

晚唐诗人的共同点是：无论出处穷达，对时局已不抱幻想，最后大多归隐田园，寄迹山林或纵情声色；他们的诗无论何种题材，都充满感伤、悲愤的情调；无论风格有多大区别，都步人后尘，没有创新。总之，晚唐是唐代诗歌衰微的时期。

二、唐代诗歌的性质、特点

初、盛唐诗歌在内容上，诸如从军生活、离别情怀、现实弊病、个人志向都成为吟咏的题材，而且大多表现出奋发进取的精神、慷慨高亢的情调，这是宫廷化、贵族化的齐梁文学所不可能具备的；在诗歌形式上，也进行了改造（歌行）、变革（乐府）、创新（律诗）；在审美理想上，也从以华丽雕琢为美，转变为以雄浑壮丽自然为美。中唐诗歌在反映现实、伤病民瘼、讽谏朝政、针砭时弊的深度广度方面，超过初、盛唐，而且大量增加了表现男女爱情、商妇贾客生活和民风民俗的题材，出现了“诗到元和体变新”（白居易《余思来尽加为六韵重寄微之》）的现象，以俗为美的元白诗派、以律调入七古的长庆体风靡朝野。晚唐诗歌在题材和审美情趣方面，似乎是六朝文学某种程度上的回归，但仍有所不同。晚唐文人绝望于国事时局，或隐逸山林，或纵情声色，生活圈子变得狭小，社会心态转向内省、感伤。“唐至大中间，国体伤变，气候改色。人多商声，亦愁思之感。”（余成教《石园诗话》卷二引徐献忠语）从杜牧的“刻意伤春又伤别”（李商隐《杜司勋》）到韦庄的“伤时伤事更伤心”（韦庄《长安旧里》），晚唐诗人可谓“眼前何事不伤神”（杜荀鹤《登城有作》）。他们在诗词中大量表现男女之情，描写官能感受，有类六朝宫体，但其中往往溶入了他们对现实人生的追求和失望以及由此产生的苦痛和感伤，审美情趣也变成以朦胧幽细婉约为美，与六朝宫体的狎昵猥亵、轻浮淫艳也不尽相同。

【敦煌曲子词】

“敦煌曲子词”，是指清光绪年间在甘肃敦煌县的一个石窟里发现的几百首写本的曲子词。这些词是唐朝的民间词，它反映了唐代的社会现实。其中有描写在异族侵略下、沦陷区人民怀念祖国的爱国感情的，如《菩萨蛮》的“敦煌古往出神将”等；敦煌词中也有描写征夫和思妇感情的，如《鹊踏枝》的“叵耐灵鹊多谩语”等；有反映商人生活的，如《长相思》的“哀客在江西”等；有表达妓女痛苦的，如《望江南》的“莫攀我”等；还有歌颂真挚的爱情的，如《菩萨蛮》的“枕前发尽千般愿”等。可见，敦煌词所反映的生活面相当广。它的形式也很多样，有小令，也有长调，风格朴素，语言清新。虽然它的内容也有糟粕，艺术手法也还粗糙，但从上述特点看来，在词的初期历史上，还是有其重要地位。

【花间派】

花间派为中国晚唐五代词派，因后蜀赵崇祚所选编的词集《花间集》得名。所选作家，从温庭筠、皇甫松、韦庄到和凝、孙光宪、李珣，共十八家。其中温庭筠、皇甫松为晚唐人，其余多数为五代西蜀文人。

花间派的形成，自有温庭筠的开山作用，但衍为流派，风行一时，则还有它更深刻的社会政治和文学原因。晚唐时局动荡，五代西蜀苟安，君臣醉生梦死，狎妓宴饮，耽于声色犬马。正如欧阳炯《花间集序》中所述：“家家之香径，春风宁寻越艳；处处之红楼，夜月自锁嫦娥。”花间词正是这种颓靡世风的产物。晚唐五代诗人的心态，已由拯世济时转为绮思艳情，而他们的才力在中唐诗歌的繁荣发展之后，也不足以标新立异，于是把审美情趣由社会人生转向歌舞宴乐，专以深细婉曲的笔调、浓重艳丽的色彩写官能感受、内心体验。而李贺、李商隐、温庭筠、韩偓等人的部分诗歌，又在题材和表现手法上为花间词的创作提供了借鉴。词在晚唐五代便成了文人填写的、供君臣宴乐之间歌伎乐工演唱的曲子：“绮宴公子，绣幌佳人，递叶叶之花笺，文抽丽锦；举纤纤之玉指，拍按香檀。不无清绝之辞，用助娇娆之态。”（欧阳炯《花间集序》）这就决定了花间词的题材和风格，以“绮罗香泽”为主。

当然，《花间集》中也有少数表现边塞生活和异域风情的词，如牛希济的《定西蕃》，表现塞外荒寒，征人梦苦，风格苍凉悲壮；李珣的《南乡子》、孙光宪的《风流子》，表现南国渔村的风俗人情，也较清疏质朴，但这不能代表花间词的总体特征。在《花间集》中成就能与温庭筠比肩、而风格有所不同的是韦庄。

花间词在思想上无甚可取，但其文字富艳精工，艺术成就较高，对后世词作影响较大。《花间集》有南宋绍兴、淳熙、开禧年间 3 种刻本。今人李一氓《花间集校》，1981 年由人民文学出版社再版。

【南唐词】

南唐词的兴起比西蜀词稍晚，主要的代表词人是南唐元老冯延巳（903—960）、南唐中主李璟（916—961）、南唐后主李煜（937—978）。南唐君臣沉溺声色与西蜀相类，但文化修养较高，艺术趣味也相应雅一些。所以，从花间词到南唐词，风气有明显的转变。特别是后主李煜的词，与花间词相比，境界有所扩大。

“词至李后主而眼界始大，感慨遂深，遂变伶工之词而为士大夫之词。周介存置诸温、韦之下，可谓颠倒黑白矣。‘自是人生长恨水长东’，‘流水落花春去也，天上人间’，《金荃》、《浣花》能有此气象耶?”（王国维《人间词话》（十五））

【宋词概述】

词，是我国古代诗歌的一种。词初名曲、曲子、曲子词，简称“词”，又名乐府、近体乐府、乐章、琴趣，还被称作诗余、歌曲、长短句。归纳起来，这许多名称主要是分别说明词与音乐的密切关系及其与传统诗歌不同的形式特征。按体制分类，词一般分为小令、中调、长调。按音乐分类，词一般分为令、引、近、慢四类。词始于梁代，形成于唐代而极盛于宋代。据《旧唐书》记载：“自开元（唐玄宗年号）以来，歌者杂用胡夷里巷之曲。”由于音乐的广泛流传，当时的都市里有很多以演唱为生的优伶乐师，根据唱词和音乐节拍配合的需要，创作或改编出一些长短句参差的曲词，这便是最早的词了。从敦煌曲子词中也能够看出，民间产生的词比出自文人之笔的词要早几十年。唐代，民间的词大都是反映爱情相思之类的题材，所以它在文人眼里是不登大雅之堂的，被视为诗余小道。只有注重汲取民歌艺术长处的人，如白居易、刘禹锡等人写的一些词，具有朴素自然的风格，洋溢着浓厚的生活气息。以脂粉气浓烈、崇尚浓辞艳句而驰名的温庭筠和五代“花间派”，在词发展史上有一定的位置。而南唐李后主被俘虏之后的词作则开拓一个新的深沉的艺术境界，给后世词客以强烈的感染。到了宋代，词的发展进入鼎盛时期。

两宋三百余年的词坛，先后共出现过四代词人群体，宋词的发展历程也相应地经历了四个阶段。

一、第一代词人群

第一代词人群，以柳永、范仲淹、张先、晏殊、欧阳修等为代表。另有宋祁、杜安世等人。

这一代词人，从创作倾向上可分为两个创作阵营。

（一）第一个创作阵营

这个创作阵营以晏殊、欧阳修、范仲淹、宋祁等为代表。他们的社会地位都比较显达，其中晏殊、范仲淹和欧阳修官至宰辅，位极人臣，人生命运相对来说比较顺利适意，所以其词所反映的主要是“承平”时代的享乐意识和乐极生悲后对人生的反思。

晏、欧诸人的词作以小令为主，他们以自己的创作实践强化了花间、南唐词以柔情为主的题材取向和以柔软婉丽为美的审美规范。当然，他们在题材、艺术上也有所开拓创新，男性士大夫的抒情形象自他们开始进入词世界。

（二）第二个创作阵营

这个创作阵营以柳永、张先为代表。柳永词作的贡献主要是对五代词风的革新，概括地说，柳永具有“三创”之功：

一是创体。柳永大力创作慢词，扩大了词的体制，增加了词的内容涵量，也提高了词的表现能力，从而为宋词的发展提供了最基本的艺术形式与文本规范。

二是创意。柳永给词注入了新的情感特质和审美内涵。晚唐五代以来的文人词，大多是表现普泛化的情感，词中的情感世界是类型化的、“共我”的情感世界，其中只有韦庄和李煜的有些词作开始表现自我的人生感受。柳永沿着李煜开启的方向，着重表现自我的情感心态、喜怒哀乐等自我独特的人生体验，从而使词的抒情取向朝着创作主体的内心世界回归、贴近。

三是创法。晚唐五代词，最常见的抒情方法是运用比兴手法，通过一系列的外在物象来烘托、映衬抒情主人公瞬间性的情思心绪。而柳永则将赋的表现方法移植于词，铺叙展衍：或者对人物的情态心理进行直接的刻画，或者对情、事的发生、发展的场面性、过程性进行层层的描绘，因而他的抒情词往往带有一定的叙事性、情节性。

二、第二代词人群

第二代词人群，是以苏轼、黄庭坚、晏几道、秦观、贺铸、周邦彦等为代表的元祐词人群。此外，著名的词人还有王安石、王观、李之仪、赵令畤、晁补之、陈师道、毛滂等。

从社交群体看，这一代词人大致可划分为两个群体：一是以苏轼为领袖的苏门词人群，黄庭坚、秦观、晁补之、李之仪、赵令畤、陈师道、毛滂等属之。晏几道、贺铸等虽不属苏门，但与苏门过从甚密。二是以周邦彦为领袖的大晟词人群，晁冲之、曹组、万俟咏、田为、徐伸、江汉等属之，他们都曾经在大晟乐府内供职。

虽然此期词坛分为两个群体，但词风并不局限于两种。就苏门而言，师法其词的仅有晁补之、黄庭坚两人。秦观另辟蹊径，俊逸精妙，自成一体。李之仪、赵令畤等则标举“花间”词风，继续用小令建构他们的词世界。本不属苏门的晏几道、贺铸，更是“各尽其才力，自成一家”（王灼《碧鸡漫志》卷二）。万俟咏等大晟词人，作词也不受其领袖周邦彦的制约而另择师门。总之，元祐前后半个世纪的词坛，是多种风格情调并存共竞的繁荣期。其中创造力最强盛、影响力最深远的是苏轼和周邦彦。

（一）苏轼

从四川盆地走出的大才子苏轼得到欧阳修的大力扶持，欧阳修去世后，苏轼接替他成为执掌文坛的盟主。他以文坛领袖特有的胸襟和悍然不顾一切的气魄对词作进行了大刀阔斧的开拓和变革，“指出向上一路，新天下耳目”（出处同前），主要表现在：将只表现“爱情”的词扩展为表现“性情”的词，将只表现女性化的“柔情”的词扩展为表现男性化的“豪情”的词，使词作像诗歌一样可以充分表现创作主体的丰富复杂的心灵世界、性情怀抱。由于苏轼扩大了词的表现功能，丰富了词的情感内涵，拓展了词的时空境界，从而提高了词的艺术品位，把词堂堂正正地引入文学殿堂，使词从“小道”上升为一种与诗具有同等地位的抒情文体。

（二）周邦彦

周邦彦，作为一大词派的领袖，给后代词人提供的抒情范式主要表现在三个层面：

1. 重音律

周邦彦填词按谱，审音用字，十分严格，不仅分平仄，而且严分平、上、去、入四声，使语言的字音高低与曲调旋律节奏的变化完全吻合。

2. 重法度

周词的法度，集中体现在章法结构和句法炼字两个方面：

（1）章法结构：周词的章法结构像柳词（柳永）一样长于铺叙，抒情性与叙事性兼容，但他变直叙为曲叙，往往将顺叙、倒叙、插叙错综穿插，时空结构上体现为一种跳跃式结构，过去、现在、未来的时空场景交错叠映，使结构繁复多变。

（2）句法炼字：周词的句法，主要决窍是融化前人诗句入词，贴切自然，既显出博学，又见出精巧。

3. 言恋情，善咏物

（1）恋情词：恋情词在周邦彦手中发生了两大变化：一是自我化，二是雅化。所谓自我化，是指周词中的失恋主体，多是词人自我，内容也多是词人自我失恋的经历，其恋爱情事、恋爱对象有具体明确的指向。所谓雅化，是指周邦彦的部分恋情词雅而不俗，并且与自己的人生失意相融汇，含蓄隽永，不像以往的一些恋情词写得过于直露、失于庸俗轻浮。

（2）咏物词：周邦彦写的咏物词也比较多，而且善于将身世飘零之感、仕途沦落之悲、情场失恋之苦与所咏之物打成一片，对后来姜派词人的咏物词有深刻影响。

苏轼以后的南宋词坛，主要有两种创作趋向，并形成两大派系：

（1）“苏辛”派：注重抒情言志的自由，遵守词的音律规范而不为音律所拘，词的可读性胜于可歌性；是骚人志士的“诗化”词、“豪气”词；以苏轼为宗，主要词人有叶梦得、朱敦儒、张元干、张孝祥、陆游、辛弃疾、戴复古、陈人杰、刘克庄、刘辰翁和金源词人。

(2)“周姜派”：注重词艺音律的精严，情感的抒发有所节制而力避豪迈，强调词的协律可歌；是知音识律者的“乐化”词、“风情”词；以周邦彦为祖，主要词人有姜夔（属第四代词人）、史达祖、吴文英、周密、王沂孙、张炎诸人。

三、第三代词人群

第三代词人群，是以叶梦得、朱敦儒、李纲、李清照、张元干等为代表的南渡词人群。其他比较著名的有陈克、周紫芝、赵鼎、向子諲、李弥逊、陈与义、岳飞等词人。

这代词人群人数众多，有词集传世的就有40多人，超过了前两代词人有词集传世者的总和（不到30人）。从词人的角色身份和创作倾向来看，这代词人群可分为三个创作阵营或三种创作类型。

（一）志士词人群

这主要有叶梦得、陈克、朱敦儒、向子諲、李弥逊、陈与义、王以宁、张元干、岳飞和“南宋四名臣”——李纲、李光、赵鼎、胡铨等人。他们有着强烈的社会责任感和使命感，直接或间接地投身过抗击金兵的战斗。他们都是坚定的抗战派，但因朝廷的主和势力常常占着上风，尤其是在绍兴八年（1138）秦桧专权之后，一味向金人屈膝求和，这批抗战的志士词人更倍受打击迫害，而报国无门。创作上，他们面向激烈变化的时代现实，表现民族的苦难生活，抒发对国事的痛愤和英雄失路的苦闷，词风悲壮慷慨，代表着南渡词坛的主流和词史进程的新方向。

（二）隐士词人群

这有周紫芝、吕渭老、扬无咎等人。他们虽然也历经战乱，但时代风云、战争乱离、国家破亡似乎既没有改变他们的人生命运，也没有改变他们的创作态度和创作风格。他们只是封闭在个人生活的圈子里，吟诵着林泉风月中的逍遥自在、闲适自得，词作缺乏鲜明的时代感和现实感。

（三）宫廷词人群

这有康与之、曹勋、史浩、曾觌、张抡等人。他们或是嬖客，或是内廷宠臣，专门在宫廷里遵命创作，或歌功颂德，或应制献谀，以讨得主子皇上的欢心。这批词人年寿较高，登上词坛的时间也比前两群词人稍晚，他们的创作活动主要是在高宗朝的后期，并延续到孝宗朝，而与下一代词人辛弃疾等人的创作时代交叉重叠。

南渡词坛，是以群体的力量和优势推动着宋词的发展，尚未产生像苏轼、周邦彦那样开宗立派、领袖一代的“大家”，但此时出现的杰出女词人李清照，也足以使南渡词坛放出异彩。

李清照流传下来的词作虽只50多首，但几乎首首是“精品”。这种“精品”现象在中国诗歌史上是颇为少见的。她具有天才般的艺术表现能力，能用从日常生活中提炼出最平常的语言准确地表现复杂微妙的情感心态，用一两个日常动作细节的勾勒就能传达出人物内心情绪的波动变化。她的语言，具有“清水出芙蓉”般的天然纯净之美，自成一种风格。

四、第四代词人群

第四代词人群，是以辛弃疾、陆游、张孝祥、陈亮、刘过和姜夔等为代表的“中兴词人群”。另有袁去华、刘仙伦、史达祖、高观国、卢祖皋和张辑等词人。这代词人，都是在“靖康之难”后出生的，对国家的苦难、民族的屈辱有着切身的体验和感受。他们是在南渡词人相继辞世后登上词坛的。宁宗开禧三年（1207），词坛主帅辛弃疾含恨去世，标志着这一阶段词史的结束。

从词人的社会角色和身份来看，这代词人可分为两种类型：一类是像辛弃疾、陆游、陈亮这样有救国壮志且具方略、勇于进取而未获重用、无法施展其文经武略的英雄志士；一类是像姜夔那样的才高名盛而毫无政治地位的江湖名士。刘过虽属江湖名士，词风却与辛、陈相近。

创作倾向上，也壁垒分明。以辛弃疾为领袖的英雄词人禀承苏轼的抒情范式，沿着南渡志士词人的创作方向，写“豪气词”、“诗化词”。他们把词的表现功能发挥到最大限度，词不仅可以抒情言志，也可以同诗文一样议论说理。从此，词作与社会现实生活、词人的人生命运和人格个性更紧密相连，词人的艺术个性日益鲜明突出。一人之词，就是一个独特完整的生命世界。词的创作手法，不仅是借鉴诗歌的艺术经验，“以诗为词”，而且吸取了散文的创作技法，“以文为词”。词的语言在保持自身特有的音乐节奏感的前提下，也大量融入了诗文中的语汇。虽然词的“诗化”和“散文化”，有时不免损害了词的美感特质，但此期词人以一种开放性的创作态势，在词中容纳一切可以容纳的对人生、自然、社会、历史的观察、思考和感受，利用一切可以利用的创作手段和蕴藏在生活中、历史中的语言，空前地解放了词体，增强了词作的艺术表现力，最终确立并巩固了词体与五七言诗歌分庭抗礼的独立的文学地位。

姜夔则远承周邦彦写“雅词”、“乐化词”，而独树一帜，与其追随者史达祖、高观国、卢祖皋、张辑等人自成一派，而与辛派形成双峰对峙之势。

辛派词人是远承东坡而近学稼轩，而从东坡到稼轩，其间直接的桥梁则是张孝祥。张孝祥比辛弃疾年长几岁，是南渡词人群与中兴词人群之间的过渡人物。

【中国现代诗歌概述】

中国现代诗歌是“五四”运动至中华人民共和国成立这一时期的诗歌。中国现代诗歌主要指新体诗。其特点是用白话语言写作，表现科学、民主的新的时代内容，打破旧诗词格律的束缚，形式上灵活自由。

一、20 世纪初至 20 年代的诗歌

（一）新诗的倡导与初期创作

新体诗诞生于“五四”新文化运动。最初试验并倡导新诗的杂志是《新青年》，继之《新潮》、《少年中国》、《星期评论》等刊物也发表新诗。其倡导者和初期作家主要有胡适、刘半农、沈尹默、周作人、俞平伯、刘大白等。

1920 年 3 月，胡适的《尝试集》出版，这是“五四”新文化运动时期第一部白话新诗集。刘半农的《相隔一层纸》，沈尹默的《三弦》，刘大白的《旧梦》、《邮吻》，

周作人的《小河》，俞平伯的《冬夜》等是这个时期颇受好评的作品。

（二）多种新诗流派形成

1. 文学研究会

1921 年 7 月成立，是新文学运动中最早的文学社团，代表诗人有鲁迅、冰心、朱自清、周作人等。

文学研究会的诗人以“为人生而艺术”为核心的诗歌价值观念，因此常被称为“人生派”或“为人生”派。他们的积极实践，开辟了早期新诗注重社会生活，面向人生，揭露黑暗，以新诗作为干预人生手段的现实主义倾向。朱自清是其中成绩显著的诗人，他的代表作是《毁灭》。

冰心的代表作《繁星》、《春水》深受泰戈尔的影响，晶莹清丽，浸透着在人性主题下的母爱和童心。这些由智慧和情感的珍珠缀成的蕴含人生经验的短诗，内容自由活泼，形式不拘一格，从侧面传达出“五四”时代思想开放的自由气氛，也与新诗独立于旧诗之后扬弃模式化的抒情转向重理性阐发的追求相衔接，一时写者甚多，形成了新诗史上的小诗运动。其中以宗白华的《流云小诗》较有影响。

2. 创造社

由从日本留学归来的郭沫若、成仿吾、郁达夫、张资平、田汉、郑伯奇等人共同创建的创造社成立于 1921 年 7 月。前期的创造社主张自我表现和个性解放，具有唯美抒情倾向，后期创造社有冯乃超等思想激进的年轻一代参加，其中，王独清、穆木天、冯乃超后来加入了现代派阵营。以创造社为核心所形成的诗歌流派也称为早期浪漫主义。创造社的主将、浪漫主义诗人郭沫若的诗歌代表了新诗创始期的最高成就，其代表作是诗集《女神》。

3. 湖畔诗派

应修人、汪静之、潘漠华、冯雪峰四人于 1922 年 3 月在杭州结成诗社，形成了历史上的湖畔诗派。他们的合集《湖畔》、《春的歌集》颇为世人注目。他们的作品以爱情题材为主，显示出争取婚姻自由、反对封建主义的勇气和激情。

4. 新月派

这是现代新诗史上一个重要的诗歌流派，大体上以 1927 年为界分为前后两个时期。前期自 1926 年春始，以北京的《晨报副刊·诗镌》为阵地，主要成员有闻一多、徐志摩、朱湘、饶孟侃、孙大雨、刘梦苇等。他们不满于“五四”以后“自由诗人”忽视诗艺的作风，提倡新格律诗，主张“理性节制情感”，反对滥情主义和诗的散文化倾向，从理论到实践上对新诗的格律化进行了认真的探索。闻一多在《诗的格律》中提出了著名的“三美”主张，即音乐美、绘画美、建筑美。因此，新月派又被称为“新格律诗派”。新月派纠正了早期新诗创作过于散文化的弱点，也使新诗进入了自觉创造的时期。1927 年春，胡适、徐志摩、闻一多、梁实秋等人创办新月书店，次年又创办《新月》月刊，新月派的主要活动转移到上海，这是后期新月派。它以《新月》月刊和 1930 年创刊的《诗刊》季刊为主要阵地，新加入成员有陈梦家、方玮德、卞之琳等。后期新月派提出了“健康”、“尊严”的原则，坚持的仍是超功利的、自我表现的、贵族化的“纯诗”的立场，讲求“本质的醇正、技巧的周密和格律的谨严”，但诗的艺术表现、抒情方式与现代派趋近。

5. 中国早期象征诗派

20世纪20年代后期，象征派诗风兴起，以法国象征主义诗歌为模式，以有“诗怪”之称的李金发为代表，其代表作品有《弃妇》、《琴的哀》等。

二、20世纪30年代的诗歌

（一）现代派

中国现代派由新月派和象征派演变而来，代表诗人有戴望舒、卞之琳等。中国现代派崛起的另一个重要原因是1932年《现代》杂志在上海的创刊，作为现代诗歌的刊载平台，该刊物成为现代派诗人发表作品的重要阵地。现代派一方面追求“纯诗”的艺术观，坚持表现自我，以个体生命和个人情感为中心；另一方面在内容上往往表现出悲观的虚无思想。在表现形式上，不追求严格的格律，诗的韵律靠诗情的抑扬顿挫来表达，多用象征、暗示构成诗的意境。

值得注意的是，中国现代派诗群中三位杰出的现代主义代表诗人卞之琳、何其芳、李广田因出版合集《汉园集》，而被称为“汉园三诗人”。

（二）革命诗歌

以殷夫为代表的革命诗歌运动，自1932年成立中国诗歌会而形成壮阔的潮流。中国诗歌会由穆木天、杨骚、森堡（任钧）、蒲风四人发起，这是中国现代文学史上第一个有组织、有纲领的革命诗歌社团，其机关刊物为《新诗歌》。其中最具代表性的诗人是蒲风，其主要作品有《茫茫夜》等。他们的诗克服了新月派与现实脱节的唯美倾向以及后期创造社、太阳社的空泛叫喊，促进诗歌更为坚实地把握时代情绪和走向人民大众。弱点在于因过于重视诗的宣传功能而忽视艺术的规律。

（三）抗日战争时期诗歌

抗日战争时期的诗歌主要适应抗日战争的形势，以多样的形式为现实斗争服务。街头诗、传单诗应运而生，诗歌与群众的联系空前密切。诗歌的主题基本转向国难的描绘与国防的呼吁，诗歌的旋律由柔婉变为雄健。对激昂战斗的倾心代替了对于纯美的追求，诗人们多以愤怒而乐观的调子歌赞这场全民族的生死存亡的抗争。艾青、田间、臧克家、柯仲平等都是当时的杰出代表。抗战时期最受欢迎的诗人是田间，他被誉为“时代的鼓手”，其代表作品有《山中》、《给战斗者》等。卞之琳、何其芳等也投入到抗日的洪流中。

三、20世纪40年代的诗歌

从抗战后期到整个解放战争时期，由于政治地图与战争区域的划分，40年代的诗歌活动范围大致上分为国民党统治区和中国共产党领导的解放区两部分，且各有自身的特点。

（一）解放区的诗歌

作为延安文艺座谈会的直接产物，出现了长篇叙事诗的高潮。代表作品有李季的《王贵与李香香》、田间的《赶车传》（第一部），阮章竞的《圈套》，张志民的《王九诉苦》，李冰的《赵巧儿》，以及阮章竞定稿于战争年间、出版于新中国诞生以后的《漳河水》。

（二）国民党统治区的诗歌

诗歌的直接社会功能表现在对于腐朽没落事物的揭露与抨击，主要形式也遵从了解放区的风尚，即取民谣、小调的形式，因之有袁水拍的《马凡陀的山歌》、臧克家的《宝贝儿》等作品出现，但也有一批诗人以自由体新诗作为基本形式。他们分属于“七月”与“九叶”两个诗人群。

（1）“七月”派：团结在胡风主编的《七月》、《希望》、《七月诗丛》周围，主要成员有绿原、阿垅、曾卓、鲁藜、孙钿、彭燕郊、杜谷、牛汉、鲁煤、罗洛、徐放、方然、芦甸等。他们大多受到艾青的影响，肯定诗的战斗作用，并将诗所体现的美学上的斗争和人所意识到的社会责任统一起来，用朴素、自然、明朗、真诚且有独立个性的声音为人民的今天和明天歌唱。其代表作品在“文革”后的新时期选编成二十人集《白色花》出版。

（2）“九叶”诗人：以《中国新诗》、《诗创造》、《森林诗丛》为中心，代表诗人是辛笛、穆旦、郑敏、杜运燮、陈敬容、杭约赫（曹辛之）、唐祈、唐湜、袁可嘉。他们从战争动乱中感知人民的希求，重视诗人自身对社会现象的体验，注重诗艺的磋磨与意象的新颖，追求形象的流动性和雕塑的立体感。他们不同程度地熟悉外国现代诗歌并受到陶冶，由于熔哲理诗的思辨、社会诗的技巧、抒情诗的魅力于一炉的艺术效果，故与当时诗风相比，偏于蕴藉深沉。代表作集中于 1981 年出版的《九叶集》。穆旦是“九叶派”最具特色的诗人，有诗集《探险队》、《旗》和《穆旦诗集》等。

【中国当代诗歌概述】

当代诗歌指从中华人民共和国成立一直到现在为止的诗歌创作。随着社会主义建设的需要，中国当代诗歌以崭新的面貌出现在世人面前。在中国当代诗歌的发展过程中，有下面几个重要的诗歌现象需要重视。

一、新中国成立初期的诗歌

（1）随着新中国的成立，新诗开始了新纪元。解放区来的诗人、国统区来的诗人以及随着新中国成立而出现的青年诗人都怀着内心的欣喜之情，沉浸在百废待兴的开国气象中。他们满怀激情和豪情，热情讴歌社会主义的新中国、英勇的人民、党的领袖，形成了新中国成立初期的颂歌潮。郭沫若的《新华颂》、艾青的《国旗》、何其芳的《我们最伟大的节日》、胡风的《时间开始了》、臧克家的《有的人》、冯至的《我的感谢》等诗歌是这一时期的代表。这些颂歌大多真挚乐观，但有时也有把生活看得过于单纯的时代局限。

（2）抗美援朝、反对战争、热爱和平也是这一时期诗歌的主题。田间的《雷之歌》、未央的《枪给我吧》、石方禹的《和平的最强音》、艾青的《在智利的海岬上》等诗歌也体现了这一时代精神。

（3）国统区的诗人转型剧烈，冯至、穆旦、何其芳等人中断了他们的探索，没有写出超越以前的诗歌。

（4）青年诗人的诗歌明朗、清新、昂扬，邵燕祥、李瑛、未央、闻捷、公刘、顾工等人都写出了优秀的作品。

二、20世纪60年代的诗歌

（1）抒情诗与政治抒情诗：60年代抒情诗人的代表是闻捷，他的诗展现了新疆旖旎的风光和少数民族热情、奔放、开朗的性格。在刻画少男少女爱情心理方面，闻捷的诗歌独到新颖、细腻动人，如《天山牧歌》。政治抒情诗的代表作家是郭小川和贺敬之。他们的诗歌讴歌火热的时代，具有强烈的政治内容、鲜明的政治倾向。其中，郭小川被誉为“战士诗人”，其代表作是《向困难进军》、《甘蔗林——青纱帐》、《秋歌》等。贺敬之的政治抒情诗代表作是《放声歌唱》、《雷锋之歌》。

（2）叙事诗：李季的《杨高传》、郭小川的《将军三部曲》、闻捷的《复仇的火焰》最为引人瞩目。

三、1976年天安门诗歌运动

1976年4月，出现了人民群众自发地在北京天安门广场创作、朗诵革命诗歌的场面，是为天安门诗歌运动。其基本内容是怀念周总理，揭露和批判“四人帮”，控诉封建专制主义，显示了很强的现实性和战斗性。天安门诗歌是亿万人民群众的集体创作，后汇集成诗集《天安门诗抄》。天安门诗歌运动吹响了新时期诗歌的号角。

四、新时期诗歌

（一）现实主义诗歌潮流

这是新时期的第一个诗歌潮流。现实主义诗歌是在反思“文化大革命”的时代背景中形成的。抒真情，表达人民的心声，批判“极左”思想，批判封建主义，体现出诗人的主体意识的觉醒。代表诗人及其作品主要有：艾青的《光的赞歌》、雷抒雁的《小草在歌唱》、张志民的《祖国，我对你说》、张学梦的《现代化和我们》等。

（二）朦胧诗

朦胧诗公开出现在刊物上是1980年。关于朦胧诗曾在当时文坛引起论争。朦胧诗有三个层面的精神内涵：一是揭露黑暗和社会批判，二是在黑暗中寻找光明、反思与探求意识以及浓厚的英雄主义色彩，三是在人道主义基础上建立起来的对“人”的特别关注。朦胧诗改写了以往诗歌单纯描摹“现实”与图解政策的传统模式，把诗歌作为探求人生的重要方式，语言有着强烈的“陌生化”效果，在哲学意义上达到了前所未有的高度。朦胧诗的代表诗人有食指、芒克、北岛、顾城、舒婷、江河、杨炼等。

（1）北岛的《宣告》、《回答》、《结局和开始》等诗歌中以人本主义为价值核心的启蒙精神达到了那个时代的高峰。

（2）舒婷的《祖国啊，我亲爱的祖国》、《致橡树》、《双桅船》等向我们展示了一个大写的抒情主人公的形象。

（3）顾城的《生命幻想曲》、《一代人》、《远和近》、《感觉》、《弧线》等诗，从中可以看到这一“童话诗人”精神世界的多侧面。

（4）杨炼的《诺日朗》、《天问》、《敦煌组诗》、《西藏组诗》等是“文化寻根”诗的优秀代表作品。

（三）新边塞诗

新边塞诗派诗歌出现于1980年，新边塞诗派诗歌的形成是以《绿风》诗刊为刊载媒介发表诗歌的诗人群不断壮大的结果。

新边塞诗派以诗歌作品描述新边塞风情，歌颂西部精神为主，其主要成员有昌耀、杨牧、周涛、章德益等。

（四）“新生代”诗歌

随着朦胧诗人的衰微，“新生代”诗人走上历史舞台。“新生代”诗人不是属于某一个诗群的流派，而是一个复杂的群体，有人称之为“第三代”、“先锋诗歌”、“实验诗”、“后新诗潮”等。

“新生代”诗的整体特色是对朦胧诗建立的审美风格的反拨，他们普遍坚持平民主义的审美态度，进行“零度情感”的诗歌写作，反崇高，消除深度模式，消解善恶二元对立的价值模式，追求语言的戏谑与反讽等。如果说朦胧诗是中国的现代主义诗歌运动的话，“新生代”诗歌就是中国的后现代状态的诗歌行动。也有人把“新生代”称为“后朦胧诗派”。

“新生代”诗人的几个代表群体有：①“莽汉主义”：以李亚伟、万夏、胡冬、马松为代表。②“整体主义”：以石光华、宋渠、宋炜与杨宏远为代表。③“他们诗群”：以韩东、于坚、丁当、吕德安、陆忆敏等为代表。④“非非主义”：代表诗人有周伦佑、蓝马、杨黎、尚仲敏等。⑤“新传统主义”：以廖亦武、欧阳江河为代表。

（五）网络诗歌

1993 年 3 月，诗阳首次使用电脑创作诗歌并通过互联网大量发表，网络诗歌诞生，诗阳因此成为中国历史上第一位网络诗人。1995 年，中国历史上第一份网络诗刊《橄榄树》诞生，诗阳担任主编，后有马兰、祥子、京不特、桑克等加盟。《橄榄树》的出现，形成了以网络诗刊为核心的网络诗人群。21 世纪初出现的诗歌网站还有：丑石（谢宜兴、刘伟雄）、轻诗歌网（刘湛秋）、诗选刊、同志诗歌网（墓草）、新诗代（海啸）、扬子鳄（刘春）、第三条道路（林童）、或者（小引，朵朵）、荒诞诗工厂（祈国）、一行（严力）、女子诗报（晓音）、今天（北岛）、时代（九歌）、网络诗人（克莱儿）、翼（周瓒）、新诗歌网（张祈）、蒲公英、独立诗歌网、乐趣园诗歌社区以及其他的诗歌网站。此外，还有越来越多的网络诗人以诗歌论坛和博客网络日记的方式发表原创作品，从此中国的网络诗歌进入多元化发展的时代。

（六）“80 后”诗歌

“80 后”是指出生于 20 世纪 80 年代的人。2003 年，《诗选刊》正式推出“80 后”诗人专号，《海峡》连续八期推出“80 后”诗歌展。此后，“80 后”诗歌更加活跃起来，更多的刊物相继推出了“80 后诗歌专号”。“80 后”诗人群成为中国诗歌不可忽视的团体，新的“80 后”诗人不断登上诗坛，风格迥异，令人眼花缭乱。比较引人注目的“80 后”有：春树，已经出版了个人诗集《激情万丈》，并主编了几期《“80 后”诗选》；李傻傻，2005 年作为中国新文化力量代表登上《时代》周刊（全球版），被称为“幽灵作家”；阿斐，《2004—2005 年中国新诗年鉴》执行主编，被称为“80 后的第一诗人”。

【诗歌鉴赏】

一、鉴赏诗歌，要了解诗歌的性质、类别和特点

阅读和鉴赏诗歌，了解诗歌的特点是十分必要的。从主要的方面来讲，诗歌有别于其他文学体裁之处如下：

（一）最富有抒情性

这是诗歌最基本、最显著的特征。诗歌正是适应人们表达情感的需要而产生的一种文学样式。情感是诗歌的生命，没有情感的泉水灌溉，就没有诗歌的鲜花盛开。所有的文学作品都离不开情感，而对于专司抒情之职的诗歌来说，情感具有本源的意义。

（二）丰富的想象和联想

想象是在头脑中改造记忆表象而创造新形象的过程，它是为了达到一定的目的而有意进行的创造性思维活动。没有想象就谈不上文学作品的创作，诗歌尤其是这样。人的思想感情是丰富复杂的，仅靠概念和逻辑不可能充分表达出来，即使是准确的表达也只是以"理"服人而不是以"情"动人。要使情感成为能够感染读者的力量，必须借助艺术形象，而艺术形象的创造则离不开作者丰富的想象和联想。诗人要在诗歌形式的规范下最大限度地将人的心灵感受和丰富情感表达出来，就需要丰富的想象、联想和大胆的幻想，突破物我之间、时空之间、理想与现实之间的界限，从而达到自由地宣泄情感、表达思想、拓展境界的目的。

（三）高度凝炼

诗歌的篇幅一般都比较短小，中国的诗歌从产生初期就以短小的抒情诗为主，代表中国古典诗歌定型成熟的律诗绝句，多则五六十字，少则二十字，篇幅短小成为其形式的突出特点之一。要在有限的篇幅内涵盖尽可能丰富的思想和浓烈的感情，就要求作者必须用最精练、最优美、最富于表现力的语言去绘景写物、表情达意。在中国古典诗歌表现中，通过炼字、炼句、炼意而达到高度凝炼是其显著的特征。

（四）结构的跳跃性

诗歌结构的跳跃性是它不同于散文表达的特点之一。"诗歌由于其语言的高度凝炼与大胆丰富的想象、跌宕起伏的情感相结合，使得其内容难以遵循日常经验的逻辑按部就班地展开。在诗歌中，结构所遵循的是情感和想象的逻辑，因而常常省略掉语言中的过渡、转折和联系交代的词语，甚至打破语法规则，以求满足情感与想象飞跃变化的需要。"因此，鉴赏诗歌必须注意沿着诗人情感与想象的线索，把省略的过程衔接起来，把隐含的意义体味出来，贯通诗歌间歇的预期，连缀诗人跳跃的思绪，追求诗歌的总体效果，从而准确地领会诗人所要表达的情与志。

（五）鲜明的节奏感与和谐的韵律性

诗歌是一种富有音乐美的文学样式，节奏和韵律就是诗歌语言音乐美的最主要因素。

诗的节奏，指诗句中音节有规律地间歇和停顿，相当于音乐中的节拍，它是根据感情表现的强弱高低来安排声音的长短抑扬与之配合。格律诗的节奏首先是由它的形式严

格限制而决定的，在中国古典格律诗中，五言诗一般为二三节拍，七言诗则多为二二三节拍，它讲究词句停顿时间长短的对称平衡和协调一致，将内在情感的起伏跌宕纳入整饬严格的音节中。自由诗则不同，它的节奏形式不拘一格，主要传达诗人内在情感的节奏，是诗人心灵节律的外化，随物赋形，音节婉转，表达上更加自由奔放，诗人追求的是使诗歌语言的节奏音响符合自我情感的流泻奔突。

二、鉴赏诗歌，要从语言入手

语言是作者思想感情的载体，是文学构成艺术形象的媒质。中国古代文论中关于诗歌语言有许多精彩的论述，如“言不尽意”、“言简意赅”、“得意忘言”、“言有尽而意无穷”，等等。语言的锤炼对诗歌来说尤其重要，鉴赏诗歌，从语言入手是一条基本的途径。

（一）词句的锤炼

诗歌抒写真性情，而每个人性情不同，处于不同时间空间中的具体审美感受是千差万别的，要准确地传达出个体独特的审美感受，就必须突破固定的思维模式和惯常的表达方法，对诗歌语言进行符合目的性的内容改造和形式变形，以表现出个性。这就是诗人要对诗歌语言反复推敲和锤炼的原因。古今中外的诗人都非常重视语言的锤炼，力求以最恰切的字句来表达情感与思想。

（二）艺术手法

艺术手法就是艺术创作中塑造形象、表达情感、反映生活所运用的各种具体的表现方法，具体到诗歌而言，艺术手法就是形象化的艺术描写方法。诗人的喜、怒、哀、乐等思想感情是抽象的，要使这些抽象的思想感情充分地表达出来，并感染和打动读者，就不能枯燥平淡地直来直去，一泻无余，而必须通过语言表达的技巧将抽象的思想感情化为具体可感的艺术形象。深入地理解艺术手法在具体的诗歌创作中的运用，可以帮助我们更深入地感受诗歌的艺术性和正确理解诗句的内涵。艺术方法是多种多样的，最常见的一些艺术手法是：赋、比、兴，拟人，夸张，象征，用典。

（三）语法结构

诗歌语言和散文语言明显的不同还表现在语法结构上。散文的语序要遵从一般的语法规则，而诗歌语言则往往要打破惯常的语法规则，对语言进行奇异的组合，从而深刻地表达诗人对客观事物的新鲜感觉和审美体验，同时要符合诗歌的格律要求。方法有：语序的颠倒，成分的省略，词类的活用。

三、鉴赏诗歌，要善于捕捉形象、品辨韵味和领略意境

（一）感受形象

文学作品以感性的形式反映外在世界和人的内心生活，呈现在读者面前的是一幅幅具体可感的生活画面，这与科学著作是很不相同的。在以抒情为主的诗歌中，作者通过艺术形象直接诉诸欣赏者的感情，而呈现在作品中的形象不是如小说、戏剧中的人物形象，而是融汇了诗人主观情思的“意象”，它可以是自然景物，可以是社会事物，也可以是人物形象，即它指称的是一个包括物事、事象、境象、景象、人象等的多层次的概念。

（二）领略意境

“意境”指艺术作品所呈现的主题情思和审美对象互相交融、虚实结合、启人想象的艺术世界，也称作“境界”或“境”，是我国抒情文学创作传统中锤炼出来的审美范畴。

意，包括情与理，即主观感受、感情和对生活的理解认识两个方面。境，可分为形与神，即客观事物的外在形貌特征和内在意蕴。意境超越了诗歌的情、景、意这些个别元素，所展示的是诗人对宇宙、人生某种形而上的生命体验。意境的营造，要求意与境谐，心与物共，情思与景物浑然一体，能够调动欣赏者的情感，使其进入审美状态，引起他们的想象与联想等精神活动，感受到生命的情调和意味。

四、鉴赏诗歌，要深入领悟情中之理

抒情是诗歌的基本功能和审美特征，但情感本身就是与一定的理性认识相联系的。文学作品总要表达一定的意旨，表达作者的理想和观念，文学作品中的“理”允许与具体生动的社会生活画面和形象的描绘，以及饱满的情感抒写交融在一起，使其自然地流露出来。在鉴赏活动中，读者要充分地把握作品的意韵，就必须深刻地体会其情中之理，层层深入地领悟作品多方面的艺术价值。

五、鉴赏诗歌，要体察诗人的人格美

诗歌的品格来自诗人的人品。诗人创作价值的高低，从根本而言，取决于诗人的品格。诗人人生境界的高下，对其诗歌创作有重要的影响。境界高者，诗中所抒发情感大多高远，诗格也高，相反则往往趋于卑下。

诗歌是人类追求真善美的艺术结晶，世世代代的优秀诗人以他们高尚的人格照耀着诗歌的园地，给我们留下了无数充满艺术魅力的名篇佳作。欣赏诗歌不仅能够使人得到高雅的艺术享受，而且能够从中体察到诗人的人格境界，使鉴赏者的思想境界得到升华。

文学是人类满足精神需要的一种方式。人之所以不同于其他动物，就在于人类把物质需要和精神需要最大限度地统一起来，并使之成为人类内在的和本质的需要。在现实生活中，并不需要人人都去作诗，但每个人的生存状态都离不开诗。诗歌是发自内心的真情的流露，诗歌是存在于每一个人的心中的。所以，欣赏诗歌，可以使我们从瞬间的超越中体会到永恒，在有限中体会到无限，胸襟高远，超脱尘俗，使生活始终充满新鲜的活力，得到精神的愉悦和审美的享受。

第二章　散　文

第一节　先秦两汉魏晋南北朝散文

大　学

大学之道[1]，在明明德[2]，在亲民[3]，在止于至善。知止[4]而后有定，定而后能静，静而后能安，安而后能虑，虑而后能得[5]。物有本末，事有终始。知所先后，则近道矣。古之欲明明德于天下者，先治其国；欲治其国者，先齐其家[6]；欲齐其家者，先修其身[7]；欲修其身者，先正其心；欲正其心者，先诚其意；欲诚其意者，先致其知[8]。致知在格物[9]。物格而后知至，知至而后意诚，意诚而后心正，心正而后身修，身修而后家齐，家齐而后国治，国治而后天下平。自天子以至于庶人[10]，壹是皆以修身为本[11]。其本乱而末[12]治者否矣。其所厚者薄，而其所薄者厚[13]，未之有也[14]！

【注释】

[1] 大学之道：大学的宗旨。“大学”一词在古代有两种含义：一是“博学”的意思，二是相对于小学而言的“大人之学”。古人八岁入小学，学习“洒扫应对进退、礼乐射御书数”等文化基础知识和礼节，十五岁入大学，学习伦理、政治、哲学等“穷理正心，修己治人”的学问。所以，后一种含义其实也和前一种含义有相通的地方，同样有“博学”的意思。“道”的本义是道路，引申为规律、原则等，在中国古代哲学、政治学里，也指宇宙万物的本原、个体，一定的政治观或思想体系等，在不同的上下文环境里有不同的意思。[2] 明明德：彰明，发扬、弘扬。明德：美德。[3] 亲民：“亲”应为“新”，即革新、弃旧图新。亲民，也就是新民，使人弃旧图新、去恶从善。[4] 知止：知道目标所在。[5] 得：收获。[6] 齐其家：管理好自己的家庭或家族，使家庭或家族和和美美，蒸蒸日上，兴旺发达。[7] 修其身：修养自身的品性。[8] 致其知：获得知识来充实自己。[9] 格物：穷究事物的原理。[10] 庶人：指平民百姓。[11] 壹是：一切，统统。本：根本。[12] 末：相对于“本”而言，指枝末、

枝节。[13] 厚者薄：该重视的不重视。薄者厚：不该重视的却加以重视。[14] 未之有也：即未有之也，意思是没有这样的道理（事情、做法等）。

中　　庸（节选）

天命[1]之谓性，率性[2]之谓道，修道之谓教。

道也者，不可须臾离也，可离非道也。是故君子戒慎乎其所不睹，恐惧乎其所不闻。莫见乎隐，莫显乎微[3]，故君子慎其独也。

喜怒哀乐之未发，谓之中[4]；发而皆中节[5]，谓之和。中也者，天下之大本也；和也者，天下之达道也。致[6]中和，天地位焉，万物育焉。（《中庸·第一章》）

博学之[7]，审问之[8]，慎思之[9]，明辨之[10]，笃行之[11]。有弗学，学之弗能，弗措也[12]。有弗问，问之弗知[13]，弗措也。有弗思，思之弗得，弗措也。有弗辨，辨之弗明，弗措也。有弗行，行之弗笃[14]，弗措也。人一能之，己百之[15]；人十能之，己千之。果能此道矣[16]，虽愚[17]必明，虽柔必强[18]。（《中庸·第二十章》）

【注释】

[1] 天命：天赋。朱熹解释说："天以阴阳五行化生万物，气以成形，而理亦赋焉，犹命令也。"（《中庸章句》）所以，这里的天命（天赋）实际上就是指的人的自然禀赋，并无神秘色彩。[2] 率性：遵循本性。率：遵循，按照。[3] 莫：在这里是"没有什么更……"的意思。显：显现，明显。乎：于，在这里有比较的意味。[4] 中(zhòng)：符合。[5] 节：节度，法度。[6] 致：达到。[7] 博学：广泛地学习。之：第三人称代词，泛指动词"学"的对象。以下四句的"之"字，分别泛指动词"问"、"思"、"辨"、"行"的对象。[8] 审：详细，详尽。审问：详细地询问。[9] 慎思：慎重地考虑。[10] 明辨：明确地分辨。[11] 笃：坚定，这里有"踏实"的意思。笃行：踏踏实实地实行。[12] 有弗学，学之弗能，弗措也：除非不学，学了要是学不会，就不能罢休。有：大致相当于现代汉语的"除非"，"要么就"。[13] 知：懂。[14] 弗笃：指不能完全做好它。[15] 人一能之，己百之：别人用一分功夫，自己就用一百倍功夫去做到它。能：动词，能够做到。之：第三人称代词，泛指"能"的对象。[16] 果能此道矣：果真能实行这个办法。果：副词，果真。道：方法。矣：语气助词，表现将要出现的情况。[17] 愚：糊涂。[18] 柔：弱，这里指意志不坚强。强：坚强，这里指意志坚强。

谏逐客书

李　斯

臣闻吏议逐客，窃以为过矣。

昔缪公求士，西取由余于戎[1]，东得百里奚于宛[2]，迎蹇叔于宋[3]，来丕豹、公孙支于晋[4]。此五子者，不产[5]于秦，而缪公用之，并国二十，遂霸西戎[6]。孝公用商鞅之法[7]，移风易俗，民以殷盛[8]，国以富强，百姓乐用，诸侯亲服，获楚、魏之师[9]，举地千里，至今治强。惠王用张仪之计[10]，拔三川之地[11]，西并巴、蜀[12]，北收上郡[13]，南取汉中[14]，包九夷[15]，制鄢、郢[16]，东据成皋[17]之险，割膏腴之壤，遂散六国之从，使之西面事秦，功施[18]到今。昭王得范雎[19]，废穰侯[20]，逐华阳[21]，强公室，杜私门，蚕食[22]诸侯，使秦成帝业。此四君者，皆以客之功。由此观之，客何负于秦哉？向使四君却客而不内[23]，疏士而不用，是使国无富利之实，而秦无强大之名也。

今陛下致昆山之玉[24]，有随、和之宝[25]，垂明月[26]之珠，服太阿[27]之剑，乘纤离[28]之马，建翠凤之旗[29]，树灵鼍[30]之鼓。此数宝者，秦不生一焉，而陛下说[31]之，何也？必秦国之所生然后可，则是夜光之璧不饰朝廷，犀象之器[32]不为玩好，郑、卫之女不充后宫[33]，而骏良駃騠不实外厩[34]，江南[35]金锡不为用，西蜀丹青不为采[36]。所以饰后宫、充下陈[37]、娱心意、说耳目者，必出于秦然后可，则是宛珠之簪[38]、傅玑之珥[39]、阿缟[40]之衣、锦绣之饰不进于前，而随俗雅化，佳冶窈窕、赵女不立于侧也[41]。夫击瓮叩缶，弹筝搏髀[42]，而歌呼呜呜快目者，真秦之声也；郑、卫、桑间、昭、虞、武、象者[43]，异国之乐也。今弃击瓮叩缶而就郑、卫，退弹筝而取昭、虞，若是者何也？快意当前，适观而已矣。今取人则不然。不问可否，不论曲直，非秦者去，为客者逐。然则是所重者在乎色乐珠玉，而所轻者在乎人民也。此非所以跨海内制诸侯之术也。

臣闻地广者粟多，国大者人众，兵强则士勇。是以太山不让土壤[44]，故能成其大；河海不择[45]细流，故能就其深；王者不却[46]众庶，故能明其德。是以地无四方，民无异国，四时充美，鬼神降福，此五帝、三王[47]之所以无故也。今乃弃黔首以资[48]敌国，却宾客以业[49]诸侯，使天下之士退而不敢西向，裹足不入秦，此所谓"借寇兵而赍[50]盗粮"者也。

夫物不产于秦，可宝者多；士不产于秦，而愿忠者众。今逐客以资敌国，损民以益雠[51]，内自虚而外树怨于诸侯[52]，求国无危，不可得也。

【作者简介】

李斯，战国时楚上蔡（今河南上蔡西）人。生年不详，卒于公元前208年（秦二世二年），是著名思想家荀卿的弟子。后助秦始皇统一中国，官至丞相，为秦始皇定郡县之制，下禁书令，以小篆为标准统一文书。秦始皇死时，斯听赵高的阴谋，矫诏杀太子扶苏。二世立，赵高用事，诬斯谋反，被腰斩于咸阳。

【注释】

[1] 由余：亦作"繇余"，戎王的臣子，是晋人的后裔，入秦后，受到秦缪公重用，帮助秦国攻灭西戎众多小国，称霸西戎。戎：古代中原人多称西方少数部族为戎。此指秦国西北部的西戎，活动范围约在今陕西西南、甘肃东部、宁夏南部一带。[2] 百里奚：原为虞国大夫。晋灭虞被俘，后作为秦缪公夫人的陪嫁臣妾之一送往秦国。逃亡到宛，被楚人所执。秦缪公用五张黑公羊皮赎出，用为大夫，故称"五羖大

夫”，是辅佐秦缪公称霸的重臣。宛：楚国邑名，在今河南南阳市。[3] 蹇叔：百里奚的好友，经百里奚推荐，秦缪公把他从宋国请来，委任为上大夫。[4] 来：招徕，别本或作“求”。丕豹：晋国大夫丕郑之子，丕郑被晋惠公杀死后，丕豹投奔秦国，秦缪公任为大夫。公孙支：“支”或作“枝”，字子桑，秦人，曾游晋，后返秦任大夫。晋：国名，姬姓，始封君为周成王之弟叔虞，建都于唐（今陕西翼城西），约有今山西西南部之地。春秋时，晋献公迁都于绛，亦称“翼”（今山西翼城东南），陆续攻灭周围小国；晋文公成为继齐桓公之后的霸主；晋景公迁都新田（今山西侯马西），亦称“新绛”，兼并赤狄，疆域扩展到今山西大部、河北西南部、河南北部和陕西一角。春秋后期，公室衰微，六卿强大。战国初，被执政的韩、赵、魏三家所瓜分。公元前369年，最后一位国君晋桓公被废为庶人，国家灭绝。[5] 产：生，出生。[6] 并国二十，遂霸西戎：《史记·秦本纪》云秦缪公“益国十二，开地千里，遂霸西戎”。这里的“二十”当是约数。[7] 孝公：即秦孝公。商鞅：卫国公族，氏公孙，亦称公孙鞅，初为魏相公叔座家臣，公叔座死后入秦，受到秦孝公重用，任左庶长、大良造，因功封于商（今山西商县东南）十五邑，号称商君。于公元前356年和前350年两次实行变法，奠定秦国富强的基础。公元前338年，秦孝公去世，被车裂身死。详见《史记·商君列传》。[8] 殷：多，众多。殷盛：指百姓众多而且富裕。[9] 魏：国名，始封君魏文侯，系晋国大夫毕万后裔，于公元前403年与韩景侯、赵烈侯联合瓜分晋国，被周威烈王封为诸侯，建都安邑（今山西夏县西北）。魏文侯任用李悝改革内政，成为强国。梁惠王时迁都大梁（今河南开封），因此亦称“梁”。后国势衰败，公元前225年被秦国所灭。获楚、魏之师：指战胜楚国、魏国的军队。公元前340年，商鞅设计诱杀魏军主将公子卬，大败魏军。同年又与楚战，战况不详，据此，当也是秦军获胜。[10] 惠王：即秦惠王，名驷，秦孝公之子，公元前337年至前311年在位。于公元前325年称王。详见《史记·秦本纪》。张仪：魏人，秦惠文王时数次任秦相，鼓吹“连横”，游说各国诸侯事奉秦国，辅佐秦惠文君称王，封武信君。秦武王即位，入魏为相。于公元前310年去世。详见《史记·张仪列传》。[11] 三川之地：指黄河、洛水、伊水三川之地，在今河南西北部黄河以南的洛水、伊水流域。韩宣王在此设三川郡。公元前308年秦武王派兵攻取三川大县宜阳（今河南宜阳西）。公元前249年秦灭东周，取得韩三川全郡，重设三川郡。[12] 巴：国名，周武王灭商后被封为子国，称巴子国，在今四川东部、湖北西部一带。战国中期建都于巴（今四川重庆）。公元前316年秦惠王派张仪、司马错等领兵攻灭巴国，在其地设置巴郡。蜀：国名，周武王时曾参加灭商的盟会，有今四川中部偏西地区。战国中期建都于成都（今四川成都）。公元前316年秦惠文王派张仪、司马错等领兵灭蜀，在其地设置蜀郡。[13] 上郡：郡名，本魏地，在今陕西榆林。[14] 汉中：郡名，楚怀王时置，辖境有陕西东南和湖北西北的汉水流域。公元前312年，被秦将魏章领兵攻取，秦于此重置汉中郡。[15] 九夷：此指楚国境内西北部的少数民族，在今陕西、湖北、四川三省交界地区。[16] 鄢：音yān，楚国别都，在今湖北宜城东南。春秋时楚惠王曾都于此。郢：楚国都城，在今湖北江陵。公元前279年秦将白起攻取鄢，翌年又攻取郢。[17] 成皋：邑名，在今河南荥阳汜水镇，地势险要，是著名的军事重地。春秋时属郑国称虎牢，公元前375年韩国灭郑属韩，公元前249年被秦军攻取。[18] 施（yì）：蔓延，延续。[19] 昭王：即秦昭襄王，名稷，一作侧或则，秦惠王之子，秦武王异母弟，公元前306年至前251年在位。详见《史记·秦本纪》。范雎：一作“范且（jū）”，亦称范叔，魏人，入秦后改名张禄，受到秦昭王信任，为秦相，对内力主废除外戚专权，对外采取远交近攻策略，封于应（今河南宝丰西南），亦称应侯，死于公元前255年。详见《史记·范雎列传》。[20] 穰（rǎng）侯：即魏冉，楚人后裔，秦昭王母宣太后之异父弟，秦武王去世，拥立秦昭王，任将军，多次为相，受封于穰（今河南邓州），故称穰侯，后又加封陶（今山东定陶西北）。因秦昭王听用范雎之言，被免去相职，终老于陶。详见《史记·穰侯列传》。[21] 华阳：即华阳君芈（mǐ）戎，楚昭王母宣太后之同父弟，曾任将军等职，与魏冉同掌国政，先受封于华阳（今河南新郑北），故称华阳君，后封于新城（今河南新密东南），故又称新城君。公元前266年，与魏冉同被免职遣归封地。[22] 蚕食：比喻像蚕吃桑叶那样逐渐吞食侵占。[23] 向使：假使，倘若。内：通“纳”，接纳。[24] 陛下：对帝王的尊称。致：达，得。昆山：即昆仑山。[25] 随、和之宝：即所谓“随侯珠”和“和氏璧”，传说中春秋时随侯所得的夜明珠和楚人卞和所得的美玉。[26] 明月：宝珠名。[27] 太阿：亦称“泰阿”，宝剑名，相传为春秋著名工匠欧冶子、干将所铸，铸剑共三把，一名龙渊，一名太阿，一名工布。[28] 纤离：骏马名。[29] 翠凤之旗：用翠凤羽毛作为装饰的旗帜。[30] 鼍（tuó）：亦称扬子鳄，俗称猪龙婆，皮可蒙鼓。[31] 说：通“悦”，喜悦，喜爱。[32] 犀象之器：指用犀牛角和象牙制成的器具。[33] 郑：国名，姬姓，始封君为周宣王弟友，公元前806年分封于郑（今陕西华县东）。春秋时建都新郑（今河南新郑），有今河南中部之地，公元前375年被韩国所灭。卫：国名，姬姓，始封君为周武王弟康叔，初都朝歌（今河南淇县），后迁都楚丘（今河南滑县）、帝丘（今河南濮阳县），有今河南北部、山东西部之地。公元前254年被魏国所灭。郑、卫之女：此时郑、卫已亡，当指郑、卫故地的女子。后宫：嫔妃所居的宫室，也可用作嫔妃的代称。[34] 駃騠（jué tí）：骏马名。外厩：宫外的马圈。[35] 江南：长江以南地区，此指长江以南的楚地，素以出产金、锡著名。《史记·货殖列传》云：“豫章出黄金，长沙山连，锡。”[36] 丹：丹砂，可以制成红色颜料。青：青雘，可以制成青黑色颜料。西蜀丹青：蜀地素以出产丹青矿石出名。《史记·货殖列传》云：“巴蜀亦沃野，地饶卮、姜、丹沙、石……”采：彩色，彩绘。[37] 下陈：殿堂下陈放礼器、站立傧从的地方。充下陈：此泛指将财物、美女充满府库后宫。[38] 宛珠之簪：指用宛（今河南南阳）地出产的珍珠所作装饰的发簪。[39] 傅：附着，镶嵌。玑：不圆的珠子，此泛指珠子。珥（ěr）：耳饰。[40] 阿：指齐国东阿（今山东东阿）。缟（gǎo）：未经染色的绢。[41] 随俗雅化：随合时俗而雅致不凡。佳：美好，美丽。冶：妖冶，艳丽。窈窕（yáo tiáo）：美好的样子。赵：国名，始封君赵烈侯，系晋国大夫赵衰后裔，于公元前403年与魏文侯、韩景侯联合瓜分晋国，被周威烈王封为诸侯，建都晋阳（今山西太原东南），有今山西中部、陕西东北角、河北西南部。公元前386年迁都邯郸（今河北邯郸）。公元前222年被秦国所灭。古人多以燕、赵为出美女之地。[42] 瓮（wèng）：陶制的容器，古人用来打水。缶（fǒu）：一种口小腹大的陶器。秦人将瓮、缶作为打击乐器。搏：击打，拍打。髀

(bì)：大腿。搏髀：拍打大腿，以此掌握音乐唱歌的节奏。[43]《郑》：指郑国故地的音乐。《卫》：指卫国故地的晋乐。《桑间》：桑间为卫国濮水边上地名，在今河南濮阳县南，有男女聚会唱歌的风俗。此指桑间的音乐，即《乐书》的“桑间濮上之音”。《昭》：通“韶”，《史记集解》引徐广曰：“昭，一作‘韶’。”歌颂虞舜的舞乐。《虞》：按《史记会注考证校补》引南化本、枫山本、三条本等作“护”，当为歌颂商汤的舞乐。《武》：歌颂周武王的舞乐。《象》：歌颂周文王的舞乐。[44] 太山：即泰山。让：辞让，拒绝。[45] 择：通“释”，舍弃，抛弃。[46] 却：推却，拒绝。[47] 五帝：指黄帝、颛顼、帝喾、尧、舜。三王：指夏、商、周三代开国君主，即夏禹、商汤、周文王和周武王。[48] 黔首：无爵平民不能服冠，只能以黑巾裹头，故称黔首。此泛指百姓。秦始皇统一六国后正式称百姓为黔首。资：资助，供给。[49] 业:从业，从事，侍奉。[50] 赍（jī）：送，送给。[51] 益：增益，增多。雠：通“仇”，仇敌。[52] 外树怨于诸侯：指宾客被驱逐出外必投奔其他诸侯，从而构树新怨。

项羽之死

司马迁

项王军壁垓下，兵少食尽，汉军及诸侯兵围之数重。夜闻汉军四面皆楚歌，项王乃大惊曰：“汉皆已得楚乎？是何楚人之多[1]也！”项王则夜起，饮帐中。有美人名虞，常幸从；骏马名骓[2]，常骑之。于是项王乃悲歌慷慨，自为诗曰：“力拔山兮气盖世，时不利兮骓不逝[3]。骓不逝兮可奈何，虞兮虞兮奈若何[4]！”歌数阕[5]，美人和之。项王泣数行下，左右皆泣，莫能仰视。

于是项王乃上马骑，麾下壮士骑从者八百余人，直[6]夜溃围南出，驰走。平明，汉军乃觉之，令骑将灌婴以五千骑追之。项王渡淮，骑能属[7]者百余人耳。项王至阴陵，迷失道，问一田父[8]，田父绐[9]曰“左”。左，乃陷大泽中。以故汉追及之。项王乃复引兵而东，至东城，乃有二十八骑。汉骑追者数千人。项王自度不得脱。谓其骑曰：“吾起兵至今八岁矣，身七十余战，所当者破，所击者服，未尝败北，遂霸有天下。然今卒[10]困于此，此天之亡我，非战之罪也。今日固决死，愿为诸君快战[11]，必三胜之，为诸君溃围，斩将，刈[12]旗，令诸君知天亡我，非战之罪也。”乃分其骑以为四队，四向[13]。汉军围之数重。项王谓其骑曰：“吾为公取彼一将。”令四面骑驰下，期山东为三处。于是项王大呼驰下，汉军皆披靡[14]，遂斩汉一将。是时赤泉侯为骑将，追项王，项王瞋目而叱之，赤泉侯人马俱惊，辟易[15]数里。与其骑会为三处。汉军不知项王所在，乃分军为三，复围之。项王乃驰，复斩汉一都尉，杀数十百人，复聚其骑，亡其两骑耳。乃谓其骑曰：“何如？”骑皆伏曰：“如大王言。”

于是项王乃欲东渡乌江。乌江亭长檥[16]船待，谓项王曰：“江东虽小，地方千里，众数十万人，亦足王也。愿大王急渡！今独臣有船，汉军至，无以渡。”项王笑曰：“天之亡我，我何渡为[17]？且籍与江东子弟八千人渡江而西，今无一人还，纵江东父兄怜而王我，我何面目见之？纵彼不言，籍独不愧于心乎！”乃谓亭长曰：“吾知公长者。

吾骑此马五岁，所当无敌，尝一日行千里，不忍杀之，以赐公。”乃令骑皆下马步行，持短兵接战。独籍所杀汉军数百人。项王身亦被[18]十余创。顾见汉骑司马吕马童，曰：“若非吾故人[19]乎？”马童面之[20]，指王翳曰：“此项王也。”项王乃曰：“吾闻汉购[21]我头千金，邑万户，吾为汝德[22]。”乃自刎而死。王翳取其头，余骑相蹂践争项王，相杀者数十人。最其后，郎中骑杨喜，骑司马吕马童，郎中吕胜、杨武各得其一体[23]。五人共会其体，皆是。故分其地为五：封吕马童为中水侯，封王翳为杜衍侯，封杨喜为赤泉侯，封杨武为吴防侯，封吕胜为涅阳侯。

项王已死，楚地皆降汉，独鲁不下。汉乃引天下兵，欲屠之，为其守礼义，为主死节[24]，乃持项王头视[25]鲁。鲁父兄乃降。始，楚怀王初封项籍为鲁公，及其死，鲁最后下，故以鲁公礼葬项王穀城。汉王为发哀，泣之而去。诸项氏枝属[26]，汉王皆不诛。乃封项伯为射阳侯。桃侯、平皋侯、玄武侯皆项氏，赐姓刘。

太史公曰：吾闻之周生曰，舜目盖重瞳子[27]，又闻项羽亦重瞳子。羽岂其苗裔[28]邪？何兴之暴[29]也！夫秦失其政，陈涉首难，豪杰蠭起，相与并争，不可胜数，然羽非有尺寸，乘埶[30]起陇亩之中[31]，三年，遂将五诸侯[32]灭秦，分裂天下，而封王侯，政由羽出，号为霸王，位虽不终[33]，近古以来未尝有也。及羽背关[34]怀楚，放逐义帝而自立，怨王侯叛己，难矣。自矜功伐[35]，奋其私智而不师古[36]，谓霸王之业，欲以力征[37]，经营天下，五年卒亡其国。身死东城，尚不觉寤[38]，而不自责，过[39]矣。乃引“天亡我，非用兵之罪也”，岂不谬哉！

【作者简介】

司马迁，字子长，夏阳（今陕西韩城）人，生于公元前145年（汉景帝中元五年），卒年不详。他的先代，世为周代史官。父谈，精熟天文、史事，通晓诸子学术，武帝建元、元封年间，任为太史令。迁少而好学，二十以后，游踪几遍全国。武帝元封三年（公元前108年），迁继任太史令，有机会博览政府所藏的大量书籍。太初元年（公元前104年）开始着手编写《史记》，天汉二年（公元前99年），他为了替投降匈奴的李陵辩解，触怒武帝，下狱，被处宫刑。狱中仍继续写作。太始元年（公元前96年）被赦，出任中书令。当时中书令大都由宦者充任，因此他深以为耻，忍辱含垢，发愤著述，最后在征和初年（公元前92年）左右，基本完成这部巨著，不久即去世。

【注释】

[1] 何楚人之多：怎么楚人这么多。 [2] 骓（zhuī）：毛色苍白相杂的马。[3] 逝：跑。[4] 奈若何：把你怎么办。[5] 阕：乐曲每终了一次叫一阕。“数阕”就是几遍。[6] 直：同“值”，当，趁。[7] 属：连接，这里指跟上。[8] 田父（fǔ）：老农。[9] 绐：欺骗。[10] 卒：终于。[11] 快战：痛快地打一仗。[12] 刈（yì）：割，砍。[13] 四向：面向四方。[14] 披靡：原指草木随风倒伏，这里比喻军队溃败。[15] 辟易：倒退的样子。[16] 檥（yǐ）：停船靠岸。[17] 何渡为：还渡江干什么。[18] 被：遭受。[19] 故人：旧友。[20] 面之：跟项王面对面。吕马童原在后面追赶项王，项王回过头来看见他，二人才正面相对。[21] 购：悬赏征求。[22] 为汝德：意思是送给你点儿好处。德：恩德。 [23] 体：身体的部分，四肢加头合称五体。

［24］死节：为节操而死。［25］视：同“示”，给……看。［26］枝属：宗族。［27］周生：《正义》引孔文祥说以为是汉代儒者，姓周。盖：大概。重瞳子：两个瞳仁儿。［28］苗裔：后代。［29］何兴之暴：怎么起来得这么突然。［30］尺寸：形容很少。埶：同“势”，权势，权柄。又：有人认为“尺寸”指尺寸之地，这句在“寸”字后断句，“乘埶”属下句，是趁势的意思。［31］陇亩之中：田野之中，指民间。陇：同“垄”。［32］五诸侯：指战国时的齐、赵、韩、魏、燕五个诸侯国。［33］位：指王位。不终：指没有维持下来。终：到最后。［34］背关：舍弃关中。背：弃。［35］矜：夸。功伐：功劳，“伐”与“功”同义。［36］奋：振，这里有极力施展的意思。师古：效法古人。［37］力征：以武力征伐。［38］寤：同“悟”。［39］过：错。

别　赋

江　淹

黯然销魂[1]者，唯别而已矣。况秦吴兮绝国[2]，复燕宋[3]兮千里。或春苔兮始生，乍秋风兮蹔[4]起。是以行子肠断，百感凄恻。风萧萧而异响，云漫漫而奇色。舟凝滞于水滨，车逶迟[5]于山侧，棹容与而讵前[6]，马寒鸣而不息。掩金觞而谁御[7]？横玉柱而沾轼[8]。居人愁卧，怳[9]若有亡。日下壁而沈彩[10]，月上轩而飞光。见红兰之受露，望青楸之罹霜[11]。巡曾楹而空揜，抚锦幕而虚凉[12]。知离梦之踯躅[13]，意别魂之飞扬[14]。

故别虽一绪，事乃万族[15]。至若龙马[16]银鞍，朱轩绣轴[17]，帐饮东都[18]，送客金谷[19]。琴羽张[20]兮箫鼓陈，燕赵[21]歌兮伤美人。珠与玉兮艳暮秋，罗与绮兮娇上春[22]。惊驷马之仰秣[23]，耸渊鱼之赤鳞[24]。造分手而衔涕[25]，感寂漠[26]而伤神。

乃有剑客惭恩[27]，少年报士[28]，韩国赵厕[29]，吴宫燕市[30]，割慈忍爱，离邦去里，沥泣[31]共诀，抆血[32]相视。驱征马而不顾，见行尘之时起。方衔感[33]于一剑，非买价于泉里[34]。金石震而色变[35]，骨肉悲而心死[36]。

或乃边郡未和，负羽[37]从军。辽水[38]无极，雁山参云[39]。闺中风暖，陌上草薰。日出天而曜景[40]，露下地而腾文[41]，镜朱尘之照烂[42]，袭青气之烟煴[43]。攀桃李兮不忍别，送爱子兮沾罗裙[44]。

至如一赴绝国，讵[45]相见期。视乔木[46]兮故里，决北梁兮永辞[47]。左右兮魂动，亲宾兮泪滋。可班荆[48]兮赠恨，惟樽酒兮叙悲[49]。值秋雁兮飞日，当白露兮下时。怨复怨兮远山曲，去复去兮长河湄[50]。

又若君居淄右[51]，妾家河阳[52]。同琼佩[53]之晨照，共金炉之夕香[54]，君结绶[55]兮千里，惜瑶草之徒芳[56]。惭幽闺之琴瑟，晦高台之流黄[57]。春宫闷此青苔色[58]，秋帐含兹明月光，夏簟[59]清兮昼不暮，冬釭凝兮夜何长[60]。织锦曲兮泣已尽，回文诗兮影独伤[61]。

傥有华阴上士[62]，服食还山[63]。术既妙而犹学，道已寂而未传[64]。守丹灶而不顾[65]，炼金鼎[66]而方坚，驾鹤上汉，骖鸾[67]腾天。暂游万里，少别[68]千年。惟世间兮重别，谢主人兮依然[69]。

下有芍药之诗[70]，佳人之歌[71]。桑中卫女，上宫陈娥[72]。春草碧色，春水渌波[73]，送君南浦[74]，伤如之何！至乃秋露如珠，秋月如珪[75]，明月白露，光阴往来，与子之别，思心徘徊。

是以别方[76]不定，别理千名[77]，有别必怨，有怨必盈[78]，使人意夺神骇，心折骨惊[79]。虽渊、云[80]之墨妙，严、乐[81]之笔精，金闺之诸彦[82]，兰台[83]之群英，赋有凌云[84]之称，辩有雕龙[85]之声，谁能摹暂离之状，写永诀之情者乎！

【作者简介】

江淹（444—505），字文通，济阳考城（今河南兰考）人。少孤贫，后任中书侍郎，天监元年为散骑常侍左卫将军，封临沮县伯，迁金紫光禄大夫，封醴陵侯，历仕宋、齐、梁三代。少年时以文章著名，钟嵘在《诗品》中称其“诗体总杂，善于摹拟”。江淹在被权贵贬黜到浦城当县令时，相传有一天，他漫步浦城郊外，歇宿在一小山上。睡梦中，见神人授他一支闪着五彩的神笔，自此文思如涌，成了一代文章魁首，当时人称为“梦笔生花”。晚年才思减退，传为梦中还郭璞五色笔，尔后作诗，遂无美句，世称“江郎才尽”。诗善刻画模拟，小赋遣词精工，赋作30余篇，其成就在诗文之上，尤以《别赋》、《恨赋》脍炙人口，被誉为“千秋绝调”。今有《江文通集》传世。

【注释】

[1] 黯然：心神沮丧，形容惨戚之状。销魂：即丧魂落魄。[2] 秦吴：古国名。秦在今陕西一带。吴在今江苏、浙江一带。绝国：相隔极远的邦国。[3] 燕宋：古国名。燕在今河北一带，宋在今河南一带。[4] 蹔：同“暂”。[5] 逶迟：徘徊不行的样子。[6] 棹（zhào）：船桨，这里指代船。容与：缓慢荡漾不前的样子。讵前：滞留不前。此处化用屈原《九章·涉江》：“船容与而不进兮，淹回水而疑滞”句意。[7] 掩：覆盖。觞（shāng）：酒杯。御：进用。[8] 横：横持，搁置。玉柱：琴瑟上的系弦之木，这里指琴。轼：车前的横木。[9] 怳（huǎng）：丧神失意的样子。[10] 沈彩：日光西沉。沈：同“沉”。[11] 楸（qiū）：落叶乔木，枝干端直，高达三十米，古人多植于道旁。罹：遭受。[12] 曾楹（yíng）：高高的楼房。曾：同“层”。楹：屋前的柱子，此指房屋。揜（yǎn）：同“掩”。锦幕：锦织的帐幕。此两句写行子一去，居人徘徊旧屋的感受。[13] 踯躅（zhí zhú）：徘徊不前的样子。[14] 意：同“臆”，料想。飞扬：飞散而无着落。[15] 万族：不同的种类。[16] 龙马：据《周礼·夏官·廋人》载，马八尺以上称“龙马”。[17] 朱轩：贵者所乘之车。绣轴：绘有彩饰的车轴。此指车驾之华贵。[18] 帐饮：古人设帷帐于郊外以饯行。东都：指东都门，长安城门名。《汉书·疏广传》记疏广告老还乡时，“公卿大夫故人邑子设祖道供帐东都门，送者车数百辆，辞决而去”。[19] 金谷：晋石崇在洛阳西北金谷所造金谷园。史载石崇拜太仆，出为征虏将军，送者倾都，曾帐饮于金谷园。[20] 羽：五音之一，声最细切，宜于表现悲戚之情。琴羽：指琴中弹奏出羽声。张：调弦。[21] 燕赵：古诗有“燕赵多佳人，美者颜如玉”句。后因以美人多出燕赵。

［22］上春：即初春。［23］驷马：古时四匹马拉的车驾称驷，马称驷马。仰秣（mò）：抬起头吃草。语出《淮南子·说山训》："伯牙鼓琴，驷马仰秣。"原形容琴声美妙动听，此反其意。［24］耸：因惊动而跃起。鳞：指渊中之鱼。语出《韩诗外传》："昔者瓠巴鼓瑟而潜鱼出听。"［25］造：等到。衔涕：含泪。［26］寂漠：即"寂寞"。［27］惭恩：自惭于未报主人知遇之恩。［28］报士：心怀报恩之念的侠士。［29］韩国：指战国时侠士聂政为韩国严仲子报仇，刺杀韩相侠累一事。赵厕：指战国初期，豫让因自己的主人智氏为赵襄子所灭，乃变姓名为刑人，入宫涂厕，挟匕首欲刺死赵襄子一事。［30］吴宫：指春秋时专诸置匕首于鱼腹，在宴席间为吴国公子光刺杀吴王一事。燕市：指荆轲与朋友高渐离等饮于燕国街市，因感燕太子恩遇，藏匕首于地图中，至秦献图刺秦王未成，被杀。高渐离为了替荆轲报仇，又一次入秦谋杀秦王事。［31］沥泣：洒泪哭泣。［32］抆（wěn）：擦拭。抆血：言泣泪以尽继之以血。［33］衔感：怀恩感遇。衔：怀。［34］买价：指以生命换取金钱。泉里：黄泉。［35］金石震：钟、磬等乐器齐鸣。句本《燕丹太子》："荆轲与武阳入秦，秦王陛戟而见燕使，鼓钟并发，群臣皆呼万岁，武阳大恐，面如死灰色。"［36］此句语出《史记·刺客列传》，聂政刺杀韩相侠累后，屠肠毁容自杀，以免牵累。韩国当政者暴尸于市，悬赏千金。其姐聂嫈云："妾其奈何畏殁身之诛，终灭贤弟之名！"遂扬其弟义举，伏尸而哭，自杀其旁。骨肉：指死者亲人。［37］负羽：挟带弓箭。［38］辽水：辽河。在今辽宁省西部，流经营口入海。［39］雁山：雁门山。在今山西原平县西北。［40］曜景：闪射光芒。［41］腾文：指露水在阳光下反射出绚烂的色彩。［42］镜：照。朱尘：红色的尘霭。照烂：鲜明绚烂之色。［43］袭：扑入。青气：春天草木上腾起的烟霭。烟煴（yīn yūn）：同"氤氲"，云气笼罩致。［44］爱子：爱人，指征夫。［45］讵：岂有。［46］乔木：高大的树木。王充《论衡·佚文》："睹乔木，知旧都。"［47］此句语出《楚辞·九怀》。［48］班：铺设。荆：树枝条。据《左传·襄公二十六年》，楚国伍举与声子相善。伍举将奔晋，遇声子于郑郊。"班荆相与食，而言复故。"后遂以"班荆道故"喻亲旧惜别之悲痛。［49］樽：酒器。［50］湄：水边。［51］淄右：淄水西面，在今山东境内。［52］河阳：黄河北岸。［53］琼佩：琼玉之类的佩饰。［54］以上两句回忆昔日朝夕共处的爱情生活。［55］绶：系官印的丝带。结绶：谓出仕做官。［56］瑶草：仙山中的芳草，此喻闺中少妇。徒芳：喻虚度青春。［57］晦：昏暗不明。流黄：黄色丝绢，这里指黄绢做成的帷幕。此句意思为：为免伤情，不敢卷起帷幕远望。［58］春宫：指闺房。闷（bì）：关闭。［59］簟（diàn）：竹席。［60］釭（gāng）：灯。以上四句写居人春、夏、秋、冬四季相思之苦。［61］据武则天《璇玑图序》载："前秦苻坚时，窦滔镇襄阳，携宠姬赵阳台之任，断妻苏惠音问。蕙因织锦为回文，五彩相宣，纵横八寸，题诗二百余首，计八百余言，纵横反复，皆成章句，名曰《璇玑图》以寄滔。"一说窦韬被徙沙漠，妻苏惠遂织锦为回文诗寄赠（《晋书·列女传》）。以上写游宦别离和闺中思妇的思念。［62］傥（tǎng）：同"倘"。华阴：即华山，在今陕西渭南县南。上士：道士，求仙的人。［63］服食：道家以为服食丹药可以长生不老。还山：即成仙。一作"还仙"。［64］寂：进入微妙之境。传：

至，最高境界。[65] 丹灶：炼丹炉。不顾：不过问尘俗之事。[66] 炼金鼎：在金鼎里炼丹。[67] 骖（cān）：三匹马驾车称“骖”。鸾：古代神话传说中凤凰一类的鸟。[68] 少别：小别。[69] 谢：告辞，告别。以上写学道炼丹者的离别。[70] 下：下土。与“上士”相对。芍药之诗：语出《诗经·郑风·溱洧》：“维士与女，伊其相谑，赠以芍药。”[71] 佳人之歌：指李延年歌：“北方有佳人，绝世而独立。”[72] 桑中：卫国地名。上宫：陈国地名。卫女、陈娥：均指恋爱中的少女。《诗经·鄘风·桑中》：“云谁之思？美孟姜矣。期我乎桑中，要我乎上宫。”[73] 渌（lù）波：清澈的水波。[74] 南浦：《楚辞·九歌·河伯》：“子交手兮东行，送美人兮南浦。”后以“南浦”泛指送别之地。[75] 珪（guī）：一种洁白晶莹的圆形美玉。[76] 别方：别离的双方。[77] 名：种类。[78] 盈：充盈。[79] 折、惊：均言创痛之深。[80] 渊：即王褒，字子渊。云：即扬雄，字子云。二人都是汉代著名的辞赋家。[81] 严：严安。乐：徐乐。二人为汉代著名文章家。[82] 金闺：指汉代长安金马门，汉官署名，是聚集才识之士以备汉武帝诏询的地方。彦：有学识才干的人。[83] 兰台：汉代朝廷中藏书和讨论学术的地方。[84] 凌云：据《史记·司马相如列传》载，司马相如作《大人赋》，汉武帝誉之为“飘飘有凌云之气，似游天地之间”。[85] 雕龙：据《史记·孟子荀卿列传》载，驺奭作文，善闳辩。故齐人称颂为“雕龙奭”。

第二节　唐宋散文

代李敬业传檄天下文[1]

骆宾王

伪临朝武氏者，人非和顺，地实寒微[2]。昔充太宗下陈，尝以更衣入侍[3]。洎乎晚节，秽乱春宫[4]。潜隐先帝之私，阴图后房之嬖[5]。入门见嫉，蛾眉不肯让人[6]；掩袖工谗，狐媚偏能惑主[7]。践元后于翚翟，陷吾君于聚麀[8]。加以虺蜴为心，豺狼成性。近狎邪僻，残害忠良。杀姊屠兄，弑君鸩母[9]。神人之所共疾[10]，天地之所不容。

犹复包藏祸心，窥窃神器[11]。君之爱子，幽之于别宫[12]；贼之宗盟[13]，委之以重任。呜呼[14]！霍子孟之不作，朱虚侯之已亡[15]。燕啄皇孙，知汉祚之将尽[16]。龙漦帝后[17]，识夏庭之遽衰。

敬业皇唐旧臣，公侯冢子。奉先帝之遗训，荷本朝之厚恩。宋微子之兴悲，良有以也；袁君山之流涕，岂徒然哉！是用气愤风云，志安社稷。因天下之失望，顺宇内之推心。爰举义旗，誓清妖孽。

南连百越，北尽三河，铁骑成群，玉轴相接。海陵红粟，仓储之积靡穷；江浦黄旗，匡复之功何远。班声动而北风起，剑气冲而南斗平。喑呜则山岳崩颓，叱咤则风云变色。以此制敌，何敌不摧！以此图功，何功不克！

公等或家传汉爵，或地协周亲；或膺重寄于话言，或受顾命于宣室。言犹在耳，忠岂忘心！一抔之土未干，六尺之孤何托？倘能转祸为福，送往事居，共立勤王之勋，无废大君之命，凡诸爵赏，同指山河。若其眷恋穷城，徘徊歧路，坐昧先几之兆，必贻后至之诛。

请看今日之域中，竟是谁家之天下！

移檄州郡，咸使知闻。

【作者简介】

骆宾王（约640—?），婺州义乌（今浙江义乌）人。早慧，七岁能赋诗，有“神童”之誉。早年随父游学于齐鲁一带，有志节，以诗文著称，与当时著名文士王勃、杨炯、卢照邻齐名。曾在道王李元庆幕府中供职，后又历任武功、长安两县主簿。此间曾随军到过西域，及宦游于蜀滇一带。唐高宗永徽年间官至侍御史，因上书言政事而获罪入狱，并贬为临海县丞，乃快快弃官而去。武则天光宅元年（684），李敬业在扬州（今江苏扬州）起兵反对武氏。他投在李敬业幕下，专撰军中书檄。讨武失败后，下落不明，有说投水而死，有说在灵隐寺出家为僧。骆宾王怀才不遇，一世落魄，但其诗文却颇有成就。他善为五言诗，七言歌行尤为擅长，其中不乏托物寄兴、直抒胸臆的佳作。这些都奠定了他作为“初唐四杰”之一的地位。骆宾王的诗文，早在唐中宗时，就有人为之搜采结集，仅存一百余篇。其诗文集名称甚多，至明胡应麟始命名为《临海集》。清陈熙晋笺注《骆临海集》，最称完备。

【注释】

［1］李敬业：祖父徐世绩（jì）是唐朝开国功臣，封英国公，赐姓李改名绩。敬业是李绩的长孙，承袭英国公爵位。公元684年起兵声讨武则天，失败而死。檄（xí）：古代用于晓喻、征召和申讨的文书，多用于军事。［2］伪：被认为非法窃取的国家或政权。临朝：当朝执政。者：用在主语后面，表示语气暂停一下。地：地位，这里指门第。寒：穷困，贫寒。微：贫贱，微贱。［3］太宗：唐朝第二代皇帝李世民的庙号。所谓“庙号”，就是帝王死后，在太庙立室奉祀，上尊号叫某祖、某宗。下陈：古代统治者堂下陈放礼品、站立姬妾的地方。这里指“才人”。更衣：换衣，也指宴会时换衣休息的地方。这里借用汉武帝（刘彻）皇后卫子夫因侍候更衣得到宠幸的故事。［4］洎（jì）乎：犹至于，到达。晚节：这里指武则天年龄稍大以后。秽乱：犹淫乱。春宫：东宫，太子住的宫，指高宗（李治）。［5］潜隐：隐瞒。嬖（bì）：宠爱，也指受宠爱的人。［6］门：指宫门。见：被。嫉：妒忌。蛾眉：女子长而美的眉毛，因以为美女的代称。［7］掩袖：用衣袖捂住鼻子。工谗：善于挑拨离间。谗：说别人坏话。语见《韩非子·内储说下》：魏王送给楚怀王一个美人，怀王妃郑袖怕美人夺她的宠爱，就骗美人说：“大王很喜欢你的面貌，但不喜欢你的鼻子，假如你去见大王，一定要捂住鼻子。”美人果然这样做了。怀王问郑袖。郑袖说：“可能是讨厌你嘴里的臭

味。”于是怀王大怒，命人割掉了美人的鼻子。狐媚：像狐狸般地迷惑人。［8］元后：皇后。翚（huī）翟（dí）：皇后的车服。聚麀（yōu）：两头牡鹿共有一头牝鹿。指武则天是太宗的才人，后为高宗的皇后。父子共一配偶，旧时叫作“乱伦”。《礼记·曲礼上》：“夫惟禽兽无礼，故父子聚麀。”聚：共。麀：母鹿。［9］虺（huǐ）：指毒蛇。蜴（yì）：蜥蜴，俗称四脚蛇。近狎（xiá）：亲近而态度不庄重。邪僻：指奸邪的人。杀姊屠兄：泛指杀害亲属。武则天的异母兄武元庆、元爽被流放到边远州郡而死。侄惟良、怀远和姐姐的女儿贺兰氏都被她杀害。弑（shì）君鸩（zhèn）母：此事史书上并无记载。弑：古代称以下杀上为弑。鸩：鸟名，羽毛有毒，放入酒中，喝了就死。这里用作动词。［10］疾：憎恨。［11］犹：还。复：再，又。包藏祸心：外貌和善，心怀恶意。窥窃：阴谋盗窃。神器：帝位，政权。［12］君之爱子：指中宗，被武则天废黜，囚禁在房州。幽：拘禁，囚禁。别宫：指冷宫。［13］贼之宗盟：指武则天称帝，封武承嗣等为王。宗盟：指同姓宗族。［14］鸣呼：叹词。［15］霍子孟：霍光，字子孟。汉昭帝（刘弗陵）即位时仅八岁，光以大司马大将军受武帝（刘彻）遗诏辅政。昭帝死后，迎立昌邑王（刘贺）。王荒淫无度，光废昌邑王，另立宣帝（刘询），安定了汉王朝。朱虚侯：高祖（刘邦）孙子刘章的封号。吕后死后，诸吕阴谋篡国。刘章同陈平、周勃等合谋诛诸吕，迎立代王刘恒（即文帝），安定了刘家政权。［16］燕啄皇孙：汉成帝（刘骜 áo）的皇后赵飞燕，性情狠毒，因为自己没有儿子，就把许多皇子杀掉。当时有童谣：“燕飞来，啄皇孙。皇孙死，燕啄矢。”武则天曾先后废掉、流放和杀死太子李忠、李弘、李贤等。祚（zuò）：国统，政权。［17］龙漦（lí）帝后：传说夏朝末年有两条龙下降宫廷，口说人言，吐下涎沫。夏帝把龙涎装入匣子藏了起来。到周厉王时，打开观看，龙涎流入内宫，一个少年宫女感而怀孕，生下一个女孩，就是褒姒。后来褒姒做了周幽王的皇后，招致了西周的灭亡。

记承天寺夜游[1]

苏　轼

元丰六年[2]十月十二日夜，解衣欲睡，月色入户，欣然起行。念无与为乐者[3]，遂至承天寺，寻张怀民[4]。怀民亦未寝，相与[5]步于中庭[6]。庭下如积水空明[7]，水中藻荇[8]交横，盖竹柏影也。何夜无月，何处无竹柏，但少闲人[9]如吾两人者耳。

【注释】

［1］此文写于作者贬官黄州期间。承天寺，现在湖北黄冈南。［2］元丰六年：公元 1083 年。元丰：宋神宗年号。［3］念无与为乐者：想到没有可以交谈取乐的人。念：想到。［4］张怀民：作者朋友，也贬官黄州。［5］相与：共同，一起。［6］中庭：院里。［7］空明：形容水澄澈。［8］藻、荇：均为水生物。［9］但少闲人：只是缺少清闲的人。但：只是。闲人：清闲的人。

第三节　明清散文

寒花葬志

归有光

婢，魏孺人媵也。嘉靖丁酉[1]五月四日死，葬虚丘[2]。事我而不卒，命也夫！婢初媵时，年十岁，垂双鬟，曳深绿布裳。一日，天寒，爇[3]火煮荸熟，婢削之盈瓯；余入自外，取食之；婢持去，不与。魏孺人笑之。孺人每令婢倚几旁饭，即饭，目眶冉冉动。孺人又指予以为笑。回思是时，奄忽[4]便已十年。吁，可悲也已！

【作者简介】

归有光（1507—1571），明文学家。字熙甫，人称震川先生。昆山（今属江苏）人。嘉靖进士。曾任南京太仆寺丞，修世宗实录，著有《震川先生集》。其文善用简洁疏淡的笔墨，描写家人、朋友之间的日常琐事，言近旨远，充满感情。《项脊轩志》、《寒花葬志》等作极负盛名。黄宗羲推崇其为明文第一人。

【注释】

[1] 嘉靖丁酉：1537 年。[2] 虚丘：指荒地。[3] 爇(ruò)：点火，焚烧。[4]奄忽（yān hū）：忽然。

西湖七月半[1]

张　岱

西湖七月半，一无可看，止可看看七月半之人[2]。看七月半之人，以五类看之[3]：其一，楼船箫鼓[4]，峨冠盛筵[5]，灯火优傒[6]，声光相乱，名为看月而实不见月者，看之[7]。其一，亦船亦楼，名娃闺秀[8]，携及童娈[9]，笑啼杂之，环坐露台[10]，左右盼望[11]，身在月下而实不看月者，看之。其一，亦船亦声歌，名妓闲僧，浅斟低唱[12]，弱管轻丝[13]，竹肉[14]相发，亦在月下，亦看月而欲人看其看月者，看之。其一，不舟不车，不衫不帻[15]，酒醉饭饱，呼群三五[16]，跻[17]人人丛，昭庆、断桥[18]，嘄[19]呼嘈杂，装假醉，唱无腔曲[20]，月亦看，看月者亦看，不看月者亦看，而实无一看者，看之。其一，小船轻幌[21]，净几煖炉，茶铛旋煮[22]，素瓷静递[23]，好友佳人，邀月同坐，或匿影[24]树下，或逃嚣里湖[25]，看月而人不见其看月之态，亦不作意[26]看月者，看之。

杭人[27]游湖，巳出酉归[28]，避月如仇。是夕好名[29]，逐队争出，多犒门军[30]酒钱。轿夫擎燎[31]，列俟[32]岸上。一入舟，速舟子急放断桥[33]，赶入胜会。以故二鼓以前[34]，人声鼓吹[35]，如沸如撼[36]，如魇如呓[37]，如聋如哑[38]。大船小船一齐凑岸，一无所见，止见篙击篙[39]，舟触舟，肩摩肩[40]，面看面而已。少刻兴尽，官府席散，皂隶喝道去[41]。轿夫叫，船上人怖以关门[42]，灯笼火把如列星[43]，一一簇拥而去。岸上人亦逐队赶门，渐稀渐薄，顷刻散尽矣。

吾辈始舣[44]舟近岸，断桥石磴[45]始凉，席其上[46]，呼客纵饮[47]。此时月如镜新磨[48]，山复整妆，湖复颒面[49]，向[50]之浅斟低唱者出，匿影树下者亦出。吾辈往通声气[51]，拉与同坐。韵友[52]来，名妓至，杯箸安[53]，竹肉发。月色苍凉，东方将白，客方散去。吾辈纵舟[54]，酣睡于十里荷花之中，香气拍[55]人，清梦甚惬[56]。

【作者简介】

张岱（1597—1679），字宗子，又字石公，号陶庵，别号蝶庵居士，明末山阴人。他出身官宦家庭，早岁生活优裕，晚年避居山中，穷愁潦倒坚持著述。一生落拓不羁，淡泊功名，具有广泛的爱好和审美情趣。他喜游历山水，深谙园林布置之法；懂音乐，能弹琴制曲；善品茗，茶道功夫颇深；好收藏，具备非凡的鉴赏水平；精戏曲，编导评论追求至善至美。前人说："吾越有明一代，才人称徐文长、张陶庵，徐以奇警胜，先生以雄浑胜。"

【注释】

［1］西湖：即今杭州西湖。七月半：农历七月十五，又称中元节。［2］此句谓只可看那些来看七月半景致的人。止：同"只"。［3］以五类看之：把看七月半的人分作五类来看。［4］楼船：指考究的有楼的大船。箫鼓：指吹打音乐。［5］峨冠：头戴高冠，指士大夫。盛筵：摆着丰盛的酒筵。［6］优傒（xī）：优伶和仆役。［7］看之：谓要看这一类人。下四类叙述末尾的"看之"同。［8］娃：美女。闺秀：有才德的女子。［9］童娈（luán）：容貌美好的家僮。［10］露台：船上露天的平台。［11］盼望：都是看的意思。［12］浅斟：慢慢地喝酒。低唱：轻声地吟哦。［13］弱管轻丝：谓轻柔的管弦音乐。［14］竹肉：指管乐和歌喉。［15］此两句意思为不坐船，不乘车；不穿长衫，不戴头巾，指放荡随便。帻（zé）：头巾。［16］呼群三五：呼唤朋友，三五成群。［17］跻（jī）：通"挤"。 ［18］昭庆：寺名。断桥：西湖白堤的桥名。 ［19］嘄（jiāo）：呼叫。 ［20］无腔曲：没有腔调的歌曲，形容唱得乱七八糟。［21］幌（huàng）：古同"晃"，摇动，摆动的意思。［22］铛（chēng）：温茶、酒的器具。旋（xuàn）：随时，随即。［23］素瓷静递：雅洁的瓷杯无声地传递。［24］匿（nì）影：藏身。［25］逃嚣：躲避喧闹。里湖：西湖的白堤以北部分。［26］作意：故意，作出某种姿态。［27］杭人：杭州人。［28］巳（sì）：巳时，约为上午九时至十一时。酉：酉时，约为下午五时至七时。［29］是夕好名：七月十五这天夜晚，人们喜欢这个名目。名：指"中元节"的名目，等于说"名堂"。［30］犒（kào）：用酒食或财物慰劳。门军：守城门的军士。［31］擎（qíng）：举。燎（liào）：火把。［32］列俟（sì）：排着队等候。［33］速：催促。舟子：船夫。放：开船。［34］二鼓：二更，约为夜里十一点左右。 ［35］鼓吹：指鼓、钲、箫、笳等打击乐器、管弦乐器奏出的乐曲。［36］如沸如撼：像水沸腾，像物体震撼，形容喧嚷。 ［37］魇（yǎn）：梦中惊叫。

呓：说梦话。这句指在喧嚷中的种种怪声。[38] 如聋如哑：指喧闹中震耳欲聋，自己说话别人听不见。[39] 篙：用竹竿或杉木做成的撑船的工具。[40] 摩：碰，触。[41] 皂隶：衙门的差役。喝道：官员出行，衙役在前边吆喝开道。[42] 怖以关门：用关城门恐吓。[43] 列星：分布在天空的星星。[44] 舣（yǐ）：停船靠岸。[45] 磴（dèng）：石头台阶。[46] 席其上：在石磴上摆设酒筵。[47] 纵饮：尽情喝。[48] 镜新磨：刚磨制成的镜子。古代以铜为镜，磨制而成。[49] 颒（huì）面：洗脸。[50] 向：方才，先前。[51] 往通声气：过去打招呼。[52] 韵友：风雅的朋友，诗友。[53] 箸（zhù）：筷子。安：放好。[54] 纵舟：放开船。[55] 拍：扑。[56] 惬（qiè）：快意。

湖心亭看雪

张　岱

崇祯五年十二月，余住西湖。大雪三日，湖中人鸟声俱绝。是日更定矣，余拏[1]一小舟，拥毳衣炉火[2]，独往湖心亭看雪。雾凇沆砀[3]，天与云与山与水，上下一白。湖上影子，惟长堤一痕，湖心亭一点，与余舟一芥，舟中人两三粒而已。

到亭上，有两人铺毡对坐，一童子烧酒，炉正沸。见余，大喜曰："湖中焉得更有此人！"拉余同饮。余强饮三大白而别[4]，问其姓氏，是金陵人，客此。及下船，舟子喃喃曰："莫说相公痴，更有痴似相公者。"

【注释】

[1] 拏（ná）：通"桡"，撑船。[2] 拥毳衣炉火：穿着皮毛衣，带着火炉乘船。毳衣：用皮毛制成的衣服。[3] 雾凇沆砀：冰花一片弥漫。雾凇：水气凝成的冰花。沆砀：白气弥漫的样子。[4] 白：古人罚酒时用的酒杯，这里指酒杯。

习　惯　说

刘　蓉

蓉少时，读书养晦堂[1]之西偏一室。俯而读，仰而思；思有弗得，辄起绕室以旋。室有洼，径尺，浸淫[2]日广。每履之，足若踬焉。既久而遂安之。

一日，父来室中，顾而笑曰："一室之不治，何以天下家国为？"命童子取土平之。

后蓉复履其地，蹶然以惊，如土忽隆起者，俯视，地坦然，则既平矣。已而复然，又久而后安之。

噫！习之中人[3]甚矣哉！足之履平地，而不与洼适也；及其久，则洼者若平；至使久而即乎其故，则反窒焉而不宁。故君子之学，贵乎慎始。

【作者简介】

刘蓉（1816—1873），清代文学家。"蓉"一作"容"。字孟蓉，号霞仙。湖南湘乡人。诸生出身。曾在乡办团练，从曾国藩在江西与太平军作战。同治元年（1862）任四川布政使，同年石达开军入川，奉命赴前线督战。石大败，自投清营，他将其槛送成都，酷刑处死。次年调升陕西巡抚，督办全陕军务。后为张宗禹所部西捻军所败，革职回家。著有《养晦堂诗文集》、《思耕录疑义》等。

【注释】

［1］养晦堂：刘蓉居室名，在湖南湘乡。［2］浸（qīn）淫：渐渐扩展。［3］中（zhòng）人：击中、深入于人。

第四节　现当代散文

翡冷翠山居闲话

徐志摩

在这里出门散步去，上山或是下山，在一个晴好的五月的向晚，正像是去赴一个美的宴会，比如去一果子园，那边每株树上都是满挂着诗情最秀逸的果实，假如你单是站着看还不满意时，只要你一伸手就可以采取，可以恣尝鲜味，足够你性灵的迷醉。阳光正好暖和，决不过暖；风息是温驯的，而且往往因为他是从繁花的山林里吹度过来他带来一股幽远的淡香，连着一息滋润的水气，摩挲着你的颜面，轻绕着你的肩腰，就这单纯的呼吸已是无穷的愉快；空气总是明净的，近谷内不生烟，远山上不起霭，那美秀风景的全部正像画片似的展露在你的眼前，供你闲暇的鉴赏。

作客山中的妙处，尤在你永不须踌躇你的服色与体态；你不妨摇曳着一头的蓬草，不妨纵容你满腮的苔藓；你爱穿什么就穿什么；扮一个牧童，扮一个渔翁，装一个农夫，装一个走江湖的桀卜闪，装一个猎户；你再不必提心整理你的领结，你尽可以不用领结，给你的颈根与胸膛一半日的自由，你可以拿一条这边颜色的长巾包在你的头上，学一个太平军的头目，或是拜伦那埃及装的姿态；但最要紧的是穿上你最旧的旧鞋，别管他模样不佳，他们是顶可爱的好友，他们承着你的体重却不叫你记起你还有一双脚在你的底下。

这样的玩顶好是不要约伴，我竟想严格的取缔，只许你独身；因为有了伴多少总得叫你分心，尤其是年轻的女伴，那是最危险最专制不过的旅伴，你应得躲避她像你躲避青草里一条美丽的花蛇！平常我们从自己家里走到朋友的家里，或是我们执事的地方，那无非是在同一个大牢里从一间狱室移到另一间狱室去，拘束永远跟着我们，自由永远寻不到我们；但在这春夏间美秀的山中或乡间你要是有机会独身闲逛时，那才是你福星高照的时候，那才是你实际领受，亲口尝味，自由与自在的时候，那才是你肉体与灵魂行动一致的时候；朋友们，我们多长一岁年纪往往只是加重我们头上的枷，加紧我们脚胫上的链，我们见小孩子在草里在沙堆里在浅水里打滚作乐，或是看见小猫追他自己的尾巴，何尝没有羡慕的时候，但我们的枷，我们的链永远是制定我们行动的上司！所以只有你单身奔赴大自然的怀抱时，像一个裸体的小孩扑入他母亲的怀抱时，你才知道灵魂的愉快是怎样的，单是活着的快乐是怎样的，单就呼吸单就走道单就张眼看耸耳听的幸福是怎样的。因此你得严格的为己，极端的自私，只许你，体魄与性灵，与自然同在一个脉搏里跳动，同在一个音波里起伏，同在一个神奇的宇宙里自得。我们浑朴的天真是像含羞草似的娇柔，一经同伴的抵触，他就卷了起来，但在澄静的日光下，和风中，他的姿态是自然的，他的生活是无阻碍的。

你一个人漫游的时候，你就会在青草里坐地仰卧，甚至有时打滚，因为草的和暖的颜色自然的唤起你童稚的活泼；在静僻的道上你就会不自主地狂舞，看着你自己的身影幻出种种诡异的变相，因为道旁树木的阴影在他们纡徐的婆娑里暗示你舞蹈的快乐；你也会得信口的歌唱，偶尔记起断片的音调，与你自己随口的小曲，因为树林中的莺燕告诉你春光是应得赞美的；更不必说你的胸襟自然会跟着漫长的山径开拓，你的心地会看着澄蓝的天空静定，你的思想和着山壑间的水声，山罅里的泉响，有时一澄到底的清澈，有时激起成章的波动，流，流，流入凉爽的橄榄林中，流入妩媚的阿诺河去……

并且你不但不须应伴，每逢这样的游行，你也不必带书。书是理想的伴侣，但你应得带书，是在火车上，在你住处的客室里，不是在你独身漫步的时候。什么伟大的深沉的鼓舞的清明的优美的思想的根源不是可以在风籁中，云彩里，山势与地形的起伏里，花草的颜色与香息里寻得？自然是最伟大的一部书，葛德说，在他每一页的字句里我们读得最深奥的消息。并且这书上的文字是人人懂得的；阿尔帕斯与五老峰，雪西里与普陀山，莱茵河与扬子江，梨梦湖与西子湖，建兰与琼花，杭州西溪的芦雪与威尼市夕照的红潮，百灵与夜莺，更不提一般黄的黄麦，一般紫的紫藤，一般青的青草同在大地上生长，同在和风中波动——他们应用的符号是永远一致的，他们的意义是永远明显的，只要你自己心灵上不长疮瘢，眼不盲，耳不塞，这无形迹的最高等教育便永远是你的名分，这不取费的最珍贵的补剂便永远供你的受用；只要你认识了这一部书，你在这世界上寂寞时便不寂寞，穷困时不穷困，苦恼时有安慰，挫折时有鼓励，软弱时有督责，迷失时有南针。

听听那冷雨

余光中

惊蛰一过，春寒加剧。先是料料峭峭，继而雨季开始，时而淋淋漓漓，时而淅淅沥沥，天潮潮地湿湿，即使在梦里，也似乎有把伞撑着。而就凭一把伞，躲过一阵潇潇的冷雨，也躲不过整个雨季。连思想也都是潮润润的。每天回家，曲折穿过金门街到厦门街迷宫式的长巷短巷，雨里风里，走入霏霏令人更想入非非。想这样子的台北凄凄切切完全是黑白片的味道，想整个中国整部中国的历史无非是一张黑白片子，片头到片尾，一直是这样下着雨的。这种感觉，不知道是不是从安东尼奥尼那里来的。不过那一块土地是久违了，二十五年，四分之一的世纪，即使有雨，也隔着千山万山，千伞万伞。十五年，一切都断了，只有气候，只有气象报告还牵连在一起，大寒流从那块土地上弥天卷来，这种酷冷吾与古大陆分担。不能扑进她怀里，被她的裙边扫一扫吧也算是安慰孺慕之情。

这样想时，严寒里竟有一点温暖的感觉了。这样想时，他希望这些狭长的巷子永远延伸下去，他的思路也可以延伸下去，不是金门街到厦门街，而是金门到厦门。他是厦门人，至少是广义的厦门人，二十年来，不住在厦门，住在厦门街，算是嘲弄吧，也算是安慰。不过说到广义，他同样也是广义的江南人，常州人，南京人，川娃儿，五陵少年。杏花春雨江南，那是他的少年时代了。再过半个月就是清明。安东尼奥尼的镜头摇过去，摇过去又摇过来。残山剩水犹如是，皇天后土犹如是。纭纭黔首、纷纷黎民从北到南犹如是。那里面是中国吗？那里面当然还是中国，永远是中国。只是杏花春雨已不再，牧童遥指已不再，剑门细雨渭城轻尘也都已不再。然则他日思夜梦的那片土地，究竟在哪里呢？

在报纸的头条标题里吗？还是香港的谣言里？还是傅聪的黑键白键马思聪的跳弓拨弦？还是安东尼奥尼的镜底勒马洲的望中？还是呢，故宫博物院的壁头和玻璃柜内，京戏的锣鼓声中太白和东坡的韵里？

杏花，春雨，江南。六个方块字，或许那片土就在那里面。而无论赤县也好神州也好中国也好，变来变去，只要仓颉的灵感不灭，美丽的中文不老，那形象那磁石一般的向心力当必然长在。因为一个方块字是一个天地。太初有字，于是汉族的心灵他祖先的回忆和希望便有了寄托。譬如凭空写一个“雨”字，点点滴滴，滂滂沱沱，淅淅沥沥，一切云情雨意，就宛然其中了。视觉上的这种美感，岂是什么 rain 也好 pluie 也好所能满足？翻开一部《辞源》或《辞海》，金木水火土，各成世界，而一入“雨”部，古神州的天颜千变万化，便悉在望中，美丽的霜雪云霞，骇人的雷电霹雹，展露的无非是神的好脾气与坏脾气，气象台百读不厌门外汉百思不解的百科全书。

听听，那冷雨。看看，那冷雨。嗅嗅闻闻，那冷雨，舔舔吧，那冷雨。雨在他的伞上这城市百万人的伞上雨衣上屋上天线上，雨下在基隆港在防波堤海峡的船上，清明这季雨。雨是女性，应该最富于感性。雨气空蒙而迷幻，细细嗅嗅，清清爽爽新新，有一点点薄荷的香味，浓的时候，竟发出草和树沐发之后特有的淡淡土腥气，也许那竟是蚯蚓和蜗牛的腥气吧，毕竟是惊蛰了啊。也许地上的地下的生命也许古中国层层叠叠的记忆皆蠢蠢而蠕，也许是植物的潜意识和梦吧，那腥气。

第三次去美国，在高高的丹佛山居住了两年。美国的西部，多山多沙漠，千里干旱，天，蓝似安格罗萨克逊人的眼睛，地，红如印第安人的肌肤，云，却是罕见的白鸟，落基山簇簇耀目的雪峰上，很少飘云牵雾。一来高，二来干，三来森林线以上，杉柏也止步，中国诗词里“荡胸生层云”或是“商略黄昏雨”的意趣，是落基山上难睹的景象。落基山岭之胜，在石，在雪。那些奇岩怪石，相叠互倚，砌一场惊心动魄的雕塑展览，给太阳和千里的风看。那雪，白得虚虚幻幻，冷得清清醒醒，那股皑皑不绝一仰难尽的气势，压得人呼吸困难，心寒眸酸。不过要领略“白云回望合，青霭入看无”的境界，仍须来中国。台湾湿度很高，最饶云气氤氲雨意迷离的情调。两度夜宿溪头，树香沁鼻，宵寒袭肘，枕着润碧湿翠苍苍交叠的山影和万籁都歇的岑寂，仙人一样睡去。山中一夜饱雨，次晨醒来，在旭日未升的原始幽静中，冲着隔夜的寒气，踏着满地的断柯折枝和仍在流泻的细股雨水，一径探入森林的秘密，曲曲弯弯，步上山去。溪头的山，树密雾浓，蓊郁的水气从谷底冉冉升起，时稠时稀，蒸腾多姿，幻化无定，只能从雾破云开的空处，窥见乍现即隐的一峰半壑，要纵览全貌，几乎是不可能的。至少上山两次，只能在白茫茫里和溪头诸峰玩捉迷藏的游戏，回到台北，世人问起，除了笑而不答心自闲，故作神秘之外，实际的印象，也无非山在虚无之间罢了。云缭烟绕，山隐水迢的中国风景，由来予人宋画的韵味。那天下也许是赵家的天下，那山水却是米家的山水。而究竟，是米氏父子下笔像中国的山水，还是中国的山水上纸像宋画，恐怕是谁也说不清楚了吧？

雨不但可嗅，可观，更可以听。听听那冷雨。听雨，只要不是石破天惊的台风暴雨，在听觉上总是一种美感。大陆上的秋天，无论是疏雨滴梧桐，或是骤雨打荷叶，听去总有一点凄凉，凄清，凄楚。于今在岛上回味，则在凄楚之外，再笼上一层凄迷了。饶你多少豪情侠气，怕也经不起三番五次的风吹雨打。一打少年听雨，红烛昏沉。二打中年听雨，客舟中，江阔云低。三打白头听雨在僧庐下，这更是亡宋之痛，一颗敏感心灵的一生：楼上，江上，庙里，用冷冷的雨珠子串成。十年前，他曾在一场摧心折骨的鬼雨中迷失了自己。雨，该是一滴湿漓漓的灵魂，在窗外喊谁。

雨打在树上和瓦上，韵律都清脆可听。尤其是铿铿敲在屋瓦上，那古老的音乐，属于中国。王禹偁的黄冈，破如椽的大竹为屋瓦。据说住在竹楼上面，急雨声如瀑布，密雪声比碎玉，而无论鼓琴，咏诗，下棋，投壶，共鸣的效果都特别好。这样岂不像住在竹筒里面，任何细脆的声响，怕都会加倍夸大，反而令人耳朵过敏吧。

雨天的屋瓦，浮漾湿湿的流光，灰而温柔，迎光则微明，背光则幽黯，对于视觉，是一种低沉的安慰。至于雨敲在鳞鳞千瓣的瓦上，由远而近，轻轻重重轻轻，夹着一股股的细流沿瓦槽与屋檐潺潺泻下，各种敲击音与滑音密织成网，谁的千指百指在按摩耳轮。“下雨了”，温柔的灰美人来了，她冰冰的纤手在屋顶拂弄着无数的黑键啊灰键，把晌午一下子奏成了黄昏。

在古老的大陆上，千屋万户是如此。二十多年前，初来这岛上，日式的瓦屋亦是如此。先是天黯了下来，城市像罩在一块巨幅的毛玻璃里，阴影在户内延长复加深。然后凉凉的水意弥漫在空间，风自每一个角落里旋起，感觉得到，每一个屋顶上呼吸沉重都覆着灰云。雨来了，最轻的敲打乐敲打这城市。苍茫的屋顶，远远近近，一张张敲过去，古老的琴，那细细密密的节奏，单调里自有一种柔婉与亲切，滴滴点点滴滴，似幻似真，若孩时在摇篮里，一曲耳熟的童谣摇摇欲睡，母亲吟哦鼻音与喉音。或是在江南的泽国水乡，一大筐绿油油的桑叶被啮于千百头蚕，细细琐琐屑屑，口器与口器咀咀嚼嚼。雨来了，雨来的时候瓦这么说，一片瓦说千亿片瓦说，说轻轻地奏吧沉沉地弹，徐徐地叩吧挞挞地打，间间歇歇敲一个雨季，即兴演奏从惊蛰到清明，在零落的坟上冷冷奏挽歌，一片瓦吟千亿片瓦吟。

在日式的古屋里听雨，听四月，霏霏不绝的黄梅雨，朝夕不断，旬月绵延，湿黏黏的苔藓从石阶下一直侵到舌底，心底。到七月，听台风台雨在古屋顶上一夜盲奏，千层海底的热浪沸沸被狂风挟来，掀翻整个太平洋只为向他的矮屋檐重重压下，整个海在他的蜗壳上哗哗泻过。不然便是雷雨夜，白烟一般的纱帐里听羯鼓一通又一通，滔天的暴雨滂滂沛沛扑来，强劲的电琵琶忐忐忑忑忐忐忑忑，弹动屋瓦的惊悸腾腾欲掀起。不然便是斜斜的西北雨斜斜刷在窗玻璃上，鞭在墙上打在阔大的芭蕉叶上，一阵寒潮泻过，秋意便弥漫旧式的庭院了。

在日式的古屋里听雨，春雨绵绵听到秋雨潇潇，从少年听到中年，听听那冷雨。雨是一种单调而耐听的音乐是室内乐是室外乐，户内听听，户外听听，冷冷，那音乐。雨是一种回忆的音乐，听听那冷雨，回忆江南的雨下得满地是江湖下在桥上和船上，也下在四川的秧田和蛙塘，一下肥了嘉陵江下湿布谷咕咕的啼声，雨是潮潮润润的音乐下在渴望的唇上，舔舔那冷雨。

因为雨是最最原始的敲打乐从记忆的彼端敲起。瓦是最最低沉的乐器灰蒙蒙的温柔覆盖着听雨的人，瓦是音乐的雨伞撑起。但不久公寓的时代来临，台北你怎么一下子长高了，瓦的音乐竟成了绝响。千片万片的瓦翩翩，美丽的灰蝴蝶纷纷飞走，飞入历史的记忆。现在雨下下来，下在水泥的屋顶和墙上。没有音韵的雨季。树也砍光了，那月桂，那枫树，柳树和擎天的巨椰，雨来的时候不再有丛叶嘈嘈切切，闪动湿湿的绿光迎接。鸟声减了啾啾，蛙声沉了阁阁，秋天的虫吟也减了唧唧。七十年代的台北不需要这些，一个乐队接一个乐队便遣散尽了。要听鸡叫，只有去《诗经》的韵里找。现在只剩下一张黑白片，黑白的默片。

正如马车的时代去后，三轮车的时代也去了。曾经在雨夜，三轮车的油布篷挂起，送她回家的途中，篷里的世界小得多可爱，而且躲在警察的辖区以外，雨衣的口袋越大越好，盛得下他的一只手里握一只纤纤的手。台湾的雨季这么长，该有人发明一种宽宽的双人雨衣，一人分穿一只袖子，此外的部分就不必分得太苛。而无论工业如何发达，一时似乎还废不了雨伞。只要雨不倾盆，风不横吹，撑一把伞在雨中仍不失古典的韵味。任雨点敲在黑布伞或是透明的塑胶伞上，将骨柄一旋，雨珠向四方喷溅，伞缘便旋成了一圈飞檐。跟女友共一把雨伞，该是一种美丽的合作吧。最好是初恋，有点兴奋，更有点不好意思，若即若离之间，雨不妨下大一点。真正初恋，恐怕是兴奋得不需要伞的，手牵手在雨中狂奔而去，把年轻的长发和肌肤交给漫天的淋淋漓漓，然后向对方的唇上颊上尝凉凉甜甜的雨水。不过那要非常年轻且激情，同时，也只能发生在法国的新潮片里吧。

大多数的雨伞想不会为约会张开。上班下班，上学放学，菜市来回的途中。现实的伞，灰色的星期三。握着雨伞。他听那冷雨打在伞上。索性更冷一些就好了，他想。索性把湿湿的灰雨冻成干干爽爽的白雨，六角形的结晶体在无风的空中回回旋旋地降下来。等须眉和肩头白尽时，伸手一拂就落了。二十五年，没有受故乡白雨的祝福，或许发上下一点白霜是一种变相的自我补偿吧。一位英雄，经得起多少次雨季？他的额头是水成岩削成还是火成岩？他的心底究竟有多厚的苔藓？厦门街的雨巷走了二十年与记忆等长，一座无瓦的公寓在巷底等他，一盏灯在楼上的雨窗子里，等他回去，向晚餐后的沉思冥想去整理青苔深深的记忆。

前尘隔海。古屋不再。听听那冷雨。

【作者简介】

余光中（1928—），福建永春人，生于江苏南京。中国当代学者、作家、翻译家。1947 年入金陵大学外语系学习，后转入厦门大学。1949 年随父母去中国香港，次年赴中国台湾，就读于台湾大学外文系。1953 年与人创蓝星诗社。后赴美读书，获爱荷华大学艺术系硕士学位。后返回中国台湾，先后执教于台湾师范大学、政治大学、台湾大学、香港中文大学、台湾中山大学。余光中早期从事西方文学的研究和介绍工作，同时写诗、翻译，后来也进行散文的写作。著有诗集《舟子的悲歌》、《蓝色的羽毛》、《钟乳石》、《白玉苦瓜》，散文集《左手的缪斯》、《逍遥游》、《分水岭上》、《记忆像铁轨一样长》、《隔水呼渡》等。

第五节　外国散文

瓦尔登湖（节选）

梭　罗（美国）

到达我们生命的某个时期，我们就习惯于把可以安家落户的地方，一个个地加以考察了。正是这样我把住所周围一二十英里内的田园统统考察一遍。我在想象中已经接二连三地买下了那儿的所有田园，因为所有的田园都得要买下来，而且我都已经摸清它们的价格了。我步行到各个农民的田地上，尝尝他的野苹果，和他谈谈稼穑，再又请他随便开个什么价钱，就照他开的价钱把它买下来，心里却想再以任何价钱把它押给他；甚至付给他一个更高的价钱，——把什么都买下来，只不过没有立契约，——而是把他的闲谈当作他的契约，我这个人原来就很爱闲谈，——我耕耘了那片田地，而且在某种程度上，我想，耕耘了他的心田，如是尝够了乐趣以后，我就扬长而去，好让他继续耕耘下去。这种经营，竟使我的朋友们当我是一个地产掮客。其实我是无论坐在哪里，都能够生活的，哪里的风景都能相应地为我而发光。家宅者，不过是一个座位，——如果这个座位是在乡间就更好些。我发现许多家宅的位置，似乎都是不容易很快加以改进的，有人会觉得它离村镇太远，但我觉得倒是村镇离它太远了点。我总说，很好，我可以在这里住下；我就在那里过一小时夏天的和冬天的生活；我看到那些岁月如何地奔驰，挨过了冬季，便迎来了新春。这一区域的未来居民，不管他们将要把房子造在哪里，都可以肯定过去就有人住过那儿了。只要一个下午就足够把田地化为果园、树林和牧场，并且决定门前应该留着哪些优美的橡树或松树，甚至于砍伐了的树也都派定了最好的用场了；然后，我就由它去啦，好比休耕了一样，一个人越是有许多事情能够放得下，他越是富有。

我的想象却跑得太远了些，我甚至想到有几处田园会拒绝我，不肯出售给我，——被拒绝正合我的心愿呢，——我从来不肯让实际的占有这类事情的伤过我的手指头。几乎已实际地占有田园那一次，是我购置霍乐威尔那个地方的时候，都已经开始选好种子，找出了木料来，打算造一架手推车，来推动这事，或载之而他往了；可是在原来的主人正要给我一纸契约之前，他的妻子——每一个男人都有一个妻子的——发生了变卦，她要保持她的田产了，他就提出赔我十元钱，解除约定。现在说句老实话，我在这个世界上只有一角钱，假设我真的有一角钱的话，或者又有田园，又有十元，或有了所有的这一切，那我这点数学知识可就无法计算清楚了。不管怎样，我退回了那十元钱，退还了那田园，因为这一次我已经做过头了，应该说，我是很慷慨的啰，我按照我买进的价格，按原价再卖了给他，更因为他并不见得富有，还送了他十元，但保留了我的一角钱和种子，以及备而未用的独轮车的木料。如此，我觉得我手面已很阔绰，而且这样做无损于我的贫困。至于那地方的风景，我却也保留住了，后来我每年都得到丰收，却不需要独轮车来载走。关于风景，——

我勘察一切，像一个皇帝，
谁也不能够否认我的权利。

我时常看到一个诗人，在欣赏了一片田园风景中的最珍贵部分之后，就扬长而去，那些固执的农夫还以为他拿走的仅只是几枚野苹果。诗人却把他的田园押上了韵脚，而且多少年之后，农夫还不知道这回事，这么一道最可羡慕的、肉眼不能见的篱笆已经把它圈了起来，还挤出了它的牛乳，去掉了奶油，把所有的奶油都拿走了，他只把去掉了奶油的奶水留给了农夫。

霍乐威尔田园的真正迷人之处，在我看是：它的遁隐之深，离开村子有两英里，离开最近的邻居有半英里，并且有一大片地把它和公路隔开了；它傍着河流，据它的主人说，由于这条河，而升起了雾，春天里就不会再下霜了，这却不在我心坎上；而且，它的田舍和棚屋带有灰暗而残败的神色，加上零落的篱笆，好似在我和先前的居民之间，隔开了多少岁月；还有那苹果树，树身已空，苔藓满布，兔子咬过，可见得我将会有什么样的一些邻舍了，但最主要的还是那一度回忆，我早年就曾经溯河而上，那时节，这些屋宇藏在密密的红色枫叶丛中，还记得我曾听到过一头家犬的吠声。我急于将它购买下来，等不及那产业主搬走那些岩石，砍伐掉那些树身已空的苹果树，铲除那些牧场中新近跃起的赤杨幼树，一句话，等不及它的任何收拾了。为了享受前述的那些优点，我决定干一下了；像那阿特拉斯一样，把世界放在我肩膀上好啦，——我从没听到过他得了哪样报酬，——我愿意做一切事：简直没有别的动机或任何推托之辞，只等付清了款子，便占有这个田园，再不受他人侵犯就行了；因为我知道我只要让这片田园自生自展，它将要生展出我所企求的最丰美的收获。但后来的结果已见上述。

所以，我所说的关于大规模的农事（至今我一直在培育着一座园林），仅仅是我已经预备好了种子。许多人认为年代越久的种子越好。我不怀疑时间是能分别好和坏的，但到最后我真正播种了，我想我大约是不至于会失望的。可是我要告诉我的伙伴们，只说这一次，以后永远不再说了：你们要尽可能长久地生活得自由，生活得并不执著才好。执迷于一座田园，和关在县政府的监狱中，简直没有分别。

老卡托——他的《乡村篇》是我的“启蒙者”，曾经说过——可惜我见到的那本唯一的译本把这一段话译得一塌糊涂，——“当你想要买下一个田园的时候，你宁可在脑中多多地想着它，可决不要贪得无厌地买下它，更不要嫌麻烦而再不去看望它，也别以为绕着它兜一个圈子就够了。如果这是一个好田园，你去的次数越多你就越喜欢它。”我想我是不会贪得无厌地购买它的，我活多久，就去兜多久的圈子，死了之后，首先要葬在那里。这样才能使我终于更加喜欢它。

目前要写的，是我的这一类实验中其次的一个，我打算更详细地描写描写；而为了便利起见，且把这两年的经验归并为一年。我已经说过，我不预备写一首沮丧的颂歌，可是我要像黎明时站在栖木上的金鸡一样，放声啼叫，即使我这样做只不过是为了唤醒我的邻人罢了。

我第一天住在森林里，就是说，白天在那里，而且也在那里过夜的那一天，凑巧得很，是一八四五年七月四日，独立日，我的房子没有盖好，过冬还不行，只能勉强避避风雨，没有灰泥墁，没有烟囱，墙壁用的是饱经风雨的粗木板，缝隙很大，所以到晚上很是凉爽。笔直的、砍伐得来的、白色的间柱，新近才刨得平坦的门户和窗框，使屋子具有清洁和通风的景象，特别在早晨，木料里饱和着露水的时候，总使我幻想到午间大约会有一些甜蜜的树胶从中渗出。这房间在我的想象中，一整天里还将多少保持这个早晨的情调，这使我想起了上一年我曾游览过的一个山顶上的一所房屋，这是一所空气好的、不涂灰泥的房屋，适宜于旅行的神仙在途中居住，那里还适宜于仙女走动，曳裙而过。吹过我的屋脊的风，正如那扫荡山脊而过的风，唱出断断续续的调子来，也许是天上人间的音乐片段。晨风永远在吹，创世纪的诗篇至今还没有中断；可惜听得到它的耳朵太少了。灵山只在大地的外部，处处都是。

除掉了一条小船之外，从前我曾经拥有的唯一屋宇，不过是一顶篷帐，夏天里，我偶或带了它出去郊游，这顶篷帐现在已卷了起来，放在我的阁楼里；只是那条小船，辗转经过了几个人的手，已经消隐于时间的溪流里。如今我却有了这更实际的避风雨的房屋，看来我沾在这世间，已大有进步。这座屋宇虽然很单薄，却是围绕我的一种结晶了的东西，这一点立刻在建筑者心上发生了作用。它富于暗示的作用，好像绘画中的一幅素描。我不必跑出门去换空气，因为屋子里面的气氛一点儿也没有失去新鲜。坐在一扇门背后，几乎和不坐在门里面一样，便是下大雨的天气，亦如此。哈利梵萨说过：“并无鸟雀巢居的房屋像未曾调味的烧肉。”寒舍却并不如此，因为我发现我自己突然跟鸟雀做起邻居来了；但不是我捕到了一只鸟把它关起来，而是我把我自己关进了它们的邻近一只笼子里。我不仅跟那些时常飞到花园和果树园里来的鸟雀弥形亲近，而且跟那些更野性、更逗人惊诧的森林中的鸟雀亲近了起来，它们从来没有，就有也很难得，向村镇上的人民唱出良宵的雅歌的，——它们是画眉，东部鸫鸟，红色的碛鶸，野麻雀，怪鸱和许多别的鸣禽。

我坐在一个小湖的湖岸上，离开康科德村子南面约一英里半，较康科德高出些，就在市镇与林肯乡之间那片浩瀚的森林中央，也在我们的唯一著名地区，康科德战场之南的两英里地；但因为我是低伏在森林下面的，而其余的一切地区，都给森林掩盖了，所以半英里之外的湖的对岸便成了我最遥远的地平线。在第一个星期内，无论什么时候我凝望着湖水，湖给我的印象都好像山里的一泓龙潭，高高在山的一边，它的底还比别的湖沼的水平面高了不少，以至日出的时候，我看到它脱去了夜晚的雾衣，它轻柔的粼波，或它波平如镜的湖面，都渐渐地在这里那里呈现了，这时的雾，像幽灵偷偷地从每一个方向，退隐入森林中，又好像是一个夜间的秘密宗教集会散会了一样。露水后来要悬挂在林梢，悬挂在山侧，到第二天还一直不肯消失。

八月里，在轻柔的斜风细雨暂停的时候，这小小的湖做我的邻居，最为珍贵，那时水和空气都完全平静了，天空中却密布着乌云，下午才过了一半却已具备了一切黄昏的肃穆，而画眉在四周唱歌，隔岸相闻。这样的湖，再没有比这时候更平静的了；湖上的明净的空气自然很稀薄，而且给乌云映得很黯淡了，湖水却充满了光明和倒影，成为一个下界的天空，更加值得珍视。从最近被伐木的附近一个峰顶上向南看，穿过小山间的巨大凹处，看得见隔湖的一幅愉快的图景，那凹处正好形成湖岸，那儿两座小山坡相倾斜而下，使人感觉到似有一条溪涧从山林谷中流下，但是，却没有溪涧。我是这样地从近处的绿色山峰之间和之上，远望一些蔚蓝的地平线上的远山或更高的山峰的。真的，踮起了足尖来，我可以望见西北角上更远、更蓝的山脉，这种蓝颜色是天空的染料制造厂中最真实的出品，我还可以望见村镇的一角。但是要换一个方向看的话，虽然我站得如此高，却给郁茂的树木围住，什么也看不透，看不到了。在邻近，有一些流水真好，水有浮力，地就浮在上面了。便是最小的井也有这一点值得推荐，当你窥望井底的时候，你发现大地并不是连绵的大陆；而是隔绝的孤岛。这是很重要的，正如井水之能冷藏牛油。当我的目光从这一个山顶越过湖向萨德伯里草原望过去的时候，在发大水的季节里，我觉得草原升高了，大约是蒸腾的山谷中显示出海市蜃楼的效果，它好像沉在水盆底下的一个天然铸成的铜币，湖之外的大地都好像薄薄的表皮，成了孤岛，给小小一片横亘的水波浮载着，我才被提醒，我居住的地方只不过是干燥的土地。

虽然从我的门口望出去，风景范围更狭隘，我却一点不觉得它拥挤，更无被囚禁的感觉。尽够我的想象力在那里游牧的了。矮橡树丛生的高原升起在对岸，一直向西去的大平原和鞑靼式的草原伸展开去，给所有的流浪人家一个广阔的天地。当达摩达拉的牛羊群需要更大的新牧场时，他说过，“再没有比自由地欣赏广阔的地平线的人更快活的人了”。

时间和地点都已变换，我生活在更靠近了宇宙中的这些部分，更挨紧了历史中最吸引我的那些时代。我生活的地方遥远得跟天文家每晚观察的太空一样，我们惯于幻想，在天体的更远更僻的一角，有着更稀罕、更愉快的地方，在仙后星座的椅子形状的后面，远远地离了嚣闹和骚扰。我发现我的房屋位置正是这样一个遁隐之处，它是终古常新的没有受到污染的宇宙一部分。如果说，居住在这些部分，更靠近昴星团或毕星团，牵牛星座或天鹰星座更加值得的话，那么，我真正是住在那些地方的，至少是，就跟那些星座一样远离我抛在后面的人世，那些闪闪的小光，那些柔美的光线，传给我最近的邻居，只有在没有月亮的夜间才能够看得到。我所居住的便是创造物中那部分；——

曾有个牧羊人活在世上，
他的思想有高山那样
崇高，在那里他的羊群
每小时都给予他营养。

如果牧羊人的羊群老是走到比他的思想还要高的牧场上，我们会觉得他的生活是怎样的呢？

每一个早晨都是一个愉快的邀请，使得我的生活跟大自然自己同样地简单，也许我可以说，同样地纯洁无暇。我向曙光顶礼，忠诚如同希腊人。我起身很早，在湖中洗澡；这是个宗教意味的运动，我所做到的最好的一件事。据说在成汤王的浴盆上就刻着这样的字："苟日新，日日新，又日新。"我懂得这个道理。黎明带来了英雄时代。在最早的黎明中，我坐着，门窗大开，一只看不到也想象不到的蚊虫在我的房中飞，它那微弱的吟声都能感动我，就像我听到了宣扬美名的金属喇叭声一样。这是荷马的一首安魂曲，空中的《伊利亚特》和《奥德赛》，歌唱着它的愤怒与漂泊。此中大有宇宙本体之感；宣告着世界的无穷精力与生生不息，直到它被禁。黎明啊，一天之中最值得纪念的时节，是觉醒的时辰。那时候，我们的昏沉欲睡的感觉是最少的了；至少可有一小时之久，整日夜昏昏沉沉的官能大都要清醒起来。但是，如果我们并不是给我们自己的禀赋所唤醒，而是给什么仆人机械地用肘子推醒的；如果并不是由我们内心的新生力量和内心的要求来唤醒我们，既没有那空中的芬香，也没有回荡的天籁的音乐，而是工厂的汽笛唤醒了我们的，——如果我们醒时，并没有比睡前有了更崇高的生命，那么这样的白天，即便能称之为白天，也不会有什么希望可言；要知道，黑暗可以产生这样的好果子，黑暗是可以证明它自己的功能并不亚于白昼的。一个人如果不能相信每一天都有一个比他亵渎过的更早、更神圣的曙光时辰，他一定是已经对于生命失望的了，正在摸索着一条降入黑暗去的道路。感官的生活在休息了一夜之后，人的灵魂，或者就说是人的官能吧，每天都重新精力弥漫一次，而他的禀赋又可以去试探他能完成何等崇高的生活了。可以纪念的一切事，我敢说，都在黎明时间的氛围中发生。《吠陀经》说："一切知，俱于黎明中醒。"诗歌与艺术，人类行为中最美丽最值得纪念的事都出发于这一个时刻。所有的诗人和英雄都像曼侬，那曙光之神的儿子，在日出时他播送竖琴音乐。以富于弹性的和精力充沛的思想追随着太阳步伐的人，白昼对于他便是一个永恒的黎明。这和时钟的鸣声不相干，也不用管人们是什么态度，在从事什么劳动。早晨是我醒来时内心有黎明感觉的一个时候。改良德性就是为了把昏沉的睡眠抛弃。人们如果不是在浑浑噩噩地睡觉，那为什么他们回顾每一天的时候要说得这么可怜呢？他们都是精明人嘛。如果他们没有给昏睡所征服，他们是可以干成一些事的。几百万人清醒得足以从事体力劳动，但是一百万人中，只有一个人才清醒得足以有效地服役于智慧；一亿人中，才能有一个人，生活得诗意而神圣。清醒就是生活。我还没有遇到过一个非常清醒的人。要是见到了他，我怎敢凝视他呢？

我们必须学会再苏醒，更须学会保持清醒而不再昏睡，但不能用机械的方法，而应寄托无穷的期望于黎明，就在最沉的沉睡中，黎明也不会抛弃我们的。我没有看到过更使人振奋的事实了，人类无疑是有能力来有意识地提高他自己的生命的。能画出某一张画，雕塑出某一个肖像，美化某几个对象，是很了不起的；但更加荣耀的事是能够塑造或画出那种氛围与媒介来，从中能使我们发现，而且能使我们正当地有所为。能影响当代的本质的，是最高的艺术。每人都应该把最崇高的和紧急时刻内他所考虑到的做到，使他的生命配得上他所想的，甚至小节上也配得上。如果我们拒绝了，或者说虚耗了我们得到的这一点微不足道的思想，神示自会清清楚楚地把如何做到这一点告诉我们的。

我到林中去，因为我希望谨慎地生活，只面对生活的基本事实，看看我是否学得到生活要教育我的东西，免得到了临死的时候，才发现我根本就没有生活过。我不希望度过非生活的生活，生活是这样的可爱；我却也不愿意去修行过隐逸的生活，除非是万不得已。我要生活得深深地把生命的精髓都吸到，要生活得稳稳当当，生活得斯巴达式的，以便根除一切非生活的东西，划出一块刈割的面积来，细细地刈割或修剪，把生活压缩到一个角隅里去，把它缩小到最低的条件中，如果它被证明是卑微的，那么就把那真正的卑微全部认识到，并把它的卑微之处公布于世界；或者，如果它是崇高的，就用切身的经历来体会它，在我下一次远游时，也可以作出一个真实的报道。因为，我看，大多数人还确定不了他们的生活是属于魔鬼的，还是属于上帝的呢，然而又多少有点轻率地下了判断，认为人生的主要目标是“归荣耀于神，并永远从神那里得到喜悦”。

然而我们依然生活得卑微，像蚂蚁；虽然神话告诉我们说，我们早已经变成人了；像小人国里的人，我们和长脖子仙鹤作战；这真是错误之上加错误，脏抹布之上更抹脏；我们最优美的德性在这里成了多余的本可避免的劫数。我们的生活在琐碎之中消耗掉了。一个老实的人除十指之外，便用不着更大的数字了，在特殊情况下也顶多加上十个足趾，其余不妨笼而统之。简单，简单，简单啊！我说，最好你的事只两件或三件，不要一百件或一千件；不必计算一百万，半打不是够计算了吗，总之，账目可以记在大拇指甲上就好了。在这浪涛滔天的文明生活的海洋中，一个人要生活，得经历这样的风暴和流沙和一千零一种事变，除他纵身一跃，直下海底，不要作船位推算去安抵目的港了，那些事业成功的人，真是伟大的计算家啊。简单化，简单化！不必一天三餐，如果必要，一顿也够了；不要百道菜，五道够多了；至于别的，就在同样的比例下来减少好了。我们的生活像德意志联邦，全是小邦组成的。联邦的边界永在变动，甚至一个德国人也不能在任何时候把边界告诉你。国家是有所谓内政的改进的，实际上它全是些外表的，甚至肤浅的事务，它是这样一种不易运用的生长得臃肿庞大的机构，壅塞着家具，掉进自己设置的陷阱，给奢侈和挥霍毁坏完了，因为它没有计算，也没有崇高的目标，好比地面上的一百万户人家一样；对于这种情况，和对于他们一样，唯一的医疗办法是一种严峻的经济学，一种严峻得更甚于斯巴达人的简单的生活，并提高生活的目标。生活现在是太放荡了。人们以为国家必须有商业，必须把冰块出口，还要用电报来说话，还要一小时驰奔三十英里，毫不怀疑它们有没有用处；但是我们应该生活得像狒狒呢，还是像人，这一点倒又确定不了。如果我们不做出枕木来，不轧制钢轨，不日夜工作，而只是笨手笨脚地对付我们的生活，来改善它们，那么谁还想修筑铁路呢？如果不造铁路，我们如何能准时赶到天堂去哪？可是，我们只要住在家里，管我们的私事，谁还需要铁路呢？我们没有来坐铁路，铁路倒乘坐了我们。你难道没有想过，铁路底下躺着的枕木是什么？每一根都是一个人，爱尔兰人，或北方佬。铁轨就铺在他们身上，他们身上又铺起了黄沙，而列车平滑地驰过他们。我告诉你，他们真是睡得熟呵。每隔几年，就换上了一批新的枕木，车辆还在上面奔驰着；如果一批人能在铁轨之上愉快地乘车经过，必然有另一批不幸的人是在下面被乘坐被压过去的。当我们奔驰过了一个梦中行路的人，一根出轨的多余的枕木，他们只得唤醒他，突然停下车子，吼叫不已，好像这是一个例外。我听到了真觉得有趣，他们每五英里路派定了一队人，要那些枕木长眠不起，并保持应有的高低，由此可见，他们有时候还是要站起来的。

为什么我们应该生活得这样匆忙，这样浪费生命呢？我们下了决心，要在饥饿以前就饿死。人们时常说，及时缝一针，可以将来少缝九针，所以现在他们缝了一千针，只是为了明天少缝九千针。说到工作，任何结果也没有，我们患了跳舞病，连脑袋都无法保住静止。如果在寺院的钟楼下，我刚拉了几下绳子，使钟声发出火警的信号来，钟声还没大响起来，在康科德附近的田园里的人，尽管今天早晨说了多少次他如何如何地忙，没有一个男人，或孩子，或女人，我敢说是会不放下工作而朝着那声音跑来的，主要不是要从火里救出财产来，如果我们说老实话，更多的还是来看火烧的，因为已经烧着了，而且这火，要知道，不是我们放的；或者是来看这场火是怎么被救灭的，要是不费什么劲，也还可以帮忙救救火；就是这样，即使教堂本身着了火也是这样。一个人吃了午饭，还只睡了半个小时的午觉，一醒来就抬起了头，问，“有什么新闻？”好像全人类在为他放哨。有人还下命令，每隔半小时唤醒他一次，无疑的是并不为什么特别的原因：然后，为报答人家起见，他谈了谈他的梦。睡了一夜之后，新闻之不可缺少，正如早饭一样的重要。“请告诉我发生在这个星球之上的任何地方的任何人的新闻，”——于是他一边喝咖啡，吃面包卷，一边读报纸，知道了这天早晨的瓦奇多河上，有一个人的眼睛被挖掉了；一点不在乎他自己就生活在这个世界的深不可测的大黑洞里，自己的眼睛里早就是没有瞳仁的了。

拿我来说，我觉得有没有邮局都无所谓。我想，只有很少的重要消息是需要邮递的。我一生之中，确切地说，至多只收到过一两封信是值得花费那邮资的——这还是我几年之前写过的一句话。通常，一便士邮资的制度，其目的是给一个人花一便士，你就可以得到他的思想了，但结果你得到的常常只是一个玩笑。我也敢说，我从来没有从报纸上读到什么值得纪念的新闻。如果我们读到某某人被抢了，或被谋杀或者死于非命了，或一幢房子烧了，或一只船沉了，或一只轮船炸了，或一条母牛在西部铁路上给撞死了，或一只疯狗死了，或冬天有了一大群蚱蜢，——我们不用再读别的了。有这么一条新闻就够了。如果你掌握了原则，何必去关心那亿万的例证及其应用呢？对于一个哲学家，这些被称为新闻的，不过是瞎扯，编辑和读者就只不过是在喝茶的长舌妇。然而不少人都贪婪地听着这种瞎扯。我听说那一天，大家这样抢啊夺啊，要到报馆去听一个最近的国际新闻，那报馆里的好几面大玻璃窗都在这样一个压力之下破碎了，——那条新闻，我严肃地想过，其实是一个有点头脑的人在十二个月之前，甚至在十二年之前，就已经可以相当准确地写好的。比如，说西班牙吧，如果你知道如何把唐卡洛斯和公主，唐彼得罗，塞维利亚和格拉纳达这些字眼时时地放进一些，放得比例适合——这些字眼，自从我读报至今，或许有了一点变化了吧，——然后，在没有什么有趣的消息时，就说说斗牛好啦，这就是真实的新闻，把西班牙的现状以及变迁都给我们详详细细地报道了，完全跟现在报纸上这个标题下的那些最简明的新闻一个样。再说英国吧，来自那个地区的最后的一条重要新闻几乎总是一六四九年的革命；如果你已经知道她的谷物每年的平均产量的历史，你也不必再去注意那些事了，除非你是要拿它来做投机生意，要赚几个钱的话。如果你能判断，谁是难得看报纸的，那么在国外实在没有发生什么新的事件，即使一场法国大革命，也不例外。

什么新闻！要知道永不衰老的事件，那才是更重要得多！蘧伯玉（卫大夫）派人到孔子那里去。孔子与之坐而问焉。曰：夫子何为？对曰：夫子欲寡其过而未能也。使者出。子曰：使乎，使乎。在一个星期过去了之后、疲倦得直瞌睡的农夫们休息的日子里，——这个星期日，真是过得糟透的一星期的适当的结尾，但决不是又一个星期的新鲜而勇敢的开始啊，——偏偏那位牧师不用这种或那种拖泥带水的冗长的宣讲来麻烦农民的耳朵，却雷霆一般地叫喊着："停！停下！为什么看起来很快，但事实上你们却慢得要命呢？"

谎骗和谬见已被高估为最健全的真理，现实倒是荒诞不经的。如果世人只是稳健地观察现实，不允许他们自己受欺被骗，那么，用我们所知道的来譬喻，生活将好像是一篇童话，仿佛是一部《天方夜谭》了。如果我们只尊敬一切不可避免的，并有存在权利的事物，音乐和诗歌便将响彻街头。如果我们不慌不忙而且聪明，我们会认识唯有伟大而优美的事物才有永久的绝对的存在，——琐琐的恐惧与碎碎的欢喜不过是现实的阴影。现实常常是活泼而崇高的。由于闭上了眼睛，神魂颠倒，任凭自己受影子的欺骗，人类才建立了他们日常生活的轨道和习惯，到处遵守它们，其实它们是建筑在纯粹幻想的基础之上的。嬉戏地生活着的儿童，反而更能发现生活的规律和真正的关系，胜过了大人，大人不能有价值地生活，还以为他们是更聪明的，因为他们有经验，这就是说，他们时常失败。我在一部印度的书中读到，"有一个王子，从小给逐出故土之城，由一个樵夫抚养成长，一直以为自己属于他生活其中的贱民阶级。他父亲手下的官员后来发现了他，把他的出身告诉了他，对他的性格的错误观念于是被消除了，他知道自己是一个王子。所以，"那印度哲学家接下来说，"由于所处环境的缘故，灵魂误解了他自己的性格，非得由神圣的教士把真相显示了给他。然后，他才知道他是婆罗门。"我看到，我们新英格兰的居民之所以过着这样低贱的生活，是因为我们的视力透不过事物表面。我们把似乎是当做了是。如果一个人能够走过这一个城镇，只看见现实，你想，"贮水池"就该是如何的下场？如果他给我们一个他所目击的现实的描写，我们都不会知道他是在描写什么地方。看看会议厅，或法庭，或监狱，或店铺，或住宅，你说，在真正凝视它们的时候，这些东西到底是什么啊，在你的描绘中，它们都纷纷倒下来了。人们尊崇迢遥疏远的真理，那在制度之外的，那在最远一颗星后面的，那在亚当以前的，那在末代以后的。自然，在永恒中是有着真理和崇高的。可是，所有这些时代，这些地方和这些场合，都是此时此地的啊！上帝之伟大就在于现在伟大，时光尽管过去，他绝不会更加神圣一点的。只有永远渗透现实，发掘围绕我们的现实，我们才能明白什么是崇高。宇宙经常顺从地适应我们的观念；不论我们走得快或慢，路轨已给我们铺好。让我们穷毕生之精力来意识它们。诗人和艺术家从未得到这样美丽而崇高的设计，然而至少他的一些后代是能完成它的。

我们如大自然一般自然地过一天吧，不要因硬壳果或掉在轨道上的蚊虫的一只翅膀而出了轨。让我们黎明即起，不用或用早餐，平静而又无不安之感；任人去人来，让钟去敲，孩子去哭，——下个决心，好好地过一天。为什么我们要投降，甚至于随波逐流呢？让我们不要卷入在子午线浅滩上的所谓午宴之类的可怕急流与旋涡，而惊惶失措。熬过了这种危险，你就平安了，以后是下山的路了。神经不要松弛，利用那黎明似的魄力，向另一个方向航行，像尤利西斯那样拴在桅杆上过活。如果汽笛啸叫了，让它叫得沙哑吧。如果钟打响了，为什么我们要奔跑呢？我们还要研究它算什么音乐？让我们定下心来工作，并用我们的脚跋涉在那些污泥似的意见、偏见、传统、谬见与表面中间，这蒙蔽全地球的淤土啊，让我们越过巴黎、伦敦、纽约、波士顿、康科德，教会与国家，诗歌，哲学与宗教，直到我们达到一个坚硬的底层，在那里的岩盘上，我们称之为现实，然后说，这就是了，不错的了，然后你可以在这个 pointd' appui 之上，在洪水、冰霜和火焰下面，开始在这地方建立一道城墙或一个国土，也许能安全地立起一个灯柱，或一个测量仪器，不是尼罗河水测量器了，而是测量现实的仪器，让未来的时代能知道，谎骗与虚有其表曾洪水似的积了又积，积得多么深哪。如果你直立而面对着事实，你就会看到太阳闪耀在它的两面，它好像一柄东方的短弯刀，你能感到它的甘美的锋镝正剖开你的心和骨髓，你也欢乐地愿意结束你的人间事业了。生也好，死也好，我们仅仅追求现实。如果我们真要死了，让我们听到我们喉咙中的咯咯声，感到四肢上的寒冷好了；如果我们活着，让我们干我们的事务。

时间只是我垂钓的溪。我喝溪水，喝水时候我看到它那沙底，它多么浅啊。它的汩汩的流水逝去了，可是永恒留了下来。我愿饮得更深；在天空中打鱼，天空的底层里有着石子似的星星。我不能数出“一”来。我不知道字母表上的第一个字母。我常常后悔，我不像初生时聪明了。智力是一把刀子；它看准了，就一路切开事物的秘密。我不希望我的手比所必需的忙得更多些。我的头脑是手和足。我觉得我最好的官能都集中在那里。我的本能告诉我，我的头可以挖洞，像一些动物，有的用鼻子，有的用前爪，我要用它挖掘我的洞，在这些山峰中挖掘出我的道路来。我想那最富有的矿脉就在这里的什么地方；用探寻藏金的魔杖，根据那升腾的薄雾，我要判断；在这里我要开始开矿。

【作者简介】

亨利·戴维·梭罗（Henry David Thoreau 1817—1862），美国著名作家。19 世纪超验主义运动的代表人物之一。出生于小业主家庭。早年毕业于哈佛学院（今哈佛大学），后来作过教师、工人，是一个热爱自然、全身心投入大自然中的人。梭罗在写作上以散文为主，作品很多，一般都是对自然的观察和描写。代表作《瓦尔登湖》是一部长篇记叙散文，描写了他在美国康科德附近瓦尔登湖畔的生活经历，详细地记录了作者的所见所闻、所思所想，充分体现出回归自然的主旨，在文学史上有重要地位。

第六节　拓展阅读

【中国古代散文概述】

殷商时代有了文字，也就有了记史的散文。到了周朝，各诸侯国的史官进一步以朴素的语言、简洁的文字记录了列国间的史实，如《春秋》。以后，随着时代的需求，产生了描述现实的历史文学，这就有了《左传》、《国语》、《战国策》等历史著作。

《左传》是《春秋左氏传》的简称，又名《左氏春秋》，相传是春秋末年鲁国的史官左丘明所著，共18万字，记载了春秋240年间列国的政治、军事、外交活动和言论以及天道、鬼神、灾祥、占卜之事。这部书叙事富于戏剧性，情节紧凑，战事描写尤为出色，语言精练、富于形象。

《国语》是一种国别史，分别记载了周王朝及诸侯各国之事，记言多于记事，所记大多为当时较有远见的开明贵族的话。

《战国策》作者不可考，现在版本为西汉刘向辑成。它同《国语》一样，也是分国记事，记载了西周、东周及秦、齐、楚、赵等诸国之事，记载内容是谋臣策士的种种活动及辞说。《战国策》文章的特点是长于说事，善用比喻，人物形象塑造极为生动。

先秦历史散文为中国的历史文学奠定了基础，对后世历史家和古文家都产生了极为深远的影响。

春秋战国之交是社会大变革的时代，各种学术流派纷纷著书立说，争论不休，形成百家争鸣的局面。代表不同阶级或阶层的思想家的著作，促进了说理散文的发展。这些思想家有儒家、墨家、道家、法家等。记载他们言论的书流传到现在的有《论语》、《孟子》、《墨子》、《庄子》、《韩非子》等。

《论语》和《孟子》是儒家诠释“仁”的著作。《论语》是记录孔丘及其弟子言行的，其中多半是简短的谈话和问答。《孟子》是记载孟轲言论的。孟轲长于辩论，因此书中语言明快，富于鼓动性。

《墨子》代表墨翟“兼爱”的主张，语言朴素，说理明确，逻辑性很强，《兼爱》、《非攻》等篇极有代表性。

《庄子》代表道家庄周“无为而治”的主张。庄子散文在诸子中独具魅力。这表现在作者具有奇幻的想象力和敏锐的观察力，善用民间寓言，长于譬喻，使文章富于文学趣味。

《韩非子》代表法家“因时制宜”的主张。韩非散文结构严谨，锋芒锐利，说理深刻。

《荀子》代表荀况的学说，现有32篇，多长篇。荀子散文特点：论点明确、层次清楚、句法整练、词汇丰富。

《吕氏春秋》是秦丞相吕不韦门客的集体创作。它包括八览、六论、十二纪，兼有儒、道、墨、法、农诸家学说。书中保留了大量先秦时代的文献和佚事。它是一种系统化的、集合许多单篇的说理文，层层深入，最见条理。和诸子散文一样，它往往以寓言故事为譬喻，因而文章富于形象性。

先秦诸子的说理散文无论在思想上，还是在艺术风格上，都对后世散文的发展产生了显而易见的影响。

汉初，政论散文有所发展。贾谊（前200—前168）是西汉初年杰出的文学家，他的文章《过秦》总结了秦代灭亡的原因，汲取了秦末农民起义的教训，发展了先秦的民本思想。他的散文善用比喻，语言富于形象性。

除贾谊外，汉初还有不少散文家，他们的文章大多或论秦之得失，或针对时弊，提出自己的主张，其中以晁错和邹阳成就较高。晁错以主张募民备塞的《守边劝农疏》、《论贵粟疏》两篇散文最为著名。

汉武帝时，罢黜百家，独尊儒术，封建王朝迫切需求总结古代文化，给予大一统的统治局面以哲学和历史的解释，司马迁的《史记》应运而生。它的出现将先秦历史散文又大大向前发展了一步。在《史记》的影响下，东汉产生了不少历史散文著作，班固的《汉书》便是其中的杰出代表。

汉代出现了一种新的文体“赋”。赋的名称始于战国赵人荀卿的《赋篇》，到后代形成了特定的体制。讲究文采、韵节，兼具诗歌和散文的双重性质。接近散文的称“文赋”，接近于骈文的称“骈赋”。汉初贾谊的《吊屈原赋》、《鹏鸟赋》，司马相如（前179—前118）的《子虚》、《上林》，西汉末年杨雄（前53—公元18）的《甘泉赋》、《羽猎赋》、《长杨赋》、《河东赋》，班固的《两都赋》，东汉张衡（公元78—139）的《二京赋》，都是汉赋的名篇。

魏晋南北朝时期，骈文盛行，散文衰落。但在郦道元的《水经注》和杨衡之的《洛阳伽蓝记》等学术著作中仍有一些质朴的叙事、抒情、写景的优美文字。

唐代韩愈大力反对浮华的骈俪文，提倡作古文，一时从者甚众，后又得柳宗元大力支持，古文创作业绩大增，影响更大，成为文坛的主要风尚，文学史上称其为古文运动。以韩柳为首的古文运动的胜利，树立了一种摆脱陈言俗套，自由抒写的新文风，大大提高了散文的抒情、叙事、议论、讽刺的艺术功能。

中唐以后，古文运动一度衰落，到了宋代，欧阳修再一次掀起了古文运动，此后的王安石、曾巩、苏轼、苏洵、苏辙等人都在古文革新运动的影响之下取得了各自的成就，后人将他们与唐代韩愈、柳宗元合称为“唐宋八大家”。

北宋的历史文学家司马光编有一部历史巨著《资治通鉴》，它除具有史学价值外，还非常具有文学价值。

南宋散文家在北宋诸位大家影响下，产生了一部分上书言事的政论文，表现了作者鲜明的政治态度，胡铨、陈亮、叶适是这方面的代表作家。古文运动的成功，使散文更切合实用，南宋时大量出现的笔记杂文便是一个明证。洪迈的《容斋随笔》、王明清的《挥尘录》是笔记杂文中的佳作。此外，朱熹(1130—1200)的古文长于说理，造诣非浅。

明初的宋濂（1310—1381）是“开国文臣之首”，他的一部分传记文很有现实意义，比较著名的作品有《秦士录》、《王冕传》、《李疑传》等。明中叶以后，针对程朱理学、八股文的束缚，以李梦阳、何景明为首的“前七子”发起“复古运动”，倡导文必秦汉。他们在对扫荡八股文风起到一定积极作用的同时，又走上了盲目模拟古人的路子。后来的以李攀龙、王世贞为代表的“后七子”复古运动，也再一次重复了他们的错误。

归有光等“唐宋派”首先起来反对复古派，进而是万历年间的公安派也加入猛烈抨击拟古主义的队伍。

公安派以袁宗道、袁宏道、袁中道为代表，时称“三袁”，袁宏道（1568—1610）最为著名。他们认为不同的时代有不同的文学，因此反对贵古贱今，模拟古人。袁宏道更出于作家的主观要求提出了“性灵说”。公安派的散文创作特点是：冲破传统古文的陈规旧律，自然流露个性，语言不事雕琢。

与公安派同时存在的还有以钟惺、谭元春为代表的竟陵派，他们也主张独抒性灵。

公安派与竟陵派革新的直接产物是晚明大量出现的小品散文，这是传统散文的一个发展，张岱（1597—1679）是小品散文作者中比较有成就的一位。他的小品散文题材较广，山水名胜、风俗世情、戏曲技艺乃至古董玩具等都可以入他的文。他的散文语言清新活泼，形象生动，广览简取，《西湖七月半》、《湖心亭看雪》是他的代表作。

明末清初，侯方域（1618—1654）的散文取得了较高的艺术成就，代表作有《李姬传》、《马伶传》、《任源邃传》等。

桐城派古文是清中叶最著名的一个流派，主要作家方苞、刘大魁、姚鼐都是安徽桐城人，桐城派因此而得名。方苞（1668—1749）继承归有光的传统，提出“义法”主张，并使之成为桐城派古文的基本理论。桐城派古文作品选材用语只重阐明立意，而不期堆砌材料，因而文章一般简洁自然，但缺乏生气，代表作品有方苞的《狱中杂记》、《左忠毅公逸事》，姚鼐的《登泰山记》等。

与桐城派对立存在的是提倡“骈文”的复社作家，汪中（1744—1794）是其中成就最大者。

清初有不少成绩突出的散文家，如王猷定、魏禧。王猷定（1599—约 1661）的传奇性散文以小说传奇体打破了传统古文写法，代表作有《李一足传》、《汤琵琶记》、《义虎记》等。魏禧（1624—1680）以人物传记最为突出，代表作是《大铁椎传》。

康有为（1858—1927）、梁启超（1873—1929）为清末改良运动的代表人物，也是学术上改良派的代表作家。他们的散文无视传统古文的程式，直抒己见，畅所欲言，是政治斗争的有效工具。梁启超的新体散文更是对一切传统古文的猛烈冲击，为晚清的文体解放和“五四”的白话文运动开辟了道路，他的《少年中国说》即是这样一篇典型作品。

伴随着对封建主义文学和文言文的批判，最早的一批现代新文学作品诞生了，议论性散文便是其中之一，它是现代散文的源头。

【现当代散文概述】

一、现代散文概述

（一）现代散文的特点

（1）现代散文个性解放的色彩。自“五四”以来，现代的散文是因个性的解放而滋长了，正如胡适先生在 1922 年《申报五十年纪念特刊》上《五十年来中国之文学》中所说：白话散文进步了，长篇议论文的进步，那是显而易见的，可以不论。这几年来，散文方面最可注意的发展，乃是周作人等提倡的小品散文。这一类的小品，用平淡的谈话，包藏着深刻的意味；有时很像笨拙，其实却是滑稽。这一类作品的成功，就可以彻底打破那“美文不能用白话”的迷信了。

（2）散文范围的扩大。

（3）人性、社会性与大自然的调和。

（4）语言的多样化。

（二）现代散文的发展阶段

中国现代散文的发展大致经历了三个阶段。

1. “五四”时期（1917～1927年）

有种种样式、流派，有中国名士风、外国绅士风，或描写、或讽刺、或委曲、或劲健、或绮丽、或洗练、或含蓄。

鲁迅杂感文创作成就最高：《坟》、《热风》、《华盖集》、《华盖集续编》、《而已集》，还有散文诗《野草》、《朝花夕拾》。

此外，代表作有周作人的《谈龙集》、《谈虎集》，朱自清的《桨声灯影里的秦淮河》，冰心的《寄小读者》及林语堂、郁达夫、徐志摩、郭沫若等人的作品。

2. 20世纪30年代（1928～1937年）

继承传统，在表现社会生活容量、文体演变等方面有新发展，成就最突出的是议论性散文。

杂文有：瞿秋白的杂文，鲁迅的杂文《三闲集》、《二心集》、《南腔北调集》、《伪自由书》、《准风月谈》等。

报告文学有：夏衍的《包身工》，宋之的《一九三六年春在太原》。

游记散文有：郁达夫的《屐痕处处》，朱自清的《欧游杂记》、《伦敦杂记》，何其芳的《画梦录》，丰子恺的《缘缘堂随笔》，李广田的《画廊集》等。

传记散文有：郭沫若、庐隐、沈从文等人的作品。

小品文有林语堂、周作人等的作品。

3. 抗战和解放战争时期（1938～1949年）

民族矛盾和阶级矛盾空前激化，人们迫切地关心战况，导致报告文学的兴盛。主要作品有：丘东平的《第七连》、《我们在那里打了败仗》、《我认识这样的敌人》，曹白的《这里，生命也在呼吸》，周立波的《晋察冀边区印象记》、《战地日记》，丁玲的《孩子们》，许迟的《大场之夜》及华山、周而复、白朗等人的作品。

小品文有：茅盾的《白杨礼赞》、《风景谈》，萧红的《萧红散文》，沈从文的《湘西》等。

二、当代散文概述

（一）第一阶段（1949～1966年）新中国成立十七年时期散文

集中在两个阶段：20世纪50年代前期（1949～1956年）、1960年前后（1959～1961年）。其显著特色为：

（1）从不同战线歌颂社会主义建设进程，热情讴歌祖国在中国共产党的领导下日新月异、飞速发展的新气象。

老舍的《我热爱新北京》是这类作品中成就较高的一篇。老舍一生挚爱、关注北京，他以舒缓、幽默而亲切的口吻，以“过来者”、“见证人”的身份叙述着可喜变化，有着巨大的艺术感染力。

（2）点染各种人物，为那些曾经在中国革命和建设中起过巨大作用的若干平凡或不平凡的人物画像，摄下他们在历史进程中的某一阶段或某一瞬间特有的光彩与丰神。

①主要刻画、描绘中国现代革命史上的种种伟人或普通的真实人物，讴歌他们献身革命、不畏强暴的精神，以及对未来、对光明的坚定信念。代表作有：冯雪峰的《鲁迅先生的逝世》、丁玲的《一个真实人的一生》、光未然的《回忆冼星海同志》、胡洪霞的《吉鸿昌就义前后》、冰心的《小桔灯》等。

②主要探索挖掘新中国成立初期各种人物的心路历程，抒写他们在不同时代不同的精神面貌，并开始塑造社会主义新人形象。代表作有：魏金枝的《任樟元和三个地主》、王玉胡的《哈萨克民间诗人司马古勒》、巴金的《廖静秋同志》、杜鹏程的《夜走灵官峡》、秦兆阳的《王永淮》等。

（3）抗美援朝战争爆发后，散文名副其实地充当了文学的“轻骑兵”，迅速及时地报道了中朝人民鱼水相依的友谊、人民志愿军感天动地的英勇事迹与英雄品格。代表作有：魏巍的《谁是最可爱的人》、《依依惜别的深情》，巴金的《我们会见了彭德怀司令员》等。

（4）1960 年前后，中国历史上爆发了 1957 年的“反右”运动与 1958 年的“大跃进”运动，随之而来的是“三年困难时期”。作家们热情的头脑开始降温，作品基调上的浪漫因素开始减少，但总的思想精神并没有质的变化。

①回忆新中国的创建历程，从革命传统中吸取力量的源泉，激励人们在困难的历史条件下藐视困难，继续前进。代表作有：吴伯箫的《记一辆纺车》、《歌声》，吴咏湘的《忆修水》，马识途的《老三姐》，方纪的《挥手之间》等。

②与 50 年代热情报道各条战线上的新人新事不同，这一时期的散文已不满足于泛泛介绍一般的积极分子、先进事迹，而是注重描写典范性的英雄人物、理想化的社会关系。代表作有：郁茹的《向秀丽》、王石和房树民的《为了六十一个阶级弟兄》、穆青等人的《县委书记的榜样——焦裕禄》等。

③不少散文作者逐渐摆脱描叙上的新闻性，开始转向艺术追求，并开始形成自己的创作风格。

秦牧、杨朔、刘白羽都脱颖于这一时期，其他如吴伯箫、曹靖华、袁鹰、碧野、方纪等人也开始注重自己的艺术个性。可惜其后不久的“文化大革命”很快打断了这些作家的艺术进程，也使当代散文史留下了一段无法弥补的空白。

（二）第二阶段（1976 年 10 月至 20 世纪末期）的散文

1. 1976 年“文化大革命”结束后，进入新时期（1976～1985 年）的散文创作

（1）一批作家愤怒地揭露林彪、“四人帮”的“极左”路线给中华民族从肉体到心灵带来的巨大伤痛，形成了一股声势浩大的“伤痕文学”的思潮。代表作有：巴金的《怀念萧珊》、楼适夷的《痛悼傅雷》、丁宁的《幽燕诗魂》、陶斯亮的《一封终于发出的信》、丁玲的《牛棚小品》等。

其中，巴金的五集《随想录》所取得的成就最为瞩目，被评论界誉为“情透纸背、热透纸背、力透纸背”的一本“讲真话的大书”。

（2）一批作家在与十七年时期陈旧散文观念的矛盾斗争中，显示了异常复杂的、多元的艺术探索。努力将描写的中心集中在个人的人生旅程，如杨绛的《干校六记》，陈白尘的《云梦断忆》、《寂寞的童年》，孙犁的《青春余梦》，萧乾的《未带地图的旅

人》、《一本褪色的相册》，冰心的《关于男人》等；美文传统也相继复活并获得长足的发展。其代表作有：

传递心灵律动的抒情散文，如贾平凹的《一棵小桃树》，唐敏的《怀念黄昏》等。

游记散文，如贾平凹的《商州三录》，刘成章的《高跟鞋响过绥德街头》等。

以知识性、哲理性为主导特征的散文，如夏衍的《甲子谈鼠》，忆明珠的《鱼的闲话》等。

2. 80年代中后期与90年代的散文创作成绩尤其突出

（1）老作家和新生代作家在这一阶段各显身手，涌现了许多卓有建树的作家，如汪曾祺、张中行、苏叶、王英琦、斯妹、刘烨园、周佩红、叶梦、曹明华、刘西鸿等。

（2）一大批诗人、小说家、学者如余秋雨、王蒙、陆文夫、史铁生、周涛等亦在这一阶段开始介入散文创作，从而掀起了“文化散文”与“学者散文”的浪潮。其中余秋雨的《文化苦旅》不仅在读者中激起广泛的反响，而且以其艺术上的重要突破给当代散文带来了巨大的影响。

（3）针对80年代以来的大众散文，张承志、张炜、韩少功等人提出了“抵抗投降”即反对散文迎合低级庸俗大众趣味的口号，创作出了一批严肃的、以弘扬人文精神为主旨的作品，从而为20世纪末期的中国散文奠定了某种健康的发展方向。

【散文鉴赏】

一、关于散文的概念、分类与特点

散文概念的含义是随着历史和文学体裁的发展变化而有所不同的。中国是散文的国度，我国自古就有散文，它几乎和中国文字的历史一样悠远。在古代，一般认为，凡是不押韵、不重排偶的散体文章统称为散文，用来区别于骈文和韵文。它包括无韵的文学作品，同时也包括一切非文学作品，如史、经、传、书、记、表、序，等等。所以，我国古代散文包括的范围非常广泛，可以说它是韵文以外一切文章的总称。

在国外，人们把通俗、平淡，不受任何约束而直截了当地描述事物的文章称为散文。

散文的形式自由活泼，内容要求集中，可以记叙，可以抒情，也可以议论。根据它的表达方式的侧重点不同，我们可以把散文分为叙事性散文和抒情性散文两大类。

人们对鉴赏散文的兴趣往往不及对小说或诗词那么浓厚，认为散文不像小说和诗词那样吸引人、激动人，这种认识是片面的，其实散文有它独特的长处。第一，散文是“轻骑兵”，它可以及时、真实地反映现实生活。第二，富有浓郁的主观感情色彩。第三，散文的形式灵活自由，表现手法多姿多彩。

二、鉴赏散文必须把握散文“形散而神不散”的主要特点

“形散而神不散”是散文最基本的特征。所谓“形散”主要指两方面：一是题材广泛，无所不包；二是表现形式自由灵活。它的表现形式完全可以根据内容的需要，如天马行空、神行无际，又如流水行云、没有定形。

三、应搞清作品的线索，领会作者精巧的构思

作品的线索是指贯穿整个作品情节发展的脉络，或者说是把作品的全部材料组成一个有机整体的脉络。把握一篇散文作品必须首先把握这条线索，把握住线索等于抓住了文章的纲，纲举目张，顺着它便于弄清文章各个部分之间的关系，更好地理解作者是如何“形散而神不散”地组织材料的，从而领会作者精巧的构思。

散文作品的线索一般有以下几种常见形式。

（一）以“情”为线索

散文又称“情文”，是一种长于抒情的文体。“情”是一篇文章中隐伏的线索，它把全篇文字组成有机的整体。

以“情”为线索，这是散文中最为常见的一种形式。古往今来许多散文名篇之所以广为传诵，具有很高的美学价值，其最根本原因就在于文章有真情实感。

（二）以“理”为线索

其线索往往通过从感性到理性突变的描写中，凭借着理性的议论，“点化”出某些富有启发开导人的东西，去感染说服读者。

（三）以事件、人物或事物为线索

这是在叙事、记人的散文中常用的方法。作者往往以一个富有特征的事件或景象为中心，展开丰富的联想，并根据事件的内在联系组织材料。

以人物为主要线索的散文往往以人物为核心，围绕人物的性格特征，选择最能表现该人物性格的典型事件加以刻画。

也有的散文，作者并不是为写物而写物，而是借助于某一具体事物来表达一种“意”，即托物言志。

四、要善于领悟散文作品的意境美

什么是意境？“意”即文章的主题，作者的思想感情；“境”指文章中具有典型意义的画面、场景或形象。作者在创作散文作品时，他的旨意和思想感情往往不是直接表达出来的，而是通过事、物、景的叙述描写与词语的点化，将其蕴育其中，让事、物、景含蓄地反映出来，再让读者去感受、体会，这就是意境。

不同的散文作品在表现“意”的手法方面是不一样的，为了更好地领会散文作品的意境美，我们可以从以下几个方面进行探讨：

（1）注意体会散文作品中“画龙点睛”之笔。一些以记叙为主的散文，作者在必要时往往加上几句直接抒情或议论。这几句抒情或议论常常是散文作品中“画龙点睛”之笔。

（2）注意体会散文作品中描绘的各种画面。散文中作者的感情一般是依附于一定的具体形象，这一具体形象在作品中就构成了一幅幅完整的意境画面。沿着这画面去探求作者的感情，就能领略到其中的意境美。

（3）注意散文作品创造意境的表现手法。创造散文作品的意境可以采用象征隐喻，以兴寄托;也可以采用白描、渲染、直陈其事的表现手法，还可以赋、比、兴综合运用。

五、注意品鉴散文作品的语言美

优秀散文作品的语言美表现为精练畅达、形象生动、朴素自然和节律优美。

第三章　戏剧（曲）

第一节　中国戏剧（曲）

救　风　尘（节选）

关汉卿

第三折

（周舍同店小二上，诗云）万事分已定，浮生空自忙。无非花共酒，恼乱我心肠。店小二，我着你开着这个客店，我那里稀罕你那房钱养家？不问官妓私科子，只等有好的来你客店里，你便来叫我。（小二云）我知道。只是你脚头乱，一时间那里寻你去？（周舍云）你来粉房里寻我。（小二云）粉房里没有呵？（周舍云）赌房里来寻。（小二云）赌房里没有呵？（周舍云）牢房里来寻。（下）（丑扮小闲，挑笼上，诗云）钉靴雨伞为活计，偷寒送暖作营生。不是闲人闲不得，及至得了闲时又闲不成。自家张小闲的便是。平生做不的买卖，止是与歌者姐姐每叫些人，两头往来，传消寄信都是我。这里有个大姐赵盼儿，着我收拾两箱子衣服行李，往郑州去。都收拾停当了。请姐姐上马。（正旦上，云）小闲，我这等打扮，可冲动得那厮么？（小闲做倒科）（正旦云）你做甚么哩？（小闲云）休道冲动那厮，这一会儿，连小闲也酥倒了。（正旦唱）

【正宫】【端正好】则为他满怀愁，心间闷，做的个进退无门。那婆娘家一涌性，无思忖，我可也强打入迷魂阵。

【滚绣球】我这里微微的把气喷，输个姓因，怎不教那厮背槽抛粪！更做道普天下无他这等郎君。想着容易情，忒献勤，几番家待要不问；第一来我则是可怜见无主娘亲，第二来是我"惯曾为旅偏怜客，"第三来也是我"自己贪杯惜醉人"。到那里呵，也索费些精神。

（云）说话之间，早来到郑州地方了。小闲，接了马者，且在柳阴下歇一歇咱。（小闲云）我知道。（正旦云）小闲，咱闲口论闲话：这好人家好举止，恶人家恶家法。

（小闲云）姐姐，你说我听。（正旦唱）

【倘秀才】县君的则是县君，妓人的则是妓人。怕不扭捏着身子驀入他门；怎禁他使数的到支分，背地里暗忍。

【滚绣球】那好人家将粉扑儿浅淡匀，那里像咱干茨腊手抢着粉；好人家将那篦梳儿慢慢地铺鬓，那里像咱解了那襻胸带，下颏上勒一道深痕。好人家知个远近，觑个向顺，衠一味良人家风韵；那里像咱们，恰便似空房中锁定个猢狲。有那千般不实乔躯老，有万种虚嚣歹议论，断不了风尘。

（小闲云）这里一个客店，姐姐好住下罢。（正旦云）叫店家来。（店小二见科）（正旦云）小二哥，你打扫一间干净房儿，放下行李。你与我请将周舍来，说我在这里久等多时也。（小二云）我知道。（做行叫科，云）小哥在那里？（周舍上，云）店小二，有甚么事？（小二云）店里有个好女子请你哩。（周舍云）咱和你就去来。（做见科，云）是好一个科子也。（正旦云）周舍，做来了也。（唱）

【幺篇】俺那妹子儿有见闻，可有福分，抬举的个丈夫俊上添俊，年纪儿恰正青春。

（周舍云）我那里曾见你来？我在客伙里，你弹着一架筝，我不与了你个褐色绸缎儿？（正旦云）小的，你可见来？（小闲云）不曾见他有甚么褐色绸缎儿。（周舍云）哦，早起杭州客伙散了，赶到陕西客伙里吃酒，我不与了大姐一分饭来？（正旦云）小的每，你可见来？（小闲云）我不曾见。（正旦唱）你则是忒现新，忒忘昏，更做道你眼钝。那唱词话的有两句留文：咱也曾“武陵溪畔曾相识，今日佯推不认人”。我为你断梦劳魂。

（周舍云）我想起来了，你敢是赵盼儿么？（正旦云）然也。（周舍云）你是赵盼儿，好，好！当初破亲也是你来！小二，关了店门，则打这小闲。（小闲云）你休要打我。俺姐姐将着锦绣衣服，一房一卧来嫁你，你倒打我？（正旦云）周舍，你坐下，你听我说。你在南京时，人说你周舍名字，说的我耳满鼻满的，则是不曾见你。后得见你呵，害的我不茶不饭，只是思想着你。听的你娶了宋引章，教我如何不恼？周舍，我待嫁你，你却着我保亲！（唱）

【倘秀才】我当初倚大呵妆偎主婚？怎知我嫉妒呵特故里破亲？你这厮外相儿通疏就里村！你今日结婚姻，咱就肯罢论。

（云）我好意将着车辆、鞍马、奁房来寻你，你划地将我打骂。小闲，拦回车儿，咱家去来！（周舍云）早知姐姐来嫁我，我怎肯打舅舅？（正旦云）你真个不知道？你既不知，你休出店门，只守着我坐下。（周舍云）休说一两日，就是一两年，您儿也坐的将去。（外旦上，云）周舍两三日不家去，我寻到这店门首。我试看咱，原来是赵盼儿和周舍坐哩！兀那老弟子不识羞，直赶到这里来！周舍，你再不要来家，等你来时，我拿一把刀子，你拿一把刀子，和你一递一刀子戳哩。（下）（周舍取棍科，云）我和你抢生吃哩！不是奶奶在这里，我打杀你！（正旦唱）

【脱布衫】我更是的不待饶人，我为甚不敢明闻；肋底下插柴自忍，怎见你便打他一顿？

【小梁州】可不道一夜夫妻百夜恩！你可便息怒停嗔。你村时节背地里使些村，对着我合思忖：那一个双同叔打杀俏红裙？

【幺篇】则见他恶哏哏，摸按着无情棍，便有火性的不似你个郎君。

（云）你拿着偌粗的棍棒，倘或打杀他呵，可怎了？（周舍云）丈夫打杀老婆，不该偿命。（正旦云）这等说，谁敢嫁你？（背唱）我假意儿瞒，虚科儿喷，着这厮有家难奔。妹子也。你试看咱风月救风尘。

（云）周舍，你好道儿！你这里坐着，点的你媳妇来骂我这一场。小闲，拦回车儿，咱回去来！（周舍云）好奶奶，请坐！我不知道他来；我若知道他来，我就该死。（正旦云）你真个不曾使他来？这妮子不贤惠，打一棒快球子。你舍的宋引章，我一发嫁你。（周舍云）我到家里就休了他。（背云）且慢着，那个妇人是我平日间打怕的，若与了一纸休书，那妇人就一道烟去了。这婆娘他若是不嫁我呵，可不弄的尖担两头脱？休的造次，把这婆娘摇撼的实着。（向旦云）奶奶，您孩儿肚肠是驴马的见识，我今家去把媳妇休了呵，奶奶，你把肉吊窗儿放下来，可不嫁我，做的个尖担两头脱。奶奶，你说下个誓着。（正旦云）周舍，你真个要我赌咒？你若休了媳妇，我不嫁你呵，我着塘子里马踏杀，灯草打折臁儿骨。你逼的我赌这般重咒哩！（周舍云）小二，将酒来。（正旦云）休买酒，我车儿上有十瓶酒哩。（周舍云）还要买羊。（正旦云）休买羊，我车上有个熟羊哩。（周舍云）好、好、好，待我买红去。（正旦云）休买红，我箱子里有一对大红罗。周舍，你争甚么那！你的便是我的，我的就是你的。（唱）

【二煞】则这紧的到头终是紧，亲的原来只是亲。凭着我花朵儿身躯、笋条几年纪，为这锦片儿前程，倒赔了几锭儿花银。拼着个十米九糠，问甚么两妇三妻，受了些万苦千辛。我着人头上气忍，不枉了一世做郎君。

【黄钟尾】你穷杀呵，甘心守分捱贫困；你富呵，休笑我饱暖生淫惹议论。您心中觑个意顺。但休了你这门内人，不要你钱财使半文。早是我走将来自上门。家业家私待你六亲，肥马轻裘待你一身，倒贴了奁房和你为眷姻。

（云）我若还嫁了你，我不比那宋引章，针指油面，刺绣铺房，大裁小剪，都不晓得一些儿的。（唱）我将你写了的休书正了本。（同下）

西　厢　记（节选）

王实甫

第一本　张君瑞闹道场杂剧

楔　子

（外扮老夫人上，开）老身姓郑，夫主姓崔，官拜前朝相国，不幸因病告殂。只生得个小姐，小字莺莺。年一十九岁，针黹女工，诗词书算，无不能者。老相公在日，曾许下老身之侄——乃郑尚书之长子郑恒——为妻。因俺孩儿父丧未满，未得成合。又有个小妮子，是自幼伏侍孩儿的，唤做红娘。一个小厮，唤做欢郎。先夫弃世之后，老身与女孩儿扶柩至博陵安葬；因路途有阻，不能得去，来到河中府，将这灵柩寄在普救寺内。这寺是先夫相国修造的，是则天娘娘香火。院，况兼法本长老又是俺相公剃度的和尚；因此俺就这西厢下一座宅子安下。一壁写书附京师去，唤郑恒来，相扶回博陵去。我想先夫在日，食前方丈，从者数百；今日至亲则这三四口儿，好生伤感人呵！

【仙吕】【赏花时】夫主京师禄命终，子母孤孀途路穷；因此上旅榇在梵王宫。盼不到博陵旧冢，血泪洒杜鹃红。

今日暮春天气，好生困人。不免唤红娘出来分付他。红娘何在？（旦倈，扮红见科）（夫人云）你看佛殿上没人烧香呵，和小姐闲散心耍一回去来。（红云）谨依严命。（夫人下）（红云）小姐有请。（正旦扮莺莺上）（红云）夫人着俺和姐姐佛殿上闲耍一回去来。（旦唱）

【么篇】可正是人值残春蒲郡东，门掩重关萧寺中；花落水流红，闲愁万种，无语怨东风。（并下）

第一折

（正末扮张生骑马，引倈人上，开）小生姓张，名珙，字君瑞，本贯西洛人也。先人拜礼部尚书，不幸五旬之上因病身亡。后一年丧母。小生书剑飘零，功名未遂，游于四方。即今贞元十七年二月上旬，唐德宗即位，欲往上朝取应，路经河中府，过蒲关上，有一故人，姓杜名确，字君实，与小生同郡同学，当初为八拜之交。后弃文就武，遂得武举状元，官拜征西大元帅，统领十万大军，镇守着蒲关。小生就望哥哥一遭，却往京师求进。暗想小生萤窗雪案，刮垢磨光，学成满腹文章，尚在湖海飘零，何日得遂大志也呵！万金宝剑藏秋水，满马春愁压绣鞍。

【仙吕】【点绛唇】游艺中原，脚根无线，如蓬转。望眼连天，日近长安远。

【混江龙】向诗书经传，蠹鱼似不出费钻研。将棘围守暖，把铁砚磨穿。投至得云路鹏程九万里，先受了雪窗萤火二十年。才高难入俗人机，时乖不遂男儿愿。空雕虫篆刻，缀断简残编。

行路之间，早到蒲津。这黄河有九曲，此正古河内之地，你看好形势也呵！

【油葫芦】九曲风涛何处显，则除是此地偏。这河带齐梁分秦晋隘幽燕。雪浪拍长空，天际秋云卷；竹索缆浮桥，水上苍龙偃；东西溃九州，南北串百川。归舟紧不紧如何见？却便似弩箭乍离弦。

【天下乐】只疑是银河落九天；渊泉、云外悬，入东洋不离此径穿。滋洛阳千种花，润梁园万顷田，也曾泛浮槎到日月边。

话说间早到城中。这里一座店儿，琴童接下马者！店小二哥那里？（小二上云）自家是这状元店里小二哥。官人要下呵，俺这里有干净店房。（末云）头房里下，先撒和那马者！小二哥，你来，我问你：这里有甚么闲散心处？名山胜境，福地宝坊皆可。（小二云）俺这里有一座寺，名曰普救寺，是则天皇后香火院，盖造非俗：琉璃殿相近青霄，舍利塔直侵云汉。南来北往，三教九流，过者无不瞻仰；则除那里可以君子游玩。（末云）琴童料持下晌午饭！俺到那里走一遭便回来也。（童云）安排下饭，撒和了马，等哥哥回家。（下）

（法聪上）小僧法聪，是这普救寺法本长老座下弟子。今日师父赴斋去了，着我在寺中，但有探长老的，便记着，待师父回来报知。山门下立地，看有甚么人来。（末上云）却早来到也。（见聪了，聪问云）客官从何来？（末云）小生西洛至此，闻上刹幽雅清爽，一来瞻仰佛像，二来拜谒长老。敢问长老在么？（聪云）俺师父不在寺中，贫僧弟子法聪的便是，请先生方丈拜茶。（末云）既然长老不在呵，不必吃茶；敢烦和尚相引，瞻仰一遭，幸甚！（聪云）小僧取钥匙，开了佛殿、钟楼、塔院、罗汉堂、香积厨，盘桓一会，师父敢待回来。（做看科）（末云）是盖造得好也呵！

【村里迓鼓】随喜了上方佛殿，早来到下方僧院。行过厨房近西、法堂北、钟楼前面。游了洞房，登了宝塔，将回廊绕遍。数了罗汉，参了菩萨，拜了圣贤。

（莺莺引红娘捻花枝上云）红娘，俺去佛殿上耍去来。（末做见科）呀！正撞着五百年前风流业冤。

【元和令】颠不剌的见了万千，似这般可喜娘的庞儿罕曾见。则着人眼花缭乱口难言，魂灵儿飞在半天。他那里尽人调戏亸着香肩，只将花笑捻。

【上马娇】这的是兜率宫，休猜做了离恨天。呀，谁想着寺里遇神仙！我见他宜嗔宜喜春风面，偏、宜贴翠花钿。

【胜葫芦】则见他宫样眉儿新月偃，斜侵入鬓云边。

（旦云）红娘，你觑：寂寂僧房人不到，满阶苔衬落花红。（末云）我死也！

未语人前先腼腆，樱桃红绽，玉粳白露，半晌恰方言。

【幺篇】恰便似呖呖莺声花外啭，行一步可人怜。解舞腰肢娇又软，千般袅娜，万般旖旎，似垂柳晚风前。

（红云）那壁有人，咱家去来。（旦回顾觑末下）（末云）和尚，恰怎么观音现来？（聪云）胡说，这是河中开府崔相国的小姐。（末云）世间有这等女子，岂非天姿国色乎？休说那模样儿，则那一对小脚儿，价值百镒之金。（聪云）偌远地，他在那壁，你在这壁，系着长裙儿，你便怎知他脚儿小？（末云）法聪，来来来，你问我怎便知，你觑：

【后庭花】若不是衬残红芳径软，怎显得步香尘底样儿浅。且休题眼角儿留情处，则这脚踪儿将心事传。慢俄延，投至到栊门儿前面，刚那了一步远。刚刚的打个照面，风魔了张解元。似神仙归洞天，空余下杨柳烟，只闻得鸟雀喧。

【柳叶儿】呀，门掩着梨花深院，粉墙儿高似青天。恨天、天不与人行方便，好着我难消遣，端的是怎留连。小姐呵，则被你兀的不引了人意马心猿？

（聪云）休惹事，河中开府的小姐去远了也。（末唱）

【寄生草】兰麝香仍在，佩环声渐远。东风摇曳垂杨线，游丝牵惹桃花片，珠帘掩映芙蓉面。你道是河中开府相公家，我道是南海水月观音现。

“十年不识君王面，恰信婵娟解误人。”小生便不往京师去应举也罢。（觑聪云）敢烦和尚对长老说知，有僧房借半间，早晚温习经史，胜如旅邸内冗杂。房金依例拜纳，小生明日自来也。

【赚煞】饿眼望将穿，馋口涎空咽，空着我透骨髓相思病染，怎当他临去秋波那一转！休道是小生，便是铁石人也意惹情牵。近庭轩，花柳争妍，日午当庭塔影圆。春光在眼前，争奈玉人不见，将一座梵王宫疑是武陵源。（下）

第四本　张君瑞梦莺莺杂剧

第二折

（夫人引俫云）这几日窃见莺莺语言恍惚，神思加倍，腰肢体态，比向日不同。莫不做下来了么？（俫云）前日晚夕，奶奶睡了，我见姐姐和红娘烧香，半晌不回来，我家去睡了。（夫人云）这桩事都在红娘身上，唤红娘来！（俫唤红科）（红云）哥哥唤我怎么？（俫云）奶奶知道你和姐姐去花园里去，如今要打你哩。（红云）呀！小姐，你带累我也！小哥哥，你先去，我便来也。（红唤旦科）（红云）姐姐，事发了也，老夫人唤我哩，却怎了？（旦云）好姐姐，遮盖咱！（红云）娘呵，你做的稳秀者，我道你做下来也！（旦念）月圆便有阴云蔽，花发须教急雨催。（红唱）

【越调】【斗鹌鹑】则着你夜去明来，倒有个天长地久；不争你握雨携云，常使我提心在口。则合带月披星，谁着你停眠整宿？老夫人心数多，情性㑇；使不着我巧语花言，将没做有。

【紫花儿序】老夫人猜那穷酸做了新婿，小姐做了娇妻，这小贱人做了牵头。俺小姐这些时春山低翠，秋水凝眸。别样的都休，试把你裙带儿拴，纽门儿扣，比着你旧时肥瘦，出落得精神，别样的风流。

（旦云）红娘，你到那里小心回话者。（红云）我到夫人处，必问："这小贱人！

【金蕉叶】我着你但去处行监坐守，谁着你迤逗的胡行乱走？"若问着此一节呵如何诉休？你便索与他个"知情"的犯由。

姐姐，你受责理当，我图甚么来？

【调笑令】你绣帏里效绸缪，倒凤颠鸾百事有。我在窗儿外几曾轻咳嗽，立苍苔将绣鞋儿冰透。今日个嫩皮肤到将粗棍抽，姐姐呵，俺这通殷勤的着甚来由？

姐姐在这里等着，我过去。说过呵，休欢喜；说不过，休烦恼。（红见夫人科）（夫人云）小贱人，为甚么不跪下！你知罪么？（红跪云）红娘不知罪。（夫人云）你故自口强哩。若实说呵，饶你；若不实说呵，我直打死你这个贱人！谁着你和小姐花园里去来？（红云）不曾去，谁见来？（夫人云）欢郎见你去来，尚故自推哩。（打科）（红云）夫人休闪了手，且息怒停嗔，听红娘说。

【鬼三台】夜坐时停了针绣，共姐姐闲穷究，说张生哥哥病久。咱两个背着夫人，向书房问候。

（夫人云）问候呵，他说甚么？（红云）他说来，道"老夫人事已休，将恩变为仇，着小生半途喜变做忧"。他道："红娘你且先行，教小姐权时落后。"

（夫人云）他是个女孩儿家，着他落后怎么！（红唱）

【秃厮儿】我则道神针法灸，谁承望燕侣莺俦。他两个经今月余则是一处宿，何须你一一问缘由？

【圣药王】他每不识忧，不识愁，一双心意两相投。夫人得好休，便好休，这其间何必苦追求？常言道"女大不中留"。

（夫人云）这端事都是你个贱人。（红云）非是张生小姐红娘之罪，乃夫人之过也。（夫人云）这贱人倒指下我来，怎么是我之过？（红云）信者人之根本，"人而无信，不知其可也。大车无輗，小车无軏，其何以行之哉？”当日军围普救，夫人所许退军者，以女妻之。张生非慕小姐颜色，岂肯区区建退军之策？兵退身安，夫人悔却前言，岂得不为失信乎？既然不肯成其事，只合酬之以金帛，令张生舍此而去。却不当留请张生于书院，使怨女旷夫，各相早晚窥视，所以夫人有此一端。目下老夫人若不息其事，一来辱没相国家谱；二来张生日后名重天下，施恩于人，忍令反受其辱哉？使至官司，夫人亦得治家不严之罪。官司若推其详，亦知老夫人背义而忘恩，岂得为贤哉？红娘不敢自专，乞望夫人台鉴：莫若恕其小过，成就大事，撋之以去其污，岂不为长便乎？

【麻郎儿】秀才是文章魁首，姐姐是仕女班头；一个通彻三教九流，一个晓尽描鸾刺绣。

【幺篇】世有、便休、罢手，大恩人怎做敌头？起白马将军故友，斩飞虎叛贼草寇。

【络丝娘】不争和张解元参辰卯酉，便是与崔相国出乖弄丑。到底干连着自己骨肉，夫人索穷究。

（夫人云）这小贱人也道得是。我不合养了这个不肖之女。待经官呵，玷辱家门。罢罢！俺家无犯法之男，再婚之女，与了这厮罢。红娘唤那贱人来！（红见旦云）且喜姐姐，那棍子则是滴溜溜在我身上，吃我直说过了。我也怕不得许多，夫人如今唤你来，待成合亲事。（旦去）羞人答答的，怎么见夫人？（红云）娘跟前有甚么羞？

【小桃红】当日个月明才上柳梢头，却早人约黄昏后。羞得我脑背后将牙儿衬着衫儿袖。猛凝眸，则见鞋底尖儿瘦。一个恣情的不休，一个哑声儿厮耨。呸！那其间可怎生不害半星儿羞？

（旦见夫人科）（夫人云）莺莺，我怎生抬举你来？今日做这等的勾当！则是我的孽障，待怨谁的是！我待经官来，辱没了你父亲，这等事不是俺相国人家的勾当。罢罢罢，谁似俺养女的不长俊！红娘，书房里唤将那禽兽来！（红唤末科）（末云）小娘子唤小生做甚么？（红云）你的事发了也，如今夫人唤你来，将小姐配与你哩。小姐先招了也，你过去。（末云）小生惶恐，如何见老夫人？当初谁在老夫人行说来？（红云）休佯小心，过去便了。

【幺篇】既然泄漏怎甘休？是我相投首。俺家里陪酒陪茶倒撋就。你休愁，何须约定通媒媾？我弃了部署不收，你元来“苗而不秀”。呸！你是个银样镴枪头。

（末见夫人科）（夫人云）好秀才呵，岂不闻“非先王之德行不敢行”？我待送你去官司里去来，恐辱没了俺家谱。如今将莺莺与你为妻。则是俺三辈儿不招白衣女婿，你明日便上朝取应去，我与你养着媳妇，得官呵，来见我；驳落呵，休来见我。（红云）张生早则喜也。

【东原乐】想思事，一笔勾，早则展放从前眉儿皱，美爱幽欢恰动头。既能够，张生，你觑兀的般可喜娘庞儿也要人消受。

（夫人云）明日收拾行装，安排果酒，请长老一同送张生到十里长亭去。（旦念）寄语西河堤畔柳，安排青眼送行人。（同夫人下）（红唱）

【收尾】来时节画堂箫鼓鸣春昼，列着一对儿鸾交凤友。那其间才受你说媒红，方吃你谢亲酒。

（并下）

【作者简介】

王实甫，名德信，大都（今北京）人，著有杂剧十四种，现存《西厢记》、《丽春堂》、《破窑记》三种。

原　野（节选）

曹　禺

第二幕

……

［焦氏由中门走进。仇、花两人在窗前屏息伫立，望着她森严地踱到香桌旁，擎起沉重的铁杖，走到右门前，花氏几乎吓得喊出。瞎子听一下，倒锁右门。焦氏的脸忽然显出异常的凶恶，她轻轻拖着铁杖，向左门走。仇和花的眼睛跟随着焦氏，焦氏昂然走进了左门。］

［屋内无声，只远远听见野狗嚎叫如鬼如狼。花氏望着仇虎，仇虎盯着左门。］

焦花氏：（低声）怪，她进到里屋干什么？

仇　虎：（按住她的手）她要打死我。

焦花氏：（耳语）用——用什么？

仇　虎：（急促地）你没有看见她拿着那根铁拐。

焦花氏：怎么？

仇　虎：也是（两手做击下状）这么一下子。

焦花氏：（忽然想起，全身颤抖，低声急促地）那——那孩子就在你的床上。

仇　虎：（吓着）什么？那孩子——

焦花氏：（狂惧）孩子就在那——那床——

［蓦地听见里面铁杖闷塞而沉重地捣在床上，仿佛有一个小动物轻嚎了一下，便没有了声音。］

仇虎、焦花氏：（同时）啊，天！

［左屋焦氏忽然尖锐地喊了一声。］

焦　母：（恐怖到了极点）哦——黑子，我的黑子！（又没有声音）

仇　虎：（怵惧）晚了！

焦花氏：（忽然地）走！快走。

仇　虎：（自己也怕起来）黑子死了。

焦花氏：快穿衣服，外面一定有人。你这样出去，准叫他们看出来。

［她为仇虎套上小褂，便忙着拿包袱，拾匕首。仇虎的衣服没扣了一半，焦氏由左门走出。她两手举起小黑子，上面盖上一层黑布褂。她的脸像一个悲哀的面具，锁住苦痛的眉头，口角垂下来，成两道深沟。她不哭，也不喊，像一座可怖的煞神站在左门前。仇与花不觉怵然退后，紧紧挤在一角。］

焦　母：（不像人声）虎子！（停一下，不见人应）虎子！（仍无人应，森严地）我知道你在这儿，虎子。（忽然爆发地）你的心太狠了，虎子，天不容你呀！我们焦家是对不起你，可是你这一招可报得太损德了。（痛极欲狂）你猜对了，看！孩子我亲手打死的，可是这次我送到老神仙那里也救不活，虎子，（酷恨地）我会跟着你的，你到哪儿，我会跟你到哪儿的。（森严地）虎子，现在我要从你脸前过！（一面向中门走，一面说）你要打，就打死我吧！我告诉你，（刚走到中门前）侦缉队已经在外面把枪预备好，就要进来宰你的。

［焦氏举着小黑子由中门出。二人僵立不动。外面听见焦氏低声叫："狗蛋！"继而听见一种粗哑的怪声唱"……初一十五庙门开，……牛头马面哪两面排……"二人回头谛听。］

焦花氏：（怯惧地）谁？谁这时候唱这个？

仇　虎：（极力镇静）是狗——狗蛋。

［外面的声音（更加惨厉）"……阎王老爷哟，当中坐，一阵哪阴风……"］

焦花氏：（向上望，忽然大叫，指着）阎王的眼又动，动起来了。

仇　虎：（惊惧）什么？

焦花氏：（怕极）他要说话！

［仇虎抽土手枪向墙上的阎王的像，连发四枪，相框立刻落在地下。］

焦花氏：虎子！

［外面以为仇虎攻出，枪向里面乱射。］

仇　虎：他们真来了。

［枪声中，常五在外面大喊："后面不要放！不要放，我在前面。"失了魂似地跌进中门。］

常　五：（一见仇虎，吓得瘫在那里）天！（又想回身出门）

仇　虎：（一把抓着常五）你来得好！（枪对着他）来得好。（向中门喊）弟兄们，别放！（外面仍在放射。转向常五）你跟他们说，叫他们别放。

常　五：（斜对窗户，急喊）刘队长！刘队长！别放，是我，常五，常老五。

［枪声突停。］

仇　虎：告诉他，你现在在我手里，叫他们别放枪，我要出去。

常　五：（不成声）刘队长！我，我叫仇虎抓着了。我在他手里，刘队长，他拿着我，他要出去，你们千万别放枪。

仇　虎：（高喊）弟兄们，我仇虎跟你们无冤无恨，到此地来也是报我两代似海的冤仇，讲交情，弟兄们，跟我让一条活路。要不卖面子，我先就拿你们的探子常五开刀。

常　五：刘队长！刘队长！

仇　虎：好，你们答应不答应？不说话？那么，你们要不答应，放一枪；答应放两枪。怎么样？

（外面悄然无声。）

仇　虎：好，你们不答声！我数十下，十下不答声，（对常五）我就不客气了。

常　五：刘队长！刘队长！

仇　虎：（开始数）一下，两下，三下，四下……

常　五：（几乎同时喊）刘队长！刘队长！我常五家里孩子大人一大堆。我要死了，我家里的人就找你抵偿，刘队长！

［四外悄寂。］

仇　虎：八下，九下——

常　五：刘——

［外面发一枪。］

仇　虎：一枪。

常　五：刘队长！刘——

［外面又放一枪。］

仇　虎：两枪！

常　五：（嘘出一口气）啊！

仇　虎：（枪抵往常五的背）走！（对花氏）我们走吧。

［花氏拿着包袱跟着两个男人的后面，由中门走出。屋内悄无一人，半晌。忽然听见远处两声枪响，又一声，接着枪声忽密，幕渐落，快闭时，枪声更密。］

——幕落

【作者简介】

曹禺(1910—1996)，中国现代著名剧作家。出生于天津一个没落的官僚家庭，原名万家宝，祖籍湖北潜江县，自幼爱好文学、戏剧。在南开中学学习期间，参加了“南开新剧团”。1930 年升入南开大学，不久转入清华大学西洋文学系。在他 24 岁大学即将毕业时，发表了处女作《雷雨》(1934)。1935 年，又写出了《红日》。1936 年后，他到国立戏剧专科学校任教，后来又任中央青年剧社、中国电影制片厂编导，创作了《原野》(1937)、《蜕变》(1939)、《北京人》(1941)，据巴金小说改编了《家》(1942)。1946 年，曹禺和老舍应美国国务院邀请，赴美讲学，次年回国。新中国成立后，曹禺历任中央戏剧学院副院长、北京人民艺术剧院院长、中国戏剧家协会主席、中国文联主席等职。

第二节　外国戏剧

俄狄浦斯王（节选）

索福克勒斯（希腊）

第三节

俄狄浦斯（简称俄）——拉伊奥斯的儿子，伊奥卡斯特的儿子与丈夫，忒拜城的王，科任托斯城国王波吕波斯的养子。

忒瑞西阿斯（简称忒）——忒拜城的先知。

忒：你是国王，可是我们双方的发言权无论如何应该平等；因为我也享有这样的权利。我是罗克西阿斯的仆人，不是你的；用不着在克瑞翁的保护下挂名。你骂我瞎子，可是我告诉你，你虽然有眼也看不见你的灾难，看不见你住在哪里，和什么人同居。你知道你是从什么根里长出来的吗？你不知道，你是你已死的和活着的亲属的仇人；你父母的诅咒会左右地鞭打着你，可怕地向你追来，把你赶出这地方；你现在虽然看得见，可是到了那时候，你眼前只是一片黑暗。等你发觉了你的婚姻——在平安的航行之后，你在家里驶进了险恶的港口——那时候，哪一个收容所没有你的哭声？喀泰戎山上哪一处没有你的回音？你猜想不到那无穷无尽的灾难，它会使你和你自己的身份平等，使你和自己的儿女成为平辈。尽管骂克瑞翁，骂我瞎说吧，反正世间再没比你受苦的人了。

俄：听了他的话，谁能忍受？（向忒瑞西阿斯）该死的东西，还不快退下去，离开我的家？

忒：要不是你召我来，我根本不会来。

俄：我不知道你会说这些蠢话；要不然，我决不会请你到我家里来。

忒：在你看来，我很愚蠢；可是在你父母看来，我却很聪明。

俄：什么父母？等一等！谁是我父亲？

忒：今天就会暴露你的身份，也叫你身败名裂。

俄：你老是说些谜语，意思含含糊糊。

忒：你不是最善于破迷吗？

俄：尽管拿这件事骂我吧，你总会从这里头发现我的伟大。

忒：正是那运气害了你。

俄：只要能拯救城邦，那也没什么关系。

忒：我该走了；孩子，领我走吧。

俄：好，让他领你走；你在这里又碍事又讨厌！你走了也免得叫我烦恼。

忒：可是我要说完我的话才走，你不能伤害我。我告诉你吧，你刚才大声威胁，通令要捉拿的，杀害拉伊奥斯的凶手就在这里；表面看来，他是个侨民，一转眼就会发现他是个土生的忒拜人，再也不能享受他的好运了。他将从明眼人变成瞎子，从富翁变成乞丐，到外邦去，用手杖探着路前进。他将成为和他同住的儿女的父兄，他生母的儿子和丈夫，他父亲的凶手和共同播种的人。我这话你进去想一想；要是发现我说假话，再说我没有预言的本领也不迟。

（童子领先知自观众右方下，俄狄浦斯偕众侍从进宫。）

四　第一合唱歌歌队：

（第一曲首节）那颁发神示的得尔福石穴所说的，用血腥的手做出那最凶恶的事的人是谁呀？现在已经是他迈着比风也似的骏马还要快的脚步逃跑的时候了；因为宙斯的儿子已带着电火向他扑去，追得上一切人的可怕的复仇神也在追赶着他。

(第一曲次节)那神示刚从帕耳那索斯雪山上响亮地发出来，叫我们四处寻找那没有被发现的罪人。他像公牛一样凶猛，在荒林中，石穴里流浪，凄凄惨惨地独自前进，想避开大地中央发出的神示，那神示永远灵验，永远在他头上盘旋。

(第二曲首节)那聪明的先知非常的，非常的使我烦恼，我不能同意，也不能承认；不知说什么好！我心里忧虑，对现在和未来的事都看不清。直到如今，我从没有听说拉布达科斯家族和波吕玻斯的儿子之间有过什么争吵，可以用来作证据攻击俄狄浦斯的好名声，并且利用这没头的案子为拉布达科斯家族报复冤仇。

(第二曲次节)宙斯和阿波罗才是聪明，能够知道世间万事；凡人的才智虽然各有高下，可是要说人间的先知比我精明，却没有确凿的证据。在我没有证实他的话是真的以前，我决不能同意谴责俄狄浦斯。从前那著名的，有翅膀的女妖逼近他的时候，我们看见过他的聪明，他经得起考验，他是城邦的朋友；我相信，他决不会有罪。

【作者简介】

索福克勒斯(约公元前496—前406)，生时恰逢雅典的鼎盛时期，是古希腊三大悲剧作家之一。

哈姆雷特(节选)

莎士比亚(英国)

第三幕

第一景：宫廷内一室

哈：(自言自语)

生存或毁灭，这是个必答之问题：
是否应默默地忍受坎坷命运之无情打击，
还是应与深如大海之无涯苦难奋然为敌，
并将其克服。
此二抉择，究竟是哪个较崇高？

死即睡眠，它不过如此！
倘若一眠能了结心灵之苦楚与肉体之百患，
那么，此结局是可盼的！
死去，睡去……
但在睡眠中可能有梦，啊，这就是个阻碍：
当我们摆脱了此垂死之皮囊，
在死之长眠中会有何梦来临？
它令我们踌躇，
使我们心甘情愿地承受长年之灾，

否则谁肯容忍人间之百般折磨，
如暴君之政、骄者之傲、失恋之痛、法章之慢、贪官之侮或庸民之辱，
假如他能简单地一刃了之？
还有谁会肯去做牛做马，终生疲于操劳，
默默地忍受其苦其难，而不远走高飞，飘于渺茫之境，
倘若他不是因恐惧身后之事而使他犹豫不前？
此境乃无人知晓之邦，自古无返者。
所以，“理智”能使我们成为懦夫，
而“顾虑”能使我们本来辉煌之心志变得黯然无光，像个病夫。
再之，这些更能坏大事，乱大谋，使它们失去魄力。
（见到欧菲利亚）
哦，小声。
美丽的欧菲利亚，可爱的小姐，在你的祈祷中可别忘了我的罪孽。
欧：殿下这几天来如何？
哈：我谦逊地谢谢你，很好。
欧：殿下，这里有些你从前给我之纪念品，我一直想还给你，
希望你把它们收下。
哈：不，才不，我从来没给过你任何东西。
欧：尊贵的殿下，你知道你曾经有过，
并且当时还添加了你的香甜蜜语，使它格外的珍贵。
现在既然此芳已散，你就收回这些罢。
对有情人来说，送礼者若无诚，那此礼就会失去意义。
拿去罢，殿下。
哈：哈哈，你有无贞节？（注意地端详）
欧：（吃惊）殿下？
哈：你美吗？
欧：殿下是什么意思？
哈：你若有贞节，并有美貌，那么，你的贞节不应和你的美貌有所来往。
欧：美貌与贞节，能有比此更完美之结合吗，殿下？
哈：当然有的：美貌能败坏贞节，使它淫荡；
这比贞节能感化美貌来得容易。
从前这是无法想象的，但是现在它已得到了时间的证实。
我曾爱过你，在以前。
欧：你的确曾令我如此的想过，殿下。
哈：当时你不应该相信我：
可把美德之枝接于罪孽之干，
但其果实仍将存有罪恶之苦涩。
那不是爱。

欧：你真的把我给骗了。
哈：你去进尼姑庵罢！
难道你想做一窝罪人之生母？
我还算是个有点道德的人，
但是我能说出我的许多过失，
使我觉得我的母亲是不应该生了我。
我骄矜、记仇、有野心；
藏匿于我内心之为恶潜能，庞大得使我无法想象，繁多得令我无空实践。
像我这种家伙，存于天地之间有啥用处？
我们都是坏蛋，千万别相信我们。
你去尼姑庵罢。
你父亲呢？
欧：在家里，殿下。
哈：让他被锁在那儿好了，这样，他只能在自己家当个傻瓜。
再见。
欧：啊，老天爷，请帮助他！
哈：将来你若会出嫁，那就让我送句恶言来给你做嫁：
尽管你是守操如冰，还是贞洁如雪，你将无法逃离流言的毁谤。
你去进尼姑庵罢！再见。
倘若你非嫁人不可，那就嫁个傻瓜好了，
因为聪明人都晓得你会使他们当乌龟。请赶快进尼姑庵了吧！
再见。
欧：请上帝之神力使他痊愈。
哈：我听说过你的那些胭脂饰品，
上帝给了你一张脸，你却偏要把它打扮成另一个。
你卖弄风情，你矫文饰字，你油腔滑调，你虚情假意。
够了，不谈了，我火了。我说，我们以后不许再有婚姻。
已婚之人可以继续生活下去，除了一人之外，
其他的人们均应保持现状，不许结婚。
你去尼姑庵罢，走呀！
[哈姆雷特出]

【作者简介】

莎士比亚（1564—1616），欧洲文艺复兴时期伟大的戏剧家和诗人，生于英国中部华列克郡艾汶河畔斯特拉福镇上一个富裕商人家庭。1587 年前后来到伦敦，在剧院当过马夫和仆役。1590 年成为雇佣演员，开始了舞台和戏剧生涯。1590 年到 1612 年间，莎士比亚创作成就辉煌，共创作戏剧 37 部，叙事长诗 2 部，十四行诗 154 首。此后誉满功成，荣归故里，几年后病逝于家乡。莎士比亚被称为“英国戏剧之父”。

浮　士　德（节选）

歌　德（德国）

悲剧　第二部　第五幕之山谷，森林，岩石，荒野

神圣的隐士们散布山上，住在岩壑中间。

……

罪孽深重的悔罪女（《路加福音》第七章第三十六节）

我以爱情向圣母祈祷，
泪洒圣子脚上，
滚滚如涂香膏，
不顾法利赛人的讥嘲；
我持此瓶向圣母哀请，
瓶中芳香流溢不尽；
我凭鬈发向圣母陈词，
柔软的发丝曾擦干神圣的肢体——

撒马利亚的女子（《约翰福音》第四章）

我指井水祷告圣母，
亚伯拉罕曾到此放牧，
我以水桶祷告圣母，
耶稣解渴时唇与接触；
清泉滚滚，
源远流长，
永世常清不竭，
流向四面八方——

埃及的马利亚（《圣徒故事集》）

鉴彼至圣地，
卸下救世主；
鉴彼无形臂，
阻我入门去；
潜居沙漠中，
忏悔四十年，
临终诀别辞，
字字沙中传——

三女合唱 你不拒绝罪大的女子
向你身边靠拢，
你使忏悔的益处
上升到无穷。
这儿有位善女，
偶然一次失身，
过失出于无意，
请你广开鸿恩！

赎罪女子之一（旧名葛丽卿，紧靠上去）
往下看，往下看，
无比崇高的圣母，
无比光辉的圣母，
请慈悲地一顾我的幸福！
我早年的爱人
已经回来，
不再是那样呆木。

升天的幼儿们（作环绕运动而近前）
他的肢体
已比我们长得强壮，
对我们的忠心看护，
将给予重重的奖赏。
我们过早夭殇，
对人世茫然不省；
他却见多识广，
可以指导我们。

赎罪女子之一（旧名葛丽卿）
新来者被高洁的精灵所围绕，
神智尚未十分清醒，
他还预料不到新鲜的生命，
便已列入神圣之群。
瞧吧！他摆脱了任何尘世羁绊，
抛弃了旧日的腐臭皮囊，
从云霞重裹中
显露出第一股青春力量！
请允许我将他指导，

他还目眩于新的天光。

光明圣母 来吧，升向更高的境界！
他觉察到你，会从后面跟来。

崇奉玛利亚的博士（俯伏膜拜）
悔悟柔和之人，
仰沾浩荡天恩，
从此革面洗心，
共同超凡入圣！
任何向上意志，
无不对你皈依！
处女，圣母，女神，天后，
但愿慈悲始终不渝！

神秘的合唱 一切无常事物，
无非譬喻一场；
不如意事常八九，
而今如愿以偿；
奇幻难形笔楮，
焕然竟成文章；
永恒女性自如常，
接引我们向上。

【作者简介】

约翰·沃尔夫冈·冯·歌德（Johann Wolfgang von Goethe 1749—1832），18 世纪中叶到 19 世纪初德国和欧洲最重要的剧作家、诗人、思想家。歌德除诗歌、戏剧、小说外，在文艺理论、哲学、历史学、造型设计等方面，都取得了卓越的成就。

第三节 拓展阅读

【元代戏曲综述】

元代戏曲包括元曲（杂剧和散曲）及南戏。

一、元曲

元曲包括杂剧和散曲两部分，其发展与分期问题说法不一。通常着眼于杂剧的南移和趋于衰微的演变，以元成宗大德（1297～1307 年）为界分为前后两期（文学史中，将其分为南北两个戏剧圈，基本上前期是北方圈、后期为南方圈）。

（一）前期：鼎盛时期

前期从金末 1234 年至元成宗大德（1307）约有 80 年，是鼎盛时期，中心在北方的大都（今北京），包括当时东平、汴梁、真定、平阳等地，亦即所谓北方戏剧圈。

元前期作家主要指钟嗣成《录鬼簿》中所列“前辈名公才人”56 人，都是北方人，主要活跃于大都（今北京）等地。著名作家有“四大家”：关汉卿、白仁甫、马致远、王实甫，比较重要的还有高文秀、康进之、纪君祥、尚仲贤、杨显之、石君宝、郑廷玉、武汉臣等八位。

（1）现存元杂剧剧本约有 80 种是前期作品。著名的优秀剧作，特别是悲剧作品，如被王国维推为“元人第一”的大戏剧家关汉卿的《窦娥冤》、代表元杂剧最高成就的另一部佳作王实甫的《西厢记》、马致远表现昭君出塞的《汉宫秋》、白朴反映唐明皇与杨贵妃故事的《梧桐雨》以及描写贵公子裴少俊与少女李千金私订终身的《墙头马上》、纪君祥表现春秋时历史冤案的《赵氏孤儿》，还有康进之根据水浒故事改写的《李逵负荆》，等等，都是元杂剧中的传世佳作。

《窦娥冤》、《梧桐雨》、《汉宫秋》、《赵氏孤儿》等，都产生在前期，可以说这是一个产生悲剧的时代。前期杂剧作品真实地反映了当时的社会现实，并且塑造了一些勇于抗争的人物形象，热情地讴歌了人民的反抗精神。

（2）杂剧的语言以北方中原地区的口语为基础，吸收了民间讲唱文艺的营养，具有质朴自然、生动辛辣的特点。许多杂剧大家还吸收了诗词散文中富有表现力的词汇与句法，使语言更加优美。同时，杂剧剧本和舞台演出结合得十分紧密，充分反映了舞台艺术特点。由于杂剧大家都有自己的艺术风格，所以前期剧坛呈现十分绚丽的局面。

（3）有的作品还洋溢着昂扬、乐观的战斗精神，现实主义是这个时期创作的主流倾向，少数作品达到了现实主义和浪漫主义相结合的高度。

（二）后期：衰微时期

元代灭宋统一全国后，杂剧创作出现了衰微，创作中心南移至临安（今杭州），形成了南方戏剧圈。

重要作家多是北方籍而流寓南方的，如郑光祖、宫天挺、乔吉、秦简夫等，也有不少是南方人，如萧德祥、沈和甫等。杂剧创作渐趋于衰微，以流寓南方的郑光祖、宫天挺、乔吉、秦简夫影响最大。

（1）不仅作家作品的数量不能与前期相比，而且思想性、艺术性也较为逊色，在风格上后期作品追求辞藻工丽，失去了前期语言的本色美。由于这个时期是元朝统治的稳固时期，文人对统治阶级产生了幻想，所以后期杂剧作品大都缺乏前期杂剧的现实性，爱情剧、文人事迹剧及神仙道化剧有所发展。艺术上偏向曲词的工丽华美和追求情节的曲折离奇。

（2）杂剧南移后脱离了它赖以生存的基础，在与南戏并存的过程中逐渐发生变化。

在南戏和杂剧的基础上孕育着明代戏曲的新发展，杂剧形式的衰微不可避免。

后期剧作家中最优秀的是郑光祖，他的《倩女离魂》以唐代陈玄的《离魂记》故事为题材，是一部用浪漫笔调表现青年女子追求婚姻自主的强烈愿望和斗争精神的佳作。前人把郑光祖与关汉卿、白朴、马致远并称为“元曲四大家”。

二、南戏

随着杂剧的南移和衰微，南方戏剧圈中渐渐流行一种用南方曲调演唱的“永嘉杂剧”，即南戏或“戏文”，它始于南宋温州，并逐渐盛行于南方，入元稍衰，元末复起，发展而为明代的传奇。南戏发展深受杂剧艺术的影响，但在体制上较杂剧自由。两者总体风格差异是：杂剧“神气鹰扬，有刚健之气”，南戏则“流丽婉转，有柔媚之情”。代表作有：《永乐大典戏文三种》：《小孙屠》、《宦门弟子错立身》、《张协状元》。元末，高明创作的《琵琶记》相当著名，通过赵五娘、蔡伯喈的家庭悲剧，比较深刻地反映了封建社会某些伦理问题和社会问题，被后人推崇为“南戏之祖”。元末明初还出现了《荆钗记》、《（刘知远）白兔记》、《拜月亭》、《杀狗记》四部重要的南戏，后被合称为“荆刘拜杀”四大传奇。

三、散曲

和杂剧创作发展相似，元散曲的创作也以元成宗大德年间为界分成前后两个时期。

前期著名的散曲作家大都是杂剧作家，较有代表性的有关汉卿、马致远、白朴等，他们的作品大多通俗晓畅，保持着原来“俗谣俚曲”的本色美。其中马致远是一位领袖群英的散曲大家，他在元代散曲中的地位，如李杜之于唐诗，苏辛之于宋词。他以丰富的思想情感注入散曲而扩大了散曲的表现领域，加深了散曲的意境，他的［越调·天净沙］《秋思》和［双调·夜行船］《秋思》都是传世名作。关汉卿多以真挚委婉的笔调写男女情爱和离愁别绪，脍炙人口的佳作是他的［南吕一枝花］《不伏老》。白朴的作品以清丽婉约的小令较为出色。

后期的元散曲日渐失去民间文学的通俗性，代表作家有张可久、乔吉等，他们在修辞和表现手法方面，注意含蓄锤炼，散曲的本色，已属鲜见。这一时期，较优秀的散曲作家尚有张养浩、贯云石、睢景臣、刘时中等。张养浩传世的《云庄休居自适小乐府》，抒写晚年归隐后的心境，在歌咏大自然的自由天地里流露出对黑暗政治的不满和厌恶，其中还收有一些反映民生疾苦的佳作。贯云石才情奔放，文字优美，为时人所重。睢景臣的［般涉调·哨遍］《高祖还乡》，制作新奇，讽刺辛辣，有鲜明的艺术个性。刘时中的［正宫·端正好］《上高监司》反映百姓的灾难和吏治的腐败，扩大了散曲的表现力，在元曲中别树一帜。但总的说来，后期散曲随着本色美的减弱，也就日渐衰微了。

【西方戏剧】

在世界范围内，戏剧是一种古老的艺术门类，作为人类文化的一个部分，它的发展总是与其他文化成分的发展相伴随，并受到诸如政治、经济、哲学、心理学以及文学的影响。同时，不同的国家、民族又有自己的文化传统，戏剧作为这一传统的组成部分，其发展进程又往往呈现出特殊的轨迹。因此，所谓“戏剧的历史”也必然不是一统的。面对世界戏剧发展错综纷杂的状态，我们至少必须对西方戏剧与东方戏剧分别进行考察。

西方戏剧的历史可以分为：古希腊戏剧、中世纪戏剧、文艺复兴时期戏剧、古典主义时期戏剧、启蒙运动时期戏剧、19 世纪戏剧、现代戏剧和当代戏剧。

一、古希腊戏剧

古希腊戏剧是指大致繁荣于公元前 6 世纪末至公元前 4 世纪初之间的古希腊世界的戏剧。雅典城，既是古希腊的政治和军事中心，同时也是古希腊戏剧的中心。雅典的悲剧和喜剧也包括在全世界范围内出现最早的戏剧形式之中。古希腊的剧场和剧作对西方戏剧和文化的发展产生了持续而深远的影响。

雅典最早的戏剧传统起源于祭奠酒神狄奥尼索斯的宗教活动。公元前 600 年，诗人阿利翁将酒神赞美诗发展成了一种由歌队吟唱、具有叙事性特征的新的艺术样式。在公元前 534 年，一个名叫泰斯庇斯的人成为最早在这种叙事剧中扮演主要角色的人物。他通过背诵台词和切身表演，试图完全融入角色；同时他还使自己的表演和歌队结合。在这种戏剧的雏形中，歌队扮演的是叙事者和评论者的角色。泰斯庇斯被认为是古希腊最早的演员。

古希腊悲剧的内容，基本取材于神话和传说，荷马史诗和史诗系列是悲剧诗人们频频光顾的创作源泉。古希腊悲剧一般具有深远的历史、宗教和人文背景，探讨形而上的问题，把探索的触角指向伦理观的终端，考察生活的意义，把人的生存看作是对智能和意志的挑战。

在艺术形式方面，悲剧由话语和唱段组成。话语通常用三音段（或六音步）短长格表述，而唱段则采用众多的抒情格写成。悲剧的布局一般包含：①开场白，②入场歌，③场，④场次之间的唱段，⑤终场。有的悲剧直接从入场歌开始，如埃斯库罗斯的《乞援人》。

歌队是悲剧的原始成分，合唱在早期作品中占有相当大的比重。歌队可以剧中人的身份介入剧情发展，亦可代表观众对人物或事件进行评论，有时还以城邦利益的阐述者身份出现。

亚里士多德将古希腊戏剧的特点归纳于“三一律”，即时间的一致、地点的一致和表演的一致。古希腊戏剧的情节通常只发生在一天之内，地点也不变换。在情节上也往往只有一条主线，不允许其他支线情节存在。亚里士多德提出“三一律”理论的初衷在于描述一种客观的形式，而非规定一种理想状态。并非所有的古希腊戏剧都遵循刻板的“三一律”，但这一理论适用于绝大多数情况。

到公元前 5 世纪，戏剧已经正式成为雅典文化和市民生活中的重要组成部分。也正是在这个时期，戏剧的影响传至雅典以外的地方。雅典的酒神节仍然是一年之中最重要的戏剧活动，而每个古希腊城邦都建造了自己的剧院。现今保存最完好的是埃匹朵拉斯剧院。每个古希腊剧院都和宗教庆典活动以及神话传说有一定的关联。古希腊剧院的庞大规模决定了演员们的表演必须要比较夸张。他们要大声地背诵台词，大幅度地做出各种手势，因为只有这样才能保证全场的观众都能看到和听到他们的表演。也正是出于同样的原因，在戏剧表演中往往也不能使用尺寸比较小的道具，演员们要通过打手势来喻指某些物体。古希腊戏剧通常只有两至三个演员，因此一个演员往往要同时饰演几个不同的角色。而往往剧中的一个角色也可以同时被几个演员饰演。

这一时期只有四位戏剧作家有作品传世，四个人都是雅典人。他们分别是悲剧作家埃斯库罗斯、索福克勒斯和欧里庇得斯，以及喜剧作家阿里斯托芬。

《俄狄浦斯王》是索福克勒斯的著名剧作。取材于神话传说：太阳神曾谕示忒拜王拉伊奥斯必死于儿子之手，儿子一出生，国王便命令牧羊人将其抛弃荒山，但牧羊人将婴儿送给了科任托斯国王的仆人，该仆人抱回的孩子由其国王养大成人，取名俄狄浦斯。太阳神示俄狄浦斯将来要杀父娶母，他在逃亡途中偶杀生父拉伊奥斯。在忒拜城郊他猜中司芬克斯之谜后被拥立为王，便娶王后（他不知道她正是自己的生母）为妻并生儿育女。当瘟疫流行后求太阳神神示，得到的回答是：必严惩杀前国王的凶手才可消除瘟疫。俄狄浦斯王于是认真查处，最后发现追查的对象正是他自己，便以戳瞎双目和自行流放作了自我惩罚。这部悲剧，从忒拜父老请求俄狄浦斯王设法消除瘟疫开始，描写了人的意志和命运的矛盾冲突，表现了善良刚毅的英雄俄狄浦斯在和邪恶命运的搏斗中遭到的不可避免的毁灭，歌颂了具有独立意志的人的勇敢坚强的斗争精神，反映了当时奴隶主民主派的思想特征。

在这部悲剧中，“命运”被描写成一种巨大力量，它像一个魔影，总在主人公行动之前设下陷阱，使其步入罪恶的深渊。在诗人索福克勒斯的眼里，命运的性质是邪恶的、不可顺从的，命运的力量是巨大的、不可抗拒的，命运的根源是神秘的、不可解释的。因该剧主要表现了人的意志和命运的矛盾冲突，所以被称为“命运悲剧”。

剧情围绕着寻找凶手而进行。全剧共有两个线索。其一是，忒拜牧人曾说拉伊奥斯死在三岔口，其妻子伊奥卡斯特曾提到拉伊奥斯的相貌、年龄、侍从人数以及被杀的时间。这一切证明俄狄浦斯是杀死拉伊奥斯的凶手，但俄狄浦斯仍未想到那人是他的父亲。另一线索是：科任托斯牧人告诉俄狄浦斯，他并非波吕波斯的儿子。当这两个牧人相遇时，两条线索交织在一起，真相也就大白了。该剧通过倒叙的手法，环环相扣，一步步地把戏剧冲突推向高潮，悲剧气氛也随之趋于顶点：伊奥卡斯特自杀，俄狄浦斯自刺双目后离开忒拜城，行乞涤罪。

《俄狄浦斯王》是索福克勒斯的剧作中最具震撼力的一部。希腊人笃信命运，《俄狄浦斯王》更是命运剧的代表。命运固然是不可战胜的，但是，俄狄浦斯并不是消极地等待，而是展开英勇的斗争，他的品德，他那种完全不顾自己痛苦的行动，他那种不惜任何代价去寻求真相的决心，本身就是可歌可泣的。可以说，这是一曲人与命运作殊死斗争的悲歌。

二、文艺复兴时期戏剧

莎士比亚戏剧代表了文艺复兴时期戏剧的最高成就，而《哈姆雷特》在艺术上代表了莎士比亚戏剧的最高成就。在人物塑造上，《哈姆雷特》着重通过内心矛盾冲突的描写揭示人物的深度。莎翁的悲剧以描写人及人的自然本性为核心，在戏剧冲突的建构上，不像古希腊悲剧那样主要表现人与外部自然力（“命运”）之间的冲突，而是表现人与人以及人自身的理智、信念与情感、欲望之间的冲突，这就构成了内与外双重矛盾冲突，而人与人之间的外在冲突在根本上又起因于人的内在精神与心理因素的差异性，并且，外在冲突最终又是为展示心灵服务的。因此，莎翁的悲剧在人的内心世界的开掘上达到了空前的深度。哈姆雷特是世界文学史上一个极富艺术魅力的典型，这种魅力的产生很大程度上依赖于形象心理蕴涵的丰富性。哈姆雷特的内心冲突是随着为父复仇的戏剧情节逐步展开并激化的，而复仇的外在冲突又逐渐让位于内心冲突，从而揭示出犹豫延宕的本质特性。他追怀理想又对现实的丑恶感到失望甚至悲观，向往人性的善又深信人自身有恶的渊薮，想重整乾坤又因人性之恶的深重而感到回天无力，觉得人生无意义又对死后世界充满恐惧，爱欧菲莉亚和母亲乔特路德，又怨恨她们的"脆弱"，等等，这一系列的内心冲突描写既显示了主人公心灵世界的丰富性、复杂性，又展现出其性格的丰富性、复杂性。在莎士比亚之前，欧洲文学史上还不曾有任何一个作家塑造出内心世界如此丰富复杂的原型形象。

出于展示人物心灵世界和刻画人物性格的需要，莎士比亚十分善于运用内心独白这一艺术手段，《哈姆雷特》在这方面历来受人称道。内心独白可以把隐藏在人物内心的思想、情感和欲望等多层次地展示出来。哈姆雷特的多次独白，就表达出他对社会与人生、生与死、爱与恨、理想与现实等方面的哲学探索，披露出他内心的矛盾、苦闷、困惑、迷惘和恐惧等多方面的心理内容，有效地刻画了人物性格，也推动了剧情的发展。他关于"生存还是毁灭"的著名独白，十分准确地传达出了他此时的矛盾心态，是他犹豫延宕性格的一个典型例证。这样的独白哲理性强，富有艺术感染力，向来为人们反复吟诵。

在情节结构上，《哈姆雷特》一剧除哈姆雷特复仇的线索外，还有雷欧提斯和挪威王子福丁布拉斯的复仇线索。三条线索以哈姆雷特的复仇为主线，以雷欧提斯和福丁布拉斯的复仇为副线，交错发展而又主次分明。三条线索起到了互成对比、激化矛盾的作用，使戏剧场面不断转换，造成戏剧高潮，产生动人心弦的艺术效果，共同表现全剧的主题。

三、19 世纪现实主义戏剧

在 19 世纪，欧洲戏剧分为两大流派：浪漫主义戏剧与现实主义戏剧。19 世纪现实主义戏剧更重视客观性，强调按照生活的全部真实性和本来面貌再现现实；它更重视细节的真实，强调再现完整的人，重视人的个性特征，以真实地再现典型环境中的典型性格为显著标志。从 19 世纪 30～40 年代起，资本主义已经在欧洲很多国家取代了封建主义，而资本主义社会的种种矛盾和问题也日益显露出来。在这一时期形成并发展起来的现实主义戏剧，具有冷静的洞察社会生活和明显的社会批判性质，因而也被称为批判现实主义。在欧洲，现实主义剧作家有挪威的易卜生（1828—1906），法国的小仲马（1824—1895），英国的萧伯纳（1856—1950）、高尔斯华绥（1867—1933）等。在俄国，现实主义戏剧从 19 世纪 30 年代以后出现了繁荣的局面，著名剧作家有 H. B. 果戈理（1809—1852）、A. H. 奥斯特洛夫斯基（1823—1886）、Λ. H. 托尔斯泰（1828—1910）、A. П. 契诃夫（1860—1904）、M. 高尔基（1868—1936）等，他们的作品在戏剧史上享有特殊的声誉。

亨利克·易卜生是挪威杰出的戏剧家。纵观易卜生一生的创作，大约可分为三个时期。早期的作品多用浪漫主义手法写成，体裁主要是诗歌和戏剧。作者往往通过浪漫的幻想和奇特的构思来抒发内心强烈的情感，曲折地表现作家对现实世界的思考。易卜生早年创作的又一特点，是作品表现了强烈的民族性。剧作多采用挪威及斯堪的那维亚的历史故事写成，歌颂了为民族与人民而献身的英雄，体现了易卜生对挪威民族的热爱与关注。不仅如此，易卜生还探索、实践用挪威语写作，为挪威语言文化的创建与发展作出了贡献。易卜生第二时期的作品由浪漫主义转向现实主义，这一时期作家主要的作品是“社会问题剧”。作家以犀利的笔触涉及一个又一个社会问题，题材涉及面相当广。这些作品表现了作家对现实社会一系列重大问题的思考，同时表现了作家强烈的批判精神。易卜生的作品，对当时脱离现实、过分追求作品艺术精巧的戏剧舞台来讲，无异是一种革命，它使戏剧进一步贴近生活，发展了欧洲乃至世界戏剧的现实精神和批判性。易卜生晚年的作品倾向于人物的心理描绘，作品象征主义的成分较多，有时不免陷入晦涩，但批判现实的精神仍在。

自开始写“社会问题剧”以来，易卜生以深邃的目光观察社会，洞察社会的弊病，他看到了这个貌似平等、自由的社会，其实是一个男权的社会，妇女是没有地位的。妇女作为人的权利是被扼杀了的。家庭是社会的细胞，妇女问题其实也是社会问题的一个方面，易卜生通过一个家庭所发生的故事，来达到他剖析社会的目的。

《玩偶之家》曾被比做“妇女解放运动的宣言书”。在这个宣言书里，娜拉终于觉悟到自己在家庭中的玩偶地位，并向丈夫严正地宣称：“首先我是一个人，跟你一样的人，至少我要学做一个人。”以此作为对以男权为中心的社会传统观念的反叛。

娜拉是个具有资产阶级个性解放思想的叛逆女性。她对社会的背叛和弃家出走，被誉为妇女解放的“独立宣言”。然而，在素把妇女当做玩偶的社会里，娜拉真能求得独立解放吗？茫茫黑夜，她又能走向何处？鲁迅先生在《娜拉走后怎样?》一文中说：“从事理上推想起来，娜拉也只有两条路：不是堕落，就是回来。”这确实是问题的症结所在。

【戏剧文学鉴赏】

一、戏剧文学的性质、分类及审美特征

（一）戏剧文学的性质及分类

戏剧文学和小说、诗歌、散文一样，是文学的又一种体裁样式。它和戏剧是两个既相关联又有区别的概念。戏剧，是指由演员扮演角色，在舞台上当众表演故事情节，创造完整的舞台艺术形象的一种艺术。在戏剧艺术中，文学、导演、表演、音乐、美术、舞蹈等艺术成分都参与其中，具有很强的综合性。戏剧文学——剧本，就是戏剧的文学成分，是这种综合艺术的“脚本”，是戏剧演出的文字依据。

在中国，戏剧是戏曲、话剧、歌剧等的总称，作为传统的戏剧艺术，主要是指戏曲。

戏剧文学源远流长，种类繁多。按照不同的标准，可以有不同的分类。根据戏剧文学所反映的矛盾冲突的性质、所运用的表现手法及对读者产生的美感作用，可以分为悲

剧、喜剧和正剧。

悲剧主要表现主人公和现实环境之间必然的矛盾冲突，其结果往往是主人公的失败、受难或死亡。莎士比亚的《哈姆雷特》、《奥赛罗》、《李尔王》、《麦克白》是世界著名的四大悲剧。

喜剧文学可以分为讽刺喜剧和赞美喜剧。它们的共同特征是通过合理的夸张来刻画人物性格、表达作者对生活的认识。讽刺喜剧的主角多半是愚蠢、卑鄙、心地丑陋的人物，剧本多以非正面人物的表里不一、前后矛盾形成戏剧冲突，推动剧情发展，以恶人现形、丑事被揭穿、有缺点者受到批评而告终。赞美戏剧又称歌颂性喜剧或抒情喜剧，它的性质与讽刺喜剧完全不同。它的戏剧冲突虽然也是社会生活中矛盾冲突的反映，却往往以一连串看似偶然的误会或巧合为主构成，造成一种既出人意料又合乎情理、既逗人发笑又引人思索的效果。

正剧兼有悲剧、喜剧文学的因素。在正剧中，戏剧冲突多是现实中的矛盾，剧中主人公一般为正面人物，虽有曲折的遭遇，但结局不是悲剧性的。正剧人物现实地实现自己的意志，自由地创造着生活。

除此之外，按表演方式，戏剧文学可分为话剧、诗剧、舞剧、哑剧；按组织结构和容量大小，又可分为独幕剧和多幕剧；按作品反映的时代，可分为历史剧和现代剧；按地域特色，可分为京剧、越剧、沪剧、评剧、豫剧、川剧、粤剧、秦腔、昆曲、黄梅戏等。

（二）戏剧文学的审美特征

（1）矛盾的集中性和紧张性是戏剧文学的第一个审美特征。

（2）人物语言是戏剧语言的中心要素，这是戏剧文学的第二个审美特征。

（3）假定性是戏剧文学的第三个审美特征。

二、尖锐、集中的矛盾冲突

构成戏剧的主要因素是动作，基础是冲突。所谓戏剧冲突，就是戏剧的矛盾冲突，它是社会生活中的矛盾和矛盾斗争在剧本中的反映。

第一，人物间的冲突，主要表现为人物之间的性格冲突和意志冲突。

第二，人物自身的内心冲突。

第三，人物和环境的冲突。

三、引人入胜的故事情节

戏剧情节是构成戏剧的基本要素之一，一般是指作品中人物与人物、人物与环境的各种关系所组成的生活事件、矛盾冲突的发展过程。我们在欣赏戏剧文学时，要注意把握情节的发展脉络，领会艺术形象的审美价值。

那么，怎样的戏剧情节才称得上出新出奇、引人入胜呢？

（1）反映生活中鲜为人知的性格和事件，从而显示出新奇色彩。

（2）想象丰富、构思巧妙、带有明显浪漫主义因素而又不悖情理的戏剧情节能够产生常看常新的艺术效果。

（3）出乎意料却又合乎情理的带有“巧合”性的情节是吸引观众读者的有效方式。

为了使戏剧情节更加引人入胜，古今中外戏剧家创造积累了丰富的艺术技巧，通常使用的有这样几种：悬念、伏笔、渲染。

四、动作性和个性化的语言

戏剧语言在剧本中主要是由两部分构成的：一是作者的舞台提示，包括人物活动环境的介绍和人物外部动作与心理情况的说明；二是人物的语言，又叫台词，包括剧中人物的对话、独白和旁白，戏曲中人物的唱词和念白。戏剧是一种动作的艺术，在剧本中，它不仅体现在舞台提示中，更重要的是表现在人物的语言上。戏剧人物语言的动作性，可以从几方面来体会：首先，通过人物语言，可以看到人物的内心活动、情感意向和行为动机。其次，台词应能展现出剧本中人物关系的发展变化。再次，富于潜台词也是戏剧语言的一大特点。

五、深刻积极的思想内容

戏剧大多以社会生活中的重大问题和矛盾冲突为表现内容，凡是活跃在舞台上具有生命力的戏剧，总是反映着时代的脉搏和动荡，回答人类共同关心的道德、伦理、人生等方面的重大课题，以其深刻积极的思想内容影响着一代又一代的观众。

第四章　小　说

第一节　中国小说

世说新语三则

刘义庆

过江诸人

过江诸人，每至美日，辄相邀新亭，藉卉饮宴。周侯中坐而叹曰：“风景不殊，正自有山河之异！”皆相视流泪。唯王丞相愀然变色曰：“当共戮力王室，克复神州，何至作楚囚相对！”

雪夜访戴

王子猷居山阴，夜大雪，眠觉，开室命酌酒。四望皎然，因起彷徨，咏左思《招隐诗》。忽忆戴安道，时戴在剡，即便夜乘小舟就之。经宿方至，造门不前而返。人问其故，王曰：“吾本乘兴而行，兴尽而返，何必见戴？”

石崇与王恺争豪

石崇与王恺争豪，并穷绮丽以饰舆服。武帝，恺之甥也，每助恺。尝以一珊瑚树高二尺许赐恺，枝柯扶疏，世罕其比。恺以示崇，崇视讫，以铁如意击之，应手而碎。恺既惋惜，又以为疾己之宝，声色甚厉。崇曰：“不足恨，今还卿。”乃命左右悉取珊瑚树，有三尺、四尺，条干绝世，光彩溢目者六七枚，如恺许比甚众。恺惘然自失。

【作者简介】

刘义庆，彭城（今江苏徐州）人。生于公元403年（晋安帝元兴二年），卒于公元444年（宋文帝元嘉二十一年）。刘宋宗室，袭封临川王，曾任南兖州刺史、都督、加开府仪同三司。性喜文学，门下招聚了不少才学之士。

三国演义（节选）

罗贯中

第五回

发矫诏诸镇应曹公　破关兵三英战吕布

程普、黄盖、韩当都来寻见孙坚，再收拾军马屯扎。坚为折了祖茂，伤感不已，星夜遣人报知袁绍。绍大惊曰："不想孙文台败于华雄之手！"便聚众诸侯商议。众人都到，只有公孙瓒后至，绍请入帐列坐。绍曰："前日鲍将军之弟不遵调遣，擅自进兵，杀身丧命，折了许多军士；今者孙文台又败于华雄：挫动锐气，为之奈何？"诸侯并皆不语。绍举目遍视，见公孙瓒背后立着三人，容貌异常，都在那里冷笑。绍问曰："公孙太守背后何人？"瓒呼玄德出曰："此吾自幼同舍兄弟，平原令刘备是也。"曹操曰："莫非破黄巾刘玄德乎？"瓒曰："然。"即令刘玄德拜见。瓒将玄德功劳，并其出身，细说一遍。绍曰："既是汉室宗派，取坐来。"命坐。备逊谢。绍曰："吾非敬汝名爵，吾敬汝是帝室之胄耳。"玄德乃坐于末位，关、张叉手侍立于后。

忽探子来报："华雄引铁骑下关，用长竿挑着孙太守赤帻，来寨前大骂搦战。"绍曰："谁敢去战？"袁术背后转出骁将俞涉曰："小将愿往。"绍喜，便著俞涉出马。即时报来："俞涉与华雄战不三合，被华雄斩了。"众大惊。太守韩馥曰："吾有上将潘凤，可斩华雄。"绍急令出战。潘凤手提大斧上马。去不多时，飞马来报："潘凤又被华雄斩了。"众皆失色。绍曰："可惜吾上将颜良、文丑未至！得一人在此，何惧华雄！"言未毕，阶下一人大呼出曰："小将愿往斩华雄头，献于帐下！"众视之，见其人身长九尺，髯长二尺，丹凤眼，卧蚕眉，面如重枣，声如巨钟，立于帐前。绍问何人。公孙瓒曰："此刘玄德之弟关羽也。"绍问现居何职。瓒曰："跟随刘玄德充马弓手。"帐上袁术大喝曰："汝欺吾众诸侯无大将耶？量一弓手，安敢乱言！与我打出！"曹操急止之曰："公路息怒。此人既出大言，必有勇略；试教出马，如其不胜，责之未迟。"

袁绍曰："使一弓手出战，必被华雄所笑。"操曰："此人仪表不俗，华雄安知他是弓手？"关公曰："如不胜，请斩某头。"操教酾热酒一杯，与关公饮了上马。关公曰："酒且斟下，某去便来。"出帐提刀，飞身上马。众诸侯听得关外鼓声大振，喊声大举，如天摧地塌，岳撼山崩，众皆失惊。正欲探听，鸾铃响处，马到中军，云长提华雄之头，掷于地上。其酒尚温。

后人有诗赞之曰："威镇乾坤第一功，辕门画鼓响冬冬。云长停盏施英勇，酒尚温时斩华雄。"曹操大喜。只见玄德背后转出张飞，高声大叫："俺哥哥斩了华雄，不就这里杀入关去，活拿董卓，更待何时！"袁术大怒，喝曰："俺大臣尚自谦让，量一县令手下小卒，安敢在此耀武扬威！都与赶出帐去！"曹操曰："得功者赏，何计贵贱乎？"袁术曰："既然公等只重一县令，我当告退。"操曰："岂可因一言而误大事耶？"

命公孙瓒且带玄德、关、张回寨。众官皆散。曹操暗使人赍牛酒抚慰三人。

【作者简介】

罗贯中，名本，贯中是他的字，别号湖海散人。山西太原人，生活在元末明初，大约在1330年到1400年间。他所写的小说很多，相传有数十种，现在留存的，除《三国演义》外，还有《隋唐志传》、《残唐五代史》和《三遂平妖传》等。他亦能词曲，所作的杂剧，现在知道的有《赵太祖龙虎风云会》等三种。

婴宁

蒲松龄

王子服，莒[1]之罗店人。早孤，绝惠，十四入泮[2]。母最爱之，寻常不令游郊野。聘萧氏，未嫁而夭，故求凰[3]未就也。

会上元[4]，有舅氏子吴生，邀同眺瞩[5]。方至村外，舅家有仆来，招吴去。生见游女如云，乘兴独游。有女郎携婢，捻梅花一枝，容华绝代，笑容可掬。生注目不移，意忘顾忌。女过去数武[6]，顾婢笑曰："个[7]儿郎目灼灼似贼！"遗花地上，笑语自去。生拾花怅然，神魂丧失，快快遂反。

至家，藏花枕底，垂头而睡，不语亦不食。母忧之。醮禳益剧[8]，肌革锐减[9]。医师诊视，投剂发表[10]，忽忽若迷。母抚问所由，默然不答。适吴生来，嘱密诘之。吴至榻前，生见之泪下。吴就榻慰解，渐致研诘[11]。生具吐其实，且求谋画。吴笑曰："君意亦复痴，此愿有何难遂？当代访之。徒步于野，必非世家。如其未字[12]，事固谐矣；不然，拚[13]以重赂，计必允遂。但得痊瘳，成事在我。"生闻之，不觉解颐[14]。吴出告母，物色女子居里，而探访既穷，并无踪绪。母大忧，无所为计。然自吴去后，颜顿开，食亦略进。

数日，吴复来。生问所谋，吴绐[15]之曰："已得之矣。我以为谁何[16]人，乃我姑氏女，即君姨妹行，今尚待聘。虽内戚有婚姻之嫌[17]，实告之，无不谐者。"生喜溢眉宇，问："居何里？"吴诡[18]曰："西南山中，去此可三十余里。"生又付嘱再四，吴锐身自任[19]而去。生由此饮食渐加，日就平复。探视枕底，花虽枯，未便凋落。凝思把玩，如见其人。怪吴不至，折简[20]招之，吴支托[21]不肯赴召。生恚怒[22]，悒悒不欢[23]。母虑其复病，急为议姻。略与商榷，辄摇首不愿。惟日盼吴。

吴迄无耗[24]，益怨恨之。转思三十里非遥，何必仰息[25]他人？怀梅袖中，负气自往，而家人不知也。伶仃独步，无可问程，但望南山行去。约三十余里，乱山合沓[26]，空翠爽肌，寂无行人，止有鸟道。遥望谷底，丛花乱树中，隐隐有小里落。下山入树，见舍宇无多，皆茅屋，而意甚修雅[27]。北向一家，门前皆丝柳，墙内桃杏犹繁，间以修竹，野鸟格磔[28]其中。意其园亭，不敢遽入。回顾对户，有巨石滑洁，因据坐少憩。

俄闻墙内有女子长呼"小荣"，其声娇细。方伫听间，一女郎由东而西，执杏花一朵，俯首自簪。举头见生，遂不复簪，含笑拈花而入。审视之，即上元途中所遇也。心骤喜，但念无以阶进[29]；欲呼姨氏，顾从无还往，惧有讹误。门内无人可问。坐卧徘徊，自朝至于日昃[30]，盈盈[31]望断，并忘饥渴。时见女子露半面来窥，似讶其不去者。忽一老媪扶杖出，顾生曰："何处郎君？闻自辰刻[32]便来，以至于今，意将何为？得勿饥耶？"生急起揖之，答云："将以盼亲[33]。"媪聋聩不闻。又大言之。乃问："贵戚何姓？"生不能答。媪笑曰："奇哉！姓名尚自不知，何亲可探？我视郎君，亦书痴耳。不如从我来，啖以粗粝，家有短榻可卧。待明朝归，询知姓氏，再来探访，不晚也。"生方腹馁思啖，又从此渐近丽人，大喜，从媪入。见门内白石砌路，夹道红花，片片堕阶上；曲折而西，又启一关[34]，豆棚花架满庭中。肃客[35]入舍，粉壁光明如镜；窗外海棠枝朵，探入室中；裀藉[36]几榻，罔不洁泽。甫坐，即有人自窗外隐约相窥。媪唤："小荣，可速作黍。"外有婢子噭声[37]而应。坐次[38]，具展宗阀[39]。媪曰："郎君外祖，莫姓吴否？"曰："然。"媪惊曰："是吾甥也！尊堂，我妹子。年来以家窭贫[40]，又无三尺男[41]，遂致音问梗塞。甥长成如许，尚不相识。"生曰："此来即为姨也，匆遽遂忘姓氏。"媪曰："老身秦姓，并无诞育；弱息[42]仅存，亦为庶产。渠[43]母改醮[44]，遗我鞠养[45]，颇亦不钝，但少教训，嬉不知愁。少顷，使来拜识。"

未几，婢子具饭，雏尾盈握[46]。媪劝餐已，婢来敛具。媪曰："唤宁姑来。"婢应去。良久，闻户外隐有笑声。媪又唤曰："婴宁，汝姨兄在此。"户外嗤嗤笑不已。婢推之以入，犹掩其口，笑不可遏。媪嗔目曰："有客在，咤咤叱叱，是何景象？"女忍笑而立，生揖之。媪曰："此王郎，汝姨子。一家尚不相识，可笑人也。"生问："妹子年几何矣？"媪未能解，生又言之。女复笑，不可仰视。媪谓生曰："我言少教诲，此可见矣。年已十六，呆痴裁如婴儿。"生曰："小于甥一岁。"曰："阿甥已十七矣，得非庚午属马[47]者耶？"生首应[48]之。又问："甥妇阿谁？"答云："无之。"曰："如甥才貌，何十七犹未聘？婴宁亦无姑家[49]，极相匹敌[50]。惜有内亲之嫌。"生无语，目注婴宁，不遑他瞬。婢向女小语云："目灼灼，贼腔未改！"女又大笑，顾婢曰："视碧桃开未？"遽起，以袖掩口，细碎连步而出。至门外，笑声始纵。媪亦起，唤婢襆被[51]，为生安置。曰："阿甥来不易，宜留三五日，迟迟[52]送汝归。如嫌幽闷，舍后有小园，可供消遣，有书可读。"

次日，至舍后，果有园半亩，细草铺毡，杨花糁径[53]；有草舍三楹[54]，花木四合其所。穿花小步，闻树头苏苏有声，仰视，则婴宁在上。见生来，狂笑欲堕。生曰："勿尔，堕矣！"女且下且笑，不能自止。方将及地，失手而堕，笑乃止。生扶之，阴捘[55]其腕。女笑又作，倚树不能行，良久乃罢。生俟其笑歇，乃出袖中花示之。女接之，曰："枯矣，何留之？"曰："此上元妹子所遗，故存之。"问："存之何意？"曰："以示相爱不忘也。自上元相遇，凝思成病，自分化为异物[56]，不图得见颜色，幸垂怜悯！"女曰："此大细事[57]，至戚何所靳惜[58]？待郎行时，园中花，当唤老奴来，折一巨捆负送之。"生曰："妹子痴耶？"女曰："何便是痴？"生曰："我非爱花，爱拈花之人耳。"女曰："葭莩[59]之情，爱何待言？"生曰："我所谓爱，非瓜葛[60]之爱，乃夫妻之爱。"女曰："有以异乎？"曰："夜共枕席耳。"女俯思良久，曰："我不惯与生人睡。"语未已，婢潜至，生惶恐遁去。少时，会母所，母问："何往？"女答以园中共话。媪曰："饭熟已久，有何长言，周遮[61]乃尔？"女曰："大哥欲我共寝。"言未已，

怪奴底事倍伤神？半为怜春半恼春：
怜春忽至恼忽去，至又无言去不闻。
昨宵庭外悲歌发，知是花魂与鸟魂？
花魂鸟魂总难留，鸟自无言花自羞。
愿奴胁下生双翼，随花飞到天尽头。
天尽头，何处有香丘？
未若锦囊收艳骨，一抔净土掩风流。
质本洁来还洁去，不教污淖陷渠沟。
尔今死去侬收葬，未卜侬身何日丧？
侬今葬花人笑痴，他年葬侬知是谁？
试看春残花渐落，便是红颜老死时。
一朝春尽红颜老，花落人亡两不知！

宝玉听了不觉痴倒。要知端详，且听下回分解。

【作者简介】

曹雪芹（约1715—约1764），名霑，字梦阮，号雪芹、芹圃、芹溪。清代伟大的现实主义作家。他祖居辽阳，很早就入了满籍。自他曾祖父起，三代任江宁织造。曹雪芹少年时代，过着锦衣玉食的奢华生活。雍正初年，在他13岁前后，因受朝廷内部政治斗争的牵连，其父被免职，家产被抄，举家迁居北京。从此家道衰落，生活日趋贫困。晚年移居北京西郊，过着“举家食粥酒常赊”的日子，贫病而卒，时年不足五十。

示　众[1]

鲁　迅

首善之区[2]的西城的一条马路上，这时候什么扰攘也没有。火焰焰的太阳虽然还未直照，但路上的沙土仿佛已是闪烁地生光；酷热满和在空气里面，到处发挥着盛夏的威力。许多狗都拖出舌头来，连树上的乌老鸦也张着嘴喘气，——但是，自然也有例外的。远处隐隐有两个铜盏[3]相击的声音，使人忆起酸梅汤，依稀感到凉意，可是那懒懒的单调的金属音的间作，却使那寂静更其深远了。

只有脚步声，车夫默默地前奔，似乎想赶紧逃出头上的烈日。

“热的包子咧！刚出屉的……。”

十一二岁的胖孩子，细着眼睛，歪了嘴在路旁的店门前叫喊。声音已经嘶嗄了，还带些睡意，如给夏天的长日催眠。

他旁边的破旧桌子上，就有二三十个馒头包子，毫无热气，冷冷地坐着。

“荷阿！馒头包子咧，热的……。”

像用力掷在墙上而反拨过来的皮球一般，他忽然飞在马路的那边了。在电杆旁，和他对面，正向着马路，其时也站定了两个人：一个是淡黄制服的挂刀的面黄肌瘦的巡警，手里牵着绳头，绳的那头就拴在别一个穿蓝布大衫上罩白背心的男人的臂膊上。这男人戴一顶新草帽，帽檐四面下垂，遮住了眼睛的一带。但胖孩子身体矮，仰起脸来看时，却正撞见这人的眼睛了。那眼睛也似乎正在看他的脑壳。他连忙顺下眼，去看白背心，只见背心上一行一行地写着些大大小小的什么字。

刹时间，也就围满了大半圈的看客。待到增加了秃头的老头子之后，空缺已经不多，而立刻又被一个赤膊的红鼻子胖大汉补满了。这胖子过于横阔，占了两人的地位，所以续到的便只能屈在第二层，从前面的两个脖子之间伸进脑袋去。

秃头站在白背心的略略正对面，弯了腰，去研究背心上的文字，终于读起来：

"嗡，都，哼，八，而，……"

胖孩子却看见那白背心正研究着这发亮的秃头，他也便跟着去研究，就只见满头光油油的，耳朵左近还有一片灰白色的头发，此外也不见得有怎样新奇。但是后面的一个抱着孩子的老妈子却想乘机挤进来了；秃头怕失了位置，连忙站直，文字虽然还未读完，然而无可奈何，只得另看白背心的脸：草帽檐下半个鼻子，一张嘴，尖下巴。

又像用了力掷在墙上而反拨过来的皮球一般，一个小学生飞奔上来，一手按住了自己头上的雪白的小布帽，向人丛中直钻进去。但他钻到第三——也许是第四——层，竟遇见一件不可动摇的伟大的东西了，抬头看时，蓝裤腰上面有一座赤条条的很阔的背脊，背脊上还有汗正在流下来。他知道无可措手，只得顺着裤腰右行，幸而在尽头发见了一条空处，透着光明。他刚刚低头要钻的时候，只听得一声"什么"，那裤腰以下的屁股向右一歪，空处立刻闭塞，光明也同时不见了。

但不多久，小学生却从巡警的刀旁边钻出来了。他诧异地四顾：外面围着一圈人，上首是穿白背心的，那对面是一个赤膊的胖小孩，胖小孩后面是一个赤膊的红鼻子胖大汉。他这时隐约悟出先前的伟大的障碍物的本体了，便惊奇而且佩服似的只望着红鼻子。胖小孩本是注视着小学生的脸的，于是也不禁依了他的眼光，回转头去了，在那里是一个很胖的奶子，奶头四近有几枝很长的毫毛。

"他，犯了什么事啦？……"

大家都愕然看时，是一个工人似的粗人，正在低声下气地请教那秃头老头子。

秃头不作声，单是睁起了眼睛看定他。他被看得顺下眼光去，过一会再看时，秃头还是睁起了眼睛看定他，而且别的人也似乎都睁了眼睛看定他。他于是仿佛自己就犯了罪似的局促起来，终至于慢慢退后，溜出去了。一个挟洋伞的长子就来补了缺；秃头也旋转脸去再看白背心。

长子弯了腰，要从垂下的草帽檐下去赏识白背心的脸，但不知道为什么忽又站直了。于是他背后的人们又须竭力伸长了脖子；有一个瘦子竟至于连嘴都张得很大，像一条死鲈鱼。

巡警，突然间，将脚一提，大家又愕然，赶紧都看他的脚；然而他又放稳了，于是又看白背心。长子忽又弯了腰，还要从垂下的草帽檐下去窥测，但即刻也就立直，擎起一只手来拚命搔头皮。

秃头不高兴了，因为他先觉得背后有些不太平，接着耳朵边就有唧咕唧咕的声响。他双眉一锁，回头看时，紧挨他右边，有一只黑手拿着半个大馒头正在塞进一个猫脸的人的嘴里去。他也就不说什么，自去看白背心的新草帽了。

忽然，就有暴雷似的一击，连横阔的胖大汉也不免向前一跄踉。同时，从他肩膊上伸出一只胖得不相上下的臂膊来，展开五指，拍的一声正打在胖孩子的脸颊上。

“好快活！你妈的……”同时，胖大汉后面就有一个弥勒佛[4]似的更圆的胖脸这么说。

胖孩子也跄踉了四五步，但是没有倒，一手按着脸颊，旋转身，就想从胖大汉的腿旁的空隙间钻出去。胖大汉赶忙站稳，并且将屁股一歪，塞住了空隙，恨恨地问道：

“什么？”

胖孩子就像小鼠子落在捕机里似的，仓皇了一会，忽然向小学生那一面奔去，推开他，冲出去了。小学生也返身跟出去了。

“吓，这孩子……。”总有五六个人都这样说。

待到重归平静，胖大汉再看白背心的脸的时候，却见白背心正在仰面看他的胸脯；他慌忙低头也看自己的胸脯时，只见两乳之间的洼下的坑里有一片汗，他于是用手掌拂去了这些汗。

然而形势似乎总不甚太平了。抱着小孩的老妈子因为在骚扰时四顾，没有留意，头上梳着的喜鹊尾巴似的“苏州俏”[5]便碰了站在旁边的车夫的鼻梁。车夫一推，却正推在孩子上；孩子就扭转身去，向着圈外，嚷着要回去了。老妈子先也略略一跄踉，但便即站定，旋转孩子来使他正对白背心，一手指点着，说道：

“阿，阿，看呀！多么好看哪！……”

空隙间忽而探进一个戴硬草帽的学生模样的头来，将一粒瓜子之类似的东西放在嘴里，下颚向上一磕，咬开，退出去了。这地方就补上了一个满头油汗而粘着灰土的椭圆脸。

挟洋伞的长子也已经生气，斜下了一边的肩膊，皱眉疾视着肩后的死鲈鱼。大约从这么大的大嘴里呼出来的热气，原也不易招架的，而况又在盛夏。秃头正仰视那电杆上钉着的红牌上的四个白字，仿佛很觉得有趣。胖大汉和巡警都斜了眼研究着老妈子的钩刀般的鞋尖。

“好！”

什么地方忽有几个人同声喝采。都知道该有什么事情起来了，一切头便全数回转去。连巡警和他牵着的犯人也都有些摇动了。

“刚出屉的包子咧！荷阿，热的……。”

路对面是胖孩子歪着头，磕睡似的长呼；路上是车夫们默默地前奔，似乎想赶紧逃出头上的烈日。大家都几乎失望了，幸而放出眼光去四处搜索，终于在相距十多家的路上，发见了一辆洋车停放着，一个车夫正在爬起来。

圆阵立刻散开，都错错落落地走过去。胖大汉走不到一半，就歇在路边的槐树下；长子比秃头和椭圆脸走得快，接近了。车上的坐客依然坐着，车夫已经完全爬起，但还在摩自己的膝髁。周围有五六个人笑嘻嘻地看他们。

“成么？”车夫要来拉车时，坐客便问。

他只点点头，拉了车就走；大家就惘惘然目送他。起先还知道那一辆是曾经跌倒的车，后来被别的车一混，知不清了。

马路上就很清闲，有几只狗伸出了舌头喘气；胖大汉就在槐阴下看那很快地一起一落的狗肚皮。

老妈子抱了孩子从屋檐阴下蹩过去了。胖孩子歪着头，挤细了眼睛，拖长声音，磕睡地叫喊——“热的包子咧！荷阿！……刚出屉的……。”

一九二五年三月一八日。

【作者简介】

鲁迅（1887—1936），原名周樟寿，字豫山，后改名周树人，字豫才。鲁迅是他1918年为《新青年》写稿时开始使用的笔名。浙江绍兴人。中国现代伟大的文学家、思想家，中国现代文学的奠基人，也是世界文坛上最有成就的作家之一。出身于没落的封建家庭，幼年受过诗书经传的传统文化教育，接触过底层的农民生活，家庭曾坠入困境，切身感受到社会的势利和冷酷，形成最初的反封建意识。1898年到南京求学，初入江南水师学堂，后转入江南矿务铁路学堂，接受西方文化教育，信奉达尔文进化论思想，后又东渡日本留学，始学医，后弃医从文。1909年回国。1918年5月发表我国现代文学史上第一篇白话文小说《狂人日记》。1920年起，先后在北京大学、北京女子师范大学、厦门大学、中山大学任教。1927年面对“四一二”反革命政变的严酷现实，深受教育，同年10月定居上海，开始了“左翼”十年的战斗生活。生活的经历和血的教训，使鲁迅的思想由进化论逐步转为阶级论，由革命民主主义者转变成共产主义战士。1936年10月19日，积劳成疾，与世长辞。

其主要代表作有小说集《呐喊》、《彷徨》，杂文集《坟》、《且介亭杂文》，散文集《朝花夕拾》，散文诗集《野草》等。鲁迅一生文学创作近四百万字，翻译五百多万字，古籍整理六十多万字，共近一千万字。他的著作已被译成英、日、俄、法、德等五十多种文字，介绍到了世界各地。1981年人民文学出版社出版了《鲁迅全集》十六卷本。

【注释】

［1］本篇最初发表于一九二五年四月十三日北京《语丝》周刊第二十二期。［2］首善之区：指首都。《汉书·儒林传》载：“故教化之行也，建首善，自京师始。”这里指北洋军阀时代的首都北京。［3］铜盏：一种杯状小铜器。旧时北京卖酸梅汤的商贩，常用两个铜盏相击，发出有节奏的声音，以招引顾客。［4］弥勒佛：佛教菩萨之一，佛经说他继承释迦牟尼的佛位而成佛。常见的他的塑像是胖圆笑脸，袒胸露腹，俗称大肚子弥勒佛。［5］“苏州俏”：旧时妇女所梳发髻的一种式样，先流行于苏州一带，故有此称。

沉　沦（节选）

郁达夫

二

他的忧郁症愈闹愈甚了。

他觉得学校里的教科书，味同嚼蜡，毫无半点生趣。天气清朗的时候，他每捧了一本爱读的文学书，跑到人迹罕至的山腰水畔，去贪那孤寂的深味去。在万籁俱寂的瞬间，在天水相映的地方，他看看草木虫鱼，看看白云碧落，便觉得自家是一个孤高傲世的贤人，一个超然独立的隐者。有时在山中遇着一个农夫，他便把自己当作了Zaratustra，把Zaratustra所说的话，也在心里对那农夫讲了。他的Megalomania也同他的Hypochondria成了正比例，一天一天的增加起来。他竟有接连四五天不上学校去听讲的时候。

有时候到学校里去，他每觉得众人都在那里凝视他的样子。他避来避去想避他的同学，然而无论到了什么地方，他的同学的眼光，总好像怀了恶意，射在他的背脊上面。

上课的时候，他虽然坐在全班学生的中间，然而总觉得孤独得很；在稠人广众之中，感得的这种孤独，倒比一个人在冷清的地方，感得的那种孤独，还更难受。看看他的同学看，一个个都是兴高采烈的在那里听先生的讲义，只有他一个人身体虽然坐在讲堂里头，心思却同飞云逝电一般，在那里作无边无际的空想。

好容易下课的钟声响了！先生退去之后，他的同学说笑的说笑，谈天的谈天，个个都同春来的燕雀似的，在那里作乐；只有他一个人锁了愁眉，舌根好像被千钧的巨石锤住的样子，兀的不作一声。他也很希望他的同学来对他讲些闲话，然而他的同学却都自家管自家的去寻欢乐去，一见了他那一副愁容，没有一个不抱头奔散的，因此他愈加怨他的同学了。

“他们都是日本人，他们都是我的仇敌，我总有一天来复仇，我总要复他们的仇。”

一到了悲愤的时候，他总这样的想的，然而到了安静之后，他又不得不嘲骂自家说：

“他们都是日本人，他们对你当然是没有同情的，因为你想得他们的同情，所以你怨他们，这岂不是你自家的错误么?”

他的同学中的好事者，有时候也有人来向他说笑的，他心里虽然非常感激，想同那一个人谈几句知心的话，然而口中总说不出什么话来；所以有几个解他的意的人，也不得不同他疏远了。

他的同学日本人在那里欢笑的时候，他总疑他们是在那里笑他，他就一霎时的红起脸来。他们在那里谈天的时候，若有偶然看他一眼的人，他又忽然红起脸来，以为他们是在那里讲他。他同他同学中间的距离，一天一天的远背起来，他的同学都以为他是爱孤独的人，所以谁也不敢来近他的身。

有一天放课之后，他挟了书包，回到他的旅馆里来，有三个日本学生系同他同路的。将要到他寄寓的旅馆的时候，前面忽然来了两个穿红裙的女学生。在这一区市外的地方，从没有女学生看见的，所以他一见了这两个女子，呼吸就紧缩起来。他们四个人同那两个女子擦过的时候，他的三个日本人的同学都问她们说，

“你们上哪儿去?”

那两个女学生就作起娇声来回答说：

“不知道!”

“不知道!”

那三个日本学生都高笑起来，好像是很得意的样子；只有他一个人似乎是他自家同

她们讲了话似的，害了羞，匆匆跑回旅馆里来。进了他自家的房，把书包用力的向席上一丢，他就在席上躺下了。他的胸前还在那里乱跳，用了一只手枕着头，一只手按着胸口，他便自嘲自骂的说：

“你这卑怯者！

“你既然怕羞，何以又要后悔？

“既要后悔，何以当时你又没有那样的胆量？不同她们去讲一句话。

“Oh，coward，coward！”

说到这里，他忽然想起刚才那两个女学生的眼波来了。那两双活泼泼的眼睛！

那两双眼睛里，确有惊喜的意思含在里头。然而再仔细想了一想，他又忽然叫起来说：

“呆人呆人！她们虽有意思，与你有什么相干？她们所送的秋波，不是单送给那三个日本人的么？唉！唉！她们已经知道了，已经知道我是支那人了，否则她们何以不来看我一眼呢！复仇复仇，我总要复他们的仇。”

说到这里，他那火热的颊上忽然滚了几颗冰冷的眼泪下来。他是伤心到极点了。这一天晚上，他记的日记说：

“我何苦要到日本来，我何苦要求学问。既然到了日本，那自然不得不被他们日本人轻侮的。中国呀中国！你怎么不富强起来，我不能再隐忍过去了。

“故乡岂不有明媚的山河，故乡岂不有如花的美女？我何苦要到这东海的岛国里来！

“到日本来倒也罢了，我何苦又要进这该死的高等学校。他们留了五个月学回去的人，岂不在那里享荣华安乐么？这五六年的岁月，教我怎么能挨得过去。受尽了千辛万苦，积了十数年的学识，我回国去，难道定能比他们来胡闹的留学生更强么？

“人生百岁，年少的时候，只有七八年的光景，这最纯最美的七八年，我就不得不在这无情的岛国里虚度过去，可怜我今年已经是二十一了。

“槁木的二十一岁！

“死灰的二十一岁！

“我真还不如变了矿物质的好，我大约没有开花的日子了。

“知识我也不要，名誉我也不要，我只要一个安慰我体谅我的‘心’。一副白热的心肠！从这一副心肠里生出来的同情！从同情而来的爱情！

“我所要求的就是爱情！

“若有一个美人，能理解我的苦楚，她要我死，我也肯的。

“若有一个妇人，无论她是美是丑，能真心真意的爱我，我也愿意为她死的。

“我所要求的就是异性的爱情！

“苍天呀苍天，我并不要知识，我并不要名誉，我也不要那些无用的金钱，你若能赐我一个伊甸园内的‘伊扶’，使她的肉体与心灵，全归我有，我就心满意足了。”

【作者简介】

郁达夫（1896—1945），名文，字达夫。浙江富阳人。自幼受到中国古典诗文的熏陶。1913 年赴日留学，先后就读于东京第一高等学校和东京帝国大学。1921 年参加发起组织创造社，是创造社重要作家。同年出版第一本小说集《沉沦》，产生很大影响。1922 年回国，主要从事文学创作和刊物编辑工作。1938 年冬到中国香港和东南亚从事文艺和抗日活动。1945 年 8 月 29 日被日本宪兵秘密杀害。郁达夫是现代文学开创时期的主要作家，在中短篇小说、散文和旧体诗创作上都有自己的独特艺术特色，取得了很高的成就。主要作品集有《沉沦》、《达夫游记》、《茑萝集》等，现有十二卷本《郁达夫文集》行世。

边　城（节选）

沈从文

第二章

四

还是两年前的事。五月端阳，渡船头祖父找人作了代替，便带了黄狗同翠翠进城，过大河边去看划船。河边站满了人，四只朱色长船在潭中滑着，龙船水刚刚涨过，河中水皆豆绿，天气又那么明朗，鼓声蓬蓬响着，翠翠抿着嘴一句话不说，心中充满了不可言说的快乐。河边人太多了一点，各人皆尽张着眼睛望河中，不多久，黄狗还在身边，祖父却挤得不见了。

翠翠一面注意划船，一面心想"过不久祖父总会找来的"。但过了许久，祖父还不来，翠翠便稍稍有点儿着慌了。先是两人同黄狗进城前一天，祖父就问翠翠："明天城里划船，倘若一个人去看，人多怕不怕？"翠翠就说："人多我不怕，但自己只是一个人可不好玩。"于是祖父想了半天，方想起一个住在城中的老熟人，赶夜里到城里去商量，请那老人来看一天渡船，自己却陪翠翠进城玩一天。且因为那人比渡船老人更孤单，身边无一个亲人，也无一只狗，因此便约好了那人早上过家中来吃饭，喝一杯雄黄酒。第二天那人来了，吃了饭，把职务委托那人以后，翠翠等便进了城。到路上时，祖父想起什么似的，又问翠翠，"翠翠，翠翠，人那么多，好热闹，你一个人敢到河边看龙船吗？"翠翠说："怎么不敢？可是一个人有什么意思。"到了河边后，长潭里的四只红船，把翠翠的注意力完全占去了，身边祖父似乎也可有可无了。祖父心想："时间还早，到收场时，至少还得三个时刻。溪边的那个朋友，也应当来看看年青人的热闹，回去一趟，换换地位还赶得及。"因此就问翠翠，"人太多了，站在这里看，不要动，我到别处去有事情，无论如何总赶得回来伴你回家。"翠翠正为两只竞速并进的船迷着，祖父说的话毫不思索就答应了。祖父知道黄狗在翠翠身边，也许比他自己在她身边还稳当，于是便回家看船去了。

祖父到了那渡船处时，见代替他的老朋友，正站在白塔下注意听远处鼓声。

祖父喊他，请他把船拉过来，两人渡过小溪仍然站到白塔下去。那人问老船夫为什么又跑回来，祖父就说想替他一会儿故把翠翠留在河边，自己赶回来，好让他也过河边去看看热闹，且说，"看得好，就不必再回来，只须见了翠翠问她一声，翠翠到时自会回家的。小丫头不敢回家，你就伴她走走！”但那替手对于看龙船已无什么兴味，却愿意同老船夫在这溪边大石上各自再喝两杯烧酒。老船夫十分高兴，把酒葫芦取出，推给城中来的那一个。两人一面谈些端午旧事，一面喝酒，不到一会，那人却在岩石上为烧酒醉倒了。

人既醉倒了，无从入城，祖父为了责任又不便与渡船离开，留在河边的翠翠便不能不着急了。

河中划船的决了最后胜负后，城里军官已派人驾小船在潭中放了一群鸭子，祖父还不见来。翠翠恐怕祖父也正在什么地方等着她，因此带了黄狗各处人丛中挤着去找寻祖父，结果还是不得祖父的踪迹。后来看看天快要黑了，军人扛了长凳出城看热闹的，皆已陆续扛了那凳子回家。潭中的鸭子只剩下三五只，捉鸭人也渐渐的少了。落日向上游翠翠家中那一方落去，黄昏把河面装饰了一层薄雾。翠翠望到这个景致，忽然起了一个怕人的想头，她想：“假若爷爷死了？”

她记起祖父嘱咐她不要离开原来地方那一句话，便又为自己解释这想头的错误，以为祖父不来必是进城去或到什么熟人处去，被人拉着喝酒，故一时不能来的。正因为这也是可能的事，她又不愿在天未断黑以前，同黄狗赶回家去，只好站在那石码头边等候祖父。

再过一会，对河那两只长船已泊到对河小溪里去不见了，看龙船的人也差不多全散了。吊脚楼有娼妓的人家，已上了灯，且有人敲小斑鼓弹月琴唱曲子。另外一些人家，又有划拳行酒的吵嚷声音。同时停泊在吊脚楼下的一些船只，上面也有人在摆酒炒菜，把青菜萝卜之类，倒进滚热油锅里去时发出吵——的声音。河面已朦朦胧胧，看去好象只有一只白鸭在潭中浮着，也只剩一个人追着这只鸭子。

翠翠还是不离开码头，总相信祖父会来找她，同她一起回家。

吊脚楼上唱曲子声音热闹了一些，只听到下面船上有人说话，一个水手说：“金亭，你听你那铺子陪川东庄客喝酒唱曲子，我赌个手指，说这是她的声音！”另一个水手就说：“她陪他们喝酒唱曲子，心里可想我。她知道我在船上！”先前那一个又说：“身体让别人玩着，心还想着你；你有什么凭据？”另一个说：“有凭据。”于是这水手吹着唿哨，作出一个古怪的记号，一会儿，楼上歌声便停止了。歌声停止后，两个水手皆笑了。两人接着便说了些关于那个女人的一切，使用了不少粗鄙字眼，翠翠很不习惯把这种话听下去，但又不能走开。且听水手之一说，楼上妇人的爸爸是在棉花坡被人杀死的，一共杀了十七刀。翠翠心中那个古怪的想头，“爷爷死了呢？”便仍然占据到心里有一忽儿。

两个水手还正在谈话，潭中那只白鸭慢慢的向翠翠所在的码头边游来，翠翠想：“再过来些我就捉住你！”于是静静的等着，但那鸭子将近岸边三丈远近时，却有个人笑着，喊那船上水手。原来水中还有个人，那人已把鸭子捉到手，却慢慢的“踹水”游近岸边的。船上人听到水面的喊声，在隐约里也喊道：“二老，二老，你真干，你今天得了五只吧。”那水上人说：“这家伙狡猾得很，现在可归我了。”“你这时捉鸭子，将来捉女人，一定有同样的本领。”水上那一个不再说什么，手脚并用的拍着水傍了码头。湿淋淋的爬上岸时，翠翠身旁的黄狗，仿佛警问水中人似的，汪汪的叫了几声，那人方注意到翠翠。码头上已无别的人，那人问：

“是谁?”

“是翠翠!”

“翠翠又是谁?”

“是碧溪岨撑渡船的孙女。”

“你在这儿做什么?”

“我等我爷爷。我等他来好回家去。”

“等他来他可不会来,你爷爷一定到城里军营里喝了酒,醉倒后被人抬回去了!”

“他不会。他答应来,他就一定会来的。”

“这里等也不成。到我家里去,到那边点了灯的楼上去,等爷爷来找你好不好?”

翠翠误会邀他进屋里去那个人的好意,正记着水手说的妇人丑事,她以为那男子就是要她上有女人唱歌的楼上去,本来从不骂人,这时正因等候祖父太久了,心中焦急得很,听人要她上去,以为欺侮了她,就轻轻的说:

“你个悖时砍脑壳的!”

话虽轻轻的,那男的却听得出,且从声音上听得出翠翠年纪,便带笑说:“怎么,你骂人!你不愿意上去,要呆在这儿,回头水里大鱼来咬了你,可不要叫喊!”

翠翠说:“鱼咬了我也不管你的事。”

那黄狗好象明白翠翠被人欺侮了,又汪汪的吠起来。那男子把手中白鸭举起,向黄狗吓了一下,便走上河街去了。黄狗为了自己被欺侮还想追过去,翠翠便喊:“狗,狗,你叫人也看人叫!”翠翠意思仿佛只在问给狗“那轻薄男子还不值得叫”,但男子听去的却是另外一种好意,男的以为是她要狗莫向好人叫,放肆的笑着,不见了。

又过了一阵,有人从河街拿了一个废缆做成的火炬,喊叫着翠翠的名字来找寻她,到身边时翠翠却不认识那个人。那人说:老船夫回到家中,不能来接她,故搭了过渡人口信来,问翠翠要她即刻就回去。翠翠听说是祖父派来的,就同那人一起回家,让打火把的在前引路,黄狗时前时后,一同沿了城墙向渡口走去。翠翠一面走一面问那拿火把的人,是谁问他就知道她在河边。那人说是二老问他的,他是二老家里的伙计,送翠翠回家后还得回转河街。

翠翠说:“二老他怎么知道我在河边?”

那人便笑着说:“他从河里捉鸭子回来,在码头上见你,他说好意请你上家里坐坐,等候你爷爷,你还骂过他!”

翠翠带了点儿惊讶轻轻的问:“二老是谁?”

那人也带了点儿惊讶说:“二老你都不知道?就是我们河街上的傩送二老!就是岳云!他要我送你回去!”傩送二老在茶峒地方不是一个生疏的名字!

翠翠想起自己先前骂人那句话,心里又吃惊又害羞,再也不说什么,默默的随了那火把走去。

翻过了小山岨,望得见对溪家中火光时,那一方面也看见了翠翠方面的火把,老船夫即刻把船拉过来,一面拉船一面哑声儿喊问:“翠翠,翠翠,是不是你?”翠翠不理会祖父,口中却轻轻的说:“不是翠翠,不是翠翠,翠翠早被大河里鲤鱼吃去了。”翠翠上了船,二老派来的人,打着火把走了,祖父牵着船问:“翠翠,你怎么不答应我,生我的气了吗?”

翠翠站在船头还是不作声。翠翠对祖父那一点儿埋怨，等到把船拉过了溪，一到了家中，看明白了醉倒的另一个老人后，就完事了。但另一件事，属于自己不关祖父的，却使翠翠沉默了一个夜晚。

【作者简介】

沈从文（1902—1988），原名沈岳焕，早期曾用笔名休芸芸，湖南凤凰县人。生于军旅家庭，小学毕业后曾入伍，五年间辗转于湘、川、黔、鄂四省边界地区，对那里的风土人情留下了深刻的印象。1922 年夏受“五四”余波影响来到北京。自 1924 年起，在《晨报副刊》、《现代评论》、《京报・民众文艺》上发表文章。1929 年与丁玲、胡也频合作创刊了《红黑》，出现了创作上的第一个高峰。1930 年起，先后在武汉大学、青岛大学任教。1933 年返回北京，9 月接编《大公报・文艺副刊》，并于 1934 年写成《边城》，成为京派小说的柱石。抗日战争爆发后，任西南联大教授，抗战胜利后任北京大学教授。1949 年以后，在中国历史博物馆和中国社会科学院历史研究所从事出土文物和中国古代服饰研究。《沈从文全集》已出版。

围　城（节选）

钱钟书

第三章

也许因为战事中死人太多了，枉死者没消磨掉的生命力都迸作春天的生意。那年春天，气候特别好。这春所鼓动的人心像婴孩出齿时的牙龈肉，受到一种生机透芽的痛痒。上海是个暴发都市，没有山水花柳作为春的安顿处。公园和住宅花园里的草木，好比动物园里铁笼子关住的野兽，拘束、孤独，不够春光尽情的发泄。春来了只有向人身心里寄寓，添了疾病和传染，添了奸情和酗酒打架的案件，添了孕妇。最后一桩倒不失为好现象，战时人口正该补充。但据周太太说，本年生的孩子，大半是枉死鬼阳寿未尽，抢着投胎，找足前生年龄数目，只怕将来活不长。

这几天来，方鸿渐白天昏昏想睡，晚上倒又清醒。早晨方醒，听见窗外树上鸟叫，无理由地高兴，无目的地期待，心似乎减轻重量，直长升上去。可是这欢喜是空的，像小孩子放的气球，上去不到几尺，便爆裂归于乌有，只留下若有若失的无名怅惘。他坐立不安地要活动，却颓唐使不出劲来，好比杨花在春风里飘荡，而身轻无力，终飞不远。他自觉这种惺忪迷怠的心绪，完全像填词里所写幽闺伤春的情境。现在女人都不屑伤春了，自己枉为男人，还脱不了此等刻板情感，岂不可笑！譬如鲍小姐那类女人，决没工夫伤春，但是苏小姐呢？她就难说了；她像是多愁善感的古美人模型。船上一别，不知她近来怎样。自己答应过去看她，何妨去一次呢？明知也许从此多事，可是实在生活太无聊，现成的女朋友太缺乏了！好比睡不着的人，顾不得安眠药片的害处，先要图眼前的舒服。

方鸿渐到了苏家，心想苏小姐会急忙跑进客堂，带笑带嚷，骂自己怎不早去看她。门房送上茶说："小姐就出来。"苏家园里的桃花、梨花、丁香花都开得正好，鸿渐想现在才阴历二月底，花已经赶早开了，不知还剩些什么，留作清明春色。客堂一扇窗开着，太阳烘焙的花香，浓得塞鼻子，暖得使人头脑迷倦。这些花的香味，跟葱蒜的臭味一样，都是植物气息而有荤腥的肉感，像从夏天跳舞会上头发里发泄出来的。壁上挂的字画里有沈子培所写屏条，录的黄山谷诗，第一句道："花气薰人欲破禅。"鸿渐看了，会心不远，觉得和尚们闻到窗外这种花香，确已犯戒，与吃荤相去无几了。他把客堂里的书画古玩反复看了三遍，正想沈子培写"人"字的捺脚活像北平老妈子缠的小脚，上面那样粗挺的腿，下面忽然微乎其微的一顿，就完事了，也算是脚的！苏小姐才出来。她冷淡的笑容，像阴寒欲雪天的淡日，握握手，就说："方先生好久不见，今天怎么会来？"鸿渐想去年分别时拉手，何等亲热；今天握她的手像捏着冷血的鱼翅。分别时还是好好的，为什么重见面变得这样生分？这时候他的心理，仿佛临考抱佛脚的学生睡了一晚，发现自以为温熟的功课，还是生的，只好撒谎说，到上海不多几天，特来拜访。苏小姐礼貌周到地谢他"光临"，问他"在什么地方得意"。他嗫嚅说，还没找事，想到内地去，暂时在亲戚组织的银行里帮忙。苏小姐看他一眼道："是不是方先生岳家开的银行？方先生，你真神秘！你什么时候吃喜酒的？咱们多年老同学了，你还瞒得一字不提。是不是得了博士回来结婚的？真是金榜挂名，洞房花烛，要算得双喜临门了。我们就没福气瞻仰瞻仰方太太呀！"

方鸿渐羞愧得无地自容，记起《沪报》那节新闻，忙说，这一定是从《沪报》看来的。便痛骂《沪报》一顿，把干丈人和假博士的来由用春秋笔法叙述一下，买假文凭是自己的滑稽玩世，认干亲戚是自己的和同随俗。还说："我看见那消息，第一个就想到你，想到你要笑我，瞧不起我。我为这事还跟我那挂名岳父闹得很不欢呢。"

苏小姐脸色渐转道："那又何必呢！他们那些俗不可耐的商人，当然只知道付了钱要交货色，不会懂得学问是不靠招牌的。你跟他们计较些什么！那位周先生总算是你的尊长，待你也够好，他有权利在报上登那段新闻。反正谁会注意那段新闻，看到的人转背说忘了。你在大地方已经玩世不恭，倒向小节上认真，矛盾得太可笑了。"

方鸿渐诚心佩服苏小姐说话漂亮，回答道："给你这么一说，我就没有亏心内愧的感觉了。我该早来告诉你的，你说话真通达！你说我在小节上看不开，这话尤其深刻。世界上大事情倒可以随便应付，偏是小事丝毫假借不了。譬如贪官污吏，纳贿几千万，而决不肯偷人家的钱袋。我这幽默的态度，确不彻底。"

苏小姐想说："这话不对。不偷钱袋是因为钱袋不值得偷；假如钱袋里容得几千万，偷了跟纳贿一样的安全，他也会偷。"可是她这些话不说出来，只看了鸿渐一眼，又注视地毯上的花纹道："亏得你那玩世的态度不彻底，否则跟你做朋友的人都得寒心，怕你也不过面子上敷衍，心里在暗笑他们了。"

鸿渐忙言过其实地担保，他怎样把友谊看得重。这样谈着，苏小姐告诉他，她父亲已随政府入蜀，她哥哥也到香港做事，上海家里只剩她母亲、嫂子和她，她自己也想到内地去。方鸿渐说，也许他们俩又可以同路。苏小姐说起有位表妹，在北平他们的母校里读了一年，大学因战事内迁，她停学在家半年，现在也计划复学。这表妹今天恰到苏家来玩，苏小姐进去叫她出来，跟鸿渐认识，将来也是旅行伴侣。

苏小姐领了个二十左右的娇小女孩子出来，介绍道："这是我表妹唐晓芙。"唐小姐妩媚端正的圆脸，有两个浅酒涡。天生着一般女人要花钱费时、调脂和粉来仿造的好脸色，新鲜得使人见了忘掉口渴而又觉嘴馋，仿佛是好水果。她眼睛并不顶大，可是灵活温柔，反衬得许多女人的大眼睛只像政治家讲的大话，大而无当。古典学者看她说笑时露出的好牙齿，会诧异为什么古今中外诗人，都甘心变成女人头插的钗，腰束的带，身体睡的席，甚至脚下践踏的鞋袜，可是从没想到化作她的牙刷。她头发没烫，眉毛不镊，口红也没有擦，似乎安心遵守天生的限止，不要弥补造化的缺陷。总而言之，唐小姐是摩登文明社会里那桩罕物——一个真正的女孩子。有许多都市女孩子已经是装模作样的早熟女人，算不得孩子；有许多女孩子只是浑沌痴顽的无性别孩子，还说不上女人。方鸿渐立刻想在她心上造个好印象。唐小姐尊称他为"同学老前辈"，他抗议道："这可不成！你叫我'前辈'，我已经觉得像史前原人的遗骸了。你何必又加上'老'字？我们不幸生得太早，没福气跟你同时同学，这是恨事。你再叫我'前辈'，就是有意提醒我是老大过时的人，太残忍了！"

唐小姐道："方先生真会挑眼！算我错了，'老'字先取消。"

苏小姐同时活泼地说："不羞！还要咱们像船上那些人叫你'小方'么？晓芙，不用理他。他不受抬举，干脆什么都不叫他。"

方鸿渐看唐小姐不笑的时候，脸上还依恋着笑意，像音乐停止后袅袅空中的余音。许多女人会笑得这样甜，但她们的笑容只是面部肌肉柔软操，仿佛有教练在喊口令："一！"忽然满脸堆笑，"二！"忽然笑不知去向，只余个空脸，像电影开映前的布幕。他找话跟她讲，问她进的什么系。苏小姐不许她说，说："让他猜。"

方鸿渐猜文学不对，教育也不对，猜化学物理全不对，应用张吉民先生的话道："Search me！难道读的是数学？那太利害了！"

唐小姐说出来，原来极平常的是政治系。苏小姐注一句道："这才利害呢。将来是我们的统治者，女官。"

方鸿渐说："女人原是天生的政治动物。虚虚实实，以退为进，这些政治手腕，女人生下来全有。女人学政治，那真是以后天发展先天，锦上添花了。我在欧洲，听过Ernst Bergmann先生的课。他说男人有思想创造力，女人有社会活动力，所以男人在社会上做的事该让给女人去做，男人好躲在家里从容思想，发明新科学，产生新艺术。我看此话甚有道理。女人不必学政治，而现在的政治家要成功，都得学女人。政治舞台上的戏剧全是反串。"

苏小姐道："这是你那位先生故作奇论，你就喜欢那一套。"

方鸿渐道："唐小姐，你表姐真不识抬举，好好请她女子参政，她倒笑我故作奇论！你评评理看。老话说，要齐家而后能治国平天下。请问有多少男人会管理家务的？管家要仰仗女人，而自己吹牛说大丈夫要治国平天下，区区家务不屑理会，只好比造房子要先向半空里盖个屋顶。把国家社会全部交给女人有许多好处，至少可以减少战争。外交也许更复杂，秘密条款更多，可是女人因为身体关系，并不擅长打仗。女人对于机械的头脑比不上男人，战争起来或者使用简单的武器，甚至不过揪头发、抓头皮、拧肉这些本位武化，损害不大。无论如何，如今新式女人早不肯多生孩子了，到那时候她们忙着干国事，更没工夫生产，人口稀少，战事也许根本不会产生。”

唐小姐感觉方鸿渐说这些话，都为着引起自己对他的注意，心中暗笑，说：“我不知道方先生是侮辱政治还是侮辱女人，至少都不是好话。”

苏小姐道：“好哇！拐了弯拍了人家半天的马屁，人家非但不领情，根本就没有懂！我劝你少开口罢。”

唐小姐道：“我并没有不领情。我感激得很，方先生肯为我表演口才。假使我是学算学的，我想方先生一定另有议论，说女人是天生的计算动物。”

苏小姐道：“也许说你这样一个人肯念算学，他从此不厌恨算学。反正翻来覆去，强词夺理，全是他的话。我从前并不知道他这样油嘴。这次同回国算领教了。大学同学的时候，他老远看见我们脸就涨红，愈走近脸愈红，红得我们瞧着都身上发热难过。我们背后叫他‘寒暑表’，因为他脸色忽升忽降，表示出他跟女学生距离的远近，真好玩儿！想不到外国去了一趟，学得这样厚皮老脸，也许混在鲍小姐那一类女朋友里训练出来的。”

方鸿渐慌忙说：“别胡说！那些事提它干吗？你们女学生真要不得！当了面假正经，转背就挖苦得人家体无完肤，真缺德！”

苏小姐看他发急，刚才因为他对唐小姐卖弄的不快全消散了，笑道：“瞧你着急得那样子！你自己怕不是当面花言巧语，背后刻薄人家。”

这时候进来一个近三十岁，身材高大、神气轩昂的人。唐小姐叫他“赵先生”，苏小姐说：“好，你来了，我跟你们介绍：方鸿渐，赵辛楣。”赵辛楣和鸿渐拉拉手，傲兀地把他从头到脚看一下，好像鸿渐是页一览而尽的大字幼稚园读本，问苏小姐道：“是不是跟你同船回国的那位？”

鸿渐诧异，这姓赵的怎知道自己，忽然想也许这人看过《沪报》那条新闻，立刻局促难受。那赵辛楣本来就神气活现，听苏小姐说鸿渐确是跟她同船回国的，他的表情就仿佛鸿渐化为稀淡的空气，眼睛里没有这人。假如苏小姐也不跟他讲话，鸿渐真要觉得自己子虚乌有，像五更鸡啼时的鬼影，或道家“视之不见，抟之不得”的真理。苏小姐告诉鸿渐，赵辛楣和她家是世交，美国留学生，本在外交公署当处长，因病未随机关内迁，如今在华美新闻社做政治编辑。可是她并没向赵辛楣叙述鸿渐的履历，好像他早已知道，无需说得。

赵辛楣躺在沙发里，含着烟斗，仰面问天花板上挂的电灯道：“方先生在什么地方做事呀？”

方鸿渐有点生气，想不理他不可能，“点金银行”又叫不响，便含糊地说：“暂时在一家小银行里做事。”

赵辛楣鉴赏着口里吐出来的烟圈道：“大材小用，可惜可惜！方先生在外国学的是什么呀？”

鸿渐没好气道：“没学什么。”

苏小姐道：“鸿渐，你学过哲学，是不是？”

赵辛楣喉咙里干笑道：“从我们干实际工作的人的眼光看来，学哲学跟什么都不学全没两样。”

“那么你得赶快找个眼科医生，把眼光验一下；会这样看东西的眼睛，一定有毛病。”方鸿渐为掩饰斗口的痕迹，有意哈哈大笑。赵辛楣以为他讲了俏皮话而自鸣得意，一时想不出回答，只好狠命抽烟。苏小姐忍住笑，有点不安。只唐小姐云端里看厮杀似的，悠远淡漠地笑着。鸿渐忽然明白，这姓赵的对自己无礼，是在吃醋，当自己是他的情敌。苏小姐忽然改口，不叫“方先生”而叫“鸿渐”，也像有意要姓赵的知道她跟自己的亲密。想来这是一切女人最可夸傲的时候，看两个男人为她争斗。自己何苦空做冤家，让赵辛楣去爱苏小姐得了！苏小姐不知道方鸿渐这种打算；她喜欢赵方二人斗法比武抢自己，但是她担心交战得太猛烈，顷刻就分胜负，二人只剩一人，自己身边就不热闹了。她更担心败走的偏是方鸿渐；她要借赵辛楣来激发方鸿渐的勇气，可是方鸿渐也许像这几天报上战事消息所说的，“保持实力，作战略上的撤退”。

……

【作者简介】

钱钟书（1910—1998），原名仰先，字哲良、默存，号槐聚，曾用笔名中书君，中国现代著名作家、文学研究家。曾为《毛泽东选集》英文版翻译小组成员。晚年就职于中国社会科学院，任副院长。书评家夏志清先生认为小说《围城》是“中国近代文学中最有趣、最用心经营的小说，可能是最伟大的一部”。钱钟书在文学、国故、比较文学、文化批评等领域的成就，推崇者甚至冠以“钱学”。其夫人杨绛也是著名作家。

金　锁　记（节选）

张爱玲

三十年前的上海，一个有月亮的晚上……我们也许没赶上看见三十年前的月亮。年轻的人想着三十年前的月亮该是铜钱大的一个红黄的湿晕，像朵云轩信笺上落了一滴泪珠，陈旧而迷糊。老年人回忆中的三十年前的月亮是欢愉的，比眼前的月亮大，圆，白；然而隔着三十年的辛苦路往回看，再好的月色也不免带点凄凉。

……

虽然他不向她哭穷，但凡谈到银钱交易，她总觉得有点危险，便岔了开去道：“三妹妹好么？腰子病近来发过没有？”季泽笑道：“我也有许久没见过她的面了。”七巧道：“这是什么话？你们吵了嘴么？”季泽笑道：“这些时我们倒也没吵过嘴。不得已在一起说两句话，也是难得的，也没那闲情逸致吵嘴。”七巧道：“何至于这样？我就不相信！”季泽两肘撑在藤椅的扶手上，交叉着十指，手搭凉棚，影子落在眼睛上，深深地唉了一声。七巧笑道：“没有别的，要不就是你在外头玩得太厉害了。自己做错了事，还唉声叹气的仿佛谁害了你似的。你们姜家就没有一个好人！”说着，举起白团扇，作势要打。季泽把那交叉着的十指往下移了一移，两只大拇指按在嘴唇上，两只食指缓缓抚摸着鼻梁，露出一双水汪汪的眼睛来。那眼珠却是水仙花缸底的黑石子，上面汪着水，下面冷冷的没有表情。看不出他在想什么。七巧道：“我非打你不可！”季泽的眼睛里突然冒出一点笑泡儿，道：“你打，你打！”七巧待要打，又掣回手去，重新一鼓作气道："我真打！"抬高了手，一扇子劈下来，又在半空中停住了，吃吃笑将起来。季泽带笑将肩膀耸了一耸，凑了上去道："你倒是打我一下罢！害得我浑身骨头痒痒着，不得劲儿！"七巧把扇子向背后一藏，越发笑得格格的。季泽把椅子换了个方向，面朝墙坐着，人向椅背上一靠，双手蒙住了眼睛，又是长长地叹了口气。七巧啃着扇子柄，斜瞟着他道："你今儿是怎么了？受了暑吗？"季泽道："你哪里知道？"半晌，他低低的一个字一个字说道："你知道我为什么跟家里的那个不好，为什么我拼命的在外头玩，把产业都败光了？你知道这都是为了谁？"七巧不知不觉有些胆寒，走得远远的，倚在炉台上，脸色慢慢地变了。季泽跟了过来。七巧垂着头，肘弯撑在炉台上，手里擎着团扇，扇子上的杏黄穗子顺着她的额角拖下来。季泽在她对面站住了，小声道："二嫂！……七巧！"七巧背过脸去淡淡笑道："我要相信你才怪呢！"季泽便也走开了，道："不错。你怎么能够相信我？自从你到我家来，我在家一刻也待不住，只想出去。你没来的时候我并没有那么荒唐过，后来那都是为了躲你。娶了兰仙来，我更玩得凶了，为了躲你之外又要躲她，见了你，说不了两句话我就要发脾气——你哪儿知道我心里的苦楚？你对我好，我心里更难受——我得管着我自己——我不得平白的坑坏了你！家里人多眼杂，让人知道了，我是个男子汉，还不打紧，你可了不得！"七巧的手直打颤，扇柄上的杏黄须子在她额上苏苏磨擦着。季泽道："你信也罢，不信也罢！信了又怎样？横竖我们半辈子已经过去了，说也是白说。我只求你原谅我这一片心。我为你吃了这些苦，也就不算冤枉了。"

七巧低着头，沐浴在光辉里，细细的音乐，细细的喜悦……这些年了，她跟他捉迷藏似的，只是近不得身，原来还有今天！可不是，这半辈子已经完了——花一般的年纪已经过去了。人生就是这样的错综复杂，不讲理。当初她为什么嫁到姜家来？为了钱么？不是的，为了要遇见季泽，为了命中注定她要和季泽相爱。她微微抬起脸来，季泽立在她跟前，两手合在她扇子上，面颊贴在她扇子上。他也老了十年了，然而人究竟还是那个人呵！他难道是哄她么？他想她的钱——

她卖掉她的一生换来的几个钱？仅仅这一转念便使她暴怒起来。就算她错怪了他，他为她吃的苦抵得过她为他吃的苦么？好容易她死了心了，他又来撩拨她。她恨他。他还在看着她。他的眼睛——虽然隔了十年，人还是那个人呵！就算他是骗她的，迟一点儿发现不好么？即使明知是骗人的，他太会演戏了，也跟真的差不多罢？

不行！她不能有把柄落在这厮手里。姜家的人是厉害的，她的钱只怕保不住。她得先证明他是真心不是。七巧定了一定神，向门外瞧了一瞧，轻轻惊叫道："有人！"便三脚两步赶出门去，到下房里吩咐潘妈替三爷弄点心去，快些端了来，顺便带把芭蕉扇进来替三爷打扇。七巧回到屋里来，故意皱着眉道："真可恶，老妈子在门口探头探脑的，见了我抹过头去就跑，被我赶上去喝住了。若是关上了门说两句话，指不定造出什么谣言来呢！饶是独门独户住了，还没个清净。"潘妈送了点心与酸梅汤进来，七巧亲自拿筷子替季泽拣掉了蜜层糕上的玫瑰与青梅，道："我记得你是不爱吃红绿丝的。"有人在跟前，季泽不便说什么，只是微笑。七巧似乎没话找话说似的，问道："你卖房子，接洽得怎样了？"季泽一面吃，一面答道："有人出八万五，我还没打定主意呢。"七巧沉吟道："地段倒是好的。"季泽道："谁都不赞成我脱手，说还要涨呢。"七巧又问了些详细情形，便道："可惜我手头没有这一笔现款，不然我倒想买。"季泽道："其实呢，我这房子倒不急，倒是咱们乡下你那些田，早早脱手的好。自从改了民国，接二连三的打仗，何尝有一年闲过？把地面上糟踏得不成样子，中间还被收租的，师爷，地头蛇一层一层勒着，莫说这两年不是水就是旱，就遇着了丰年，也没有多少进账轮到我们头上。"七巧寻思着，道："我也盘算过来，一直挨着没有办。先晓得把它卖了，这会子想买房子，也不至于钱不凑手了。"季泽道："你那田要卖趁现在就得卖了，听说直鲁又要开仗了。"七巧道："急切间你叫我卖给谁去？"季泽顿了一顿道："我去替你打听打听，也成。"七巧耸了耸眉毛笑道："得了，你那些狐群狗党里头，又有谁是靠得住的？"季泽把咬开的饺子在小碟子里蘸了点醋，闲闲说出两个靠得住的人名，七巧便认真仔细盘问他起来，他果然回答得有条不紊，显然他是筹之已熟的。七巧虽是笑吟吟的，嘴里发干，上嘴唇黏在牙仁上，放不下来。她端起盖碗来吸了一口茶，舐了舐嘴唇，突然把脸一沉，跳起身来，将手里的扇子向季泽头上滴溜溜掷过去，季泽向左偏了一偏，那团扇敲在他肩膀上，打翻了玻璃杯，酸梅汤淋淋漓漓溅了他一身，七巧骂道："你要我卖了田去买你的房子？你要我卖田？钱一经你的手，还有得说么？你哄我——你拿那样的话来哄我——你拿我当傻子——"她隔着一张桌子探身过去打他，然而她被潘妈下死劲抱住了。潘妈叫唤起来，祥云等人都奔了来，七手八脚按住了她，七嘴八舌求告着。七巧一头挣扎，一头叱喝着，然而她的一颗心直往下坠——她很明白她这举动太蠢——太蠢——她在这儿丢人出丑。季泽脱下了他那湿濡的白香云纱长衫，潘妈绞了手巾来代他揩擦，他理也不理，把衣服夹在手臂上，竟自扬长出门去了，临行的时候向祥云道："等白哥儿下了学，叫他替他母亲请个医生来看看。"祥云吓糊涂了，连声答应着，被七巧兜脸给了她一个耳刮子。季泽走了。丫头老妈子也都给七巧骂跑了。酸梅汤沿着桌子一滴一滴朝下滴，像迟迟的夜漏——一滴，一滴……一更，二更……一年，一百年。真长，这寂寂的一刹那。七巧扶着头站着，倏地掉转身来上楼去，提着裙子，性急慌忙，跌跌绊绊，不住地撞到那阴暗的绿粉墙上，佛青袄子上沾了大块的淡色的灰。她要在楼上的窗户里再看他一眼。无论如何，她从前爱过他。她的爱给了她无穷的痛苦。单只这一点，就使他值得留恋。多少回了，为了要按捺她自己，她迸得全身的筋骨与牙根都酸楚了。今天完全是她的错。他不是个好人，她又不是不知道。她要他，就得装糊涂，就得容忍他的坏。她为什么要戳穿他？人生在世，还不就是那么一回事？归根究底，什么是真的，什么是假的？

她到了窗前，揭开了那边上缀有小绒球的墨绿洋式窗帘，季泽正在弄堂里往外走，长衫搭在臂上，晴天的风像一群白鸽子钻进他的纺绸裤褂里去，哪儿都钻到了，飘飘拍着翅子。

七巧眼前仿佛挂了冰冷的珍珠帘，一阵热风来了，把那帘子紧紧贴在她脸上，风去了，又把帘子吸了回去，气还没透过来，风又来了，没头没脸包住她——一阵凉，一阵热，她只是淌着眼泪。玻璃窗的上角隐隐约约反映出弄堂里一个巡警的缩小的影子，晃着膀子踱过去，一辆黄包车静静在巡警身上辗过。小孩把袍子掖在裤腰里，一路踢着球，奔出玻璃的边缘。绿色的邮差骑着自行车，复印在巡警身上，一溜烟掠过。都是些鬼，多年前的鬼，多年后的没投胎的鬼……什么是真的，什么是假的？

……

然而风声吹到了七巧耳朵里。七巧背着长安吩咐长白下帖子请童世舫吃便饭。世舫猜着姜家是要警告他一声，不准他和他们小姐藕断丝连，可是他同长白在那阴森高敞的餐室里吃了两盅酒，说了一回话，天气，时局，风土人情，并没有一个字沾到长安身上，冷盘撤了下去，长白突然手按着桌子站了起来。世舫回过头去，只见门口背着光立着一个小身材的老太太，脸看不清楚，穿一件青灰团龙宫织缎袍，双手捧着大红热水袋，身旁夹峙着两个高大的女仆。门外日色昏黄，楼梯上铺着湖绿花格子漆布地衣，一级一级上去，通入没有光的所在。世舫直觉地感到那是个疯人——无缘无故的，他只是毛骨悚然。长白介绍道："这就是家母。"

世舫挪开椅子站起来，鞠了一躬。七巧将手搭在一个佣妇的胳膊上，款款走了进来，客套了几句，坐下来便敬酒让菜。长白道："妹妹呢？来了客，也不帮着张罗张罗。"七巧道："她再抽两筒就下来了。"世舫吃了一惊，睁眼望着她。七巧忙解释道："这孩子就苦在先天不足，下地就得给她喷烟。后来也是为了病，抽上了这东西。小姐家，够多不方便哪！也不是没戒过，身子又娇，又是由着性儿惯了的，说丢，哪儿就丢得掉呀？戒戒抽抽，这也有十年了。"世舫不由得变了色。七巧有一个疯子的审慎与机智。她知道，一不留心，人们就会用嘲笑的，不信任的眼光截断了她的话锋，她已经习惯了那种痛苦。她怕话说多了要被人看穿了。因此及早止住了自己，忙着添酒布菜。隔了些时，再提起长安的时候，她还是轻描淡写的把那几句话重复了一遍。她那平扁而尖利的喉咙四面割着人像剃刀片。长安悄悄地走下楼来，玄色花绣鞋与白丝袜停留在日色昏黄的楼梯上。停了一会，又上去了。一级一级，走进没有光的所在。七巧道："长白你陪童先生多喝两杯，我先上去了。"佣人端上一品锅来，又换上了新烫的竹叶青。一个丫头慌里慌张站在门口将席上伺候的小厮唤了出去，嘀咕了一会，那小厮又进来向长白附耳说了几句，长白仓皇起身，向世舫连连道歉，说："暂且失陪，我去去就来。"三脚两步也上楼去了，只剩下世舫一人独酌。那小厮也觉过意不去，低低地告诉了他："我们绢姑娘要生了。"世舫道："绢姑娘是谁？"小厮道："是少爷的姨奶奶。"世舫拿上饭来胡乱吃了两口，不便放下碗来就走，只得坐在花梨炕上等着，酒酣耳热。忽然觉得异常的委顿，便躺了下来。卷着云头的花梨炕，冰凉的黄藤心子，柚子的寒香……姨奶奶添了孩子了。这就是他所怀念着的古中国……他的幽娴贞静的中国闺秀是抽鸦片的！他坐了起来，双手托着头，感到了难堪的落寞。他取了帽子出门，向那小厮道："待会儿请你对上头说一声，改天我再面谢罢！"他穿过砖砌的天井，院子正中生着树，一树的枯枝高高印在淡青的天上，像瓷上的冰纹。长安静静的跟在他后面送了出来。她的藏青长袖旗袍上有着浅黄的雏菊。她两手交握着，脸上现出稀有的柔和。世舫回过身来道："姜小姐……"她隔得远远的站定了，只是垂着头。世舫微微鞠了一躬，转身就走了。长安觉得她是隔了相当的距离看这太阳里的庭院，从高楼上望下来，明晰，亲切，然而没有能力干涉，天井，树，曳着萧条的影子的两个人，没有话——不多的一点回忆，将来是要装在水晶瓶里双手捧着看的——她的最初也是最后的爱。

……

【作者简介】

张爱玲（1921—1995），女，笔名梁京，祖籍河北丰润县，生于上海。家世显赫，却亲情匮乏。1938年考取伦敦大学，因战事改入香港大学，1943年回沪。中学时代即在校刊上发表具有成熟女性意识的小说《霸王别姬》。1943年在《紫罗兰》创刊号上发表小说《沉香屑·第一炉香》，引起文坛关注。而后两三年间陆续发表《倾城之恋》、《金锁记》、《花凋》、《红玫瑰与白玫瑰》等小说，成为沦陷区上海最著名的女作家。1944年出版中、短篇小说集《传奇》。1945年出版散文集《流言》。1946年出版《传奇增订本》。张爱玲强调文学应表现"人生安稳的一面"，表示喜欢用"残差对照的写法，不喜欢采用善与恶，灵与肉的斩钉截铁发冲突的写法"，认为"我的小说里，除了《金锁记》里的曹七巧，全是不彻底的人物"。张爱玲1951年赴中国香港，1955年赴美，1995年逝于洛杉矶。

长　恨　歌（节选）

王安忆

第一部

11. 三小姐

……

程先生出入蒋家越发频繁，早来晚去的，也是临战的气氛。裁缝请进门就再没离去过，三餐一宿地侍奉，好比贵客，同时又是伙计，是有几个师傅监工的。程先生自然是为首，蒋丽莉算一个，她母亲也算一个。再有王琦瑶，鸡蛋里挑骨头，一个针脚不许错。她挑剔着这些，心里是有些委屈的，难道这就是她的人生吗？那么微乎其微的，又是角角落落的心思都用尽的样子。她明知那裁缝的活是好得没法再好的，却有意找茬地说不好，看着裁缝为难，自己的委屈非但没减少，还加了些为人家的。粉红旗袍缎子上的绣花，却是温暖着她的心，那细针密线，绣的都是她的希望，滚边滚的也是希望，看着会掉泪，即使事情不成也不怪它的。苹果绿的洋装的裙裥，则要洒脱得多，开司米的面料把光收进去，沉下去，稳住了心的。结婚礼服的白可是百感交集，有千万句话要说，终还是哑口无言，其实最是你知我知，天知地知，是善解里的善解。这些衣服，都是要与她共赴前程的，是她孤独中的伴侣。她与它们是有肌肤之亲，是心贴心。这也是有些叫人委屈的，临到头谁也帮不上忙，只撇下她自己似的。临近决赛的日子，住在人家家里是叫人委屈，报纸传播的谣言更叫人委屈，蒋家母女和程先生待她的好是委屈加委屈。这些委屈都是憋在心里，看上去依然如故，谁也看不出来，都照着自己的意思奔忙和着急，难免有些乱的，王琦瑶反倒是乱中的一个镇定。在小报的笔仗，衣料的粉红嫩绿，还有包在心里的委屈中，决赛的那一日，一分一秒地来临了。

投票的方式也是艳情手笔，有万种风流。台前一排花篮，系着各小姐的芳名，有意于哪一位，便将手中的康乃馨投进哪一位的花篮。康乃馨有红色和白色两种，摆满了前厅，一百元钱一朵，卖花得的钱，捐给河南的灾民。这城市所有的康乃馨都集中到了新仙林花园的前厅，康乃馨的舞池似的。红和白都是风情的颜色，花香更是风情。这一天的晚上，连天上的星星都变成了康乃馨，也在向人间撒播风情。这晚上的灯啊！真是了不得，都在诉说衷肠，人心荡漾得没法说。灯下的梧桐，也是有衷肠的，只是不说。车水马龙是啦啦队一样鼓动，川流不息的，不让人消停。这城市的劲头，足得了不得，不知人事不知愁的，立志将世上的快乐都享尽。新仙林门前的灯是起雾的，厅里的康乃馨也是起雾的，而且漫了出来，聚起一层云，新闻记者的闪光灯，是云里的雷电，顷刻之间，酿成一场风流雨。小姐们的轿车来了，一辆辆的，出轿车的一幕是最初的亮相。人们目不暇接的，胡乱喝着彩，掀起了第一个高潮。这时候，好像有五彩的小雨，缤纷乱舞，披了人的一身，小姐们惊鸿一瞥，倏忽而去。新仙林前人头济济，是自觉自愿的龙套演员，烘托气氛的。厅里排着长队买康乃馨，那康乃馨摘了还会长似的，怎么卖也不见少，转眼间，人人手里都有一束，厅里还是康乃馨的舞池。今天就像是康乃馨的晚会。是它们聚首的日子，盛开得格外娇艳，心花怒放的样子。这情景可真美啊！这繁华是可有四十年不散的余音，四十年的入梦。

决赛是载歌载舞的，小姐的三次出场被歌唱、舞蹈和京剧的节目隔开来，每一次出场都有声色作引子。在歌、舞、剧的热闹中间，她们的出场有偃旗息鼓，敛声屏息的意思，是要全盘抓住注意力，打不得马虎眼的。在歌、舞、剧的各自谢幕之后，便也产生了舞后、歌后和京剧皇后，每一个皇后都是为她们出场开道的，她们便是皇后的皇后。是何等的光荣在等着她们，天大地大的光荣将在此刻决定，这又是何样的时刻呢？台前的花篮渐渐地有了花，一朵两朵，三朵四朵，是真心真意，也是悉心悉意。篮里的花无意间为王琦瑶作了点缀。康乃馨的红和白，是专为衬托她的粉红和苹果绿来的，要不，这两种艳是有些分量不足，有些要飘起来，散开去的，这红和白全为它们压了底。王琦瑶在红白两色的康乃馨中间，就像是花的蕊，真是娇媚无比。她不是舞台上的焦点那样将目光收拢，她不是强取豪夺式的，而是一点一滴，收割过的麦地里拾麦穗的，是好言好语有商量的，她像是和你谈心似地，争取着你的同情。她的花篮里也有了花，这花不是如雨如瀑的，却一朵一朵没有间断，细水长流的，竟也聚起了一篮。王琦瑶不是台上最美最耀目的一个，却是最有人缘的一个，三次出场像是专为她着想，给她时间让人认识，记进心里。她一次比一次有轰动，最后一次则已收揽了夺魁的希望。

白色的婚服终于出场了，康乃馨里白色的一种退进底色，红色的一种跃然而出，跳上了她的白纱裙。王琦瑶没有做上海小姐的皇后，就先做了康乃馨的皇后。她的婚服是最简单最普通的一种，是其他婚服的争奇斗艳中一个退让。别人都是婚礼的表演，婚服的模特儿，只有她是新娘。这一次出场，是满台的堆纱叠绉，只一个有血有肉的，那就是王琦瑶。她有娇有羞，连出阁的一份怨也有的。这是最后的出场。所有的争取都到了头，希望也到了头，所有所有的用心和努力，都到了终了。这一刻的辉煌是有着伤逝之痛，能见明日的落花流水。王琦瑶穿上这婚纱真是有体己的心情，婚服和她都是带有最后的意思，有点喜，有点悲，还有点委屈。这套出场的服装，也是专为王琦瑶规定的，好像知道王琦瑶的心。穿婚服的王琦瑶有着悲剧感，低回慢转都在作着告别，这不是单纯的美人，而是情景中人。投向王琦瑶篮里的花朵带着点小雨的意思了，王琦瑶都来不及去看，她眼前一片缭乱，心里也一片混乱，她是孤立无援，又束手待毙，想使劲也不知往何处使的，只有身上的婚服，与她相依为命。她简直是要流泪的，为不可知的命运。她想起那一次在片厂，开麦拉前的一瞬，也是这样的境地，甚至连装束也是一样，都是婚服，那天一身红，今天一身白，这预兆着什么呢？也许穿上婚服就是一场空，婚服其实是丧服！王琦瑶的心已经灰了一半，泪水蒙住眼睛。在这最后的时刻，剧场里好像下了一场康乃馨的雨，看不清谁投谁，也有投错花篮的。这是顶点，接下去便胜负有别，悲喜参半了。所有的小姐都伫立着，飞扬的沉落下来，康乃馨的雨也停了，音乐也止了，连心都是止的，是梦的将醒未醒时分。

这一刻是何等的静啊，甚至听见小街上卖桂花糖粥的敲梆声，是这奇境中的一丝人间烟火。人的心都有些往下掉，还有些沉渣泛起。有些细丝般的花的碎片在灯光里舞着，无所归向的样子，令人感伤。有隐隐的钟声，更是命运感的，良宵有尽的含义。这一刻静得没法再静了，能听见裙裾的窸窣，是压抑着的那点心声。这是这个不夜城的最静默时和最静默处，所有的静都凝聚在一点，是用力收住的那个休止，万物禁声。厅里和篮里的康乃馨都开到了最顶点，盛开得不能再盛开，也止了声息。灯是在头顶上很远的地方，笼罩全局的样子；台下是黑压压的一片，没底的深渊似的。这城市的激荡是到最极处，静止也是到最极处。好了，这静眼看也到头了，有新的骚动要起来了。心都跳到口边了，弦也要崩断了。有如雷的掌声响起，灯光又亮了一成，连台下都照亮了。皇后推了出来，有灿烂的金冠戴在了头上，令人目眩。那是压倒群芳的华贵，头发丝上都缀着金银片，天生的皇后，毋庸置疑，不可一世的美。金冠是为她定做的，非她莫属，她那个花篮也分外大似的，预先就想到的，花枝披挂在篮边，兜不住的情势。亚后却是有藏不住的娇冶，银冠也正对她合适。花篮里的花又白的多红的少，专配银冠似的。她的眼睛是有波光的，闪闪熠熠，煽动着情欲，是集万种风情为一身，是人间尤物。掌声连成了一片，灯光再亮了一成，连场子的角落都看得见，眼看就要曲终人散，然后，今夜是人家的今夜，明晨也是人家的明晨。这时，王琦瑶感觉有一只手，领她到了舞台中间，一顶花冠戴在了她的头顶。她耳边嗡嗡的，全是掌声，听不见说什么。皇后的金冠和亚后的银冠把她的眼眩花了，也看不见什么。她茫然地站着，又被领到皇后的身边。她定了定神，看见了她的花篮，篮里的康乃馨是红白各一半，也是堆起欲坠的样子，这就是她春华秋实的收获。

王琦瑶得的是第三名，俗称三小姐。这也是专为王琦瑶起的称呼。她的艳和风情都是轻描淡写的，不足以称后，却是给自家人享用，正合了三小姐这称呼。这三小姐也是少不了的，她是专为对内，后方一般的。是辉煌的外表里面，绝对不逊色的内心。可说她是真正代表大多数的，这大多数虽是默默无闻，却是这风流城市的艳情的最基本元素。马路上走着的都是三小姐。大小姐和二小姐是应酬场面的，是负责小姐们的外交事务，我们往往是见不着她们的，除非在特殊的盛大场合。她们是盛大场合的一部分。而三小姐则是日常的图景，是我们眼熟心熟的画面，她们的旗袍料看上去都是暖心的。三小姐其实最体现民意。大小姐二小姐是偶像，是我们的理想和信仰，三小姐却与我们的日常起居有关，是使我们想到婚姻、生活、家庭这类概念的人物。

【作者简介】

王安忆（1954—），中国当代女作家，被视为“文化大革命”结束之后，自20世纪80年代中期起盛行于中国文坛的“知青文学”、“寻根文学”等文学创作类型的代表性作家。本人于“文化大革命”期间曾在安徽插队落户。王安忆的文学作品摒弃现实功利性杂质，将人置于广袤的时空背景中，在人类意义层面展示人的价值内涵，使价值求索具有了终极追寻的意蕴。代表作有《小城之恋》、《小鲍庄》、《纪实和虚构》、《长恨歌》等。

活　　着（节选）

余　华

第七章

那天傍晚收工前，邻村的一个孩子，是有庆的同学，急冲冲跑过来，他一跑到我们跟前就扯着嗓子喊：

“哪个是徐有庆的爹？”

我一听心就乱跳，正担心着有庆会不会出事，那孩子又喊：

“哪个是她娘？”

我赶紧答应：“我是有庆的爹。”

孩子看看我，擦着鼻子说：

“对，是你，你到我们教室里来过。”

我心都要跳出来了，他这才说：

“徐有庆快死啦，在医院里。”

我眼前立刻黑了一下，我问那孩子：

“你说什么？”

他说：“你快去医院，徐有庆快死啦。”

我扔下锄头就往城里跑，心里乱成一团。想想中午上学时有庆还好好的，现在说他快要死了。我脑袋里嗡嗡乱叫着跑到城里医院，见到第一个医生我就拦住他，问他：

“我儿子呢？”

医生看看我，笑着说：

“我怎么知道你儿子？”

我听后一怔，心想是不是弄错了，要是弄错可就太好了。

我说：

“他们说我儿子快死了，要我到医院。”

准备走开的医生站住脚看着我问：

“你儿子叫什么名字？”

我说：“叫有庆。”

他伸手指指走道尽头的房间说：

“你到那里去问问。”

我跑到那间屋子，一个医生坐在里面正写些什么，我心里咚咚跳着走过去问：

“医生，我儿子还活着吗？”

医生抬起头来看了我很久，才问：

“你是说徐有庆？”

我急忙点点头，医生又问：

“你有几个儿子？”

我的腿马上就软了，站在那里哆嗦起来，我说：

“我只有一个儿子，求你行行好，救活他吧。”

医生点点头，表示知道了，可他又说：

“你为什么只生一个儿子？”

这叫我怎么回答呢？我急了，问他：

“我儿子还活着吗？”

他摇摇头说：“死了。”

我一下子就看不见医生了，脑袋里黑乎乎一片，只有眼泪哗哗地掉出来，半晌我才问医生：“我儿子在哪里？”

有庆一个人躺在一间小屋子里，那张床是用砖头搭成的。

我进去时天还没黑，看到有庆的小身体躺在上面，又瘦又小，身上穿的是家珍最后给他做的衣服。我儿子闭着眼睛，嘴巴也闭得很紧。我有庆有庆叫了好几声，有庆一动不动，我就知道他真死了，一把抱住了儿子，有庆的身体都硬了。中午上学时他还活生生的，到了晚上他就硬了。我怎么想都想不通，这怎么也应该是两个人，我看看有庆，摸摸他的瘦肩膀，又真是我的儿子。我哭了又哭，都不知道有庆的体育教师也来了。他看到有庆也哭了，一遍遍对我说：

“想不到，想不到。”

体育老师在我边上坐下，我们两个人对着哭，我摸摸有庆的脸，他也摸摸。过了很久，我突然想起来，自己还不知道儿子是怎么死的。我问体育老师，这才知道有庆是抽血被抽死的。当时我想杀人了，我把儿子一放就冲了出去。冲到病房看到一个医生就抓住他，也不管他是谁，对准他的脸就是一拳，医生摔到地上乱叫起来，我朝他吼道：

“你杀了我儿子。”

吼完抬脚去踢他，有人抱住了我，回头一看是体育老师，我就说：

“你放开我。”

体育老师说：“你不要乱来。”

我说：“我要杀了他。”

体育老师抱住我，我脱不开身，就哭着求他：

“我知道你对有庆好，你就放开我吧。”

体育老师还是死死抱住我，我只好用胳膊肘拼命撞他，他也不松开。让那个医生爬起来跑走了，很多的人围了上来，我看到里面有两个医生，我对体育老师说：

“求你放开我。”

体育老师力气大，抱住我我就动不了，我用胳膊肘撞他，他也不怕疼，一遍遍地说：

“你不要乱来。”

这时有个穿中山服的男人走了过来，他让体育老师放开我，问我：

“你是徐有庆同学的父亲?”

我没理他，体育老师一放开我，我就朝一个医生扑过去，那医生转身就逃。我听到有人叫穿中山服的男人县长，我一想原来他就是县长，就是他女人夺了我儿子的命，我抬腿就朝县长肚子上蹬了一脚，县长哼了一声坐到了地上。体育老师又抱住了我，对我喊：

“那是刘县长。”

我说：“我要杀的就是县长。”

抬起腿再去蹬，县长突然问我：

“你是不是福贵?”

我说：“我今天非宰了你。”

县长站起来，对我叫道：

“福贵，我是春生。”

他这么一叫，我就傻了。我朝他看了半晌，越看越像，就说：

“你真是春生。”

春生走上前来也把我看了又看，他说：

“你是福贵。”

看到春生我怒气消了很多，我哭着对他说：

“春生你长高长胖了。”

春生眼睛也红了，说道：

“福贵，我还以为你死了。”

我摇摇头说：“没死。”

春生又说：“我还以为你和老全一样死了。”

一说到老全，我们两个都呜呜地哭上了。哭了一阵我问春生：

“你找到大饼了吗?”

春生擦擦眼睛说：“没有，你还记得？我走过去就被俘虏了。”

我问他：“你吃到馒头了吗?”

他说：“吃到了。”

我说：“我也吃到了。”

说着我们两个人都笑了，笑着笑着我想起了死去的儿子，我抹着眼睛又哭了，春生的手放到我肩上，我说：

“春生，我儿子死了，我只有一个儿子。”

春生叹口气说：“怎么会是你的儿子?”

我想到有庆还一个人躺在那间小屋里，心里疼得受不了，我对春生说：

“我要去看儿子了。”

我也不想再杀什么人了，谁料到春生会突然冒出来，我走了几步回过头去对春生说：

“春生，你欠了我一条命，你下辈子再还给我吧。”

那天晚上我抱着有庆往家走，走走停停，停停走走，抱累了就把儿子放到背脊上，一放到背脊上心里就发慌，又把他重新抱到了前面，我不能不看着儿子。眼看着走到了村口，我就越走越难，想想怎么去对家珍说呢？有庆一死，家珍也活不长，家珍已经病成这样了。我在村口的田埂上坐下来，把有庆放在腿上，一看儿子我就忍不住哭，哭了一阵又想家珍怎么办？想来想去还是先瞒着家珍好。我把有庆放在田埂上，回到家里偷偷拿了把锄头，再抱起有庆走到我娘和我爹的坟前，挖了一个坑。

要埋有庆了，我又舍不得。我坐在爹娘的坟前，把儿子抱着不肯松手，我让他的脸贴在我脖子上，有庆的脸像是冻坏了，冷冰冰地压在我脖子上。夜里的风把头顶的树叶吹得哗啦哗啦响，有庆的身体也被露水打湿了。我一遍遍想着他中午上学时跑去的情形，书包在他背后一甩一甩的。想到有庆再不会说话，再不会拿着鞋子跑去，我心里是一阵阵酸疼，疼得我都哭不出来。我那么坐着，眼看着天要亮了，不埋不行了，我就脱下衣服，把袖管撕下来蒙住他的眼睛，用衣服把他包上，放到了坑里。我对爹娘的坟说：

“有庆要来了，你们待他好一点，他活着时我对他不好，你们就替我多疼疼他。”

有庆躺在坑里，越看越小，不像是活了十三年，倒像是家珍才把他生出来，我用手把土盖上去，把小石子都捡出来，我怕石子硌得他身体疼。埋掉了有庆，天蒙蒙亮了，我慢慢往家里走，走几步就要回头看看，走到家门口一想到再也看不到儿子，忍不住哭出了声音，又怕家珍听到，就捂住嘴巴蹲下来，蹲了很久，都听到出工的吆喝声了，才站起来走进屋去。凤霞站在门旁睁圆了眼睛看我，她还不知道弟弟死了。

邻村的那个孩子来报信时，她也在，可她听不到。家珍在床上叫了我一声，我走过去对她说：

“有庆出事了，在医院里躺着。”

家珍像是信了我的话，她问我：

“出了什么事？”

我说：“我也说不清楚，有庆上课时突然昏倒了，被送到医院，医生说这种病治起来要有些日子。”

家珍的脸伤心起来，泪水从眼角淌出，她说：

“是累的，是我拖累有庆的。”

我说：“不是，累也不会累成这样。”

家珍看了看我又说：

“你眼睛都肿了。”

我点点头：“是啊，一夜没睡。”

说完我赶紧走出门去，有庆才被埋到土里，尸骨未寒啊，再和家珍说下去我就稳不住自己了。

接下去的日子，白天我在田里干活，到了晚上我对家珍说进城去看看有庆好些了没有。我慢慢往城里走，走到天黑了，再走回来，到有庆坟前坐下。夜里黑乎乎的，风吹在我脸上，我和死去的儿子说说话，声音飘来飘去都不像是我的。

坐到半夜我才回到家中，起先的几天，家珍都是睁着眼睛等我回来，问我有庆好些了吗？我就随便编些话去骗她。过了几天我回去时，家珍已经睡着了，她闭着眼睛躺在那里。我也知道老这么骗下去不是办法，可我只能这样，骗一天是一天，只要家珍觉得有庆还活着就好。

有天晚上我离开有庆的坟，回到家里在家珍身旁躺下后，睡着的家珍突然说：

"福贵，我的日子不长了。"

我心里一沉，去摸她的脸，脸上都是泪，家珍又说：

"你要照看好凤霞，我最不放心的就是她。"

家珍都没提有庆，我当时心里马上乱了，想说些宽慰她的话也说不出来。

第二天傍晚，我还和往常一样对家珍说进城去看有庆，家珍让我别去了，她要我背着她去村里走走。我让凤霞把她娘抱起来，抱到我背脊上。家珍的身体越来越轻了，瘦得身上全是骨头。一出家门，家珍就说：

"我想到村西去看看。"

那地方埋着有庆，我嘴里说好，腿脚怎么也不肯往村那地方去，走着走着走到了东边村口，家珍这时轻声说：

"福贵，你别骗我了，我知道有庆死了。"

她这么一说，我站在那里动不了，腿也开始发软。我的脖子上越来越湿，我知道那是家珍的眼泪，家珍说：

"让我去看看有庆吧。"

我知道骗不下去，就背着家珍往村西走，家珍低声告诉我：

"我夜夜听着你从村西走过来，我就知道有庆死了。"

走到了有庆坟前，家珍要我把她放下去，她扑在了有庆坟上，眼泪哗哗地流，两只手在坟上像是要摸有庆，可她一点力气都没有，只有几根指头稍稍动着。我看着家珍这付样子，心里难受得要被堵住了，我真不该把有庆偷偷埋掉，让家珍最后一眼都没见着。

家珍一直扑到天黑，我怕夜露伤着她，硬把她背到身后，家珍让我再背她到村口去看看，到了村口，我的衣领都湿透了，家珍哭着说：

"有庆不会在这条路上跑来了。"

我看着那条弯曲着通向城里的小路，听不到我儿子赤脚跑来的声音，月光照在路上，像是撒满了盐。

那天下午，我一直和这位老人呆在一起，当他和那头牛歇够了，下到地里耕田时，我丝毫没有离开的想法，我像个哨兵一样在那棵树下守着他。

那时候四周田地里庄稼人的说话声飘来飘去，最为热烈的是不远处的田埂上，两个身强力壮的男人都举着茶水桶在比赛喝水，旁边年轻人又喊又叫，他们的兴奋是他们处在局外人的位置上。福贵这边显得要冷清多了，在他身旁的水田里，两个扎着头巾的女人正在插秧，她们谈论着一个我完全陌生的男人，这个男人似乎是一个体格强壮有力的人，他可能是村里挣钱最多的男人，从她们的话里我知道他常在城里干搬运的活。一个女人直起了腰，用手背捶了捶，我听到她说：

“他挣的钱一半用在自己女人身上，一半用在别人的女人身上。”

这时候福贵扶着犁走到她们近旁，他插进去说：

“做人不能忘记四条，话不要说错，床不要睡错，门槛不要踏错，口袋不要摸错。”

福贵扶着犁过去后，又扭过去脑袋说：

“他呀，忘记了第二条，睡错了床。”

那两个女人嘻嘻一笑，我就看到福贵一脸的得意，他向牛大声吆喝了一下，看到我也在笑，对我说：

“这都是做人的道理。”

后来，我们又一起坐在了树荫里，我请他继续讲述自己，他有些感激地看着我，仿佛是我正在为他做些什么，他因为自己的身世受到别人重视，显示出了喜悦之情。

……

【作者简介】

余华（1960—），当代作家，浙江海盐县人。中学毕业后，曾当过牙医，五年后弃医从文。余华1984年开始发表小说，是中国大陆先锋派小说的代表人物，并与苏童、格非等人齐名。长篇小说《活着》和《许三观卖血记》同时入选百位批评家和文学编辑评选的“九十年代最具有影响的十部作品”。1998年获意大利格林扎纳·卡佛文学奖，2002年获澳大利亚悬念句子文学奖，2004年获法国文学骑士勋章。长篇小说《活着》由张艺谋执导拍成电影。代表作有短篇小说集《十八岁出门远行》、《世事如烟》和长篇小说《活着》、《许三观卖血记》、《在细雨中呼喊》及《战栗》等。

一地鸡毛（节选）

刘震云

七

孩子上幼儿园已经三个月了。小林或小林老婆每天接送。平心而论，孩子上幼儿园以后，家务比以前多了，家里没有保姆，刷碗、擦地、洗衣洗单子，都要自己动手；孩子每天清早送、晚上接，都要准时，不像过去家里有保姆担着，回去得早晚没关系。家务虽然重了，但因为家里没有保姆，孩子一天不在家，让人心理上轻松许多；孩子接回来，关起门也是自己一家人，没有外人。保姆一走，每月省下一百多元钱，扣除孩子的入托费，还剩五六十，经济上也显得宽裕了，老婆也舍得吃了，时不时买根香肠，有时还买只烧鸡。两人在一起讨论起来，都说没有保姆好处多，接着说了用保姆的一连串毛病。但现在人家已经走了，两人还边啃烧鸡边声讨人家，未免显得有些小气，不说她也罢。以后两人说保姆少了。

孩子入托好是好，但小林和老婆一直有一个心理问题，还没有解决。因为孩子入托是沾了印度家庭的光，是为了给人家孩子当陪读。清早一送孩子，晚上一接孩子，就想起这档子事，让人心理上不愉快。接送过程中，常碰到印度女人或她的丈夫，招呼还是要打，但打过招呼就有一种羞愧和不自然。不过孩子不懂事，有时从幼儿园出来，还和印度女人的孩子拉着手，玩得很愉快。但什么事情都有一个过程，时间一长，小林和小林老婆就把这事看得轻了。有时又一想，什么陪读不陪读，只要能进幼儿园，只要孩子愉快就行了。就好像帮人家卖鸭子，面子是不好看，领导也批评，但二百块钱总是到手了。只是有时见了印度家的人依然愤怒，愤怒起来心里要骂一句：

“帮我联系幼儿园，我也不承你的情！”

孩子在幼儿园也有一个习惯过程。开始几天，孩子哭着不去，送时哭，接时也哭。这是年幼不懂事，大人只要坚持下来，孩子也没办法。坚持一段孩子就习惯了。等孩子熟悉了新的环境，老师、别的孩子，她都认识了，于是也就不哭了。小林有时觉得那么小的孩子，在无奈中也会渐渐适应环境，想起来有些心酸。可老放在身边怎么成，她就不长大了吗？长大混世界，不更得适应？于是也就不把这辛酸放到心上。这时有了世界杯足球赛，小林前几年爱看足球，看得脸红心跳，觉得过瘾，世界性的名星，都能说出口。那时觉得人生的一大目的就是看足球，世界杯四年一次，人生才有几个四年？但后来参加工作，结婚以后，足球就渐渐不看了。看它有什么用？人家球踢得再好，也不解决小林身边任何问题。小林的问题是房子、孩子、蜂窝煤和保姆、老家来人。所以对热闹的世界充耳不闻。现在孩子入了幼儿园，小林心里轻松一些，看到今天晚上要决赛，也禁不住心里痒痒起来；由于转播是半夜，他想跟老婆通融通融，半夜起来看一次转播。于是下班接孩子回来，猛干家务，老婆看他有些反常，问他有什么事，他就腆着脸把这事说了，并说今天晚上上场的有马拉多纳。谁知老婆仍是那么不通情达理，她的思路仍没有转过弯来，竟将围裙摔到桌子上：

“家里蜂窝煤都没有了，你还要半夜起来看足球，还是累得轻！你要能让马拉多纳给咱家拉蜂窝煤，我就让你半夜起来看他！”

小林一阵扫兴，连忙摆手：

“算了，算了，你别说了，我不看了，明天我去拉蜂窝煤不就行了！”

于是也不再干家务，坐在床前犯傻，像老婆有时在单位不顺心回到家坐床边犯傻的样子。这天夜里，小林一夜没睡着。老婆半夜醒来，见小林仍睁着眼在那里犯傻，倒有些害怕，说：

“你要真想看，你看去吧！明天不误拉蜂窝煤就行了！”

这时小林一点兴致都没有了，一点不承老婆的情，厌恶地说：

“我说看了？不看足球，还不让我想想事情了！”

第二天早起，小林就请了一上午假，去拉蜂窝煤，拉完蜂窝煤下午到单位，新来的大学生便来征求他对昨晚足球的意见，小林恶狠狠地说：

“一个鸡巴足球，有什么看的！我从来不看足球！”

接着就自己去翻报纸。倒把大学生吓了一跳。晚上下班回家，老婆见他仍在闹情绪，蜂窝煤也拉来了，倒觉得有点对不住他，自己忙里忙外弄孩子，还看着他的脸色说话。这倒叫小林有些过意不去，心里的恶气才稍稍出了一些。

这天晚上，小林和小林老婆正准备吃饭，查水表的瘸腿老头来了。本来今天不该查水表，但查水表的老头来了，就不敢不让他查。小林和小林老婆停止弄饭，让他查。这次老头除了拿着关水的扳手，身上还背着一个大背包，背包似乎还很重，累得老头一脸的汗。小林看着大背包，心里吓了一跳，不知老头又要搞什么名堂。果然，老头查完水表，又理所当然地坐到了小林家的床上。小林站在他跟前，不知他想说年轻时喂马，还是继续说上次偷水的事。但老头这两件事都没有说，而是突然笑嘻嘻的，对小林说：

“小林，我得求你一件事！”

小林吃了一惊，说：

“大爷，您说哪儿去了，都是我有事求您，您哪里会有事求我？”

老头说：

“这次真有事求你。你不是在×部×局×处工作吗？”

小林点点头。

老头说：

“×省×地区×县的一件批文，是不是压在你们处里？”

小林想了想，想起似乎是有这么一个文，压在处里，似乎是压在女小彭手上；女小彭这些天忙着去日坛公园学气功，就把这事给压下了。于是说：

“好像是有这件事！”

老头拍着巴掌说：

“这就对了，×省×县是我的老家呀！老家为这件事着急得不得了，县长书记都来了，找到我，让我想办法！”

小林吃一惊，县长书记进京，竟求到一个查水表的老头身上？但又想起他年轻时曾给大领导喂过马，于是就想通了。

老头继续说：

“我能想什么办法？我让他们打听一下批文压在哪个部哪个局哪个处，他们打听出来，我一听真是凑巧，这个处正好是你在的处，我忽然想咱们俩认识，于是今天就求到你的头上了！这事情好办吗？”

小林在机关呆了五六年，机关那一套还不熟悉？这事情说好办就好办，明天他给女小彭说一句话，女小彭抹口红的工夫，这批件就从她手里出去了；说不好办也不好办，如果陌生人公事公办去找女小彭，如果女小彭正在做气功你打扰了她，或者因为别的事她正心情不好，这批件就难说了，她会给你找出批件的好多毛病，找出国家的种种规定，不能审批的原因，最后还弄得你口服心服，以为是批件本身有毛病而不是别的什么其他原因。瘸老头说的这批件，就看小林帮不帮忙，如果帮忙，明天就可以批；如果不帮忙，这批件就仍然得压一些日子。但瘸老头不是一般的老头，管着给他们查水表，这个忙看样子得帮。但小林已不是过去的小林，小林成熟了。如果放在过去，只要能帮忙，他会立即满口答应，但那是幼稚；能帮忙先说不能帮忙，好办先说不好办，这才是成熟，不帮忙不好办最后帮忙办成了，人家才感激你。一开始就满口答应，如果中间出了岔子没办成，本来答应人家，最后没办成，反倒落人家埋怨。所以小林将手搭在后脑勺上，将身子仰到被子垛上说：

“这事情不好办哪！批文是有这么一个批文，但我听说里边有好多毛病呢，不是说批就能批的！”

瘸老头虽然以前给大领导喂过马，但毕竟是多年以前的事了，现在已经沦落成一个查水表的，不懂其中奥妙，已经多年矣，所以赶忙迎着小林笑：

“是呀是呀，我也给老家的县长书记说，北京中央不比地方，各项规定严着哩。不过小林你还是得帮帮忙！”

小林老婆这时也听出了什么意思，凑过来说：

“大爷，他就会偷水，哪里会帮你这大忙！”

瘸老头一脸尴尬，说：

“那是误会，那是误会，怪我乱听反映，一吨水才几分钱，谁会偷水！”

接着又忙把他的背包拉开，掏出一个大纸匣子，说：

“这是老家人的一点心意，你们收下吧！”

然后不再多留，对小林眨眨眼，瘸着腿走了。老头一走，小林老婆说：

“看来以后生活会有转变！”

小林问：“怎么有转变？”

小林老婆指着盒子说：“看，都有人开始送礼了！”

接着将纸盒子打开，掏出礼物一看，两人大吃一惊，原来是一个小型的微波炉，在市场上要七八百元一台。小林说：“这多不合适，如果是一个布娃娃，可以收下，七八百元的东西，如何敢收！明天给他送回去！”

老婆也觉得是。晚上吃饭，两人都心事重重的。到了晚上，老婆突然问他：“我只问你，那个批文好办吧？”

小林说：“批文倒好办，我明天给女小彭说一下，马上就可以批！”

小林老婆拍了一下巴掌：“那这微波炉我收下了！”

小林担心地说：“这不合适吧？帮批个文，收个微波炉，这不太假公济私了？再说，也给瘸腿老头留下话柄了呀！”

小林老婆说：“给他把事情办了，还有什么话柄？什么假公济私，人家几千几万地倒腾，不照样做着大官！一个微波炉算什么！”

小林想想也是，就不再说什么。小林老婆马上将微波炉电源插上，拣了几块白薯放到里边试烤。几分钟之后，满屋的白薯香。打开炉子，白薯焦黄滚烫，小林老婆、小林、孩子三人，一人捧一块“稀溜稀溜”吃。小林老婆高兴地说，微波炉用处多，除了烤白薯，还可以烤蛋糕，烤馍片，烤鸡烤鸭。小林吃着白薯也很高兴。这时也得到一个启示，看来改变生活也不是没有可能，只要加入其中就行了。这天晚上，他与老婆又亲热了一回。由于有微波炉的刺激，老婆又很有激情。昨天发生的足球事件，这时也显得无足轻重了。

第二天上班，小林找到女小彭。果然，谈笑之间，两人就把那个批件给处理了。

微波炉用了两个星期，孩子突然出了毛病。本来去幼儿园她已经习惯了，接送都不哭了，有时还一蹦一跳地进幼儿园。但这两天突然反常，每天早上都哭，哭着不去幼儿园，或说肚子疼，或说要拉屎；真给她便盆，什么也拉不出来。呵斥她一顿，强着送去，路上倒不哭了，但怔怔的，犯愣，像傻了一样。小林和小林老婆都有些害怕，断定她在幼儿园出了毛病，要么是小朋友欺负了她，使她见了这个小朋友就害怕；要么问题出在阿姨身上，阿姨不喜欢她，罚她站了墙根或是让她当众出丑，伤了她的自尊心，使她害怕再见阿姨。小林和小林老婆便问孩子因为什么，孩子倒哭着说：

“我没有什么呀，我没有什么呀！”

于是小林老婆只好接孩子时在其他家长中进行调查。调查的结果，原来毛病出在小林和小林老婆身上。他们大意了，大意之中过了元旦；元旦之前，别的家长都向阿姨们送东西，或多或少，意思意思，惟独小林家没有意思，于是迹象就出现在孩子身上。老婆埋怨小林：

“你也真是，孩子进了幼儿园，你连个元旦都记不住！幼儿园阿姨背地里不知嘲笑咱多少回了，肯定说咱抠门、寒酸！”

小林也说：“大意了大意了，过去送礼被人家推出去，就害怕送礼，谁知该送礼的时候，又把这事给忘了！”

于是就跟老婆商量补救措施，看补送一些什么合适，真要说送什么，两人又犯了愁。送个贺年卡、挂历，显得太小气，何况新年已过去了；送毯子、衣服太大，害怕人家不收。小林说：

“要不问问孩子？”

小林老婆说：“问她干什么，她懂个屁！”

小林还是将孩子叫过来，问孩子知不知道其他孩子给老师送了什么，没想到孩子竟然知道，答：“炭火！”

小林倒吃了一惊：“炭火？为什么送炭火？给老师送炭火干什么？”

于是让老婆第二天再调查。果然，孩子说对了，有许多家长在元旦给老师送了“炭火”。因为现在是冬天，冬天北京时兴吃涮羊肉，大家便给老师送“炭火”。小林说：

“这还不好办？别人送炭火，咱也送炭火！”

但等真要去买炭火，炭火在北京已经脱销了。小林感到发愁，与老婆商量送点别的算了，何况别人家已经送了炭火，咱再送也是多余，不如送点别的。但孩子记住了“炭火”，每天清早爬起来第一句话便是：

“爸爸，你给老师买炭火了吗？”

看着一个三岁孩子这么顽固地要送“炭火”，小林又好气又好笑，拍了一下床说：

“不就是一个炭火吗，我全城跑遍，也一定要买到它！”

果然，最后在郊区一个旮旯小店里买到了炭火。不过是高价的。高价能买到也不错。小林让老婆把木炭送到幼儿园。第二天，女儿就恢复了常态，高兴去幼儿园。女儿一高兴，全家情绪又都好起来。这天晚上吃饭，老婆用微波炉烤了半只鸡，又让小林喝了一瓶啤酒。啤酒喝下去，小林头有些发晕，满身变大。这时小林对老婆说，其实世界上事情也很简单，只要弄明白一个道理，按道理办事，生活就像流水，一天天过下去，也满舒服。舒服世界，环球同此凉热。老婆见他喝多了，瞪了他一眼，一把将啤酒瓶给夺了过来，啤酒虽然夺了过去，但小林脑袋已经发懵，这天夜里睡得很死。半夜做了一个梦，梦见自己睡觉，上边盖着一堆鸡毛，下边铺着许多人掉下的皮屑，柔软舒服，度年如日。又梦见黑压压的人群一齐向前涌动，又变成一队队祈雨的蚂蚁。一觉醒来，已是天亮，小林一边摇头回忆梦境，一边又爬起来去排队买豆腐。买完豆腐上班，在办公室收到一封信，是上次来北京看病的小学老师他儿子写的，说自上次父亲在北京看了病，回来停了三个月，现已去世了；临去世前，曾嘱咐他给小林写封信，说上次到北京受到小林的招待，表示感谢。小林读了这封信，难受一天。现在老师已经作古，上次老师来看病，也没能给他找个医院。到家里也没让他洗个脸。小时候自己掉到冰窟窿里，老师把棉袄都给他穿。但伤心一天，等一坐上班车，想着家里的大白菜堆到一起有些发热，等他回去拆开散热，就把老师的事给放到一边了。死的已经死了，再想也没有用，活着的还是先考虑大白菜为好。小林又想，如果收拾完大白菜，老婆能用微波炉再给他烤点鸡，让他喝瓶啤酒，他就没有什么不满足的了。

（一九九〇年十月北京十里堡）

【作者简介】

刘震云（1958—），当代作家。1958 年 5 月生于河南省延津县。1973 年至 1978 年服兵役。1978 年至 1982 年就读于北京大学中文系。1982 年毕业到《农民日报》工作。1988 年至 1991 年在北京师范大学、鲁迅文学院读研究生。现为中国作家协会全国委员会委员、北京市青联委员、一级作家。代表作有《塔铺》、《新兵连》、《头人》、《单位》、《官场》、《一地鸡毛》、《官人》、《温故一九四二》等。

天龙八部（节选）

金　庸

五　十

教单于折箭　六军辟易　奋英雄怒

……

雁门关两侧双峰夹峙，高耸入云，这关所以名为“雁门”，意思说鸿雁南飞之时，也须从双峰之间通过，以喻地势之险。群豪中虽不乏轻功高强之士，尽可翻山越岭逃走，但其余人众难逾天险，不免要被辽军聚歼于关下了。

只见辽军限于山势，东西两路渐渐收缩，都从正面压境而来，但除了马蹄声、铁甲声、大风吹旗声外，却无半点人声喧哗，来的是军纪严整的精锐之师。一队队辽军逼关为阵，驰到弩箭将及之处，便即停住。一眼望去，东西北三方旌旗招展，实不知有多少人马。

萧峰朗声道：“众位请各在原地稍候，不可移动，待在下与辽帝分说。”不等段誉、阿紫等劝止，已单骑纵马而出。他双手高举过顶，示意手中并无兵刃弓箭，大声叫道：“大辽国皇帝陛下，萧峰有几句话跟你说，请你出来。”说这几句话时，鼓足了内力，声音远远传了出去。辽军十余万将士没一个不听得清清楚楚，不由得人人变色。

过得半晌，猛听得辽军阵中鼓角声大作，千军万马如波浪般向两侧分开，八面黄金色大旗迎风招展，八名骑士执着驰出阵来。八面黄旗之后，一队队长矛手、刀斧手、弓箭手、盾牌手疾奔而前，分列两旁，接着是十名锦袍铁甲的大将簇拥着耶律洪基出阵。

辽军大呼："万岁，万岁，万万岁！"声震四野，山谷鸣响。

关上宋军见到敌人如此军威，无不栗然。

耶律洪基右手宝刀高高举起，辽军立时肃静，除了偶有战马嘶鸣之外，更无半点声息。耶律洪基放下宝刀，大声笑道："萧大王，你说要引辽军入关，怎么关门还不打开？"

此言一出，关上通译便传给镇守雁门关指挥使张将军听了。关上宋军立时大噪，指着萧峰指手画脚的大骂。

萧峰知道耶律洪基这话是行使反间计，要使宋兵不敢开关放自己入内，心中微微一酸，当即跳下马来，走上几步，说道："陛下，萧峰有负厚恩，重劳御驾亲临，死罪，死罪。"

刚说了这几句话，突然两个人影从旁掠过，当真如闪电一般，猛向耶律洪基欺了过去，正是虚竹和段誉。他二人眼见情势不对，知道今日之事，唯有擒住辽帝作为要胁，才能保持大伙周全，一打手势，便分从左右抢去。

耶律洪基出阵之时，原已防到萧峰重施当年在阵上擒杀楚王父子的故伎，早有戒备。亲军指挥使一声吆喝，三百名盾牌手立时聚拢，三百面盾牌犹如一堵城墙，挡在辽帝面前。

长矛手、刀斧手又密密层层的排在盾牌之前。

这时虚竹既得天山童姥的真传，又尽窥灵鹫宫石壁上武学的秘奥，武功之高，实已到了随心所欲、无往而不利的地步，而段誉在得到鸠摩智的毕生修为后，内力之强，亦是震古烁今，他那"凌波微步"施展开来，辽军将士如何阻拦得住？

段誉东一晃、西一斜，便如游鱼一般，从长矛手、刀斧手间相距不逾一尺的缝隙之中硬生生的挤将过去。众辽兵挺长矛攒刺，非但伤不到段誉，反因相互挤得太近，兵刃多半招呼在自己人身上。

虚竹双手连伸，抓住辽兵的胸口背心，不住掷出阵来，一面向耶律洪基靠近。两员大将纵马冲上，双枪齐至，向虚竹胸腹刺来。虚竹突然跃起，双足分落二将枪头。两员辽将齐声大喝，抖动枪杆，要将虚竹身子震落。虚竹乘着双枪抖动之势，飞身跃起，半空中便向洪基头顶扑落。

一如游鱼之滑，一如飞鸟之捷，两人双双攻到。耶律洪基大惊，提起宝刀，疾向身在半空的虚竹砍去。

虚竹左手手掌一探，已搭住他宝刀刀背，乘势滑落，手掌翻处，抓住了他右腕。便在此时，段誉也从人丛中钻将出来，抓住了耶律洪基左肩。两人齐声喝道："走罢！"将耶律洪基魁伟的身子从马背上提落，转身急奔。

四下里辽将辽兵眼见皇帝落入敌手，大惊狂呼，一时都没了主意。几十名亲兵奋不顾身的扑上来想救皇帝，都被虚竹、段誉飞足踢开。

二人擒住辽帝，心中大喜，突见萧峰飞身过来，齐声叫道："大哥!"哪知萧峰双掌骇发，呼呼两声，分袭二人。二人都是大吃一惊，眼见掌力袭来，犹如排山倒海一般，只得举掌挡架，砰砰两声，四掌相撞，掌风激荡，萧峰向前一冲，已乘势将耶律洪基拉了过去。

这时辽军和中原群豪分从南北涌上，一边想抢回皇帝，一边要作萧峰、段誉、虚竹三人的接应。

萧峰大声叫道："谁都别动，我自有话向大辽皇帝说。"辽军和群豪登时停了脚步，双方都怕伤到自己人，只远远呐喊，不敢冲杀上来，更不敢放箭。

虚竹和段誉也退开三步，分站耶律洪基身后，防他逃回阵中，并阻契丹高手前来相救。

这时耶律洪基脸上已无半点血色，心想："这萧峰的性子甚是刚烈，我将他囚于狮笼之中，折辱得他好生厉害。此刻既落在他手中，他定要尽情报复，再也不肯饶我性命了。"却听萧峰道："陛下，这两位是我的结义兄弟，不会伤害于你，你可放心。"耶律洪基哼了一声，回头向虚竹看了一眼，又向段誉看了一眼。

萧峰道："我这个二弟虚竹子，乃灵鹫宫主人，三弟是大理段公子。臣也曾向陛下说起过。"耶律洪基点了点头，说道："果然了得。"

萧峰道："我们立时便放陛下回阵，只是想求陛下赏赐。"

耶律洪基几乎不相信自己的耳朵，心想："天下哪有这样的便宜事？啊，是了，萧峰已然回心转意，求我封他三人为官。"登时满面笑容，说道："你们有何求恳，我自是无有不允。"他本来语音发颤，这两句话中却又有了皇帝的尊严。

萧峰道："陛下已是我两个兄弟的俘虏，照咱们契丹人的规矩，陛下须得以彩物自赎才是。"耶律洪基眉头微皱，问道："要甚么？"萧峰道："微臣斗胆代两个兄弟开口，只是要陛下金口一诺。"洪基哈哈一笑，说道："普天之下，我当真拿不出的物事却也不多，你尽管狮子大开口便了。"

萧峰道："是要陛下答允立即退兵，终陛下一生，不许辽军一兵一卒越过宋辽疆界。"

段誉一听，登时大喜，心想："辽军不逾宋辽边界，便不能插翅来犯我大理了。"忙道："正是，你答应了这句话，我们立即放你回去。"转念一想："擒到辽帝，二哥出力比我更多，却不知他有何求？"向虚竹道："二哥，你要契丹皇帝甚么东西赎身？"虚竹摇了摇头道："我也只要这一句话。"

耶律洪基脸色甚是阴森，沉声道："你们胆敢胁迫于我？我若不允呢？"

萧峰朗声道："那么臣便和陛下同归于尽，玉石俱焚。咱二人当年结义，也曾有过但愿同年同月同日死的誓言。"

耶律洪基一凛，寻思："这萧峰是个天不怕、地不怕的亡命之徒，向来说话一是一，二是二，我若不答允，只怕要真的向我出手冒犯。死于这莽夫之手，那可大大的不值得。"当下哈哈一笑，朗声道："以我耶律洪基一命，换得宋辽两国数十年平安。好兄弟，你可把我的性命瞧得挺重哪!"

萧峰道："陛下乃大辽之王。普天之下，岂有比陛下更贵重的？"

耶律洪基又是一笑，道："如此说来，当年女真人向我要黄金三十车、白银三百车、骏马三千匹，眼界也忒浅了？"萧峰略一躬身，不再答话。

耶律洪基回过头来，只见手下将士最近的也在百步之外，无论如何不能救自己脱险，权衡轻重，世上更无比性命更贵重的事物，当即从箭壶中抽出一支雕翎狼牙箭，双手一弯，拍的一声，折为两段，投在地下，说道："答允你了。"

萧峰躬身道："多谢陛下。"

耶律洪基转身过来，举步欲行，却见虚竹和段誉四目炯炯地瞧着自己，并无让路之意，回头再向萧峰瞧去，见他也默不作声，登时会意，知他三人是怕自己食言，当即拔出宝刀，高举过顶，大声说道："大辽三军听令。"

辽军中鼓声擂起，一通鼓罢，立时止歇。

耶律洪基说道："大军北归，南征之举作罢。"他顿了顿，又道："于我一生之中，不许我大辽国一兵一卒，侵犯大宋边界。"说罢，宝刀一落，辽军中又擂起鼓来。

萧峰躬身道："恭送陛下回阵。"

虚竹和段誉往两旁一让，绕到萧峰身后。

耶律洪基又惊又喜，又是惭愧，虽急欲身离险境，却不愿在萧峰和辽军之前示弱，当下强自镇静，缓步走回阵去。

辽军中数十名亲兵飞骑驰出，抢来迎接。耶律洪基初时脚步尚缓，但禁不住越走越快，只觉双腿无力，几欲跌倒，双手发颤，额头汗水更是涔涔而下。待得侍卫驰到身前，滚鞍下马而将坐骑牵到他身前，耶律洪基已是全身发软，左脚踏上脚镫，却翻不上鞍去。两名侍卫扶住他后腰，用力一托，耶律洪基这才上马。

众辽军见皇帝无恙归来，大声欢呼："万岁，万岁，万万岁！"

这时雁门关上的宋军、关下的群豪听到辽帝下令退兵，并说终他一生不许辽军一兵一卒犯界，也是欢声雷动。众人均知契丹人虽然凶残好杀，但向来极是守信，与大宋之间有何交往，极少背约食言，何况辽帝在两军阵前亲口颁令，倘若日后反悔，大辽举国上下都要瞧他不起，他这皇帝之位都怕坐不安稳。

耶律洪基脸色阴郁，心想我这次为萧峰这厮所胁，许下如此重大诺言，方得脱身以归，实是丢尽了颜面，大损大辽国威。可是从辽军将士欢呼万岁之声中听来，众军拥戴之情却又似乎出自至诚。他眼光从众士卒脸上缓缓掠过，只见一个个容光焕发，欣悦之情见于颜色。

众士卒想到即刻便可班师，回家与父母妻儿团聚，既无万里征战之苦，又无葬身异域之险，自是大喜过望。契丹人虽然骁勇善战，但兵凶战危，谁都难保一定不死，今日得能免去这场战祸，除了少数想在征战中升官发财的悍将之外，尽皆欢喜。

耶律洪基心中一凛："原来我这些士卒也不想去攻打南朝，我若挥军南征，却也未必便能一战而克。"转念又想：

"那些女真蛮子大是可恶，留在契丹背后，实是心腹大患，我派兵去将这些蛮子扫荡了再说。"当即举起宝刀，高声说道："北院大王传令下去，后队变前队，班师南京！"

军中皮鼓号角响起，传下御旨，但听得欢呼之声，从近处越传越远。

耶律洪基回过头来，只见萧峰仍是一动不动地站在当地。

耶律洪基冷笑一声，朗声道："萧大王，你为大宋立下如此大功，高官厚禄，指日可待。"

萧峰大声道："陛下，萧峰是契丹人，今日威迫陛下，成为契丹的大罪人，此后有何面目立于天地之间？"拾起地下的两截断箭，内功运处，双臂一回，噗的一声，插入了自己的心口。

耶律洪基"啊"的一声惊呼，纵马上前几步，但随即又勒马停步。

段誉和虚竹只吓得魂飞魄散，双双抢近，齐叫："大哥，大哥！"却见两截断箭插正了心脏，萧峰双目紧闭，已然气绝。

虚竹忙撕开他胸口的衣衫，欲待施救，但箭中心脏，再难挽救，只见他胸口肌肤上刺着一个青郁郁的狼头，张口露齿，神情极是狰狞。虚竹和段誉放声大哭，拜倒于地。

丐帮中群丐一齐拥上来，团团拜伏。吴长风捶胸叫道："乔帮主，你虽是契丹人，却比我们这些不成器的汉人英雄万倍！"

中原群豪一个个围拢，许多人低声论议："乔帮主果真是契丹人吗？那么他为甚么反而来帮助大宋？看来契丹人中也有英雄豪杰。"

"他自幼在咱们汉人中间长大，学到了汉人大仁大义。"

"两国罢兵，他成了排难解纷的大功臣，却用不着自寻短见啊。"

"他虽于大宋有功，在辽国却成了叛国助敌的卖国贼。他这是畏罪自杀。"

"甚么畏不畏的？乔帮主这样的大英雄，天下还有甚么事要畏惧？"

耶律洪基见萧峰自尽，心下一片茫然，寻思："他到底与我大辽是有功还是有过？他苦苦劝我不可伐宋，到底是为了宋人还是为了契丹？他和我结义为兄弟，始终对我忠心耿耿，今日自尽于雁门关前，自然决不是贪图南朝的功名富贵，那……那却又为了甚么？"他摇了摇头，微微苦笑，拉转马头，从辽军阵中穿了过去。

蹄声响处，辽军千乘万骑又向北行。众将士不住回头，望向地下萧峰的尸体。

只听得鸣声哇哇，一群鸿雁越过众军的头顶，从雁门关上飞了过去。

辽军渐去渐远，蹄声隐隐，又化作了山后的闷雷。

虚竹、段誉等一干人站在萧峰的遗体之旁，有的放声号哭，有的默默垂泪。

【作者简介】

金庸（1924—），原名查良镛，华人最知名的武侠小说作家及新闻学家、企业家、政治评论家、社会活动家，中国作家协会名誉副主席。金庸与古龙、梁羽生并称为中国武侠小说三大宗师。他在1948年移居中国香港，是香港《明报》创办人，并著有"飞雪连天射白鹿，笑书神侠倚碧鸳"等14部武侠小说，作品亦被改编成影视剧集、游戏、漫画等产品，脍炙人口。金庸的小说深受欢迎，不少文坛才子和读者都提笔撰写书评，形成了"金学"研究的风潮。

第二节　外国小说

简·爱（节选）

夏洛蒂·勃朗特（英国）

仲夏明媚的阳光普照英格兰。当时那种一连几天日丽天清的气候，甚至一天半天都难得惠顾我们这个波浪环绕的岛国。仿佛持续的意大利天气从南方飘移过来，像一群灿烂的候鸟，落在英格兰的悬崖上歇脚。干草已经收好，桑菲尔德周围的田野已经收割干净，显出一片新绿。道路晒得白煞煞仿佛烤过似的，林木葱郁，十分茂盛。树篱与林子都叶密色浓，与它们之间收割过的草地的金黄色，形成了鲜明的对比。

施洗约翰节前夕，阿黛勒在海村小路上采了半天的野草莓，累坏了，太阳一落山就上床睡觉。我看着她入睡后，便离开她向花园走去。

此刻是二十四小时中最甜蜜的时刻——"白昼已耗尽了它的烈火"，清凉的露水落在喘息的平原和烤灼过的山顶上。在夕阳朴实地西沉——并不伴有华丽的云彩——的地方，铺展开了一抹庄严的紫色，在山峰的一个尖顶上燃烧着红宝石和炉火般的光焰，向高处和远处伸延，显得越来越柔和，占据了半个天空。东方也自有它湛蓝悦目的魅力，有它不事炫耀的宝石——一颗升起的孤星。它很快会以月亮而自豪，不过这时月亮还在地平线之下。

我在铺筑过的路面上散了一会儿步。但是一阵细微而熟悉的清香——雪茄的气味——悄悄地从某个窗子里钻了出来。我看见图书室的窗开了一手掌宽的缝隙。我知道可能有人会从那儿看我，因此我走开了，进了果园。庭园里没有比这更隐蔽，更像伊甸园的角落了。这里树木繁茂，花儿盛开，一边有高墙同院子隔开；另一边一条长满山毛榉的路，像屏障一般，把它和草坪分开。底下是一道矮篱，是它与孤寂的田野唯一的分界。一条蜿蜒的小径通向篱笆。路边长着月桂树，路的尽头是一棵巨大无比的七叶树，树底下围着一排座位。你可以在这儿漫步而不被人看到。在这种玉露徐降、悄无声息、夜色渐浓的时刻，我觉得仿佛会永远在这样的阴影里踯躅。但这时我被初升的月亮投向园中高处开阔地的光芒所吸引，穿过花圃和果园，却停住了脚步，——不是因为听到或是看到了什么，而是因为再次闻到了一种我所警觉的香味。

多花蔷蕾、老人蒿、茉莉花、石竹花和玫瑰花早就在奉献着它们的晚香，刚刚飘过来的气味既不是来自灌木，也不是来自花朵，但我很熟悉，它来自罗切斯特先生的雪茄。我举目四顾，侧耳静听。我看到树上沉甸甸垂着即将成熟的果子，听到一只夜莺在半英里外的林子里鸣啭。我看不见移动的身影，听不到走近的脚步声，但是那香气却越来越浓了。我得赶紧走掉。我往通向灌木林的边门走去，却看见罗切斯特先生正跨进门来。我往旁边一闪，躲进了长满长春藤的幽深处。他不会久待，很快会顺原路返回，只要我坐着不动，他就绝不会看见我。

可是不行——薄暮对他来说也像对我一样可爱，古老的园子也一样诱人。他继续往前踱步，一会儿拎起醋栗树枝，看看梅子般大压着枝头的果子；一会儿从墙上采下一颗熟了的樱桃；一会儿又向着一簇花弯下身子，不是闻一闻香味，就是欣赏花瓣上的露珠。一只大飞蛾嗡嗡地从我身旁飞过，落在罗切斯特先生脚边的花枝上，他见了便俯下身去打量。

“现在，他背对着我，”我想，“而且全神贯注，也许要是我脚步儿轻些，我可以人不知鬼不觉地溜走。”

我踩在路边的草皮上，免得沙石路的咔嚓声把自己给暴露。他站在离我必经之地一两码的花坛中间，显然飞蛾吸引了他的注意力。“我会顺利通过，”我暗自思忖。月亮还没有升得很高，在园子里投下了罗切斯特先生长长的身影，我正要跨过这影子，他却头也不回就低声说：

“简，过来看看这家伙。”

我不曾发出声响，他背后也不长眼睛——难道他的影子会有感觉不成？我先是吓了一跳，随后便朝他走去。

“瞧它的翅膀，”他说，“它使我想起一只西印度的昆虫，在英国不常见到这么又大又艳丽的夜游虫。瞧！它飞走了。”

飞蛾飘忽着飞走了。我也局促不安地退去。可是罗切斯特先生跟着我，到了边门，他说：

“回来，这么可爱的夜晚，坐在屋子里多可惜。在日落与月出相逢的时刻，肯定是没有谁愿意去睡觉的。”

我有一个缺陷，那就是尽管我口齿伶俐，对答如流，但需要寻找藉口的时候却往往一筹莫展。因此某些关键时刻，需要随口一句话，或者站得住脚的遁词来摆脱痛苦的窘境时，我便常常会出差错。我不愿在这个时候单独同罗切斯特先生漫步在阴影笼罩的果园里。但是我又找不出一个脱身的理由。我慢吞吞地跟在后头，一面在拼命动脑筋设法摆脱。可是他显得那么镇定，那么严肃，使我反而为自己的慌乱而感到羞愧了。如果说心中有鬼——不管是现在还是将来——那只能说我有。他心里十分平静，而且全然不觉。

“简，”他重又开腔了。我们正走进长满月桂的小径，缓步踱向矮篱笆和七叶树，“夏天，桑菲尔德是个可爱的地方，是吗？”

“是的，先生。”

“你一定有些依恋桑菲尔德府了——你有欣赏自然美的眼力，而且很有依恋之情。”

“说实在，我依恋这个地方。”

“而且，尽管我不理解这究竟是怎么回事，但我觉察出来，你已开始关切阿黛勒这个小傻瓜，甚至还有朴实的老妇费尔法克斯。”

“是的，先生，尽管性质不同，我对她们两人都有感情。”

“而同她们分手会感到难过。”

“是的。”

“可惜呀!”他说，叹了口气又打住了。“世上的事情总是这样，”他马上又继续说，“你刚在一个愉快的栖身之处安顿下来，一个声音便会叫你起来往前赶路，因为已过了休息的时辰。”

“我得往前赶路吗，先生?”我问，“我得离开桑菲尔德吗?”

“我想你得走了，简，很抱歉，珍妮特，但我的确认为你该走了。”

这是一个打击，但我不让它击倒我。

“行呀，先生，要我走的命令一下，我便走。”

“现在命令来了——我今晚就得下。”

“那你要结婚了，先生?”

“确——实——如——此，对——极——了。凭你一贯的机敏，你已经一语中的。”

“快了吗，先生?”

“很快，我的——，那就是，爱小姐，你还记得吧，简，我第一次，或者说谣言明白向你表示，我有意把自己老单身汉的脖子套上神圣的绳索，进入圣洁的婚姻状态——把英格拉姆小姐搂入我的怀抱，总之(她足足有一大抱，但那无关紧要——像我漂亮的布兰奇那样的市民，是谁都不会嫌大的)。是呀，就像我刚才说的——听我说，简!你没有回头去看还有没有飞蛾吧?那不过是个瓢虫，孩子，‘正飞回家去’。我想提醒你一下，正是你以我所敬佩的审慎，那种适合你责任重大、却并不独立的职业的远见、精明和谦卑，首先向我提出，万一我娶了英格拉姆小姐，你和小阿黛勒两个还是立刻就走好。我并不计较这一建议所隐含的对我意中人人格上的污辱。说实在，一旦你们走得远远的，珍妮特，我会努力把它忘掉。我所注意到的只是其中的智慧，它那么高明，我已把它奉为行动的准则。阿黛勒必须上学，爱小姐，你得找一个新的工作。”

“是的，先生，我会马上去登广告，而同时我想——”我想说，“我想我可以呆在这里，直到我找到另外一个安身之处。”但我打住了，觉得不能冒险说一个长句，因为我的嗓门已经难以自制了。

“我希望大约一个月以后成为新郎，”罗切斯特先生继续说，“在这段期间，我会亲自为你留意找一个工作和落脚的地方。”

“谢谢你，先生，对不起给你——”

“呵——不必道歉!我认为一个下人把工作做得跟你自己一样出色时，她就有权要求雇主给予一点容易办到的小小帮助。其实我从未来的岳母那儿听到一个适合你去的地方。就是爱尔兰康诺特的苦果村，教迪奥尼修斯·奥加尔太太的五个女儿，我想你会喜欢爱尔兰的。他们说，那里的人都很热心。”

“离这儿很远呢，先生。”

“没有关系——像你这样一个通情达理的姑娘是不会反对航程或距离的。”

“不是航程，而是距离。还有大海是一大障碍——”

“离开什么地方，简?”

“离开英格兰和桑菲尔德，还有——”

“怎么?”

“离开你，先生。”

我几乎不知不觉中说了这话，眼泪不由自主夺眶而出。但我没有哭出声来，我也避免抽泣。一想起奥加尔太太和苦果村，我的心就凉了半截；一想起在我与此刻同我并肩而行的主人之间，注定要翻腾着大海和波涛，我的心就更凉了；而一记起在我同我自然和必然所爱的东西之间，横亘着财富、阶层和习俗的辽阔海洋，我的心凉透了。

“离这儿很远。”我又说了一句。

“确实如此。等你到了爱尔兰康诺特的苦果村，我就永远见不到你了，肯定就是这么回事。我从来不去爱尔兰，因为自己并不太喜欢这个国家。我们一直是好朋友，简，你说是不是？”

“是的，先生。”

“朋友们在离别的前夕，往往喜欢亲密无间地度过余下的不多时光。来——星星们在那边天上闪烁着光芒时，我们用上半个小时左右，平静地谈谈航行和离别。这儿是一棵七叶树，这边是围着老树根的凳子。来，今晚我们就安安心心地坐在这儿，虽然我们今后注定再也不会坐在一起了。”他让我坐下，然后自己也坐了下来。

“这儿到爱尔兰很远，珍妮特，很抱歉，把我的小朋友送上这么令人厌倦的旅程。但要是没有更好的主意了，那该怎么办呢？简，你认为你我之间有相近之处吗？”

这时我没敢回答，因为我内心很激动。

“因为，”他说，“有时我对你有一种奇怪的感觉——尤其是当你像现在这样靠近我的时候。仿佛我左面的肋骨有一根弦，跟你小小的身躯同一个部位相似的弦紧紧地维系着，难分难解。如果咆哮的海峡和二百英里左右的陆地，把我们远远分开，恐怕这根情感交流的弦会折断，于是我不安地想到，我的内心会流血。至于你——你会忘掉我。”

“那我永远不会，先生，你知道——”我不可能再说下去了。

“简，听见夜莺在林中歌唱吗？——听呀！”

我听着听着便抽抽噎噎地哭泣起来，再也抑制不住强忍住的感情，不得不任其流露了。我痛苦万分地浑身颤栗着。到了终于开口时，我便只能表达一个冲动的愿望：但愿自己从来没有生下来，从未到过桑菲尔德。

“因为要离开而难过吗？”

悲与爱在我内心所煽起的强烈情绪，正占上风，并竭力要支配一切，压倒一切，战胜一切，要求生存、扩展和最终主宰一切，不错——还要求吐露出来。

“离开桑菲尔德我很伤心，我爱桑菲尔德——我爱它是因为我在这里过着充实而愉快的生活——至少有一段时间。我没有遭人践踏，也没有弄得古板僵化，没有混迹于志向低下的人之中，也没有被排斥在同光明、健康、高尚的心灵交往的一切机会之外。我已面对面同我所敬重的人、同我所喜欢的人，——同一个独特、活跃、博大的心灵交谈过。我已经熟悉你，罗切斯特先生，硬要让我永远同你分开，使我感到恐惧和痛苦。我看到非分别不可，就像看到非死不可一样。”

“在哪儿看到的呢？”他猛地问道。

“哪儿？你，先生，已经把这种必要性摆在我面前了。”

“什么样的必要性？”

“就是英格拉姆小姐那模样，一个高尚而漂亮的女人——你的新娘。”

“我的新娘！什么新娘呀？我没有新娘！”

“但你会有的。”

“是的，我会！我会！”他咬紧牙齿。

“那我得走——你自己已经说了。”

“不，你非留下不可！我发誓——我信守誓言。”

“我告诉你我非走不可！”我回驳着，感情很有些冲动。“你难道认为，我会留下来甘愿做一个对你来说无足轻重的人？你以为我是一架机器？——一架没有感情的机器？能够容忍别人把一口面包从我嘴里抢走，把一滴生命之水从我杯子里泼掉？难道就因为我一贫如洗、默默无闻、长相平庸、个子瘦小，就没有灵魂，没有心肠了？——你不是想错了吗？——我的心灵跟你一样丰富，我的心胸跟你一样充实！要是上帝赐予我一点姿色和充足的财富，我会使你同我现在一样难分难舍，我不是根据习俗、常规，甚至也不是血肉之躯同你说话，而是我的灵魂同你的灵魂在对话，就仿佛我们两人穿过坟墓，站在上帝脚下，彼此平等——本来就如此！”

“本来就如此！”罗切斯特先生重复道——“所以，”他补充道，一面用胳膊把我抱住，搂到怀里，把嘴唇贴到我的嘴唇上。“所以是这样，简？”

“是呀，所以是这样，先生，”我回答，“可是并没有这样。因为你已结了婚——或者说无异于结了婚，跟一个远不如你的人结婚——一个跟你并不意气相投的人——我才不相信你真的会爱她，因为我看到过，也听到过你讥笑她。对这样的结合我会表示不屑，所以我比你强——让我走！”

“上哪儿，简？去爱尔兰？”

“是的——去爱尔兰。我已经把心里话都说了，现在上哪儿都行了。”

“简，平静些，别那样挣扎着，像一只发疯的鸟儿，拼命撕掉自己的羽毛。”

“我不是鸟，也没有陷入罗网。我是一个具有独立意志的自由人，现在我要行施自己的意志，离开你。”

我再一挣扎便脱了身，在他跟前昂首而立。

“你的意志可以决定你的命运，”他说，“我把我的手，我的心和我的一份财产都献给你。”

“你在上演一出闹剧，我不过一笑置之。”

“我请求你在我身边度过余生——成为我的另一半，世上最好的伴侣。”

“那种命运，你已经作出了选择，那就应当坚持到底。”

“简，请你平静一会儿，你太激动了，我也会平静下来的。”

一阵风吹过月桂小径，穿过摇曳着的七叶树枝，飘走了——走了——到了天涯海角——消失了。夜莺的歌喉成了这时唯一的声响，听着它我再次哭了起来。罗切斯特先生静静地坐着，和蔼而严肃地瞧着我。过了好一会他才开口。最后他说：

“到我身边来，简，让我们解释一下，相互谅解吧。”

“我再也不会回到你身边了，我已经被拉走，不可能回头了。”

“不过，简，我唤你过来做我的妻子，我要娶的是你。”

我没有吭声，心里想他在讥笑我。

“过来，简——到这边来。”

“你的新娘阻挡着我们。”

他站了起来，一个箭步到了我跟前。

“我的新娘在这儿，”他说着，再次把我往身边拉，“因为与我相配的人在这儿，与我相像的人，简，你愿意嫁给我吗?”

我仍然没有回答，仍然要挣脱他，因为我仍然不相信。

“你怀疑我吗，简?”

“绝对怀疑。”

“你不相信我?”

“一点也不信。”

“你看我是个爱说谎的人吗?”他激动地问，“疑神疑鬼的小东西，我一定要使你信服。我同英格拉姆小姐有什么爱可言?没有，那你是知道的。她对我有什么爱?没有，我已经想方设法来证实。我放出了谣言，传到她耳朵里，说是我的财产还不到想象中的三分之一，然后我现身说法，亲自去看结果，她和她母亲对我都非常冷淡。我不愿意——也不可能——娶英格拉姆小姐。你——你这古怪的——你这近乎是精灵的家伙——我像爱我自己的肉体一样爱你。你——虽然一贫如洗、默默无闻、个子瘦小、相貌平庸——我请求你把我当做你的丈夫。”

“什么，我!”我猛地叫出声来。出于他的认真，尤其是粗鲁的言行，我开始相信他的诚意了。“我，我这个人除了你，世上没有一个朋友，——如果你是我朋友的话。除了你给我的钱，一个子儿也没有。”

“就是你，简。我得让你属于我——完全属于我。你肯吗?快说‘好’呀。”

“罗切斯特先生，让我瞧瞧你的脸。转到朝月光的一边去。”

“为什么?”

“因为我要细看你的面容，转呀!”

“那儿，你能看到的无非是撕皱了的一页，往下看吧，只不过快些，因为我很不好受。”

他的脸焦急不安，涨得通红，五官在激烈抽动，眼睛射出奇怪的光芒。

“呵，简，你在折磨我!”他大嚷道，“你用那种犀利而慷慨可信的目光瞧着我，你在折磨我!”

“我怎么会呢?如果你是真的，你的提议也是真的，那么我对你的感情只会是感激和忠心——那就不可能是折磨。”

“感激!”他脱口喊道，并且狂乱地补充道——“简，快接受我吧。说，爱德华——叫我的名字——爱德华，我愿意嫁你。”

“你可当真?——你真的爱我?——你真心希望我成为你的妻子?”

“我真的是这样。要是有必要发誓才能使你满意，那我就以此发誓。”

“那么，先生，我愿意嫁给你。”

“叫爱德华——我的小夫人。”

“亲爱的爱德华!”

“到我身边来——完完全全过来。”他说，把他的脸颊贴着我的脸颊，用深沉的语调对着我耳朵补充说，“使我幸福吧——我也会使你幸福。”

“上帝呀，宽恕我吧！”他不久又添了一句，“还有人呀，别干涉我，我得到了她，我要紧紧抓住她。”

“没有人会干涉，先生。我没有亲人来干预。”

“不——那再好不过了。”他说。要是我不是那么爱他，我会认为他的腔调，他狂喜的表情有些粗野。但是我从离别的噩梦中醒来，被赐予天作之合，坐在他身旁，光想着啜饮源源而来的幸福的清泉。他一再问，“你幸福吗，简？”而我一再回答“是的”。随后他咕哝着，“会赎罪的，——会赎罪的。我不是发现她没有朋友，得不到抚慰，受到冷落吗？我不是会保护她，珍爱她，安慰她吗？我心里不是有爱，我的决心不是始终不变吗？那一切会在上帝的法庭上得到赎罪。我知道造物主会准许我的所作所为。至于世间的评判——我不去理睬。别人的意见——我断然拒绝。”

可是，夜晚发生什么变化了？月亮还没有下沉，我们已全湮没在阴影之中了。虽然主人离我近在咫尺，但我几乎看不清他的脸。七叶树受了什么病痛的折磨？它扭动着，呻吟着，狂风在月桂树小径咆哮，直向我们扑来。

“我们得进去了，”罗切斯特先生说，“天气变了。不然我可以同你坐到天明，简。”

“我也一样，”我想。也许我应该这么说出来，可是从我正仰望着的云层里，窜出了一道铅灰色的闪电，随后是喀啦啦一声霹雳和近处的一阵隆隆声。我只想把自己发花的眼睛贴在罗切斯特先生的肩膀上。大雨倾盆而下，他催我踏上小径，穿过庭园，进屋子去。但是我们还没跨进门槛就已经湿淋淋了。在厅里他取下了我的披肩，把水滴从我散了的头发中摇下来，正在这时，费尔法克斯太太从她房间里出来了。起初我没有觉察，罗切斯特先生也没有。灯亮着，时钟正敲十二点。

“快把湿衣服脱掉，”他说，“临走之前，说一声晚安——晚安，我的宝贝！”

他吻了我，吻了又吻。我离开他怀抱抬起头来一看，只见那位寡妇站在那儿，脸色苍白，神情严肃而惊讶。我只朝她微微一笑，便跑上楼去了。“下次再解释也行，”我想。但是到了房间里，想起她一时会对看到的情况产生误解，心里便感到一阵痛楚。然而喜悦抹去了一切其他感情。尽管在两小时的暴风雨中，狂风大作，雷声隆隆，电光闪闪，暴雨如注，我并不害怕，并不畏惧。这中间罗切斯特先生三次上门，问我是否平安无事。这无论如何给了我安慰和力量。

早晨我还没起床，小阿黛勒就跑来告诉我，果园尽头的大七叶树夜里遭了雷击，被劈去了一半。

【作者简介】

夏洛蒂·勃朗特（1816—1855），生于英国北部约克郡豪渥斯的一个乡村牧师家庭。母亲早逝，8岁的夏洛蒂被送进一所专收神职人员孤女的慈善性机构——柯文桥女子寄宿学校。在那里，她的两个姐姐玛丽亚和伊丽莎白因染上肺病而先后死去。于是夏洛蒂和妹妹艾米利回到家乡，15岁时她进了伍勒小姐办的学校读书，几年后又在这个学校当教师。后来她曾作家庭教师，最终她走上文学创作的道路。夏洛蒂·勃朗特有两个姐姐、两个妹妹和一个弟弟。两个妹妹，即艾米莉·勃朗特和安恩·勃朗特，也是著名作家，因而在英国文学史上常有“勃朗特三姐妹”之称。

傲慢与偏见（节选）

简·奥斯汀（英国）

第一章

凡是有钱的单身汉，总想娶位太太，这已经成了一条举世公认的真理。这样的单身汉，每逢新搬到一个地方，四邻八舍虽然完全不了解他的性情如何，见解如何，可是，既然这样的一条真理早已在人们心目中根深蒂固，因此人们总是把他看作自己某一个女儿理所应得的一笔财产。

有一天班纳特太太对她的丈夫说：“我的好老爷，尼日斐花园终于租出去了，你听说过没有?”

班纳特先生回答道，他没有听说过。

“的确租出去了，”她说，“朗格太太刚刚上这儿来过，她把这件事的底细，一五一十地告诉了我。”

班纳特先生没有理睬她。

“你难道不想知道是谁租去的吗?”太太不耐烦地嚷起来了。

“既是你要说给我听，我听听也无妨。”这句话足够鼓励她讲下去了。

“哦！亲爱的，你得知道，郎格太太说，租尼日斐花园的是个阔少爷，他是英格兰北部的人；听说他星期一那天，乘着一辆驷马大轿车来看房子，看得非常中意，当场就和莫理斯先生谈妥了；他要在‘米迦勒节’以前搬进来，打算下个周末先叫几个佣人来住。”

“这个人叫什么名字?”

“彬格莱。”

“有太太的呢，还是单身汉?”

“噢！是个单身汉，亲爱的，确确实实是个单身汉！一个有钱的单身汉；每年有四五千磅的收入。真是女儿们的福气!”

“这怎么说？关女儿们什么事?”

“我的好老爷，”太太回答道，“你怎么这样叫人讨厌！告诉你吧，我正在盘算，他要是挑中我们一个女儿做老婆，可多好!”

“他住到这儿来，就是为了这个打算吗?”

“打算！胡扯，这是哪儿的话！不过，他倒作兴看中我们的某一个女儿呢。他一搬来，你就得去拜访拜访他。”

“我不用去。你带着女儿们去就得啦，要不你干脆打发她们自己去，那或许倒更好些，因为你跟女儿们比起来，她们哪一个都不能胜过你的美貌，你去了，彬格莱先生倒可能挑中你呢?”

“我的好老爷，你太捧我啦。从前也的确有人赞赏过我的美貌，现在我可不敢说有什么出众的地方了。一个女人家有了五个成年的女儿，就不该对自己的美貌再转什么念头。”

“这样看来，一个女人家对自己的美貌也转不了多少念头喽。”

“不过，我的好老爷，彬格莱一搬到我们的邻近来，你的确应该去看看他。”

“老实跟你说吧，这不是我分内的事。”

“看女儿的分上吧。只请你想一想，她们不论哪一个，要是攀上了这样一个人家，够多么好。威廉爵士夫妇已经决定去拜望他，他们也无非是这个用意。你知道，他们通常是不会拜望新搬来的邻居的。你的确应该去一次，要是你不去，叫我们怎么去。”

“你实在过分心细啦。彬格莱先生一定高兴看到你的；我可以写封信给你带去，就说随便他挑中我哪一个女儿，我都心甘情愿地答应他把她娶过去；不过，我在信上得特别替小丽萃吹嘘几句。”

“我希望你别这么做。丽萃没有一点儿地方胜过别的几个女儿；我敢说，论漂亮，她抵不上吉英一半；论性子，她抵不上丽迪雅一半。你可老是偏爱她。”“她们没有哪一个值得夸奖的，”他回答道，“他们跟人家的姑娘一样，又傻，又无知；倒是丽萃要比她的几个姐妹伶俐些。”

“我的好老爷，你怎么舍得这样糟蹋自己的亲生女儿？你是在故意叫我气恼，好让你自己得意吧。你半点儿也不体谅我的神经衰弱。”

“你真错怪了我，我的好太太。我非常尊重你的神经。它们是我的老朋友。至少在最近二十年以来，我一直听到你慎重其事地提到它们。”

“啊！你不知道我怎样受苦呢！”

“不过我希望你这毛病会好起来，那么，像这种每年有四千镑收入的阔少爷，你就可以眼看着他们一个个搬来做你的邻居了。”

“你既然不愿意去拜访他们，即使有二十个搬了来，对我们又有什么好处！”

“放心吧，我的好太太，等到有了二十个，我一定去一个个拜望到。”

班纳特先生真是个古怪人，他一方面喜欢插科打诨，爱挖苦人，同时又不拘言笑，变幻莫测，真使他那位太太积二十三年之经验，还摸不透他的性格。太太的脑子是很容易加以分析的。她是个智力贫乏、不学无术、喜怒无常的女人，只要碰到不称心的事，她就以为神经衰弱。她生平的大事就是嫁女儿；她生平的安慰就是访友拜客和打听新闻。

【作者简介】

简·奥斯汀（1775—1817），英国著名女性小说家，她的作品主要关注乡绅家庭女性。

老人与海（节选）

海明威（美国）

等他跟它并拢了，并把鱼的头靠在船头边，他简直无法相信它竟这么大。他从系缆柱上解下鱼叉柄上的绳子，穿进鱼鳃，从嘴里拉出来，在它那剑似的长上颚上绕了一圈，然后穿过另一个鱼鳃，在剑嘴上绕了一圈，把这双股绳子挽了个结，紧系在船头的系缆柱上。然后他割下一截绳子，走到船梢去套住鱼尾巴。鱼已经从原来的紫银两色变成了纯银色，条纹和尾巴显出同样的淡紫色。这些条纹比一个人揸开五指的手更宽，它的眼睛看上去冷漠得像潜望镜中的反射镜，或者迎神行列中的圣徒像。

"要杀死它只有用这个办法，"老人说。他喝了水，觉得好过些了，知道自己不会垮，头脑很清醒。看样子它不止一千五百磅重，他想。也许还要重得多。如果去掉了头尾和下脚，肉有三分之二的重量，照三角钱一磅计算，该是多少？

"我需要一支铅笔来计算，"他说，"我的头脑并不清醒到这个程度啊。不过，我想那了不起的迪马吉奥今天会替我感到骄傲。我没有长骨刺。可是双手和背脊实在痛得厉害。"不知道骨刺是什么玩意儿，他想。也许我们都长着它，自己不知道。

他把鱼紧系在船头、船梢和中央的座板上。它真大，简直像在船边绑上了另一只大得多的船。他割下一段钓索，把鱼的下颌和它的长上颚扎在一起，使它的嘴不能张开，船就可以尽可能干净利落地行驶了。然后他竖起桅杆，装上那根当鱼钩用的棍子和下桁，张起带补丁的帆，船开始移动，他半躺在船梢，向西南方驶去。

他不需要罗盘来告诉他西南方在哪里。他只消凭贸易风吹在身上的感觉和帆的动向就能知道。我还是放一根系着匙形假饵的细钓丝到水里去，钓些什么东西来吃吃吧，也可以润润嘴。可是他找不到匙形假饵，他的沙丁鱼也都腐臭了。所以他趁船经过的时候用鱼钩钩上了一簇黄色的马尾藻，把它抖抖，使里面的小虾掉在小船船板上。小虾总共有一打以上，蹦跳着，甩着脚，像沙蚤一般。老人用拇指和食指掐去它们的头，连壳带尾巴嚼着吃下去。它们很小，可是他知道它们富有营养，而且味道也好。

老人瓶中还有两口水，他吃了虾以后，喝了半口。考虑到这小船的不利条件，它行驶得可算好了，他把舵柄挟在胳肢窝里，掌着舵。他看得见鱼，他只消看看自己的双手，感觉到背脊靠在船梢上，就能知道这是确实发生的事儿，不是一场梦。有一个时期，眼看事情要告吹了，他感到非常难受，以为这也许是一场梦。等他后来看到鱼跃出水面，在落下前一动不动地悬在半空中的那一刹那，他确信此中准有什么莫大的奥秘，使他无法相信。当时他看不大清楚，尽管眼下他又像往常那样看得很清楚了。

现在他知道这鱼就在这里，他的双手和背脊都不是梦中的东西。这双手很快就会痊愈的，他想。它们出血出得很多，海水会把它们治好的。这真正的海湾中的深暗的水是世上最佳的治疗剂。我只消保持头脑清醒就行。这两只手已经尽了自己的本分，我们航行得很好。鱼闭着嘴，尾巴直上直下地竖着，我们像亲兄弟一样航行着。接着他的头脑有点儿不清楚了，他竟然想起，是它在带我回家，还是我在带它回家呢？如果我把它拖在船后，那就毫无疑问了。如果这鱼丢尽了面子，给放在这小船上，那么也不会有什么疑问。可是他们是并排地拴在一起航行的，所以老人想，只要它高兴，让它把我带回家去得了。我不过靠了诡计才比它强的，可它对我并无恶意。

他们航行得很好，老人把手浸在盐水里，努力保持头脑清醒。积云堆聚得很高，上空还有相当多的卷云，因此老人看出这风将刮上整整一夜。老人时常对鱼望望，好确定真有这么回事。这时候是第一条鲨鱼来袭击它的前一个钟点。

这条鲨鱼的出现不是偶然的。当那一大片暗红的血朝一英里深的海里下沉并扩散的时候，它从水底深处上来了。它窜上来得那么快，全然不顾一切，竟然冲破了蓝色的水面，来到了阳光里。跟着它又掉回海里，嗅到了血腥气的踪迹，就顺着小船和那鱼所走的路线游去。

有时候它迷失了那气味。但是它总会重新嗅到，或者就嗅到那么一点儿，它就飞快地使劲跟上。它是条很大的灰鲭鲨，生就一副好体格，能游得跟海里最快的鱼一般快，周身的一切都很美，除了它的上下颚。它的背部和剑鱼的一般蓝，肚子是银色的，鱼皮光滑而漂亮。它长得和剑鱼一般，除了它那张正紧闭着的大嘴，它眼下就在水面下迅速地游着，高耸的脊鳍像刀子般划破水面，一点也不抖动。在这紧闭着的双唇里面，八排牙齿全都朝里倾斜着。它们和大多数鲨鱼不同，不是一般的金字塔形的。它们像爪子般蜷曲起来的人的手指。它们几乎跟这老人的手指一般长，两边都有刀片般锋利的快口。这种鱼生就拿海里所有的鱼当食料，它们游得那么快，那么壮健，武器齐备，以致所向无敌。它闻到了这新鲜的血腥气，此刻正加快了速度，蓝色的脊鳍划破了水面。老人看见它在游来，看出这是条毫无畏惧而坚决为所欲为的鲨鱼。他准备好了鱼叉，系紧了绳子，一面注视着鲨鱼向前游来。绳子短了，缺了他割下用来绑鱼的那一截。老人此刻头脑清醒，正常，充满了决心，但并不抱着多少希望。光景太好了，不可能持久的，他想。他注视着鲨鱼在逼近，抽空朝那条大鱼望上一眼。这简直等于是一场梦，他想。我没法阻止它来袭击我，但是也许我能弄死它。登多索鲨[1]，他想。你它妈交上坏运啦。

鲨鱼飞速地逼近船梢，它袭击那鱼的时候，老人看见它张开了嘴，看见它那双奇异的眼睛，它咬住鱼尾巴上面一点儿的地方，牙齿咬得嘎吱嘎吱地响。鲨鱼的头露出在水面上，背部正在出水，老人听见那条大鱼的皮肉被撕裂的声音，这时候，他用鱼叉朝下猛地扎进鲨鱼的脑袋，正扎在它两眼之间的那条线和从鼻子笔直通到脑后的那条线的交叉点上。这两条线实在是并不存在的。只有那沉重、尖锐的蓝色脑袋，两只大眼睛和那嘎吱作响、吞噬一切的突出的两颚。可是那儿正是脑子的所在，老人直朝它扎去。他使出全身的力气，用糊着鲜血的双手，把一支好鱼叉向它扎去。他扎它，并不抱着希望，但是带着决心和十足的恶意。

鲨鱼翻了个身，老人看出它眼睛里已经没有生气了，跟着它又翻了个身，自行缠上了两道绳子。老人知道这鲨鱼快死了，但它还是不肯认输。它这时肚皮朝上，尾巴扑打着，两颚嘎吱作响，像一条快艇般划出水面。它的尾巴把水拍打得泛出白色，四分之三的身体露出在水面上，这时绳子给绷紧了，抖了一下，啪地断了。鲨鱼在水面上静静地躺了片刻，老人紧盯着它。然后它慢慢地沉下去了。

“它吃掉了约莫四十磅肉，”老人说出声来。它把我的鱼叉也带走了，还有那么许多绳子，他想，而且现在我这条鱼又在淌血，其他鲨鱼也会来的。

他不忍心再朝这死鱼看上一眼，因为它已经被咬得残缺不全了。鱼挨到袭击的时候，他感到就像自己挨到袭击一样。可是我杀死了这条袭击我的鱼的鲨鱼，他想。而它是我见到过的最大的登多索鲨。天知道，我见过一些大的。

光景太好了，不可能持久的，他想。但愿这是一场梦，我根本没有钓到这条鱼，正独自躺在床上铺的旧报纸上。

"不过人不是为失败而生的，"他说，"一个人可以被毁灭，但不能给打败。"不过我很痛心，把这鱼给杀了，他想。现在倒霉的时刻要来了，可我连鱼叉也没有。这条登多索鲨是残忍、能干、强壮而聪明的。但是我比它更聪明。也许并不，他想。也许我仅仅是武器比它强。

"别想啦，老家伙，"他说出声来，"顺着这航线行驶，事到临头再对付吧。"但是我一定要想，他想。因为我只剩下这个了。这个，还有棒球。不知道那了不起的迪马吉奥可会喜欢我那样击中它的脑子？这不是什么了不起的事儿，他想。任何人都做得到。但是，你可以为，我这双受伤的手跟骨刺一样是个很大的不利条件？我没法知道。我的脚后跟从没出过毛病，除了有一次在游水时踩着了一条海鳐鱼，被它扎了一下，小腿麻痹了，痛得真受不了。

"想点开心的事儿吧，老家伙，"他说，"每过一分钟，你就离家近一步。丢了四十磅鱼肉，你航行起来更轻快了。"他很清楚，等他驶进了海流的中部，会发生什么事。可是眼下一点办法也没有。

"不，有办法，"他说出声来，"我可以把刀子绑在一支桨的把子上。"

于是他胳肢窝里挟着舵柄，一只脚踩住了帆脚索，就这样办了。

"行了，"他说，"我照旧是个老头儿。不过我不是没有武器的了。"

这时风刮得强劲些了，他顺利地航行着。他只顾盯着鱼的上半身，恢复了一点儿希望。

不抱希望才蠢哪，他想。再说，我认为这是一桩罪过。别想罪过了，他想。麻烦已经够多了，还想什么罪过。何况我根本不懂这个。

我根本不懂这个，也说不准我是不是相信。也许杀死这条鱼是一桩罪过。我看该是的，尽管我是为了养活自己并且给许多人吃用才这样干的。不过话得说回来，什么事都是罪过啊。别想罪过了吧。现在想它也实在太迟了，而且有些人是拿了钱来干这个的。让他们去考虑吧。你天生是个渔夫，正如那鱼天生就是一条鱼一样。圣彼德罗[2]是个渔夫，跟那了不起的迪马吉奥的父亲一样。

但是他喜欢去想一切他给卷在里头的事，而且因为没有书报可看，又没有收音机，他就想得很多，只顾想着罪过。你不光是为了养活自己、把鱼卖了买食品才杀死它的，他想。你杀死它是为了自尊心，因为你是个渔夫。它活着的时候你爱它，它死了你还是爱它。如果你爱它，杀死它就不是罪过。也许是更大的罪过吧？

"你想得太多了，老家伙，"他说出声来。但是你很乐意杀死那条登多索鲨，他想。它跟你一样，靠吃活鱼维持生命。它不是食腐动物，也不像有些鲨鱼那样，只知道游来游去满足食欲。它是美丽而崇高的，见什么都不怕。"我杀死它是为了自卫，"老人说出声来，"杀得也很利索。"

再说，他想，每样东西都杀死别的东西，不过方式不同罢了。捕鱼养活了我，同样也快把我害死了。那孩子使我活得下去，他想。我不能过分地欺骗自己。

他把身子探出船舷，从鱼身上被鲨鱼咬过的地方撕下一块肉。他咀嚼着，觉得肉质很好，味道鲜美。又坚实又多汁，像牲口的肉，不过不是红色的。一点筋也没有，他知道在市场上能卖最高的价钱。可是没有办法让它的气味不散布到水里去，老人知道糟糕透顶的时刻就快来到了。

风持续地吹着。它稍微转向东北方，他明白这表明它不会停息。老人朝前方望去，不见一丝帆影，也看不见任何一只船的船身或冒出来的烟。只有从他船头下跃起的飞鱼，向两边逃去，还有一摊摊黄色的马尾藻。他连一只鸟也看不见。他已经航行了两个钟点，在船梢歇着，有时候从大马林鱼身上撕下一点肉来咀嚼着，努力休息，保持精力，这时他看到了两条鲨鱼中首先露面的那一条。

"Ay，"他说出声来。这个词儿是没法翻译的，也许不过是一声叫喊，就像一个人觉得钉子穿过他的双手，钉进木头时不由自主地发出的声音。

"加拉诺鲨[3]，"他说出声来。他看见另一个鳍在第一个的背后冒出水来，根据这褐色的三角形鳍和甩来甩去的尾巴，认出它们正是铲鼻鲨。它们嗅到了血腥味，很兴奋，因为饿昏了头，它们激动得一会儿迷失了臭迹，一会儿又嗅到了。可是它们始终在逼近。

老人系紧帆脚索，卡住了舵柄。然后他拿起上面绑着刀子的桨。他尽量轻地把它举起来，因为他那双手痛得不听使唤了。然后他把手张开，再轻轻捏住了桨，让双手松弛下来。他紧紧地把手合拢，让它们忍受着痛楚而不致缩回去，一面注视着鲨鱼在过来。他这时看得见它们那又宽又扁的铲子形的头，和尖端呈白色的宽阔的胸鳍。它们是可恶的鲨鱼，气味难闻，既杀害其他的鱼，也吃腐烂的死鱼，饥饿的时候，它们会咬船上的一把桨或者舵。就是这些鲨鱼，会趁海龟在水面上睡觉的时候咬掉它们的脚和鳍状肢，如果碰到饥饿的时候，也会在水里袭击人，即使这人身上并没有鱼血或黏液的腥味。

"Ay，"老人说，"加拉诺鲨。来吧，加拉诺鲨。"

它们来啦。但是它们来的方式和那条灰鲭鲨不同。一条鲨鱼转了个身，钻到小船底下不见了，它用嘴拉扯着死鱼，老人觉得小船在晃动。另一条用它一条缝似的黄眼睛注视着老人，然后飞快地游来，半圆形的上下颚大大地张开着，朝鱼身上被咬过的地方咬去。它褐色的头顶以及脑子跟脊髓相连处的背脊上有道清清楚楚的纹路，老人把绑在桨上的刀子朝那交叉点扎进去，拔出来，再扎进这鲨鱼的黄色猫眼。鲨鱼放开了咬住的鱼，身子朝下溜，临死时还把咬下的肉吞了下去。

另一条鲨鱼正在咬啃那条鱼，弄得小船还在摇晃，老人就放松了帆脚索，让小船横过来，使鲨鱼从船底下暴露出来。他一看见鲨鱼，就从船舷上探出身子，一桨朝它戳去。他只戳在肉上，但鲨鱼的皮紧绷着，刀子几乎戳不进去。这一戳不仅震痛了他那双手，也震痛了他的肩膀。但是鲨鱼迅速地浮上来，露出了脑袋，老人趁它的鼻子伸出水面挨上那条鱼的时候，对准它扁平的脑袋正中扎去。老人拔出刀刃，朝同一地方又扎了那鲨鱼一下。它依旧紧锁着上下颚，咬住了鱼不放，老人一刀戳进它的左眼。鲨鱼还是吊在那里。

“还不够吗?”老人说着，把刀刃戳进它的脊骨和脑子之间。这时扎起来很容易，他感到它的软骨折断了。老人把桨倒过来，把刀刃插进鲨鱼的两颚之间，想把它的嘴撬开。他把刀刃一转，鲨鱼松了嘴溜开了，他说：“走吧，加拉诺鲨，溜到一英里深的水里去吧。去找你的朋友，也许那是你的妈妈吧。”

老人擦了擦刀刃，把桨放下。然后他摸到了帆脚索，张起帆来，使小船顺着原来的航线走。

“它们一定把这鱼吃掉了四分之一，而且都是上好的肉，”他说出声来，“但愿这是一场梦，我压根儿没有钓到它。我为这件事感到真抱歉，鱼啊。这把一切都搞糟啦。”他顿住了，此刻不想朝鱼望了。它流尽了血，被海水冲刷着，看上去像镜子背面镀的银色，身上的条纹依旧看得出来。“我原不该出海这么远的，鱼啊，”他说，“对你对我都不好。我很抱歉，鱼啊。”

得了，他对自己说。去看看绑刀子的绳子，看看有没有断。然后把你的手弄好，因为还有鲨鱼要来。

“但愿有块石头可以磨磨刀，”老人检查了绑在桨把子上的刀子后说，“我原该带一块磨石来的。”你应该带来的东西多着哪，他想。但是你没有带来，老家伙啊。眼下可不是想你什么东西没有带的时候，想想你用手头现有的东西能做什么事儿吧。

“你给了我多少忠告啊，”他说出声来，“我听得厌死啦。”他把舵柄夹在胳肢窝里，双手浸在水里，小船朝前驶去。“天知道最后那条鲨鱼咬掉了多少鱼肉，”他说，“这船现在可轻得多了。”他不愿去想那鱼残缺不全的肚子。他知道鲨鱼每次猛地撞上去，总要撕去一点肉，还知道鱼此刻给所有的鲨鱼留下了一道臭迹，宽得像海面上的一条公路一样。

它是条大鱼，可以供养一个人整整一冬，他想。别想这个啦。还是休息休息，把你的手弄弄好，保护这剩下的鱼肉吧。水里的血腥气这样浓，我手上的血腥气就算不上什么了。他说，这双手上出的血也不多。给割破的地方都算不上什么。出血也许能使我的左手不再抽筋。

我现在还有什么事可想？他想。什么也没有。我必须什么也不想，等待下一条鲨鱼来。但愿这真是一场梦，他想。不过谁说得准呢？也许结果会是好的。

接着来的鲨鱼是条单独的铲鼻鲨。看它的来势，就像一头猪奔向饲料槽，如果说猪能有这么大的嘴，你可以把脑袋伸进去的话。老人让它咬住了鱼，然后把桨上绑着的刀子扎进它的脑子。但是鲨鱼朝后猛地一扭，打了个滚，刀刃啪地一声断了。

老人坐定下来掌舵。他都不去看那条大鲨鱼在水里慢慢地下沉，它起先是原来那么大，然后渐渐小了，然后只剩一丁点儿了。这种情景总叫老人看得入迷。可是这会他看也不看一眼。

“我现在还有那根鱼钩，”他说，“不过它没什么用处。我还有两把桨和那个舵把和那根短棍。”

它们如今可把我打败了，他想。我太老了，不能用棍子打死鲨鱼了。但是只要我有桨和短棍和舵把，我就要试试。他又把双手浸在水里泡着。下午渐渐过去，快近傍晚了，他除了海洋和天空，什么也看不见。空中的风比刚才大了，他指望不久就能看到陆地。

“你累乏了，老家伙，”他说，“你骨子里累乏了。”

直到快日落的时候，鲨鱼才再来袭击它。

老人看见两片褐色的鳍正顺着那鱼必然在水里留下的很宽的臭迹游来。它们竟然不用到处来回搜索这臭迹。它们笔直地并肩朝小船游来。

他刹住了舵把，系紧帆脚索，伸手到船梢下去拿棍子。它原是个桨把，是从一支断桨上锯下的，大约两英尺半长。因为它上面有个把手，他只能用一只手有效地使用，于是他就用右手好好儿攥住了它，弯着手按在上面，一面望着鲨鱼在过来。两条都是加拉诺鲨。

我必须让第一条鲨鱼好好咬住了才打它的鼻尖，或者直朝它头顶正中打去，他想。

两条鲨鱼一起紧逼过来，他一看到离他较近的那条张开嘴直咬进那鱼的银色肋腹，就高高举起棍子，重重地打下去，砰的一声打在鲨鱼宽阔的头顶上。棍子落下去，他觉得好像打在坚韧的橡胶上。但他也感觉到坚硬的骨头，他就趁鲨鱼从那鱼身上朝下溜的当儿，再重重地朝它鼻尖上打了一下。

另一条鲨鱼刚才窜来后就走了，这时又张大了嘴扑上来。它直撞在鱼身上，闭上两颚，老人看见一块块白色的鱼肉从它嘴角漏出来。他抡起棍子朝它打去，只打中了头部，鲨鱼朝他看看，把咬在嘴里的肉一口撕下了。老人趁它溜开去把肉咽下时，又抡起棍子朝它打下去，只打中了那厚实而坚韧的橡胶般的地方。

“来吧，加拉诺鲨，”老人说，“再过来吧。”

鲨鱼冲上前来，老人趁它合上两颚时给了它一下。他结结实实地打中了它，是把棍子举得尽量高才打下去的。这一回他感到打中了脑子后部的骨头，于是朝同一部位又是一下，鲨鱼呆滞地撕下嘴里咬着的鱼肉，从鱼身边溜下去了。

老人守望着，等它再来，可是两条鲨鱼都没有露面。接着他看见其中的一条在海面上绕着圈儿游着。他没有看见另外一条的鳍。

我没法指望打死它们了，他想。我年轻力壮时能行。不过我已经把它们俩都打得受了重伤，它们中哪一条都不会觉得好过。要是我能用双手抡起一根棒球棒，我准能把第一条打死。即使现在也能行，他想。

他不愿朝那条鱼看。他知道它的半个身子已经被咬烂了。他刚才跟鲨鱼搏斗的时候，太阳已经落下去了。

“马上就要断黑了，”他说，“那时候我将看见哈瓦那的灯火。如果我往东走得太远了，我会看见一个新开辟的海滩上的灯光。”

我现在离陆地不会太远，他想。我希望没人为此担心。当然啦，只有那孩子会担心。可是我相信他一定有信心。好多老渔夫也会担心的。还有不少别的人，他想。我住在一个好镇子里啊。

他不能再跟这鱼说话了，因为它给糟蹋得太厉害了。接着他头脑里想起了一件事。

“半条鱼，”他说，“你原来是条完整的。我很抱歉，我出海太远了。我把你我都毁了。不过我们杀死了不少鲨鱼，你跟我一起，还打伤了好多条。你杀死过多少啊，好鱼？你头上长着那只长嘴，可不是白长的啊。”

他喜欢想到这条鱼，想到如果它在自由地游着，会怎样去对付一条鲨鱼。我应该砍下它这长嘴，拿来跟那些鲨鱼斗，他想。但是没有斧头，后来又弄丢了那把刀子。

但是，如果我把它砍下了，就能把它绑在桨把上，该是多好的武器啊。这样，我们就能一起跟它们斗啦。要是它们夜里来，你该怎么办？你又有什么办法？

“跟它们斗，”他说，“我要跟它们斗到死。”

但是，在眼下的黑暗里，看不见天际的反光，也看不见灯火，只有风和那稳定地拉曳着的帆，他感到说不定自己已经死了。他合上双手，摸摸掌心。这双手没有死，他只消把它们开合一下，就能感到生之痛楚。他把背脊靠在船梢上，知道自己没有死。这是他的肩膀告诉他的。

我许过愿，如果逮住了这条鱼，要念多少遍祈祷文，不过我现在太累了，没法念。我还是把麻袋拿来披在肩上。

他躺在船梢掌着舵，注视着天空，等着天际的反光出现。我还有半条鱼，他想。也许我运气好，能把前半条带回去。我总该多少有点运气吧。不，他说。你出海太远了，把好运给冲掉啦。

“别傻了，”他说出声来，“保持清醒，掌好舵。你也许还有很大的好运呢。”

“要是有什么地方卖好运，我倒想买一些，”他说。我能拿什么来买呢？他问自己。能用一支弄丢了的鱼叉、一把折断的刀子和两只受了伤的手吗？

“也许能，”他说，“你曾想拿在海上的八十四天来买它。人家也几乎把它卖给了你。”

我不能胡思乱想，他想。好运这玩意儿，来的时候有许多不同的方式，谁认得出啊？可是不管什么样的好运，我都要一点儿，要多少钱就给多少。但愿我能看到灯火的反光，他想。我的愿望太多了。但眼下的愿望就只有这个了。他竭力坐得舒服些，好好掌舵，因为感到疼痛，知道自己并没有死。

大约夜里十点的时候，他看见了城市的灯火映在天际的反光。起初只能依稀看出，就像月亮升起前天上的微光。然后一步步地清楚了，就在此刻正被越来越大的风刮得波涛汹涌的海洋的另一边。他驶进了这反光的圈子，他想，要不了多久就能驶到湾流的边缘了。

现在事情过去了，他想。它们也许还会再来袭击我。不过，一个人在黑夜里，没有武器，怎样能对付它们呢？他这时身子僵硬、疼痛，在夜晚的寒气里，他的伤口和身上所有用力过度的地方都在发痛。我希望不必再斗了，他想。我真希望不必再斗了。

但是到了午夜，他又搏斗了，而这一回他明白搏斗也是徒劳。它们是成群袭来的，朝那鱼直扑，他只看见它们的鳍在水面上划出的一道道线，还有它们的鳞光。他朝它们的头打去，听到上下颚啪地咬住的声音，还有它们在船底下咬住了鱼使船摇晃的声音。他看不清目标，只能感觉到，听到，就不顾死活地挥棍打去，他感到什么东西攫住了棍子，它就此丢了。

他把舵把从舵上猛地扭下，用它又打又砍，双手攥住了一次次朝下戳去。可是它们此刻都在前面船头边，一条接一条地窜上来，成群地一起来，咬下一块块鱼肉，当它们转身再来时，这些鱼肉在水面下发亮。

最后，有条鲨鱼朝鱼头过来，他知道这下子可完了。他把舵把朝鲨鱼的脑袋抡去，打在它咬住厚实的鱼头的两颚上，那儿的肉咬不下来。他抡了一次，两次，又一次。他听见舵把啪的断了，就把断下的把手向鲨鱼扎去。他感到它扎了进去，知道它很尖利，就再把它扎进去。鲨鱼松了嘴，一翻身就走了。这是前来的这群鲨鱼中最末的一条。它们再也没有什么可吃的了。

老人这时简直喘不过气来，觉得嘴里有股怪味儿。这味儿带着铜腥气，甜滋滋的，他一时害怕起来。但是这味儿并不太浓。

他朝海里啐了一口说："把它吃了，加拉诺鲨。做个梦吧，梦见你杀了一个人。"

他明白他如今终于给打败了，没法补救了，就回到船梢，发现舵把那锯齿形的断头还可以安在舵的狭槽里，让他用来掌舵。他把麻袋在肩头围围好，使小船顺着航线驶去。航行得很轻松，他什么念头都没有，什么感觉也没有。他此刻超脱了这一切，只顾尽可能出色而明智地把小船驶回他家乡的港口。夜里有些鲨鱼来咬这死鱼的残骸，就像人从饭桌上捡面包屑吃一样。老人不去理睬它们，除了掌舵以外他什么都不理睬。他只留意到船舷边没有什么沉重的东西，小船这时驶来多么轻松，多么出色。

船还是好好的，他想。它是完好的，没受一点儿损伤，除了那个舵把。那是容易更换的。

他感觉到已经在湾流中行驶，看得见沿岸那些海滨住宅区的灯光了。他知道此刻到了什么地方，回家是不在话下了。不管怎么样，风总是我们的朋友，他想。然后他加上一句：有时候是。还有大海，海里有我们的朋友，也有我们的敌人。还有床，他想。床是我的朋友。光是床，他想。床将是样了不起的东西。吃了败仗，上床是很舒服的，他想。我从来不知道竟然这么舒服。那么是什么把你打败的，他想。"什么也没有，"他说出声来，"只怪我出海太远了。"

等他驶进小港，露台饭店的灯光全熄灭了，他知道人们都上床了。海风一步步加强，此刻刮得很猛了。然而港湾里静悄悄的，他直驶到岩石下一小片卵石滩前。没人来帮他的忙，他只好尽自己的力量把船划得紧靠岸边。然后他跨出船来，把它系在一块岩石上。

他拔下桅杆，把帆卷起，系住。然后他扛起桅杆往岸上爬。这时候他才明白自己疲乏到什么程度。他停了一会儿，回头一望，在街灯的反光中，看见那鱼的大尾巴直竖在小船船梢后边。他看清它赤露的脊骨像一条白线，看清那带着突出的长嘴的黑糊糊的脑袋，而在这头尾之间却一无所有。

他再往上爬，到了顶上，摔倒在地，躺了一会儿，桅杆还是横在肩上。他想法爬起身来。可是太困难了，他就扛着桅杆坐在那儿，望着大路。一只猫从路对面走过，去干它自己的事，老人注视着它。然后他只顾望着大路。

临了，他放下桅杆，站起身来。他举起桅杆，扛在肩上，顺着大路走去。他不得不坐下歇了五次，才走到他的窝棚。

进了窝棚，他把桅杆靠在墙上。他摸黑找到一只水瓶，喝了一口水。然后他在床上躺下了。他拉起毯子，盖住两肩，然后裹住了背部和双腿，他脸朝下躺在报纸上，两臂伸得笔直，手掌向上。

……

【作者简介】

海明威（1899—1961），美国小说家。一向以文坛硬汉著称，是美利坚民族的精神丰碑，1954 年度（第五十四届）的诺贝尔文学奖获得者、“新闻体”小说的创始人。代表作品有《太阳照样升起》、《乞力马扎罗的雪》、《永别了，武器》、《老人与海》、《过海记》、《弗朗西斯·麦康伯短促的幸福生活》。

【注释】

［1］原文为 Dentuso，西班牙语，意为“牙齿锋利的”，这是当地对灰鲭鲨的俗称。［2］即耶稣刚开始传道时，在加利利海边所收的最早的四个门徒之一彼得。［3］原文为 Galano，西班牙语，意为“豪侠、优雅”，在这里又可解作“杂色斑驳的”，也是一种鲨鱼的俗称。

伊豆的舞女（节选）

川端康成（日本）

一

道路变得曲曲折折的，眼看着就要到天城山的山顶了，正在这么想的时候，阵雨已经把丛密的杉树林笼罩成白花花的一片，以惊人的速度从山脚下向我追来。

那年我二十岁，头戴高等学校的学生帽，身穿藏青色碎白花纹的上衣，围着裙子，肩上挂着书包。我独自旅行到伊豆来，已经是第四天了。在修善寺温泉住了一夜，在汤岛温泉住了两夜，然后穿着高齿的木屐登上了天城山。一路上我虽然出神地眺望着重叠群山、原始森林和深邃幽谷的秋色，胸中却紧张地悸动着，有一个期望催我匆忙赶路。这时候，豆大的雨点开始打在我的身上。我沿着弯曲陡峭的坡道向上奔行。好不容易才来到山顶上北路口的茶馆，我呼了一口气，同时站在茶馆门口呆住了。因为我的心愿已经圆满地达到，那伙巡回艺人正在那里休息。

那舞女看见我伫立在那儿，立刻让出自己的座垫，把它翻个身摆在旁边。

“啊……”我只答了一声就坐下了。由于跑上山坡一时喘不过气来，再加上有点惊慌，“谢谢”这句话已经到了嘴边却没有说出口来。

我就这样和舞女面对面地靠近在一起，慌忙从衣袖里取出了香烟。舞女把摆在她同伙女人面前的烟灰缸拉过来，放在我的近边。我还是没有开口。

那舞女看去大约十七岁。她头上盘着大得出奇的旧发髻，那发式我连名字都叫不出来，这使她严肃的鹅蛋脸显得非常小，可是又美又调和。她就像头发画得特别丰盛的历史小说上姑娘的画像。那舞女一伙里有一个四十多岁的女人，两个年轻的姑娘，另外还有一个十五六岁的男人，穿着印有长冈温泉旅店商号的外衣。

到这时为止，我见过舞女这一伙人两次。第一次是在前往汤岛的途中，她们正到修善寺去，在汤川桥附近碰到。当时年轻的姑娘有三个，那舞女提着鼓。我一再回过头去看望她们，感到一股旅情渗人身心。然后是在汤岛的第二天夜里，她们巡回到旅馆里来了。我在楼梯半当中坐下来，一心一意地观看那舞女在大门口的走廊上跳舞。我盘算着：当天在修善寺，今天夜里到汤岛，明天越过天城山往南，大概要到汤野温泉去。在二十多公里的天城山山道上准能追上她们。我这么空想着匆忙赶来，恰好在避雨的茶馆里碰上了，我心里扑通扑通地跳。

过了一会儿，茶馆的老婆子领我到另一个房间。这房间平时大概不用，没有装上纸门。朝下望去，美丽的幽谷深得望不到底。我的皮肤上起了鸡皮疙瘩，浑身发抖，牙齿在打战。老婆子进来送茶，我说了一声好冷啊，她就像拉着我的手似的，要领我到她们自己的住屋去。

“唉呀，少爷浑身都湿透啦。到这边来烤烤火吧，来呀，把衣服烤烤干。”

那个房间装着火炉，一打开纸隔门，就流出一股强烈的热气。我站在门槛边踌躇了。炉旁盘腿坐着一个浑身青肿，淹死鬼似的老头子，他的眼睛连眼珠子都发黄，像是烂了的样子。他忧郁地朝我这边望。他身边旧信和纸袋堆积如山，简直可以说他是埋在这些破烂纸头里。我目睹这山中怪物，呆呆地站在那里，怎么也不能想象这就是个活人。

“让您看到这样可耻的人样儿……不过，这是家里的老爷子，您用不着担心。看上去好难看，可是他不能动弹了，请您就忍耐一下吧。”

老婆子这样打了招呼，从她的话听来，这老爷子多年害了中风症，全身不遂。大堆的纸是各地治疗中风症的来信，还有从各地购来的中风症药品的纸袋。凡是老爷子从走过山顶的旅人听来的，或是在报纸广告上看到的，他一次也不漏过，向全国各地打听中风症的疗法，购求出售的药品。这些书信和纸袋，他一件也不丢掉，都堆积在身边，望着它们过日子。长年累月下来，这些陈旧的纸片就堆成山了。

我没有回答老婆子的话，在炉炕上俯下身去。越过山顶的汽车震动着房子。我心里想，秋天已经这么冷，不久就将雪盖山头，这个老爷子为什么不下山去呢？从我的衣服上腾起了水蒸气，炉火旺得使我的头痛起来。老婆子出了店堂，跟巡回女艺人谈天去了。

“可不是吗，上一次带来的这个女孩已经长成这个样子，变成了一个漂亮姑娘，你也出头啦！女孩子长得好快，已经这么美了！”

将近一小时之后，我听到了巡回艺人准备出发的声音。我当然很不平静，可只是心里头七上八下的，没有站起身来的勇气。我想，尽管她们已经走惯了路，而毕竟是女人的脚步，即使走出了一两公里之后，我跑一段路也追得上她们，可是坐在火炉旁仍然不安神。不过舞女们一离开，我的空想却像得到解放似的，又开始活跃起来。我向送走她们的老婆子问道：“那些艺人今天夜里在哪里住宿呢？”

“这种人嘛，少爷，谁知道他们住在哪儿呀。哪儿有客人留他们，他们就在哪儿住下了。有什么今天夜里一定的住处啊？”

老婆子的话里带着非常轻蔑的口吻，甚至使我想到，果真是这样的话，我要让那舞女今天夜里就留在我的房间里。

雨势小下来，山峰开始明亮。虽然他们一再留我，说再过十分钟，天就放晴了，可是我却怎么也坐不住。

“老爷子，保重啊。天就要冷起来了。”我恳切地说着，站起身来。老爷子很吃力地动着他的黄色眼睛，微微地点点头。

“少爷，少爷!”老婆子叫着追了出来，“您这么破费，真不敢当，实在抱歉啊。”

她抱着我的书包不肯交给我，我一再阻拦她，可她不答应，说要送我到那边。她随在我身后，匆忙迈着小步，走了好大一段路，老是反复着同样的话：“真是抱歉啊，没有好好招待您。我要记住您的相貌，下回您路过的时候再向您道谢。以后您一定要来呀，可别忘记了。”

我只不过留下五角钱的一个银币，看她却十分惊讶，感到眼里都要流出泪来。可是我一心想快点赶上那舞女，觉得老婆子蹒跚的脚步倒是给我添的麻烦。终于来到了山顶的隧道。

“非常感谢。老爷子一个人在家，请回吧。”我这么说，老婆子才算把书包递给我。

走进黑暗的隧道，冰冷的水滴纷纷地落下来。前面，通往南伊豆的出口微微露出了亮光。

【作者简介】

川端康成（1899—1972），日本新感觉派作家，著名小说家。1899 年 6 月 14 日生于大阪，代表作有《伊豆的舞女》、《雪国》、《千只鹤》等。1968 年获诺贝尔文学奖。1972 年 4 月 16 日在工作室自杀身亡。已有多部作品在中国翻译出版。成名作小说《伊豆的舞女》（1926）描写一个高中生“我”和流浪人的感伤及不幸生活。名作《雪国》（1935—1937）描写了雪国底层女性形体和精神上的纯洁和美，以及作家深沉的虚无感。其他作品还有《浅草红团》(1929—1930)、《水晶幻想》（1931)、《千只鹤》(1949—1951)、《山之音》（1949—1954）和《古都》（1961—1962）等。

第三节　拓展阅读

【中国古代小说概述】

中国古代小说孕育于先秦时期的远古神话，经历了汉魏六朝杂史、志怪志人的成长，唐传奇的成熟，宋明话本、拟话本的发展壮大，最后在明清章回小说中展示出生命的辉煌。

从语体上说，中国古代小说又可分为文言小说和白话小说两大系统。

从艺术的渊源上说，中国小说的萌芽状态可以追溯到远古神话，《山海经》被称为“古今小说之祖”。先秦的史传文对小说的影响也很明显，《战国策》因其叙事的成熟完备及其中多篇显著的虚构色彩，更是被当做最初的小说体裁之一——杂史小说的开端。

汉代出现了第一篇初具规模的杂史小说《燕丹子》，它比《史记·刺客列传》中的“荆轲传”更富传奇色彩。

中国小说初具规模是在魏晋南北朝时期，其标志就是小说由以写事为主转向以写人及其性格特征为主，从而确定了人在小说中的主体地位。按内容可分为志怪和志人两类，前者以写神灵鬼怪及其妖异怪诞之事为主，代表作是晋代干宝的《搜神记》；后者以记载人物的琐闻逸事为主，代表作是南朝刘义庆的《世说新语》。这也是文言小说的第一个高峰。

中国古代小说真正成熟的标志是唐代传奇的出现与繁荣。他们在内容的丰富性、题材的多样性、人物的形象性、故事的艺术性和文笔的生动性等方面都是六朝小说所无可比拟的。涌现出一系列优秀传奇小说，如陈鸿的《长恨歌传》、沈既济的《枕中记》、李公佐的《南柯太守传》、李朝威的《柳毅传》、白行简的《李娃传》、蒋防的《霍小玉传》、元稹的《莺莺传》、杜光庭的《虬髯客传》等。内容以言情为主，搜奇记逸，文字婉转华艳，代表着早期文言小说艺术的最高成就，是文言小说的第二个高峰。

宋代出现了话本小说，它是民间说书人讲史或演说的底本，直接取材于现实生活，表达市民心声。如《碾玉观音》、《快嘴李翠莲记》、《错斩崔宁》等，都是脍炙人口之作，也是中国白话小说的滥觞之作。

明代掀起文人模仿话本风格而改编创作“拟话本”的高潮，“三言”、“二拍”、“一型”为其代表，也是古代白话小说的第一个高峰。“三言”即由冯梦龙选编加工而成的三部短篇小说集《喻世明言》、《警世通言》、《醒世恒言》，它是对民间文学的继承与革新，它的现实主义精神与白话短篇的形式，直接推动了拟话本的繁荣，《杜十娘怒沉百宝箱》是其优秀代表。“二拍”即凌蒙初的《初刻拍案惊奇》和《二刻拍案惊奇》，它比“三言”更注意求奇求巧和强调自身的创作主体意识。“一型”即陆人龙的《型世言》，创作精神由改编变为独创，重视小说议论和教化作用。

明清章回体白话小说和文言短篇小说的全面繁荣和辉煌是中国古代小说的丰收和总结。白话长篇主要包括：元末明初罗贯中的《三国演义》（第一部白话长篇历史小说，章回小说的开山之作）、施耐庵的《水浒传》（第一部以农民起义为题材的白话长篇小说，开小说英雄传奇之先河）；明代兰陵笑笑生的《金瓶梅》（开文人独立创作白话小说的先河，力促世情小说的成熟与繁荣）、吴承恩的《西游记》（第一部长篇神魔小说，浪漫主义白话长篇小说的杰出代表）；清代吴敬梓的《儒林外史》（中国讽刺文学的集大成者）、曹雪芹的《红楼梦》（人情小说的集大成者，古代白话小说的高峰与总结，代表着白话小说的最高成就，是一部内涵极为丰厚的鸿篇巨制）。煌煌巨著，构筑起古代白话小说的第二座高峰。清代蒲松龄的《聊斋志异》是一部文言短篇小说集，代表着文言小说的最高成就，是我国古代文言小说的第三个高峰。

【现当代小说概述】

中国现代小说和中国当代小说合称中国现当代小说，就性质上来说，是指用现代的语言和文学形式，表达现代中国人的思想情感、审美情趣的小说；在时限上是指 1917

年开始的新文化运动至新时期，包括了整个新民主主义和社会主义时期将近一百年的新文学。

一、中国现代小说的特点及发展过程

中国现代小说意识是在“五四”这个激荡的时代中觉醒的。鲁迅的《狂人日记》是其开山之作。鲁迅的小说数量虽然不多，但却显示了文学革命和思想革命相结合的实绩。鲁迅是中国现代小说之父。

中国现代小说的发展历经三十年，可分为三个时期。

（一）第一个时期（1917~1927年）

这是现代小说的开端期。

这一时期也是我国新民主主义革命的开端期，几千年来被奉为正统的旧的秩序、观念、道德被颠覆，新的秩序、观念和道德标准尚未建立，“五四”思想启蒙者大多数以西方文学作品及文艺学、哲学理论作为批判现实社会、探寻社会出路的武器。大量外国小说及理论的输入也促进了“五四”新小说的发生、发展。

特点：这一时期的小说创作以短篇最多，有问题小说、人生派小说、乡土写实小说和浪漫抒情派小说。

（1）问题小说：问题小说并未构成小说流派，它只是“五四”前后三四年间的一股“题材热”，作者的创作方法并不一致，其中既有现实主义，也有浪漫主义、象征主义，但作家无论采用哪种创作方法，都是以“表现并且讨论一些有关人生一般的问题”为主要目的的。1921年以后，现代小说流派竞起。

代表作品有：冰心的《斯人独憔悴》、《超人》，王统照的《沉思》、《微笑》，罗家伦的《是爱情还是苦痛》，庐隐的《一封信》、《灵魂可以卖么》、《或人的悲哀》、《丽人的日记》、《海滨故人》和俞平伯的《花匠》等。

（2）人生派小说：人生派作家关心社会现实问题，并以人道主义和革命民主主义的态度关心民生疾苦。

代表作品有叶圣陶的小说集《隔膜》、《火灾》和《线下》，其中《潘先生在难中》最为引人瞩目。此外，还有王统照的短篇小说集《春雨之夜》、《霜痕》、《号声》和中长篇小说《一叶》、《黄昏》等，许地山的《命命鸟》、《商人妇》、《缀网劳蛛》、《换巢鸾凤》和《黄昏后》以及王任叔的《破屋》集等。

（3）乡土写实小说：乡土写实小说以写实的笔法描写我国农村的风土人情和农民的悲惨生活，代表作品有王鲁彦的《许是不至于罢》、《阿长贼骨头》、《宴会》，彭家煌的《怂恿》、《活鬼》、《隔壁人家》、《我们的犯罪》，台静农的《地之子》、《烛焰》、《天二哥》，许钦文的《疯妇》、《鼻涕阿二》、《石宕》，蹇先艾的《水葬》，许杰的《惨雾》、《赌徒吉顺》、《出嫁的前夜》、《台下的喜剧》以及废名的《竹林的故事》等。

（4）浪漫抒情派小说：浪漫抒情派小说热烈地要求小说逼近自我的个性和气质，追求小说的散文化和诗化，代表作品有郭沫若的《牧羊哀话》、《残春》、《漂流三部曲》、《行路难》，郁达夫的《沉沦》、《银灰色的死》、《茑萝集》，张资平的《冲积期化石》，陶晶孙的《音乐会小曲》和叶灵凤的《女娲氏之遗孽》、《菊子夫人》等。

（二）第二个时期（1928～1937 年）

这是现代小说的极盛期。

特点：①小说创作更加急切地参与历史，小说大家茅盾、老舍、巴金、沈从文都在这一时期有不俗的表现，且大多先后发表长篇代表作。②这一时期小说创作的一个突出现象就是由于政治与商业对小说的介入，促使分别形成了以“左联”为核心的左翼文学、商业化的海派文学和远离政治与商业影响的京派文学。

茅盾：茅盾承继了“人生派”的现实主义精神，建立起在当时来说全新的革命现实主义文学模式，他这一时期中、长篇小说从《幻灭》、《动摇》、《追求》到《虹》、《子夜》，逐渐到达了左翼文学创作艺术的一个高峰。《子夜》与作家叶圣陶 1929 年出版的《倪焕之》在现代小说史上成为现代长篇小说的真正开端。这一时期茅盾还写了一系列展示农村和小市镇的阶级矛盾、经济状况和社会心理的中、短篇小说，著名的有农村三部曲《春蚕》、《秋收》、《残冬》以及《林家铺子》。他的小说“以社会阶级意识和文化心理描绘为特色，展现了一幅以《子夜》为中心，由大都会旁及小市镇，再旁及农村的社会百相图”。

老舍：老舍小说的贡献在于他别具一格的“京味”文体风格，在于他在追求民族化与个性化方面的突出成绩，在于他在观察表现市民社会时独特的文化批判视角。他这一时期代表性的作品有长篇巨制《猫城记》、《离婚》、《骆驼祥子》和《牛天赐传》，中篇小说《月牙儿》，短篇小说《断魂枪》、《柳家大院》和《微神》。

巴金：巴金的中、长篇小说与茅盾、老舍的一起构成了第二个十年中现代小说创作的艺术高峰。他的中、长篇小说带有强烈的主观性和抒情性，特别是小说中构建的“青年世界”是现代文学艺术园地里引人注目的景观。这一时期他奉献出了爱情三部曲《雾》、《雨》、《电》和激流三部曲之一的《家》。

左翼小说：小说是左翼文学中收获最丰的文体。在小说领域，“左联”不仅有茅盾、丁玲、蒋光慈、欧阳山、柔石等较早开始创作的作家，而且在鲁迅和茅盾的扶持下，还有张天翼、魏金枝、蒋牧良、沙汀、艾芜、周文、叶紫、萧军和萧红等左翼小说新人。“左联”准备期间的小说以蒋光慈为代表，他的小说从《冲出云围的月亮》、《丽莎的哀怨》到《咆哮了的土地》，比较典型地反映出左翼小说从最初的“革命＋恋爱”、公式化、口号化到以革命现实主义对“革命浪漫蒂克”自觉克服的轨迹。柔石、胡也频、丁玲等人的出现标志着现代文学真正超越了“革命文学”。柔石的《二月》、《为奴隶的母亲》完全脱离了概念化的创作风气。给丁玲带来极大声誉的是她的《莎菲女士的日记》。左翼新人小说中不乏现实主义的优秀之作，像张天翼的《包氏父子》、《笑》、《脊背与奶子》、《清明时节》，沙汀的《代理县长》、《在祠堂里》，叶紫的《丰收》，艾芜的《南行记》，萧军的《八月的乡村》，萧红的《生死场》等。这一时期还有一些青年作家是“左联”的同路人，他们的作品也常被视作左翼小说，如吴组缃的《西柳集》和罗淑的《生人妻》等。

京派小说：沈从文是京派小说的开创者，也是京派小说最优秀的代表人物。他小说的价值在于他的“湘西”主题，“他以‘人类’的眼光悠然神往地观照本族类的童年，兴味多在远离时代旋涡的汉苗杂居边远山区带中古遗风的人情世态，为这种‘自然民族'写了一部充满浪漫情调的诗化的'民族志'。"这部分小说短篇有《龙朱》、《月下小景》、《会明》、《柏子》等，中篇以《阿黑小史》和《边城》为代表。这类作品被作者自称为"乡土抒情诗"，它们往往不重情节与人物，强调叙述主体的感觉、情绪在创作中的重要作用，被研究者称为"文化小说"、"诗小说"或"抒情小说"，沈从文因此也被人称为"文体作家"。沈从文还有一类"都市小说"作为"湘西小说"的陪衬和补充，这类作品的代表为短篇小说《八骏图》。这一时期值得提及的京派小说代表作品还有废名的《莫须有先生传》、《桥》，萧乾的《篱下集》和芦焚的《谷》等。

海派小说：20世纪30年代上海世界性大都市的形成以及它高度的商业化促使了海派小说的发展。第一代海派小说家及其作品有张资平的《最后的幸福》、《长途》、《上帝的儿女们》，叶灵凤的《紫丁香》、《流行感冒》，林徽音的《花厅夫人》，徐蔚南的《都市的男女》等。第二代海派小说又被称为新感觉派小说，代表作品有施蛰存的《将军底头》、《梅雨之夕》，穆时英的《公墓》、《白金的女体塑像》、《圣处女的感情》，刘呐鸥的《都市风景线》等，这些作品表现了病态的城市生活，作者吸取现代派的表现技巧，注意以人的视、听等感官去认识世界，较敏感地抓住人瞬间的感受，并用象征、暗示等手法加以精细描写，丰富了第二个"十年"的创作手法。

（三）第三个时期（1938～1949年）

这是现代小说创作的变新期。

特点：由于抗日战争、解放战争的相继爆发，中国大地分成国民党统治区、沦陷区以及解放区。这三个地区的作家有较大的差别，主要表现在：

第一，国统区和沦陷区的小说以批判现实主义为主要特色，而解放区的小说则以社会主义现实主义为主。在国统区，有张天翼的《华威先生》，茅盾的《腐蚀》，沙汀的《在其香居茶馆里》，巴金的《第四病室》、《寒夜》，黄谷柳的《虾球传》等，都是揭露国民党丑恶嘴脸和社会黑暗面的优秀之作。解放区则出现了一批描写农民的觉醒和成长，描写劳动中人与人的新型关系、崇高的道德和对美好生活、理想的追求的作品，代表作品有赵树理的《小二黑结婚》、《李有才板话》，孙犁的《荷花淀》，周立波的《暴风骤雨》，丁玲的《太阳照在桑乾河上》，孔厥、袁静的《新儿女英雄传》，马烽、西戎的《吕梁英雄传》等。

第二，解放区的作品着力于小说创作的群众化、民族化，而国统区作家则在深化现实主义创作风格方面作出了自己的贡献。解放区的作家在为小说创作民族化作出重大贡献的同时，因过于"迁就"工农群众的欣赏习惯和美学趣味，强调小说的"戏剧性"、通俗化，这在吸引了大批工农读者的同时也付出了代价，导致了某些作品艺术性的不足。在国统区的创作中，老舍的《四世同堂》，钱钟书的《围城》，巴金的《寒夜》，张爱玲的《倾城之恋》、《金锁记》等，都从独特的角度反映了特定历史时期中国社会的一些本质特征，在批判的尖锐性、揭露的深刻性方面一定程度上超出了"五四"以来的现实主义小说，艺术表现技巧也较为圆熟，丰富了第三个"十年"小说创作的业绩。

二、中国当代小说的特点及发展过程

中国当代小说的历史发展可以分为三个时期，即从新中国成立后到"文化大革命"

前的“十七年”时期、“文化大革命”时期和“文化大革命”结束之后至今的“新时期”。

（一）新中国成立“十七年”时期的小说

在“十七年”时期的小说创作中，长篇小说的成绩最为显著，短篇小说也硕果累累，中篇小说也不乏优秀之作。

（1）长篇小说：从1949年到1966年的十七年间，共有二百多部长篇小说正式出版，其中的优秀之作主要有：柳青的《创业史》（第一部）、杜鹏程的《保卫延安》、赵树理的《三里湾》、李人的《大波》、梁斌的《红旗谱》、杨沫的《青春之歌》、罗广斌和杨益言的《红岩》、吴强的《红日》、曲波的《林海雪原》、欧阳山的《三家巷》、李英儒的《野火春风斗古城》、周立波的《山乡巨变》、周而复的《上海的早晨》（第一部）等。这些长篇小说的题材领域和艺术风格丰富多样，注重深广地概括社会生活，描绘和揭示我国人民的革命道路与历史命运，塑造了一系列血肉丰满的典型形象。但是，由于历史的局限性，作家们对文学政治功能的过分追求也限制了一些作品的思想艺术水平。

（2）短篇小说：“十七年”时期的中、短篇小说创作也取得了丰硕成果，比较而言，短篇小说的成就更为巨大，涌现了一大批擅长短篇创作、具有独特风格的作家，其中最应重视的创作现象和作家作品有：

①新中国成立初期出现的代表作家及代表作品有：赵树理的《登记》、孙犁的《山地回忆》、李準的《不能走那条路》和在当时引起广泛争议的路翎的《洼地上的“战役”》、萧也牧的《我们夫妇之间》等。

②20世纪50年代中期的优秀作品是文学新人带来的，它们是峻青的《黎明的河边》、王愿坚的《党费》、茹志鹃的《百合花》等。

③“双百方针”之后的作品：在1956年毛泽东提出“百花齐放、百家争鸣”的方针之后出现了两类作品。第一类是干预生活的作品，其特点是大胆干预生活、反映社会矛盾，勇于触及时弊。以王蒙的《组织部新来的青年人》、李準的《灰色的篷帆》、李国文的《改选》、耿简的《爬在旗杆上的人》、耿龙祥的《入党》为代表。第二类是爱情题材的作品，它们注意表现爱情本身的丰富性与复杂性，努力挖掘爱情之中所蕴涵的社会时代内涵和丰富的人性内容，在题材领域的开拓和思想内容的发掘与艺术风格的创新上，都取得了重要成就。以宗璞的《红豆》、邓友梅的《在悬崖上》、陆文夫的《小巷深处》、刘绍棠的《西苑草》、丰村的《美丽》、李威仑的《爱情》为代表。

④20世纪60年代初期，由于中央的文艺政策进行了一定的调整，50年代后期的“反右”斗争以及其后的“左倾”错误给文学创作带来的消极影响逐渐得到克服，短篇小说的现实主义精神得到了发扬，作家在题材问题、人物创作问题和艺术形式方面大胆探索，创作了大批优秀作品，如现实题材方面赵树理的《套不住的手》、西戎的《赖大嫂》、欧阳山的《乡下奇人》、张庆田的《“老坚决”外传》和历史题材小说陈翔鹤的《陶渊明写〈挽歌〉》和《广陵散》、黄秋耘的《杜子美还家》、冯至的《白发生黑丝》、李束为的《海瑞之死》等。

（3）中篇小说：“十七年”时期中篇小说创作与长篇和短篇相比不甚发达，但也出现了孙犁的《铁木前传》、刘绍棠的《运河的桨声》和杜鹏程的《在和平的日子里》等优秀作品。

（二）“文化大革命”时期的小说

“文化大革命”时期，由于“四人帮”文化专制主义的实行，文艺领域一片萧条，在此期间正式出版和发表的小说几无优秀之作。

（三）“新时期”的小说

“文化大革命”以后的“新时期”小说创作是“新时期文学”最有成就的一个领域。

1. 20世纪80年代的小说创作

这个时期的小说创作有一个最为突出的表征，就是小说创作潮流的不断更迭与演进。这些小说潮流主要有：

1）伤痕小说

这是“新时期”小说最早涌现的潮流。

“伤痕小说”的特点主要是揭露和控诉“四人帮”的罪行，表现对人民遭遇的深切同情，歌颂对“四人帮”的不屈斗争，及时地感应了时代脉搏，表现了时代主题，反映了人民心声，也提出了很多发人深省的社会问题。

代表作品主要有：刘心武的《班主任》、卢新华的《伤痕》（“伤痕小说”得名于此）、周克芹的《许茂和他的女儿们》、王蒙的《最宝贵的》、宗璞的《弦上的梦》、丛维熙的《大墙下的红玉兰》、礼平的《晚霞消失的时候》、叶辛的《蹉跎岁月》和竹林的《生活的路》等。

2）反思小说

略晚于“伤痕小说”之后出现的“反思小说”在历史内容上进一步扩展和深化，它把作品所反映的社会现实由“文化大革命”向前推进至50年代中期，对新中国成立以来特别是50年代中期以来的“极左”路线进行了深刻的批判与反思，作家的目光更为深邃，作品的主题也更为深刻，带有更强的理性色彩和悲剧意味。

代表作品主要有：鲁彦周的《天云山传奇》、高晓声的《李顺大造屋》、古华的《芙蓉镇》、张弦的《被爱情遗忘的角落》、张一弓的《犯人李铜钟的故事》、王蒙的《蝴蝶》、谌容的《人到中年》、韩少功的《西望茅草地》、李国文的《月食》、张贤亮的《灵与肉》等。

3）改革小说

“改革小说”主要反映我国各个领域的改革进程及其引起的社会变革、价值冲突及心理震荡。以1979年第7期《人民文学》发表的蒋子龙的《乔厂长上任记》作为标志。

代表作品除蒋子龙的《乔厂长上任记》外，还有张锲的《改革者》、柯云路的《三千万》和《新星》、张洁的《沉重的翅膀》、李国文的《花园街五号》、张贤亮的《男人的风格》、张炜的《秋天的愤怒》、贾平凹的《浮躁》等。

4）寻根小说

兴起于1985年前后的“寻根小说”注重以现代意识观照现实与历史，并对题材所蕴涵的深层的历史文化信息进行艺术传达，进而探寻民族文化和民族灵魂重建的可能。

代表作品有：韩少功的《爸爸爸》、《归去来》、《女女女》，阿城的《棋王》、《树王》、《孩子王》，郑万隆的《异乡异闻》，郑义的《老井》、《远村》，李杭育的《沙灶遗风》，王安忆的《小鲍庄》等。

5）现代派小说

“现代派小说”大量借鉴西方现代主义的艺术表现方法，是真正具有现代主义精神意识的小说流派，出现于80年代中期。

代表作品有：刘索拉的《你别无选择》、《蓝天绿海》、《寻找歌王》，徐星的《无主题变奏》，莫言的《红高粱》、《球状闪电》、《透明的红萝卜》和残雪的《苍老的浮云》、《黄泥街》等。

6）实验小说

“实验小说”出现于80年代中期，在文化内涵、文学观念和文本特征方面均有激进的反叛色彩和实验品格。

代表作品有：马原的《虚构》、《冈底斯的诱惑》，洪峰的《极地之侧》，苏童的《1934年的逃亡》、《平静如水》，余华的《现实一种》、《一九八六年》、《古典爱情》、《鲜血梅花》，叶兆言的《枣树的故事》，格非的《迷舟》、《褐色鸟群》和孙甘露的《信使之函》、《访问梦境》等。

7）新写实小说

在“实验小说”稍后出现的“新写实小说”，注重对生活原生态的还原，大多以客观化的“冷漠叙述”来表现叙述者对于现实的无奈与认同，缺乏明确的价值判断与理性精神。

代表作品有：池莉的《烦恼人生》、《不谈爱情》、《太阳出世》，刘震云的《单位》、《一地鸡毛》，方方的《风景》、《随意表白》等。

2. 20世纪90年代的小说创作

90年代，中国社会转型带来的文化形态的巨大变异直接导致了文学格局、观念及价值取向等方面的变化。知识分子开始对自身的价值、曾经持有的文化观念产生怀疑，在90年代的文化意识和文学内容中，80年代那种进化论式的乐观情绪受到很大的削弱，而犹豫困惑、批判和反省的基调得到凸现。这个时期，作品的形式探索处于边缘地位，而作品的文学内容得到凸现和重视。于是出现了反思历史的历史小说，关注生存的精神性的作品，当然还有表现物化、欲望化的现代都市生活的作品。虽然作家们站在不同的立场上写作，虽然这个时期的小说创作不像90年代以前那样潮头迭起，但作家们仍然努力在社会文化空间中发出自己独立存在的声音。同时，作家们在相对自由轻松的环境里逐渐成熟了属于自己的创作风格，写出越来越多的优秀作品，诸如王安忆的《叔叔的故事》、史铁生的《我与地坛》、张承志的《心灵史》、张炜的《九月寓言》、余华的《许三观卖血记》、韩少功的《马桥词典》等。这些作品都堪称是中国20世纪最后十年文学界的重要收获，也是此世纪文学舞台上的一道庄严神圣的落幕。

【小说鉴赏】

一、小说的性质、特点与分类

（一）小说的性质与基本特点

小说是以塑造人物形象为中心，反映人生的一种散文体的叙事性的文学样式。同其他文学样式相比，小说具有独特的效能和作用。它能够更加广泛、具体、深入地描绘人物的生活环境，多角度、多方面地刻画人物性格，全面细致地反映复杂的社会生活。小说虽然是后起的文学品种，但当它一旦在文坛上崛起，即迅速占据了主位，并以其巨大的影响而“超过了一切其他种类的文学，独赢得社会的垂青”。

小说的基本特点首先是它对现实社会生活描写的广阔性和丰富性。评论家常用“生活的画卷”来形容小说，就是指出了它概括现实生活的巨大容量。如《红楼梦》就是一部时代的形象的百科全书。

小说的第二个特点是人物形象刻画的丰富性和细致性。这一特点也是在和剧本、诗歌相比较之中体现出来的。比如剧本，它是供演出时用的，它把人物限定在几幕戏和三四个小时的时间内，只能通过人物的对话和动作来刻画人物，因此难以多方面、多方位地来刻画人物。又如叙事诗，篇幅既短，又必须保持强烈的属性色彩、语言的音乐性，因而也不可能对人物作精细的描写。但是在小说里，情形就大不一样。只要是对人物性格的描写有好处，只要是展示人物命运的需要，作者可以把人物过去的身份、活动经历，详尽地进行说明，也可以借助说故事人的介绍，毫无限制地写出人物的心理活动和隐秘的思想情感；可以把人物放在激烈的现实冲突中展现他（她）们的性格特点，也可以在大量琐细的日常生活的描写中来完成对其形象的刻画。总而言之，在小说中，作者对人物的塑造手法，只要是对艺术表现有帮助，都可以自由运用，各显其能。

小说的第三个特点是故事情节的完整、复杂和环境描写的具体、生动。情节是由一系列能够展示人物及环境的关系的时间、细节组成的，人物思想性格的形成和发展在很大程度上有赖于情节的展开和发展；小说的情节越完整、复杂，人物的思想性格就越能得到全面、细致的表现。

人物刻画的丰富性、细致性，故事情节的完整性、复杂性，环境描写的具体性、生动性，这几方面密切结合，相互依存，使小说成为最能广泛表现人生，表现错综复杂的社会生活，为人民大众所喜爱的文学样式。

（二）小说的分类

按篇幅的长短、容量的大小，小说通常分为长篇、短篇、中篇。

二、鉴赏小说应抓住人物形象作具体剖析

文学是人学，小说作为广泛、细致地表现人与人生的文学样式，更是把创造人物形象作为重要的艺术使命，更为重视人物形象塑造的完美。一部小说成功与否，主要是看人物写得如何；分析、鉴赏小说必须抓住人物形象作具体剖析，尤其是主要人物形象。

首先看其是否逼真、富有生命力。小说以语言文字创造人物，作者要通过单纯的语言文字的描述，达到使读者为书中的人物一掬同情之泪，深深关怀他（她）们的命运，

为他（她）们而喜而忧、而笑而哭的艺术效果。最关键的一点，就是必须使书中的人物“活”起来，了如生活中的真人。优秀小说中的人物，能够使我们听到他们的声音，感受他们的思想，洞见他们的肺腑。

三、注意把握作品的情节和结构

在叙事性作品，尤其是在小说中，情节与结构往往是一致的。人们通常把结构称为情节结构，认为结构主要表现在情节安排和组织上，这说明了情节与结构的密切联系。但二者又毕竟不完全相同，下面分别说明。

先谈情节。小说是典型的叙事性文学作品，情节是其基本要素之一。高尔基认为情节“即人物之间的联系、矛盾、同情、反感和一般的相互关系——某种性格典型的成长和构成的历史”。就广义而言，小说中一切能显示人物与人物之间、人物与环境的复杂关系的大小事件都在情节范畴之内。

再谈结构。一部小说，特别是长篇小说，写了许多人、许多事，纷纭复杂，如何把这些人与事组织安排，使之成为一个有机的整体，用以表现作品的思想内容，这就是结构的问题，也是一个很重要的艺术表现问题。它有一定的原则：

第一，结构要服从表现主题需要。

第二，结构要为人物性格的塑造和人物性格的发展服务。

第三，结构要把握整个形象体系，保证作品的完整、统一、和谐。

四、深入挖掘作品主题

主题是和题材密切联系在一起的，是构成文学作品内容的一个重要因素。小说的主题就是指通过描绘社会生活和塑造艺术形象所显示出来的中心思想。挖掘小说的主题，要把握以下两个方面：

第一，主题蕴涵于具体、鲜明的各种人物关系、生活事件、各个生活侧面的描绘之中，通过完整、生动的艺术形象显示出来，而不是作家从外部硬加到作品中去、游离于作品形象体系之外的东西。

第二，作品反映的社会生活丰富多彩，概括的容量大，涉及的人物事件比较繁杂，显示了多方面的思想情感意义，使主题也呈现出复杂性。

五、注意品鉴小说的语言特色

文学是语言的艺术，但不同体裁的作品的语言功能并不千篇一律。小说的基本功能就是描摹，它要用语言去创造形象，塑造典型，表现事件以及自然现象和思维过程，语言是构成小说的第一要素。

小说语言的第一要求是准确性。

小说语言的第二要求就是人物语言的口语化。

小说语言的第三要求就是叙述人语言的群众化与民族化。

下编

写 作

第五章 散文写作

第一节 散文概述

中国是一个散文大国。古今的散文大家和作品，享誉很高。20 世纪 80 年代以来，我国的散文创作出现了前所未有的好势头，散文创作持续火爆，涌现了一批专事散文的作家，一些学者、诗人、小说家、评论家、艺术家也跻身其中，众多的大学生也喜爱读写散文。“‘五四’以来的中国散文史，无疑是继先秦、两汉、魏晋、唐宋、明清散文这一座座峰峦之后的又一个高峰。它最为重大的意义是企图号召整个民族，彻底地走向人性的解放，树立科学和民主、平等和自由的现代文明观念。多少散文家都通过自己洋溢着独特个性的笔触，在不同的领域之内，从种种不同的视角，程度不等地完成着这个神圣的使命。”（见傅德岷主编《中国现代散文发展史》林非所作序）

我国当代散文发展到今天，取得了很大的成绩，发表、出版了一大批优秀的散文，它们坚持对人生的始终关怀，坚持文学应该有益于人心世道，应该净化、美化和慧化人心，艺术上坚持众美并具、雅俗共赏的原则，成为色、香、味俱全的文化品位的精神食粮。同时，当代散文也面临创新与发展的问题。如今的读者对各类散文家及其作品褒贬不一，文坛上存在多种声音，表明散文创作同样是“没有最好，只有更好”。散文作者只有认识到这一点，才能正确对待他人和自己。散文作者应该顺应时代的潮流，关注社会人生，要以自身的人格力量打动读者。散文属于高雅的精神产品，在经济大潮的冲击下，应当有一个清醒的对抗“商品”的精神。散文的开放是精神的开放、境界的开放，对于境界的把握，应比读者高出一个层次。中外散文名家的成功经验证明，散文创作必须讲究风格和形式，没有风格的写作最终会失去创作的个性。

学习散文写作有两条途径：其一是从模仿入手，跟在他人后面亦步亦趋。这种没有理论的盲目实践，往往事倍功半。其二是阅读了一些散文，有了些感性认识，然后学习散文写作理论，使感性认识上升到理性认识的阶段，再阅读名家范文，然后从事写作实践，这样就可以事半功倍。我们应取第二条途径，即：阅读→研究→阅读→写作。

一、散文的概念

什么是散文呢？有广义和狭义两种概念。广义的散文，在古代指的是一切不押韵的文章。刘勰在《文心雕龙》的《总术》篇写道："今之常言，有'文'有'笔'，以为无韵者'笔'也，有韵者'文'也。"所谓笔，就是指韵文以外的一切记叙性和议论性的文体，这些文体就是散文。不过，古代没有"散文"这一名称，"散文"这个名称是"五四"时期才有的。在现代，广义的散文包括除诗歌、小说、戏剧、影视文学外的一切叙事性、议论性、抒情性的文体，如秦牧在《海阔天空的散文领域》中说，"不属于其他文学体裁，而又具有文学味道的一切篇幅短小的文章，都属于散文的范围"。这样，就有了抒情散文、叙事散文和议论散文等的分类。

狭义的散文则专指抒情散文。这是因为随着文体的发展，叙事散文中的通讯特写、传记文学、报告文学等，已经发展成为独立的文体，各成一类；议论散文则有了专门的名称——杂文，也从散文中分了出来，剩下的只有抒情散文，这就是狭义的散文。

我们这里要学习的主要是抒情散文，也涉及叙事散文和其他类型的散文。

二、散文的写作特点

散文是一种内容丰富、题材广泛、篇幅短小、体裁多样、形式灵活、文情并茂的文体。在写作上，它有以下六个特点。

（一）内容丰富，题材广泛

散文的内容涉及自然万物、各色人等、古今中外、政事私情……可以说是无所不包、无所不有的。可以写国内外社会上的矛盾、斗争，写经济建设，写文艺论争，写伦理道德，也可以写文艺随笔、读书笔记、日记书简；既可以是风土人物志、游记和偶感录，也可以是知识小品、文坛轶事；它能够谈天说地，更可以抒情写趣。凡是能给人以思想启迪、美的感受、情操的陶冶，使人开阔视野，丰富知识，心旷神怡的，都可选作散文的题材。

（二）思想精辟，诗意盎然

散文多是真情实感的产物，那些优秀的篇章，都有思想火花的闪耀，表现着作者对时代和人生的深刻认识与精辟见解。"凡掷地作金石声的作品差不多总是包含着鲜明的思想、结结实实的思想。有闪光的思想之焦点，飞跃着不灭的思想之火焰的。"（《说散文》）我们读鲁迅的《雪》，可以学到鲁迅从飞雪和雪罗汉身上探索到的美好、光明以及与冷酷现实进行顽强斗争的革命精神；读茅盾的《白杨礼赞》，可以看出茅盾怎样从平凡的白杨树身上联想到北方农民的坚强不屈和英勇豪迈的形象；读袁鹰的《井冈翠竹》，可以领悟作者从普通的毛竹思考到井冈山人民的献身革命与建设的精神品质。秦牧说得好："思想像一根线串起了生活的珍珠，没有这根线，珍珠只能够弃散在地。"散文的优秀作品还每每是诗意盎然的。苏联作家巴乌斯托夫斯基也指出："真正的散文是充满诗意的，就像苹果饱含着果汁一样。"

（三）短小精悍，自由灵活

有人称散文是文艺战线上的"轻骑兵"，就是因为它具有篇章短小精悍、形式灵活自由的特点。我国古代散文的名篇多数是很短的，如韩愈的《马说》仅 150 字，柳宗元的《小石潭记》193 字。现代散文的名篇多数也是很短的，如许地山的《落花生》482 字，茅盾的《白杨礼赞》1074 字。当然，较长的优秀散文也是有的，但它与一般记叙文相比，仍是精悍之作。所以，散文写作要求做到短小精悍，以小见大，言近旨远。

散文写作自由、灵活这一特点，在写作上，首先指的是表达方式灵活自如，不局限于某一种表达方法。因而，散文写作可以记人、叙事、状物、写景、抒情、说理、呐喊、怒吼、抨击、赞颂、幽默、讽刺、高歌、浅唱、漫谈、絮语、嘻笑怒骂、妙语解颐……各式各样，应有尽有。其次，写作者可以自由、灵活地选用各种体裁来写，赋铭、速写、游记、书信、日记、序跋、偶感、随笔、回忆录、读后感……任人选择，因人而异，都能写成佳作。

（四）形散神收，博而不杂

宋代大散文家、诗人苏轼在《文说》中说："吾文如万斛泉涌，不择地而出。在平地，滔滔汩汩，虽一日千里无难。及其与山石曲折，随物赋形而不可知也。所可知者，常行于所当行，常止于不可不止，如是而已矣。"

"形散神不散"，这是许多散文作家的经验之谈。散文必须"散"，必须"博"，也就是说，从表面上看，从形式上看，它运笔如风，不拘成法，似乎散漫无章，行文时断时续，时而勾勒描绘，时而倒叙联想，时而感情迸发，时而侃侃议论，既有天文地理，又有伦理人情，这段写甲地，那段却写乙地。但是，它的"神"却是始终不散的，是首尾一贯的，是表现作者一定的思想、感情的。"神收"、"不杂"，指的就是文章始终紧紧围绕一个中心，贯穿一条红线，做到结构紧凑，层次分明，详略得当，重点突出。

（五）直抒胸臆，自具风格

文学作品都是带有感情的，小说、戏剧的作者，往往把自己强烈的感情倾注在人物形象的塑造上，作者对生活的感受、对人物的爱憎褒贬，一般是通过间接的方式表现出来的。而散文则不一样，它常常像诗歌一样，每每用直接抒情的方式抒写胸臆，不仅使读者知其理、晓其事，而且悟其心、感其情。因此，散文要求作者写真情实感。真情是散文的生命，只有直抒胸臆，把真情实感捧给读者，才会赢得读者的喜爱。作家贾平凹在回答"散文创作要不要绝对真实"的问题时说："这个问题争论很多，又都没有一定结论。我个人的体会，还是倾向于'绝对真实'四个字。所谓真实，主要是指在感情以及运用环境和事件上。古人写的散文，题材也是很广泛的，但古人写散文，都是有感而发。今人写散文，多多少少存在着一些为写而写的现象，所以在绝对真实问题上就出现了所谓'理论与实践上的不一致'。也正因为如此，这些散文就写得不那么成功了。当然，作为文学作品应该生活化，生活也应该作品化，散文尤是这样。"（《怎样写好散文》）

写作要"文如其人"，散文更是这样。名家都有自己的风格，他们的作品即使不署名，读者也能从风格上看出作者是谁。如鲁迅的散文深刻、精练、峭拔，虽然他写文章经常改换笔名，然而"何家干"的文章，明眼人一看就看出是鲁迅。郭沫若的散文气势浩荡，又清丽缠绵。茅盾的散文与郭沫若的浩荡相反，表现为深刻而细微。还有，老舍的散文诙谐，冰心的散文慈爱，叶圣陶的散文严谨畅达，方纪的散文潇洒俊逸，等等。初学写作者一时不可能形成自己的散文风格，但是必须向这些各有风格的散文作家学习，经过多次的实践、创造，努力形成自己的散文风格。

（六）精雕细琢，文采斐然

优秀的散文不可能是"掉以轻心"写出来的，它们都是作者精雕细琢、刻意加工的结晶。秦牧指出："一篇小小的散文也许写作时间仅仅是一两个小时，但却要求作家深厚的素养，而且不断扩大和丰富这种素养。把散文当作是'小功夫'，'掉以轻心'的写作态度，是很不利于我们散文创作的繁荣发展的。即使是怎样熟练的名作家，我们也要求他们在写作一篇小文章时，采取'大象搏狮用全力，搏兔也用全力'的态度。"

学习散文写作，既要掌握华丽的文采，也要掌握朴素的文采。写得华丽并不容易，写得朴素更难。徐迟的文章是很有文采的，他常用赋的方法兼用比、兴修辞，使得文采华美。但是他说："只有写得朴素了，才能显出真正的文采来。古今大散文家，都是这样写作的。越是大作家，越到成熟之时，越是写得朴素。而文采闪耀在朴素的篇页之上。"我们还要看到，不管是华丽的还是朴素的，散文的富有文采的语言都是从新鲜、活泼的口语中来的，是对优秀的古代散文创造性的继承，也是作者仔细选择、锤炼和加工的结果。

第二节　散文的写作

一、精于立意

"凡文以意为主"。散文的"意"是存在于深厚的生活土壤和浩瀚的生活海洋中的。要获得它，必须依靠我们对生活的深入观察、感受、理解。因此，散文立意只要从生活实际出发，凭着鲜明的感受，锋锐的观察能力，同人民同时代共同跳动的脉搏，深厚的感情，丰富的想象，深沉的思索，就会感到我们生活中洋溢着的诗意。这诗意，就是使我们心灵受到触动的东西，使我们眼睛豁然开朗的东西，思想突然升华的东西，感情更为纯洁的东西，它就是灵感。我们要为自己的散文立意就要赶紧捕捉住它。因为这里面有心灵的颤动，思想的闪光。刘白羽说："哪怕是微弱的闪耀也比没有闪耀要好，这才不是一般的照相，这才是文学。"（《早晨的太阳》序）

二、善于构思

构思是写作者对生活素材进行去粗取精、去伪存真、由此及彼、由表及里的加工、提炼的过程。写作者要在构思中为散文的思想内容寻找尽量完美的艺术形式，使思想性与艺术性达到和谐的统一。因此，构思要解决立意、选材、创造意境、确定体裁、基本手法、布局谋篇等问题。这里着重讲讲确定体裁、寻找线索、创造意境三个问题。

第一，确定体裁。

散文的体裁灵活多样。我们有了一个好的意思（思想），并且选取了表现这一意思（思想）的材料，那么就要考虑：是写成书信体，还是写成日记体？是写成随笔，还是写成偶感？是写成游记，还是写成回忆录？是写成序或跋，还是写成读后感？确定具体体裁的原则是内容决定形式，形式为内容服务。譬如到苏州旅游之后，你感到要向父母报告一下自己的游踪和观感，你就可以写成书信；你在游玩中遇到一些使你感动的人或事，你就可以写随笔；你在游玩虎丘、狮子林、寒山寺、西园、留园等地之后，觉得寒山寺的钟特别吸引人，并引起你的遐思，你就可以写成如《社稷坛抒情》那样诗意浓郁的抒情文；你如果是旧地重游，吃到苏州某种土特产而忆起往事，则可以偏重于回忆，写成《小米的回忆》那样的回忆式的散文……总之，要根据立意内容来确定表现形式——具体的体裁。

第二，寻找线索。

散文的材料应该是很“散”的，每一个材料都是一颗珍珠，但这些珍珠互相之间有内在的联系，写作者要寻找一根线，用笔作针，将这些散乱的珍珠穿起来，成为一串光彩夺目的珠圈、项链。那么，有哪些东西可以作为线索呢？

一是感情线索。我们的感情在生活中发生变化，如由厌恶到喜爱，或从喜欢到厌恶，就可以用这条感情的线索把一些似乎没有关联的材料联结起来。如杨朔写《荔枝蜜》就是利用感情线索，才把儿时记忆、从化疗养、荔枝树林、苏轼诗词、喜尝蜂蜜、参观蜂场、赞扬蜜蜂、农民劳动和夜晚梦蜂等事串连起来的。

二是事物线索。如曹靖华在日常生活中感受到：今天仍然需要发扬延安时期“小米加步枪”的艰苦奋斗精神，就搜罗记忆中有关小米的往事，用小米把发生在不同地点、不同时间、不同情况下的事件组合在一起。许多托物咏志的散文也是以物为线索的，如冰心的《樱花赞》。

三是人物线索。如写某一个人物在不同时间、不同地点的活动，可以用这个人物作为线索串连起来，也可以用另一个人物把不同时间、不同地点、不同人物、不同内容的事物串连起来。这个人物还可以是写作者本人——“我”。

四是思绪线索。如面对某一事物、景物沉思遐想，“骛趋八极，心游万仞”，“观古今于须臾，抚四海于一瞬”，“笼天地于形内，挫万物于笔端”，就能通过联想与想象，把有关的材料组织在一起，表达原定的主题思想。如秦牧的《土地》、杨朔的《海市》、贾平凹的《丑石》等。

五是景物线索。“一切景语皆情语也”。通过景物描写，在写景中融进写作者的思想感情。如《天山景物记》、《西湖即景》。

六是行动线索。如游记以游程行踪为线索。刘白羽写《长江三日》就以游程为主线来写，当然，全文还有一条哲理性的思绪线索：“战斗—航进—穿过黑夜走向黎明”。

“文无定法”，散文的线索很多，以上六种线索是人们较为常用的。

第三，创造意境。

散文的意境是情和景的交融，是意和境的统一，是作者浸透了时代精神的主观感情、意志与自然环境和社会环境的统一。意是灵魂，境是血肉。意高则境深，意低则境浅。散文的这种意境应是诗的意境，即所谓诗情画意。它是可以捉摸的、可以感受的，是物质的、形象的，但它又是动人心弦的、震颤魂魄的，是精神的、性灵的。如朱自清写《荷塘月色》，全篇着力于“淡淡的情趣”，顺着沿路走来、伫立凝想的线索，通过描绘使小路、荷塘、花姿、月色、树影、雾气、灯光……色彩斑烂，可见可感，而叶香、蛙鸣、蝉声，又可味可闻。更加上心情的抒写，巧妙的譬喻，创造出一种淡雅、闲静、情景交融的意境。这种优美的意境，正是散文写作者要努力追求、刻意创造的。

散文一般篇幅短小，布局有方便的地方，但要布局得好，却因篇幅短小而有其难处。散文的整体布局要讲究艺术性，至于布局的具体方法是很多的，不少散文的布局都要巧设“文眼”，开头往往似谈家常，结尾则加以深化，画龙点睛，“卒章显其志”，并且首尾呼应，通体一贯，有机结合。初学散文写作，不妨学习这种布局的方法。

散文要“散”得起来，除选材要有技巧外，就是在叙写上要注意断续的技巧。明于断续，才能使散文的行文挥洒自如。贾平凹说：“记住：越是你知道多的地方，越要不写或者写得很少；空白，这正是你要写的地方呢。”他认为，“讲究了‘空白’处理，一是散文可以散起来，断续之，续断之，文能‘飞起’，神妙便显也。二是散文可以含蓄起来，古人也讲过：意在笔先，故得举止闲暇，看似胡乱说，骨子里却有分数。”（《怎样写好散文》）我们要多阅读古人优秀的散文作品，学习他人的断续技巧，在写作实践中多次运用之后就必然熟能生巧。

第三节　范文示例

生活的一种

贾平凹

院再小也要栽柳，柳必垂。晓起推窗，如见仙人曳裙侍立；月升中天，又似仙人临镜梳发。蓬屋常伴仙人，不以门前未留小车辙印而憾。能明灭萤火，能观风行。三月生绒花，数朵过墙头，好静收过路女儿争捉之笑。

出游踏无名山水，省却门票，不看人亦不被人看。脚往哪儿，路往哪儿，喜瞧峋岩勾心斗角，倾听风前鸟叫声硬。云在山头登上山头云却更远了，遂吸清新空气，意尽而归。归来自有文章作，不会与他人同，既可再次意游，又可赚几个稿费。补回那一双龙须草鞋钱。

读闲杂书，不必规矩，坐也可，站也可，卧也可。偶向墙根，水蚀斑驳，瞥一点而逮形象，即与书中人、物合，愈看愈肖。或听室外黄鹂，莺莺恰恰能辨鸟语。

养生不养猫，猫狐媚。不养蛐蛐儿，蛐蛐儿斗殴残忍。可养蜘蛛，清晨见一丝斜挂檐前不必挑，明日便有纵横交错，复明日则网精美如妇人发罩。出门望天，天有经纬而自检行为，朝露落雨后出日，银珠满缀，齐放光芒，一个太阳生无数太阳。墙角有旧网亦不必扫，让灰尘蒙落，日久绳粗，如老树盘根，可作立体壁画，读传统，读现代，常读常新。

要日记，就记梦。梦醒夜半，不可睁目，慢慢坐起回忆静伏入睡，梦复续之。梦如前世生活，或行善，或凶杀，或作乐，或受苦，记其迹体验心境以察现实，以我观我而我自知，自知乃于嚣烦尘世则自立。

出门挂锁，锁宜旧，旧锁能避蟊贼破损门；屋中箱柜可在锁孔插上钥匙，贼来能保全箱柜完好。

第六章　常用公文写作

第一节　公文写作概述

一、公文的概念和特点

公文，即公务文书，又称文件，是国家机关及其他社会组织在行使职权和实施管理的过程中所形成的具有法定效力与规范格式的文书，是传达政令，指导、布置和商洽工作，请示和答复问题，报告和交流情况，联系公务、记载工作活动的重要工具。历史上曾称为“官文书”、“文牍”。

公文的特点是：由法定作者制发，具有法定的现行执行效用，具有规范的文体、结构、格式，需要履行法定的程序。

二、公文的功能与效用

（一）公文的功能

公文的功能在于，能够逾越时空的限制，有效地传递公务活动所需的信息。公文可用于传达贯彻方针政策和有关指令，沟通上下级机关，发布法规和规章，沟通机关之间的横向联系，教育干部和群众，印证有关事实。

（二）公文的效用

公文的效用就是指公文的实际效力和功用。公文有两个方面的效用：第一是现行执行效用，也就是公文对受文者以及其他机构、组织和个人有关行为的强制影响；第二是历史效用，是指公文在记录和印证历史事实方面的权威性作用和影响。

三、公文的分类

公文按其行文方向，可分为上行文、下行文、平行文。上行文是指下级机关向上级机关报送的公文，如请示、报告等。下行文是指上级机关向所属下级机关的行文，如决定、指示、公告、通告、通知、通报等。平行文是指同级机关或不同隶属机关之间的行文，如函等。通知、公文纪要有时也可作为平行文。

公文按其时限要求，可分为特急公文、急办公文、常规公文。公文内容有时限要求，需迅速传递办理的，称紧急公文。紧急公文可分为特急和急件两种，紧急公文应随到随办，时限要求越高，传递、办理的速度也就要求越快，但要“快中求准”。随着社会的发展,对公文的时效要求越来越高,即使常规公文,也应随到随办,以提高办文效率。

公文按其机密程度，可分为绝密公文、机密公文、秘密公文、普通公文。绝密公文、机密公文、秘密公文又称保密文件，是指内容涉及党和国家的机密，需要控制知密范围和知密对象的文件。文件的密级越高，传达、阅办、保管的要求也越严。

国家行政机关公文种类详见下表：

序号	文种名称	性质	用途
1	命令（令）	指令性 法规性	适用于依照有关法律发布行政法规和规章，宣布施行重大强制性行政措施，嘉奖有关单位及人员
2	决定	决策性 指挥性	适用于对重要事项或者重大行动作出安排，奖惩有关单位及人员，变更或者撤销下级机关不适当的决定事项
3	公告	告知性	适用于向国内外宣布重要事项或者法定事项
4	通告	公布性 知照性	适用于公布社会各有关方面应当遵守或者周知的事项
5	通知	批示性 指示性 告知性	适用于批转下级机关的公文，转发上级机关和不相隶属机关的公文，传达要求下级机关办理和有关单位周知或者执行的事项，任免人员
6	通报	告知性 指导性	适用于表彰先进，批评错误，传达重要精神或者情况
7	议案	法规性	适用于各级人民政府按照法律程序向同级人民代表大会或人民代表大会常务委员会提请审议事项
8	报告	呈报性	适用于向上级机关汇报工作，反映情况，答复上级机关的询问
9	请示	请示性	适用于向上级机关请求指示、批准
10	批复	批示性	适用于答复下级机关的请示事项
11	意见	指导性	适用于对重要问题提出见解和处理办法
12	函	商洽性 告知性	适用于不相隶属机关之间商洽工作，询问和答复问题，请求批准和答复审批事项
13	会议纪要	告知性 指导性	适用于记载、传达会议情况和议定事项

四、公文的格式

公文格式一般由公文标题、主要内容、结尾三部分组成。

（一）书面格式

公文的书面格式是指公文的数据项目在公文文面上所处的位置和书写的形式。组成公文的各要素划分为眉首、主体、版记三部分。

（1）眉首部分包括公文份数序号、秘密等级和保密期限、紧急程度、发文机关标识、发文字号、签发人等项。

（2）主体部分包括公文标题、主送机关、公文正文、附件、成文时间、印章、附注等项。

（3）版记包括主题词、抄送单位、印发机关和印发日期等项。

（二）公文的特定格式

公文的特定格式包括信函格式、命令格式、会议纪要格式。

（三）公文的排版规格与印制装订要求

（1）排版规格：正文使用 3 号仿宋体字，其他字形则随需要进行标识。一般有小标宋体、黑体、楷体等字形。一般每面排 22 行，每行排 28 个字。

（2）用纸要求：公文用纸采用 A4 型，幅面尺寸为 210mm ×297mm。版面尺寸上白边（天头）空 37mm，订口（左白边）空 28mm。

（3）装订要求：公文应左侧装订，不掉页。包本公文的封面与书芯不脱落，后背平整、不空。两页页码之间误差不超过 4mm。

国家机关公文格式见图 1、图 2（仅为示意图，字体、字号、留白等未严格参照标准）。

份号　0001

机密★一年

特　急

□□□□文件

××〔××××〕××号

×××关于××××工作的通知

××××：

××。

附件：1. ××××××××××

2. ××××××××××

××××××

二〇〇五年三月八日

（印章）

（此件可登报）

主题词：××××　××　××　××

抄送：××××　××××　××××　××××

×××××××××办公室　　××××年××月××日印发

共印××份

图 1　下行文和平行文格式

机密★一年

特　急

□□□□文件

××〔××××〕××

签发人：×××

×××关于××××工作的请示

××××：

××。

附件：1. ×××××××××

2. ×××××××××

××××××××

二○○五年三月八日

（印章）

（联系人：×××，联系电话：××××－×××××××××）

主题词：××××　××　××　××

抄送：××××　××××　××××　××××	
×××××××××办公室	××××年××月××日印发
共印××份	

图2　上行文格式

五、公文处理工作的基本内容

（1）创制公文，即由从事公务活动的机关和其他社会组织（以下统称为机关），对有关的信息材料进行系统的收集、加工、整理，创造出适用的信息，然后将其记录下来撰拟成文稿，经完善并确认其正式效用之后，再经印制等工作环节最终形成正式公文。

（2）传递公文，即将创制完毕的公文，根据一定的规则以多种通信方式递送给收受机关。

（3）办理公文，即根据法定的职责权利，收受来自各有关方面的文件，经过分办、批办、拟办、承办、传阅等工作环节，对文件进行阅读、加工，从中提取有用信息，了解有关事物的面貌，解决公文所针对的工作问题（包括创制新公文的方式）。

（4）处置办毕公文，即根据一定的标准分别对已办理完毕的不同公文的归宿作出安排：立卷归档、清退、销毁、暂存。

（5）管理公文，即为使上述四项任务能有效完成，而对公文所实施的科学、系统的保管料理措施：公文的收发、传送、登记、清理分类、用印、签注，建立检索体系，提供查阅；对公文运转过程的组织与监控，以及对公文机密与安全的维护等。

第二节　通知和通报的写作

一、通知

（一）概念

通知是发布法规和规章，批转下级机关的公文，转发上级机关和不相隶属机关的公文，传达要求下级机关办理和需要有关单位周知或者执行的事项，任免人员时使用的文种。

（二）文种特征

（1）发布性。

（2）批示性。

（3）中转性。

（4）广泛性。

（5）告知性。

（三）使用范围及种类

第一，指示性通知。

第二，发布性通知。

第三，批转性通知。

第四，转发性通知。

第五，告知类通知。为了便于工作，有必要将某些事项、信息传达和告知给有关单位和人员知晓。这类通知只起知照作用，如设置机构通知、启用印章通知、会议通知，等等。例如《国务院关于废止部分外事外经贸、工交城建、劳动人事和科教文卫法规的通知》、《××公司关于举办劳资干部培训班的通知》、《××市总工会关于召开第三届工会代表大会的通知》、《××大学关于举行校庆三十周年纪念活动的通知》。

第六，任免通知。

第七，一般性通知。

（四）通知的写法

通知一般由四个部分构成：标题、主送机关、正文、落款。

通知的写作形式多样、方法灵活，不同类型的通知使用不同的写作方法。

（1）印发、批转、转发性通知的写法。标题由发文机关，被印发、批转、转发的公文标题和文种组成，也可省去发文机关名称。正文须把握三点：对印发、批转、转发的文件提出意见，表明态度，如“同意”、“原则同意”、“要认真贯彻执行”、“望遵照执行”、“参照执行”等；写明所印发、批转、转发文件的目的和意义；提出希望和要求。最后写明发文日期。

（2）批示性通知的写法。标题由发文机关、事由和文种组成，也可省去发文机关名称。正文由缘由、内容及要求等部分组成。缘由要简洁明了，说理充分。内容要具体明确、条理清楚、详略得当，充分体现指示性通知的政策性、权威性、原则性。要求要切实可行，便于收文单位具体操作。

（3）知照性通知的写法。这种通知使用广泛，形式多样，主要是根据通知的内容，交代清楚知照事项。

（4）事务性通知的写法。通常由发文缘由、具体任务、执行要求等组成。会议通知也属事务性通知的一种，但写法又与一般事务性通知有所不同。会议通知的内容一般应写明召开会议的原因、目的、名称，通知对象，会议的时间、地点，需准备的材料等。

（5）任免、聘用通知的写法。一般只写决定任免、聘用的机关、依据，以及任免、聘用人员的具体职务即可。

二、通报

（一）通报的概念

通报是对典型的先进事迹、人物进行表彰，对严重的错误予以批评教育，对重要的经审核的情况予以传递沟通的一种常用公文。

（二）通报的特点

（1）严肃性。

（2）典型性。

（3）时效性。

（4）用事实说话。

（三）通报的种类

（1）表彰性通报。

（2）批评性通报。

（3）事项性通报。

（四）通报的写法

通报一般由标题、主送机关、正文、落款四部分构成。标题、主送机关、落款这三部分的写法与通知相同，这里主要介绍正文的写法。不同类型的通报，其正文写法也不尽相同。下面分别加以介绍。

1. *表彰性通报*

正文由三部分组成：

（1）事项。概括地叙述先进事迹或先进经验。
（2）决定。撰写经过研究，对先进群体或个人作出的表彰决定。
（3）号召。发出向先进人物或先进经验学习的号召。
2. 批评性通报
其正文一般由缘由、概要、分析三部分构成。
（1）缘由。写通报事由和发文机关的态度。
（2）概要。写出所批评对象的错误事实。
（3）分析。阐述分析所批评事项的性质，归纳出教训所在。
3. 事项性通报
事项性通报首先写明所通报的情况，对主要情节进行客观叙述，注意把人物、时间、地点、事件、结果写清楚。其次写事项的现况，即事情发生后的临时处理情况。最后要写明发文机关的意见和要求，可以在对客观事实分析的基础上提出。

（五）写作须知

（1）事例要典型。
（2）情况要真实。
（3）详略要得当。
（4）分析要准确。
（5）通报要及时。

三、通报与通告、通知的区别

（1）所告知的对象不同。
（2）制发时间不同。
（3）目的不同。
（4）作用不同。

四、例文

【例文一】 批转性通知

国务院关于批转国家税务总局《关于加强个体私营经济税收征管强化查账征收工作的意见》的通知

国发〔1997〕12号

各省、自治区、直辖市人民政府，国务院各部委、各直属机构：
国务院同意国家税务总局《关于加强个体私营经济税收征管强化查账征收工作的意见》，现转发给你们，请遵照执行。
加强个体、私营经济税收征管，强化查账征收工作是规范个体、私营经济管理，促进个体、私营经济健康发展的重要措施。各级人民政府要高度重视，切实加强领导，协调税务、工商行政管理、公安和金融等有关部门，积极稳妥地做好这一工作，并帮助税务部门解决工作中出现的困难和问题。国家税务总局要结合深化税收征管改革，切实做好对这项工作的组织指导和监督检查。各有关部门要相互支持、密切配合，确保这项工作的顺利进行。

本通知的具体实施意见，由国家税务总局会同有关部门制定。本通知的贯彻执行情况，各省、自治区、直辖市和计划单列市人民政府应于七月底前报告国务院，同时抄送国家税务总局。

附件：关于加强个体私营经济税收征管强化查账征收工作的意见（略）

国务院

一九九七年二月十八日

【例文二】转发性通知

省人民政府办公厅转发
《国务院办公厅关于禁止非法买卖人民币的通知》的通知

陕政办发〔1997〕41 号

各市、县（区）人民政府，省人民政府各工作部门、各直属机构：

现将《国务院办公厅关于禁止非法买卖人民币的通知》（国办发明电〔1997〕28 号）转发给你们，请认真遵照执行。

国务院办公厅关于禁止非法买卖人民币的通知

各省、自治区、直辖市人民政府，国务院各部委、各直属机构：

目前，非法倒买倒卖人民币的问题比较严重，影响了人民币的正常流通，破坏了人民币的信誉。为加强对人民币的管理，打击非法买卖人民币的行为，根据《中华人民共和国中国人民银行法》有关规定，经国务院批准，特作如下通知：

一、禁止非法买卖流通人民币（包括纪念币，下同）；经营已退出流通的人民币，必须经中国人民银行批准。

二、未经中国人民银行批准，任何单位和个人不得装帧和经营装帧的流通人民币。

三、违反以上规定的，视情节轻重，由工商行政管理部门没收一定物及非法所得，并按有关规定予以处罚。

四、各金融机构及其从业人员不得利用职务之便支持、参与人民币的非法买卖活动，对违反规定的要从严惩处。

五、对在中国境内非法买卖外国货币的，比照上述规定办理。

国务院办公厅

一九九七年七月四日

【例文三】颁发性通知

关于颁发《〈国务院关于职工工作时间的规定〉的实施办法》的通知

劳部发〔1994〕66号

各省、自治区、直辖市劳动、人事（劳动人事）厅（局），国务院各部委、各直属机构：

根据《国务院关于职工工作时间的规定》，我们制定了《〈国务院关于职工工作时间的规定〉的实施办法》。现发给你们，请遵照执行，并将执行中的经验和问题按两部的职责范围，分别报送。

附件：《国务院关于职工工作时间的规定》的实施办法（略）

劳动部　人事部
一九九四年二月八日

【例文四】告知性通知

关于召开陕西省工程咨询单位资格认定工作会议的通知

各有关工程咨询单位：

根据《国家发展改革委办公厅关于开展工程咨询单位资格认定工作的通知》（发改办投资〔2005〕2900号）要求，为顺利开展我省工程咨询单位资格认定申报和初审工作，我委定于2月22日（星期三）上午9时在西安金桥酒店（西北二路一号）召开工程咨询单位资格认定工作会议，具体会务由省工程咨询协会承办，现将会议有关事项通知如下：

一、会议内容

1. 传达全国工程咨询单位资格认定工作会议精神。

2. 安排布置我省工程咨询单位资格申报工作。

3. 介绍并演示工程咨询单位资格申报相关软件。

二、参加单位和人员

1. 已取得甲、乙级的预备级和临时资格的工程咨询单位。

2. 已取得丙级资格的工程咨询单位。

3. 新申请工程咨询资格的单位。

请以上单位的负责同志和熟悉计算机操作程序的经办人员参加会议。

三、联系人及联系方式

省发展改革委投资处：陈林 029－87294280

省工程咨询协会：张坚 029－86263182

二〇〇六年二月十五日

【例文五】表彰性通报

××市人民政府
关于表彰计划生育先进集体和先进工作者的通报

各县（市、区）人民政府，市属各部门：

“九五”计划期间，我市各级党委、政府和有关部门高度重视计划生育工作，认真贯彻省计划生育条例，切实加强对计划生育工作的领导，全面完成了省下达的“九五”人口计划和各项计划生育指标任务。2000年度，全市人口出生率降到5%，平均生育率为0.87，低于全国、全省水平。这是全市各级干部、计划生育工作者和全市人民共同努力的结果。为了进一步推动我市计划生育工作的深入开展，市人民政府决定授予××县等三十五个单位“全市计划生育先进集体”光荣称号，授予×××等四十五位同志“全市计划生育先进工作者”光荣称号。希望受到表彰的单位和个人，要戒骄戒躁，继续努力，为我市计划生育工作向深层次、高质量发展做出新的贡献。

2001年，是“十五”计划的第一年，各级政府和广大干部要全面贯彻落实好党的十五届四中全会精神，继续把计划生育工作放在更加重要的地位，坚持不懈地抓下去，切实加强领导，坚持按《条例》规定依法管理，大力加强基层基础工作，力争我市“十五”期间人口出生率控制在5%以内，为本世纪末实现我市人口控制在四百万以下的目标而努力奋斗。

附：××市计划生育先进集体、先进工作者名单。（略）

××市人民政府（盖章）

二〇〇一年二月五日

【例文六】批评性通报

国务院办公厅关于××省××市××县
擅自停课组织中小学生参加迎送活动的通报

1999年12月5日，××省××市××县举行××高速公路在本县通车仪式，××县主要领导擅自决定，让本县部分中小学校停课参加通车仪式，近千名中小学生在风雪天等候长达2小时，致使部分中小学生生病，学生家长和群众极为愤慨，致信中央要求坚决制止此类现象。

中小学校依照国家规定建立有严格的教育教学秩序，这是教育教学质量的保证，任何单位和个人都不能随意破坏。现在一些地方的个别领导利用自己的权力，动辄调用中小学生为各种会议、考察、参观、访问，甚至商业性典礼搞迎送或礼仪活动，有些地方还因此发生了严重的安全事故，造成极恶劣的社会影响。××县发生的问题，已不只是一般的形式主义，而是官僚主义，严重脱离群众，此类不良风气必须坚决予以制止。各地区、各部门以及各级领导干部，要高度重视这一问题并从中吸取深刻的教训，切实增强群众观念，杜绝此类事件再度发生。

中小学生是祖国的未来，他们的学习和活动安排，要有利于他们的学习和身心健康。今后各地区、各部门都必须严格执行国家的有关法规和规定，不得擅自停课或随意组织中小学生参加各种迎送或“礼仪”活动，如确有必要组织的，须报经省级教育行政部门批准。

国务院办公厅（盖章）
一九九九年十二月二十日

【例文七】 情况通报

国务院办公厅关于部分地区违反国家棉花购销政策的通报

国办发〔1994〕94 号

各省、自治区、直辖市人民政府，国务院各部委、各直属机构：

今年新棉上市以来，各地认真贯彻国务院棉花政策，采取坚决措施整顿棉花流通秩序，棉花收购大局是稳定的。但是，仍有一些地方、单位和个人置国家政策和法纪于不顾，私自收购棉花，公然扰乱棉花流通秩序，经核查，国务院决定予以通报。

一、一些乡（镇）政府和村办轧花厂非法从事棉花收购、加工、经营活动。

安徽省涡阳县曹市镇政府自办轧花厂，在全国棉花工作会议后，仍然明文规定，严禁将棉花卖给镇政府以外的经济单位，对将棉花卖给供销社的不算交售任务，否则，镇政府要一律没收。

江西省万年县珠山乡政府自办轧花厂……（略）

二、有的棉纺厂非法收购棉花，扰乱棉花收购秩序。

河南省辉县太阳石棉纺厂在全国棉花工作会议后，仍高价抢购棉花。在有关部门对该厂进行检查处理的过程中，该厂负责人拒绝检查，突击组织倒运藏匿，并私自动用封存的棉花。

河南省太康县棉纺厂以解决生产用棉为由，要求每个职工必须向厂里交售“爱厂棉”，通过职工非法高价收购棉花。

三、有的国营农场扰乱正常的购销秩序，高价抢购，非法经营棉花。(略)

四、有的县政府支持非棉花经营部门假借良种棉加工厂名义非法收购棉花。(略)

五、个体棉贩非法收购、加工棉花，扰乱市场秩序。(略)

对上述违反国家棉花购销政策的问题，有关省人民政府的态度是明确的，已责成市、县政府采取措施，予以查处纠正。但从了解的情况看，有的市、县政府已经采取措施纠正，有的尚未处理。请有关省人民政府按国务院〔1994〕52 号文件精神继续严肃查处，将结果报国务院。同时，各地都要引以为戒，要毫不放松地加强对棉花市场的管理，密切注视收购动态，严肃查处棉花购销活动中的违法违纪案件。各地凡是过去制定的与国务院文件不符的规定或政策应一律纠正，要坚决地始终如一地贯彻国务院制定的棉花政策，维护正常的棉花流通秩序，确保今年棉花购销工作顺利进行。

国务院办公厅（盖章）
一九九四年十月二十三日

第三节 请示和报告的写作

一、请示

（一）请示的含义及特点

请示：是用于向上级机关请求指示、批准的一种上行公文。请示具有以下特点：

（1）请示事项一般时间性较强。请示的事项一般都是急需明确和解决的，否则会影响正常工作，因此时间性强。

（2）应一事一请示。

（3）一般主送一个机关，不多头主送，如需同时送其他机关，应当用抄送形式，但不得在请示的同时又抄送下级机关。

（4）应按隶属关系逐级请示，一般不得越级请示，如确需越级请示，应同时抄报直接主管部门。

（二）请示的分类

根据请示的不同内容和写作意图分为三类：

（1）请求指示的请示。此类请示一般是政策性请示，是下级机关需要上级机关对原有政策规定作出明确解释，对变通处理的问题作出审查认定，对如何处理突发事件或新情况、新问题作出明确指示等请示。

（2）请求批准的请示。此类请示是下级机关针对某些具体事宜向上级机关请求批准的请示，主要目的是解决某些实际困难和具体问题。

（3）请求批转的请示。下级机关就某一涉及面广的事项提出处理意见和办法，需各有关方面协同办理，但按规定又不能指令平级机关或不相隶属部门办理，需上级机关审定后批转执行，这样的请示就属此类。

（三）请示的写作要求

请示由首部、正文和尾部三部分组成，其各部分的格式、内容和写法要求如下：

1. 首部

主要包括标题和主送机关两个项目内容。

（1）标题。请示的标题一般有两种构成形式：一种由发文机关名称、事由和文种构成。如《××县人民政府关于×××的请示》；另一种由事由和文种构成，如《关于开展春节拥军优属工作的请示》。

（2）主送机关。请示的主送机关是指负责受理和答复该文件的机关。每件请示只能写一个主送机关，不能多头请示。

2. 正文

其结构一般由开头、主体和结语等部分组成。

（1）开头。主要交代请示的缘由。它是请示事项能否成立的前提条件，也是上级机关批复的根据。原因讲得客观、具体，理由讲得合理、充分，上级机关才好及时决断，予以有针对性的批复。

（2）主体。主要说明请求事项。它是向上级机关提出的具体请求，也是陈述缘由的目的所在。这部分内容要单一，只宜请求一件事。另外，请示事项要写得具体、明确、条项清楚，以便上级机关给予明确批复。

（3）结语。应另起段，习惯用语一般有“当否，请批示”，“妥否，请批复”，“以上请示，请予审批”或“以上请示如无不妥，请批转各地区、各部门研究执行”等。

3. 尾部

一般包括署名和成文时间两个项目内容。标题写明发文机关的，这里可不再署名，但需加盖单位公章，成文时间为××××年××月××日。

（四）请示与报告的区别

从请示的性质及使用范围可以看出，请示与报告是有一定区别的，主要表现在：

（1）行文目的不同。

（2）行文时间不同。

（3）内容含量不同。

（4）公文处理不同。

（5）主送机关的数目不同。

（6）结尾不同。

（五）与“意见”（上行）的区别

“请示”与上行的“意见”非常近似，具有一定的交叉性，它们都是要求上级对自己所提的事项或问题，或给以批准，或给予指示，或加以认可，即这两个文种的行文方向与目的在某种程度上有着同一性。但是它们之间又存在着离散性，主要表现在所提的事项与内容不尽相同。

“请示”的内容较多涉及的是“人、财、物、机构、编制、出境出国”以及工作中遇到的需上级作出决定的重大问题或应由上级加以审批的事项等具体问题，也即人们通常所说的“硬件”；而上行的“意见”的内容则多是对工作中一些重大问题提出见解和处理办法以及所遇到的困难，要求上级给以指示或支持，这就是人们通常所说的“软件”。

二、报告

（一）含义

报告是向上级机关汇报工作、反映情况、提出建议、答复上级机关的询问或要求时使用的一个文种。

（二）种类

（1）工作报告。

（2）情况报告。

（3）答复报告。

（4）递送报告。

（三）报告的特点

（1）陈述性。

（2）汇报性。

（3）用事实说话。

（四）报告的写作

（1）标题。由制发机关、事由、文种三部分组成。

（2）主送机关。为直属上级机关。

（3）正文。正文由导语、主体和尾语组成。导语写报告的目的或缘由。主体即报告的具体内容。答复报告的尾语，多用“特此报告”、“专此报告”。

（4）落款。在正文后右下方标注发文机关。

报告类公文的结构并不固定，工作报告很复杂，而报送文件、物件报告很简单，一般仅数十字。所以，笼统地谈报告的写作是很困难的，下面侧重谈谈工作报告、情况报告、答复报告的写作。

1. 工作报告

正文一般由基本情况、成绩和经验、问题与不足、改进办法等部分构成。常见的写法有两种：一是当所报告的工作是单一的专项工作时，可先写工作的基本情况，接写取得的成绩或经验体会，再写存在的问题与不足，最后写改进的办法或今后的打算。这种写法常用于完成了某项工作后向上级写的工作报告。二是当所报告的工作事项不止一个时，可依工作的主次顺序，将每一项工作作为一个部分依次叙述。在写一项工作的基本情况的同时，写出成绩与体会、存在问题与不足、解决的办法等。也可以先将各事项集中有序地陈述，然后综合写成绩、经验体会、存在的问题以及改进办法等。这种写法，常用于完成了某一阶段的工作之后，向上级机关写的工作报告。

2. 情况报告

正文一般由情况或问题发生的经过、原因、责任分析、处理意见、应吸取的教训等部分构成。通常按以上部分依次撰写。撰写时要围绕报告的主题，对情况作出实事求是的记叙，并进行客观具体的分析，提出切实可行的措施。

3. 答复报告

正文由报告的原因、回答询问两部分构成。首先要写明什么时候接到上级机关提出的什么问题或者询问的事项，然后针对上级提出的问题或询问的事项作出回答。

（五）报告与意见的异同

报告与上行的意见，不仅在行文方向上完全一致，且内容也很近似，均含有陈述性的内容，有时在陈述情况的基础上均有相应的今后工作意见。但这两个文种之间也有一定的不同。“报告”侧重于汇报工作、反映情况，多数情况下不涉及今后具体工作意见，也不要求上级作出批示，只有所反映的情况涉及工作中一些带有普遍性的问题时，往往顺势针对问题提出今后的解决办法，要求上级加以批转，这就是人们通常所说的“呈转性报告”。上行的“意见”虽然也要陈述情况，但这里的情况具有特定的内容，它通常是对工作中遇到的某一重要问题作出了分析与见解，而不像“报告”那样是对工作情况的综合与归纳；“意见”陈述情况的目的在于给意见的提出作铺垫，所提的意见，不是要求上级给以批示，就是请求上级加以批转，不像“报告”在多数情况下对上级没有批示或批转的请求。

三、例文

【例文一】请示

关于1992年在全国范围内开展国有资产产权登记工作的请示

国务院：

根据《国务院关于加强国有资产管理工作的通知》（国发〔1990〕38号）中有关对国有资产进行产权登记（以下简称产权登记）的精神，我们于1990年12月发布了《国有资产产权登记管理办法（试行）》，要求各地、各部门结合实际情况组织试点。目前已有18个省、自治区、直辖市和部分国家机关开展了产权登记工作。从试点情况看，开展产权登记，对加强国有资产管理，防止国有资产流失，推动企业所有权和经营权适当分离的改革，都起到了积极作用。鉴于以上情况，我们建议，1992年可在全国范围内开展产权登记工作。为此，提出以下意见：

一、提高认识，加强领导。进行产权登记，是保护国有资产的重要措施，是实施国有资产所有权管理的一项基础工作。国有资产管理部门代表国家依法对全民所有的资产进行登记，是依法确认企业和单位占有、使用国有资产的法律行为。开展产权登记工作，对加强企业和单位的产权管理，深化经济体制改革将起到积极的重要作用。

二、产权登记的目的。这次产权登记，重点是解决企业、单位普遍存在的产权归属不清、定性不准、账实不符、国有资产流失等问题。同时，为全国开展清产核资工作进行前期准备。

三、产权登记的范围。凡占用国有资产的企业和实行企业化管理的事业单位，都必须办理产权登记。产权登记分为开办产权登记、变动产权登记、注销产权登记。今后，产权登记将纳入经常性的产权管理工作，由各级国有资产管理部门按企业、单位的财务隶属关系组织实施。

四、目前，国有资产局正会同有关部门制定《国有资产产权登记管理试行办法》。进行产权登记时，要严格按照国家统一规定执行，执行中的有关问题，由国有资产局负责制定具体办法。

以上请示如无不妥，请批转各地区、各部门执行。

国家国有资产管理局
财政部
国家工商行政管理局
一九九二年一月二十七日

【例文二】报告

关于对锡城等四个镇农村集体财务管理规范化考核情况的报告

根据云南省农业厅办公室《关于开展2006年度农村集体财务管理规范化示范推广

项目考核工作的通知》（云农办经字〔2007〕105号）文件精神，红河州农业局下发了《关于开展2006年度农村集体财务管理规范化示范推广项目考核工作的通知》（红农经〔2007〕7号）文件，委托个旧市等四个县（市）农业局统一组织考核。个旧、泸西、河口等三个县（市）成立了由农业局分管副局长为组长，农经站主要技术人员组成的考核小组，对省级农村集体财务管理规范化示范推广单位进行考核验收；红河县由县农经站组织技术力量进行考核。现将考核验收情况总结报告如下：

一、考核对象

（一）个旧市锡城镇。锡城镇辖区内有9个村委会，53个村民小组，有农户4106户，农业人口1.36万人。管理模式为村组账目委托乡镇农经站管理，委托代管涉及的村委会数9个，村民小组数53个，代管资金总额5507.9万元。

（二）泸西县金马镇。金马镇属于泸西县经济条件较好的乡镇，全镇辖7个村委会，29个村民小组，有农户12615户，农业人口48915人。管理模式为村组账目、资金委托乡镇农经站管理，委托代管涉及的村委会数7个，村民小组数26个，代管资金总额35.12万元。

（三）红河县迤萨镇。迤萨镇位于红河县城所在地，全镇辖7个村委会，2个社区，98个村民小组，有农户3531户，农业人口15113人。管理模式为村组账目委托乡镇农经站管理，委托代管涉及村民小组数19个，代管资金总额3.5万元。

（四）河口县南溪镇。南溪镇辖区内有4个村委会，39个村民小组，有农户965户，农业人口3924人。管理模式为村组账目、资金委托乡镇农经站管理，委托代管涉及的村委会数4个，村民小组数39个，代管资金总额16.06万元。

二、考核验收方法

采取“听、访、查”的方法。2007年8月20日至23日，四县（市）农业局或农经站考核小组对项目实施镇农村集体财务管理规范化示范推广工作进行考核。考核验收采取查看，听取汇报，走访群众，调阅会计档案等方式进行。查看是否有委托代理书，是否按会计制度进行核算，会计制度的建设和执行情况，现金及银行存款的管理，财务公开情况，会计档案管理、民主理财情况等，通过走访群众，听取汇报，查阅有关资料和制度建设情况进行。

三、考核验收结果

通过考核，个旧市锡城镇考评分为98.5分，泸西县金马镇考评分为98分，红河县迤萨镇考评分为94分，河口县南溪镇考评分为94分。总体来看，个旧市锡城镇项目实施得最好，泸西县金马镇项目实施也达到了目的，但红河县迤萨镇和河口县南溪镇的项目实施没有达到目的。主要原因是：农村集体经济薄弱地区，要从帮助村集体经济组织建立财务账目入手，开展农村财务规范化管理难度较大，运用财务软件的能力不足，当地农经站历来的工作并未得到当地领导的重视和支持，所以起步艰难。

四、取得的成效

（一）推动了农村财务管理规范化建设。通过抓农村财务规范化示范推广工作，试点示范镇一律采取通用的借贷记账法，使用全国统一的会计科目，采取统一的核算方法，使用统一单据，并且根据各村组的情况，统一记账时间，定期结账，账款分管，杜绝了公款私存、私借、白条抵库等现象，做到有组织机构，有专人管理，按制度办事。

（二）建立健全了制度，严肃了财经纪律。通过农村财务规范化示范推广工作，建立健全了管理制度及多项内部控制制度，做到财务管理有章可循。在资金支出上，严格按照镇、村、组三级的资金使用权和审批权进行审批，村主要干部“一支笔审批”后交村民主理财小组审核,变事后审计为事前监督,极大地杜绝了贪、占、挪用现象的发生。

（三）财务公开，民主理财和监督机制得到落实。财务公开的目的是“让群众明白，还干部清白”。为此，试点示范镇农村财务核算中心统一填写公开内容，并且根据财务收支内容，对专项、大额的开支要求作专项公开和支出说明，从制度上遏制财务的“假公开”现象的发生。增强了村务公开的透明度，做到长期公开，真正公开。

（四）加强了集体资产管理，有效化解乡村两级不良债务。农村财务管理规定中明确规定，不论是村委会还是村民小组、村集体均不得为个人或企业向金融机构贷款提供担保，村、组两级要做到以收定支，年初做好各种开支预算，原则上不得举债作平常生活开支，兴办公益事业按“一事一议”的有关规定办理，有效地抑制了新增债务。

（五）维护了农村社会的稳定。通过农村财务管理示范推广工作，农村财务管理得到了规范，集体经济有了一定的积累，村务公开能够及时向群众公布，党群、干群关系逐步走向和谐，群众对村组干部的满意度增加了，农村中不安定的因素大大减少了，为新农村建设和构建和谐农村奠定了基础。

五、辐射带动情况

（一）个旧市锡城镇。通过在锡城镇开展农村集体财务管理规范化示范推广工作，并取得一定成效的基础上，个旧市逐步扩大宣传，引起了鸡街镇、卡房镇、蔓耗镇党委、政府的重视和支持，分别组织农村财务管理人员到锡城镇学习考察，相继实行了“村（组）账乡镇代管”的农村财务管理办法。

（二）泸西县金马镇。金马镇农村集体财务管理在泸西县起到了示范带动作用，目前该县8个乡镇，除旧城外，4个乡镇村组财务、资金乡镇代管；3个乡镇村财务、资金乡镇代管，小组账务、资金自行管理。

（三）红河县迤萨镇。没有出现带动现象。

（四）河口县南溪镇。南溪镇农村集体财务管理规范化示范推广项目工作的实施，有效地带动了周边乡镇农村集体财务管理工作规范化建设，纷纷创造条件提高农村财务的规范化管理水平，有部分村组和农户要求本乡镇开展农村财务规范管理，有部分乡镇表示希望到南溪镇学习农村财务管理规范化经验。

六、存在的问题

（一）个旧市锡城镇。还存在需要完善的问题，如在有的边远山区村（组）收入不及时存入银行，原始单据没有在规定的时间内送会计人员审核记账等。

（二）泸西县金马镇。主要存在如下问题：第一，金马镇农经站工作量越来越大，5个农经编制人员，现在只有两人从事农经工作，人少事多，镇领导又将镇属五个单位的财务划由农经站代管。第二，硬件设施不足，目前，镇农经站只有一台电脑。第三，工作经费有限，不能很好地开展工作。

（三）红河县迤萨镇。试点示范工作没有结束。当前存在的问题主要体现在财务管理人员业务操作还不够熟练、队伍依然不稳定、经费投入不足等几个方面。

（四）河口县南溪镇。项目的试点示范没有达到预期目的。由于南溪镇村（组）集体经济薄弱、资金少，有的村（组）集体经济是空白，造成一些村民小组忽视了财务规范化的重要性，认为没有集体资金，财务规范化开不开展无关紧要，也不配备报账员。

七、下一步的工作意见

（一）进一步统一思想，提高认识，强化领导，推动非试点示范乡镇的农村财务管理规范化建设。

（二）大力推进农村集体财务规范化、制度化建设，以适应建设社会主义新农村的需要，化解财务热点问题，密切干群关系，维护农村社会稳定。

（三）规范操作程序，继续推行民主理财、财务公开制度。充分发挥村民主理财小组的作用，大力推进村务公开走向“常公开、真公开、有内容”。

（四）认真研究集体经济薄弱地区的农村财务规范化问题，弄清楚要不要做，如果要做，该如何指导的问题。

（五）农村财务规范化管理后，切实加强审计监督，进一步完善财务开支的“三审三查”制度，帮助村干部盘活集体资产、发展壮大农村集体经济。

第四节　函和会议纪要的写作

一、函

（一）含义

函是不相隶属机关之间相互商洽工作、询问和答复问题，向有关主管部门请求批准和答复审批事项等所使用的一种公文。

函在行政公文中是唯一的平行文。“不相隶属机关之间”不论级别高低，都不存在职权上的指挥与服从关系，都是平等的，它们之间的行文只能用函。

（二）特点

（1）灵活简便。

（2）具有往来性。

（3）具有法定公文的效用。

（三）分类

根据往来关系，函可分为来函和复函；根据函的性质，函分为公函和便函；根据内容的不同，函分为告知函、商洽函、询问函、答复函和请求批准函。

（四）写法

（1）告知函。把某一事项、活动函告对方，或请对方知道明了，或请对方参加，或请对方选购（商品）等。近似于通知，但由于没有隶属关系，只宜用函。

（2）商洽函。机关、单位之间商洽工作、联系事项用商洽函。这种函的正文多分为缘由、事项、结尾三部分。

（3）询问函。询问函所问的问题是本机关职责范围内应予以解决但又无据可查或难以解决的问题。被询问的机关可以是与此问题有关的平级机关或不相隶属机关。

（4）答复函。也称复函，它具有明确的针对性，即针对询问函而作的答复。

（5）请求批准函。这是向有关职能部门请求批准的函。

函可以不设文头、不编文号、不写标题，撰写方式比较简便自由。结尾则视行文关系和内容需要，选用恰当的惯用词语，如“此复”、“专此谨复”或“特此函告”等。

（五）函与请示、书信的区别

（1）在行文实践中，要注意请示和函在使用中的不同。“请示”是向“上级机关请求指示、批准”，“函”是向“有关主管部门”请求批准。

（2）函与书信同属于信件类，但两者有着严格的区别，主要表现在：

①无论是公函或便函，都是机关之间处理公务的信件。

②函属于公务信件，使用时比较庄重严肃，有比较严格的格式。

③函在文字表述上更为简洁。

二、会议纪要

（一）含义

会议纪要是记载、传达会议情况、议定事项和主要精神，要求与会单位共同遵守、执行的一种公文。

纪要，顾名思义，就是概记其要点。它是在会议以后，根据会议的宗旨和要求，对会议的基本情况、讨论的事项和主要结论，加以归纳整理，以通报会议精神，指导工作而形成的文件。

（二）特点

（1）概括性。

（2）纪实性。

（3）系统性。

（4）约束力。

（三）种类

（1）根据其性质和内容，可分为决议性的和情况信息性的两种。

（2）按会议的内容与方式，可分为工作、专业或专题会议纪要等。

（四）会议纪要的格式

（1）标题。有四种情况：

一是会议名称 + 文种；

二是会议名称 + 纪要内容 + 文种；

三是会议的主要内容 + 文种；

四是双式标题，这种标题带新闻性，正题阐述会议的主旨、意义，副题交代会议名称、文种。

（2）正文。一般包括会议概况、会议内容和会议要求三个部分。

（3）落款。一般会议纪要不需要署名。会议纪要可以不加盖公章。

（五）会议纪要的写法

（1）会议概况。酌情写出会议的名称、时间、地点、与会人员、主持人、会期、主要议程安排等组织情况以及会议主要的成果。

（2）会议内容。这部分是会议纪要的核心部分，主要记载会议情况和会议结果。写作时需写出会议讨论的事项、研究的问题、形成的决议、提出的要求、今后的指导思想以及具体措施等方面。对于会议上有争议的问题和不同意见，也要如实予以反映。

（3）会议要求。既可酌情提出贯彻落实会议精神的具体要求，或是对会议作出一些基本评价，也可发出特定号召、提出有关希望。根据情况，有时也可省去这一部分。

（六）会议纪要与会议记录的区别

（1）性质上，会议纪要是法定行政公文，会议记录是机关、单位内部用于记录会议发言的事务文书。

（2）内容上，会议纪要是经过整理加工的会议上达成的一致认识，是会议内容的要点；会议记录是会议发言的原始记录，基本上要做到有言必录。

（3）形式上，会议纪要基本上按照行政公文的规范格式；会议记录没有统一的格式，多是各单位自定。

（4）发布方式上，会议纪要按公文发文程序发，但没有主送和抄送机关；会议记录仅作为内部资料保存，绝不公开发布。

（七）会议纪要与会议决议的区别

（1）会议纪要是根据会议情况写的要点；而会议决议必须经与会者表决，按照法定程序通过后，才能生效。

（2）一份会议纪要可以同时写不同方面的毫无关联的几项决定，而一个会议决议只能写某一方面或某一问题。

（3）会议纪要的内容可轻可重，可大可小，只要是会议议定了的就要写进去；而会议决议的内容常常是一个单位或部门、一个地区或系统乃至党和国家的重大问题。

三、例文

【例文一】函

关于征求国家环境保护标准《涂料工业水污染物排放标准》（征求意见稿）意见的函

各有关单位：

为贯彻《中华人民共和国环境保护法》、《中华人民共和国水污染防治法》，保护环境，防治涂料工业污染，我局决定制定国家环境保护标准《涂料工业水污染物排放标准》。目前，标准编制单位已编制完成标准的征求意见稿。根据国家环境保护标准制（修）订工作管理规定，现将标准征求意见稿和有关材料印送给你们，请研究并提出书面意见，于2008年4月10日前反馈我局科技标准司。

联系人：国家环境保护总局科技标准司　张国宁

通信地址：北京市西城区西直门内南小街115号　邮政编码：100035

联系电话：（010）66556216　传真：（010）66556213

附件：1. 征求意见单位名单

2.《涂料工业水污染物排放标准》（征求意见稿）

3.《涂料工业水污染物排放标准》（征求意见稿）编制说明

二〇〇八年三月十四日

【例文二】 函

吉林省人民政府关于请求支持我省恢复驻京办事处的函

北京市人民政府：

“文化大革命”前，我省在北京曾设立办事处。它对于沟通情况，加强联系，减少接待工作上的麻烦，促进各项工作的发展，起到了较好的作用。但是，由于林彪、“四人帮”的干扰破坏，在“文化大革命”初期被迫关闭。现在，根据加速社会主义现代化建设的需要，急需恢复我省驻京办事处。为此，特请给予支持，协助恢复该办事处，并希望将我省原驻北京办事处用房（前门外××街××号）拨给我们继续使用，或另行安排用房。上述意见如何，盼予答复。

吉林省人民政府

一九××年××月××日

【例文三】 函

合作商洽函

致______________公司：

敬启者

我公司为河北盛荣开元汽车配件有限公司（简称：开元备品），为河北开元集团旗下的全资子公司。（详细介绍见附件一：企业简介）

我公司属于全国连锁汽车配件销售公司，主营各种中、重型商用车的汽车配件的批发及零售。年内在京、津、冀、豫、鲁、晋、陕、蒙等省（区）建立多家中心店，并吸收各地一大批有实力的经销商加盟，形成完整的覆盖销售服务网络。

目前，河北省部分中心店即将开业，我公司联系国内部分较大规模的汽车配件生产厂家进行商洽，集中采购大批配件，并可长期合作，成为战略合作伙伴。

请贵公司详细填写“基本信息表”（附表一）、“配件报价表”（附表二）、“厂家销售政策表”（附表三）。以上三表可作为彰显贵公司的合作诚意与我公司选择同类厂家的依据。

表格填好加盖公章后，请附合同范本一并邮寄或传真至我公司。如贵公司相关信息资料发生变动，烦请告知，以便我公司及时更新。

欲进一步了解我公司详细信息，请登陆开元集团公司网站 www. kydc. com。

公司名称：河北盛荣开元汽车配件有限公司

通信地址：河北省石家庄市方北路58号剑桥春雨商业楼3楼

邮编：050011　　　　　Email：xky396@163.com
电话：0311－85956536　　传真：0311－85956691
联系人：吴经理
感谢贵公司诚挚的合作，祝双方合作愉快！

【例文四】会议纪要

2008年1月21日党政联席会议纪要

【会议时间】2008年1月21日星期一上午8：30～12：00
【会议地点】后勤集团会议室
【出席人员】茅建国、陈　军、王继军、曹鸿福、郭志华、张文进
【会议主持】茅建国
【会议记录】张文进
【会议议题】
1. 传达上周学校科技工作会议精神，布置集团相关工作。
2. 布置"中国工程院化工、冶金与材料工程学部常委扩大会"集团接待工作。
3. 讨论通过集团2008年新年联欢会茅建国总经理讲话主要内容。
4. 通报集团各部门年终经费结算进展情况，讨论提取集团人事、财务管理费及社会保险预留准备金事宜。
5. 讨论通过集团各部门非正式编制编外用工优秀员工名单。
6. 讨论决定新年联欢会有关活动事宜。
7. 沟通并通报上次党政联席会工作落实情况。
8. 研究安排本周及下一阶段工作。
【会议议定】
1. 集团全体干部和员工要认真领会学校科技工作会议精神，大力开展学习培训活动，提高管理服务能力，积极为学校的科研工作提供更好更优质的后勤保障。
2. 集团有关领导及部门要根据学校的有关指示精神，按照本科教学工作水平评估接待标准，及时拟定完成"中国工程院化工、冶金与材料工程学部常委扩大会"集团承担接待工作的预案，并汇总到党政办公室。同时，为保证这项接待工作的有序开展，集团成立接待工作领导小组：
组　长：茅建国
副组长：王继军、曹鸿福、郭志华
成　员：张霍胜、陈巨民、王平龙、袁家琴、姚　瑶、方　莉、曹伟波
秘　书：张文进。
3. 一致通过集团2008年新年联欢会茅建国总经理讲话主要内容。
4. 一致同意年终经费结算时，要从部门提取2%的管理费，从部门运行经费中提取2%的费用作为劳务纠纷处理时的准备金。饮食服务中心和维修中心另行议定。
5. 一致通过集团各部门非正式编制编外用工优秀员工名单。

第七章　日常生活类文体

第一节　求职信

一、求职信的概念

求职信是以个人的名义，向用人单位自荐谋求某一岗位或职务时所要表明的有关事宜的一种实用文书。它包括自荐信和应聘信。自荐信是谋职人根据自己的条件和意向，向可能聘用的单位发出的信；应聘信是在已获知用人单位招聘的情况下写的信。它们的写作要求大致相同。

二、求职信的特点

（1）针对性。针对用人单位对不同岗位、不同职务的从业人员的不同要求而发。

（2）展示性。要充分展示自己的才能和以往的工作业绩，讲清楚“我是怎样的人”、“为何来此自荐”、“我能干什么”等问题，以期引起用人单位的兴趣。

（3）求实性。求职自荐信要实事求是，不能夸大其词，言过其实。有多大才能讲多大才能，如没有什么特殊才能，可以避开不讲。

三、求职信的格式与写法

求职信一般由标题、称谓、正文、致敬语、落款和附件六部分组成。

（1）标题。在信纸上方居中写上“自荐信”、“求职书”、“应聘信”等字。

（2）称谓。写单位名称或联系人、负责人姓名。如果是写给用人单位主管人或负责人的，应注意称呼的使用。一般地，不知道对方职务时，使用泛称，如“××领导同志”、“××师傅”、“××老师”等；若明确其地位，可称其职位“××经理”、“××厂长”、“××主任”；若是私营或三资企业，可称“××先生”、“××小姐”、“××女士”等。

（3）正文。这一部分是求职信的重点所在。求职信的正文一般包括以下几个方面：

①个人情况简介。包括姓名、性别、年龄、籍贯、婚姻状况、学历等。

②主要资历。谋职人除附个人简历，还应在信的开头再次说明就读的学校名称、专业，列举学过的与职位有关的科目、课外进修情况、社会实践情况、在校担任过哪些职务、取得的荣誉、获奖情况等。

③自荐目的。要写清楚自荐干什么，有的可自荐某岗位、某职务，有的可自荐担任什么工作。自荐目的要明确、具体。

④有利条件。除结合用人单位需求予以介绍外，还要介绍人无我有、人有我优的条件，诸如户口、住房、特长、懂多种外语、发表的论文或文章等。应多谈自己对该行业的兴趣，待遇要求不宜多提。

⑤希望。是正文的结束语，多数是希望用人单位能予接纳、恳请对方给予回复等。

（4）致敬语。与一般书信相同，也可略去不写。

（5）落款。在信的末尾右下方写“自荐人：×××”，然后写上年月日。如用打印机打出，在自荐人姓名处最好使用亲笔签名。

（6）附件。附上个人简历、各种证书复印件、联系地址、方法等。

四、求职信的写作要求

（1）实事求是，投其所需。

（2）把握关键，突出重点。

（3）谦虚诚恳，用语得体。

（4）文面合乎规范。

五、求职信和应聘书的区别

应聘书与求职信是一个类型，同样属于求职文书。但相对求职信而言，应聘书求职目标比较明确，对用人单位的用人条件和相关要求心中有数，减少了求职的盲目性，与此同时又增加了求职的被动性，即必须依照用人单位的招聘条件有针对性地介绍自己，表达应聘请求。一般而言，求职者呈递应聘书时是有针对性地单独传递，不像求职信那样可以群发。

六、例文

尊敬的领导：

您好！衷心地感谢您在百忙之中翻阅我的这份材料，并祝愿贵单位事业欣欣向荣，蒸蒸日上！

我是安徽工业大学建筑工程学院给水排水工程专业08届毕业生林源，自从进入大学之后，高考后的轻松、获知被录取的喜悦随风而逝，因为我得重新开始，继续努力奋斗，迎接新的挑战。大学四年是我思想、知识结构及心理、生长成熟的四年。惠于安工大浓厚的学习、创新氛围，熔融其中的我成为了一名复合型人才。时光飞逝，我将怀着我童年的梦想、青年的理想离开我的母校，走上工作岗位。

安工大师生中一直流传着这样一句话“今天你以安工大为荣，明天安工大以你为荣”，从入学以来，我一直把它铭记在心，立志要在大学四年里全面发展自己，从适应社会发展的角度提高个人素质。将来真正能在本职工作上做出成绩，为母校争光。

我以“严”字当头，在学习上勤奋严谨，对课堂知识不懂就问，力求深刻理解。在掌握了本专业知识的基础上，不忘拓展自己的知识面，对课外知识也有比较广泛的涉猎。我还很重视英语的学习，不断努力扩大词汇量，英语交际能力也有了长足的进步。同时，为了全面提升个人素质，我积极参加各种活动，这些经历使我认识到团结合作的重要性，也学到了很多社交方面的知识，增加了阅历，相信这对我今后投身社会将起重要作用。

现在，我以满腔的热情，准备投身到现实社会这个大熔炉中，虽然存在很多艰难困苦，但我坚信，大学生活给我的精神财富能够使我战胜它们。

“长风破浪会有时，直挂云帆济沧海”，希望贵公司能给我一个发展的平台，我会好好珍惜它，并全力以赴，为实现自己的人生价值而奋斗，为贵公司的发展贡献力量。

此致

敬礼

林　源

××××年××月××日

第二节　邀请书（函）

一、邀请书的概念

邀请书是邀请对方前来参加会议、做学术报告以及婚宴丧葬的一种专用书信。邀请书是行政机关、企事业单位、社会团体或个人邀请有关人士前往某地参加某项活动或事宜的专用书信。邀请书又称邀请信。

二、邀请书的特点

邀请书一般来讲有以下两个特点：

（1）邀请书的礼仪色彩。同请柬一样，邀请书也具有邀请的功能，要求有一些礼仪色彩。但相较而言，邀请书更朴实、更常用一些。它没有请柬的过分庄重严肃，但却也礼仪周到，受到人们普遍的喜爱。

（2）邀请书的书信体格式。邀请书用语上比请柬随意，而且要求有较详细的邀约内容，所以采用书信体的格式。

三、邀请书的基本格式和写法

邀请书通常由标题、称呼、正文、结尾和落款五部分组成。

（一）标题

邀请书的标题一般有两种构成方式。一种单独以文种名称组成，如《邀请书》、

《邀请信》。另一种由发文原因和文种名称共同组成，如《关于出席亚太经济发展会议的邀请书》。

（二）称呼

称呼要顶格写被邀请的单位或个人的名称或姓名，也就是要写明主送对象。如“×××大学:”、“××同志:”。

（三）正文

邀请书的正文通常要求写出举办活动的内容、活动目的、活动时间、活动地点、活动方式、邀请对象以及邀请对象所做的工作等。

活动的各种事宜务必在邀请书中写清楚、写周详。若附有票、券等物也应同邀请书一并送给主送对象。

若相距较远，则应写明交通路线，以及来回接送的方式等。其他差旅费及活动经费的开销来源及被邀人所应准备的材料文件、节目发言等也应在正文中交代清楚。

（四）结尾

结尾处要求写上礼节性的问候语，如“恳请光临”、“致以敬意”，等等。

（五）落款

邀请书的落款要署上发文单位名称或发文个人的姓名，署上发文日期。邀请单位还应加盖公章，以求慎重。

四、邀请书的写作要求

（一）语言要含有尊敬之意

邀请书的主要内容类似于通知，但又有几分商量的意思，它不能是行政命令式的态度，所以在用词上一定要礼貌。有些邀请书在开头还应解释一下自己不能亲自面邀的原因，以免引起不必要的误会。

（二）邀请书务必事项周详

邀请书是被邀人进行必要准备的一个依据，所以各种事宜一定要在邀请书上显示出来，使邀请对象可以有准备而来，也会使活动主办的个人或单位减少一些意想不到的麻烦。

（三）邀请书提前发送

要使被邀人早些拿到邀请书，这样可以使他对各种事务有一个统筹的安排，而不会由于来不及准备或拿到邀请书时已过期了而参加不了举办的活动。

五、邀请书范文

【例文一】

网聚财富主角阿里巴巴年终客户答谢会邀请函

尊敬的××先生/女士:

过往的一年，我们用心搭建平台，您是我们关注和支持的财富主角。

新年即将来临，我们倾情实现网商大家庭的快乐相聚。为了感谢您一年来对阿里巴巴的大力支持，我们特于2010年1月10日14：00在青岛丽晶大酒店一楼丽晶殿举办2009年度阿里巴巴客户答谢会，届时将有精彩的节目和丰厚的奖品等待着您，期待您的光临！

让我们同叙友谊，共话未来，迎接来年更多的财富，更多的快乐！

阿里巴巴

2009年1月5日

【例文二】

尊敬的××先生/女士：

中华慈善总会等国内多家公益民间机构与国际联合劝募协会、美中贸易全国委员会共同发起的“跨国公司与公益事业高级论坛”（以下简称论坛）将于2009年11月9~11日在北京隆重举行。

此次论坛由高级论坛和公益项目展示会两部分组成。高级论坛主要包括：中国公益事业的现状、机遇和挑战；跨国公司/企业在现代公益事业中的作用、责任和地位；跨国公司和公益机构之间的合作关系及公益机构管理能力的评估机制。公益项目展示会将采取会展形式与论坛同时举行，供各公司、各公益机构通过图、文、声像等形式进行展览和交流。

随着中国加入世界贸易组织，特别是在中共十六大提出的全面建设小康社会、完善社会经济改革的方针指引下，此次论坛的召开将为促进跨国公司和中国公益事业的合作发展提供新的契机，将为与会者提供一次良好的机会来进一步了解中国公益事业的现状、机遇及其面临的挑战；并通过各方的广泛接触和交流，促进双方伙伴关系及合作机制的建立。

参加此次论坛的代表将来自多个部门，约有国内外跨国公司/企业代表100名，公益民间机构代表80名，研究部门及相关机构的知名人士等120名。届时将有政府及有关部门领导人莅临大会，这也充分显示了政府和有关各方对中国公益事业的重视和关心。

在此，诚挚地邀请您及贵单位参加此次论坛及展示会，并真诚地期望您为中国公益这一崇高的事业做出新的贡献！

期待着您的积极参与！

×××××××××

××××年××月××日

【例文三】

亲爱的老同学：

你们好！

光阴荏苒，岁月如梭，转眼间，我们从××中学相识已有二十三年。

二十三年韶华匆匆花开花落……二十三年间，我们每个人所走的路不尽相同，或春风得意，或平平淡淡，或艰辛坎坷，或更有甚者历经灾难深重……但是，无论人生如何浮沉，无论贫富贵贱如何变化，也无论世事如何变迁，我们都没有忘记曾经唱过的那首“再过二十年，我们来相会”的歌，没有忘记同学间的真挚友情，多少次梦里相聚，多少次心驰神往。

二十三年后的今天，我们已不再是豆蔻年华，不再青春年少。二十三年的梦里醒来，才惊觉：最难以忘怀和割舍不掉的依旧是那份同学情，这份情谊如同一坛老酒，越久就越香越浓，悠远而回味无穷；中学三年发生的故事，沉淀二十来年，依然让人感动，需要我们用一生去回忆、去收藏。

亲爱的同学们，来吧！让我们暂时抛开一切，远离尘世的喧嚣，相聚我们可爱的家乡——××，共饮这坛收藏了二十三年的美酒，忘却忧虑，让心栖息；来吧！让我们一起重温青春的梦想，回归天真烂漫的赤子之心，找回我们渐行渐远的青春！二十年后再相聚，我们共期盼！记住，开心不是唯一的主题，同学情深，千万别忘了。

我们想：这样难得的欢聚，会因你的缺席而黯然失色，更令我们黯然神伤。盼望您早作安排，如期赴约，并请尽快给予回复。

祝您及全家身体健康，万事如意！并祝同学聚会圆满成功！

××中学××届1班同学2010年聚会筹备组

2010年1月8日

第三节　调查报告

一、调查报告的概念

所谓调查报告，是根据调查研究成果写出来的反映客观事物的书面报告。它是以揭示当前重要事件真相、总结工作经验教训、探讨事物发展规律为目的的一种常用新闻体裁。

二、调查报告的特点

调查报告的主要特点：

（1）不仅要介绍事物发展的全过程，还要对事件进行本质的分析、评价，从中总结经验教训，探索其规律。

（2）必须选择具有典型意义的报道对象进行调查，可以调查现状，也可以调查历史，为实际工作服务。

（3）采用叙述方式，惯用第三人称。

三、调查报告的种类

调查报告的种类很多，常用的调查报告有几下几种：

（1）基本情况调查。

（2）经验性调查。

（3）问题调查。

（4）揭露性调查。

（5）述评性调查。

（6）“情况简报”式、“情况反映”式调查。

（7）史实性调查。

（8）调查汇报。

（9）调查后记和调查附记。

四、调查报告的结构特点

一般而言，调查报告的内容大体有：标题、导语、概况介绍、资料统计、理性分析、总结和结论或对策、建议，以及所附的材料等。根据这些内容所形成的调查报告的结构，就包括标题、导语、正文、结尾和落款。

（一）标题

调查报告的标题有单标题和双标题两类。所谓单标题，就是一个标题。其中又有公文式标题和文章式标题两种。公文标题由“事由 + 文种”构成，如《浙江省农村中学语文教学情况的调查报告》。文章式标题，是标明作者通过调查所得到的观点的标题，如《调整教育政策　增加教育投入》。所谓双标题，就是两个标题，即一个正题、一个副题。如《为了造福子孙后代——××县封山育林调查报告》。

（二）导语

导语又称引言。它是调查报告的前言，简洁明了地介绍有关调查的情况，或提出全文的引子，为正文写作作好铺垫。常见的导语有：①简介式导语。对调查的课题、对象、时间、地点、方式、经过等作简明的介绍。②概括式导语。对调查报告的内容（包括课题、对象、调查内容、调查结果和分析的结论等）作概括的说明。③交代式导语，即对课题产生的由来作简明的介绍和说明。

（三）正文

正文是调查报告的主体。它对调查得来的事实和有关材料进行叙述，对所作出的分析综合进行议论，对调查研究的结果和结论进行说明。正文的结构有不同的框架。根据逻辑关系安排材料的框架有：纵式结构、横式结构、纵横式结构。这三种结构，以纵横式结构常为人们采用。按照内容表达的层次组成的框架有：“情况—成果—问题—建议”式结构，多用于反映基本情况的调查报告；“成果—具体做法—经验”式结构，多用于介绍经验的调查报告；“问题—原因—意见或建议”式结构，多用于揭露问题的调查报告；“事件过程—事件性质结论—处理意见”式结构，多用于揭示案件是非的调查报告。

（四）结尾

结尾的内容大多是调查者对问题的看法和建议，这是分析问题和解决问题的必然结果。调查报告的结尾方式主要有补充式、深化式、建议式、激发式等。

（五）落款

调查报告的落款要写明调查者——单位名称和个人姓名，以及完稿时间。如果标题下面已注明调查者，则落款时可省略。

五、调查报告的写作程序

调查报告写作要经过以下五个程序：

(1) 确定主题。确定主题要注意：报告的主题应与调查主题一致；要根据调查和分析的结果，重新确定主题；主题宜小，且宜集中；要尽量与标题协调一致，避免文题不符。

(2) 取舍材料。首先，要选取与主题有关的材料，舍弃与主题无关的材料，使主题集中、鲜明、突出。其次，要经过鉴别，精选材料，不仅使每一材料都能有用，而且能以一当十。

(3) 拟定提纲。调查报告的提纲有两种，一种是观点式提纲，即将调查者在调查研究中形成的观点按逻辑关系一一地列写出来。另一种是条目式提纲，即按层次意义表达上的章、节、目,逐一地一条条地写成提纲。也可以将这两种提纲结合起来制作提纲。

(4) 起草报告。这是调查报告写作的行文阶段。要根据已经确定的主题、选好的材料和写作提纲，有条不紊地行文。在写的过程中，要从实际需要出发选用语言、标点符号和表达方法，还要注意灵活地划分段落。

(5) 修改报告。报告起草好以后，要认真修改。主要是对报告的主题、材料、结构、语言文字和标点符号进行检查，加以增、删、改、调。在完成这些工作之后，才能定稿向上报送或发表。

六、调查报告的写作要求

第一，必须进行深入细致的调查研究，

第二，认真分析研究，找出规律性的东西。

第三，必须做到材料和观点的统一，不得把材料和观点割裂。

第四，把逻辑思维和形象思维妥善地结合起来，既要逻辑清楚，条理分明，又要力求生动活泼，避免呆板、枯燥的毛病。

七、例文

当代大学生消费状况的调查报告

近年来，随着经济发展的蒸蒸日上，人们的消费水平也明显提高。当前消费市场中，大学生作为一个特殊的消费群体正受到越来越多的关注。由于大学生的年龄较小，群体较特别，就有着不同于社会其他消费群体的消费心理和行为。一方面，他们有着旺盛的消费需求，另一方面，他们未获得在经济方面的独立，消费受到很大程度的限制。消费观念的超前和消费实力的滞后，都对他们的消费行为产生很大影响。特殊群体有其自身的特点，同时，难免有一些非理性的消费行为。为了调查清楚当代大学生的消费问题，我们在同学之中进行了一次消费的调研，弄清楚大学生要花多少钱，花在什么地方，花的是不是很合理，如果不合理应该怎样改进……

——引言

一、当代大学生消费的基本状况

大学生的消费，主要分为基本生活消费（衣、食、住、行）、学习消费（学费、书杂费、考证、电脑等)、休闲及娱乐消费(休闲、旅游、娱乐)、人际交往消费(人情、恋爱)等几个方面。有关调查表明，平均每增加一个高校学生，将增加7300元左右的消费。其中，学费约2000元，平均占30%；伙食费约3000元，占40%；住宿在500元左右，占6%；交通、通信约550元，占7%；文化娱乐700元左右，约占9%；其他消费约占10%。

1. 当代大学生的基本生活消费

由于各城市经济发展水平不一，大学生的生活费需要也不一样，中国青少年研究中心的调查显示，大学生每月生活费在100～300元的占3.87%，300～500元的占44.41%，500～700元的占34.17%，700元以上的占9.33%。可以说，大学生消费在静态上可以划分为高、中、低三个档次，而在动态上呈逐年递增趋势。

2. 大学生学习上的消费

(1) 学习消费。主要包括学费、书杂费、考证消费和电脑消费等。大学生除购买基本的专业教材外，其学习消费主要集中在购买教学参考书、英语和计算机等级考试等书目上。他们每个月购买参考书或休闲刊物在50元以下的占66.9%，50～100元的占7.8%，100元以上的占2.9%。

(2) 考证消费。近年流行“考证热”。大学生参加各种英语等级考试、计算机等级考试、出国考试和国家公务员考试，等等，名目繁多。不少学生甘心对考证进行高额投资，以增加职场竞争中的筹码。据对广东高校的调查，在校期间大学生投资的考证费用在300元以下的占一半左右，在300～500元的占15%，而有的则超过了1500元。

(3) 电脑消费。在高校，计算机网络已覆盖了许多大学的宿舍，在宿舍上网业已成为时尚，大学生的上网费亦成为大学生日常消费开支的一部分，有些大学生平均每月的上网费达50～60元，最高的达200元以上。

3. 大学生的休闲及娱乐消费

(1) 休闲消费。大学生闲暇生活中，最经常做的事情是上网、自习自修、读消遣杂志、读文学作品、书法音乐绘画等，这些活动都具有较强的独立性；而诸如参加课题、集体活动、打牌下棋、与人聊天等需要集体参与的交往性活动，却较少参加。

(2) 旅游消费。随着家庭生活水平的提高和公共假期的增多，大学生纷纷热衷于出外旅游。广东的调查显示，有70.4%的大学生在假期参加过旅游。有40.4%的被访学生平均每次旅游花费在800元以上，其中花费在1500元以上的占了34.9%。

(3) 娱乐消费。大学生的娱乐消费数额相当可观。进迪厅，打台球，遛旱冰，去练歌房，开PARTY……另外，大学生不同程度的追星热潮影响着他们的娱乐消费。一部《泰坦尼克号》就足以让大学生体会到偶像崇拜所迸发的力量。这部电影的门票，最低的10元，最高80元，很多大学生看了不止一遍。

4. 大学生的人际交往消费

(1) 人情消费。现在，学生过生日，考试得高分，当了学生干部，入了党，评上奖学金，比赛获奖都要请客，否则便被视为不够交情，不上路。请客者档次越高，赴请者的随礼也就越高。人情风的蔓延，给一些并不富裕的家庭增添了经济负担，也给大学生带来了精神压力。

(2) 恋爱消费。恋爱费用有的是由“家里特别提供”的，有的是“从生活费中支付”的，有的是来自“勤工俭学”的，有的是来自“奖学金”的，这与大学生的社会角色有关，更与家庭对大学生恋爱的看法有关。

二、当代大学生消费的特点

大学生消费状况表明，大学生正朝着追求现实、重视自我、要求个人和社会并重、以自我为中心的大道迈进，并呈现出如下特点：

1. 实用：当代大学生消费的基本特点

在“大学生价值取向”中，列出了11种大学生生活中最主要的内容：知识、地位、友谊、爱情、名誉、金钱、权力、健康、家庭、事业、理想等，其中首选是知识(47.65%)、事业(47.27%)和健康(43.65%)，其次是友谊(38.58%)、爱情(30.43%)、家庭(30.99%)和金钱(19.63%)，而后才是理想(14.67%)、权力(7.30%)、地位(6.33%)和名誉(5.17%)。这说明，当代大学生的价值取向实用化。

从大学生的消费状况分析，大学生的各项消费都带有浓厚的实用色彩。实用是当代大学生的基本消费特点。

2. 多样：当代大学生消费的重要特征

大众文化消费市场，是影响大学生消费文化多样性的重要因素。大学生多样化消费的特点根源于大学生多元化价值目标的存在。这种多元化的价值目标，一方面使大学生的思想活跃，有益于大学生充分发挥个人的聪明才智和创造能力，善于理财，理性消费；另一方面，也可能导致大学生受不良倾向的影响，出现一些消极的消费类型。

3. 个性：新观念的表达

多元化发展源于个性化的彰显。大学生消费个性化可以理解为时尚化和风格化，而不仅仅是传统的青年文化对个性和自我的刻意追求与表现。新知识的爆炸式增长、新技术的迅速推广应用和新的信息传播媒介对日常生活的深入影响，使时尚的形成和流行更快捷。其反映的是青年大学生的这样一种观念：没有什么东西是不能改变的，没有什么系统是完全封闭的，没有什么事物或道理是不能用形象来表达的。

4. 差异：庞大的贫困生群体

调查显示，大学生年消费平均高于8383.96元(包括学费、住宿费)，最高的达到18500元，最低的只有2100元，差异巨大。这种差异的形成主要来自于家庭收入的差异。贫富分化加剧的现实决定了大学生的消费水平差异很大，在校园内产生了一个庞大的贫困生群体。他们的消费水平较低，有些人甚至连基本生活费都难以保障。

5. 前卫：时尚的选择

大学生消费“前卫”的特征主要表现为：追求品牌，崇尚权威；追求新颖、时尚，体现个性以及理性、成熟三个方面。

品牌代表了“质量”的权威性，“价格”的权威性，以及品牌的“文化”权威——体现消费者的身份、地位，增强消费者的自信心。

大学生正处于追求个性发展，自我意识增强的阶段，面对五彩缤纷的消费市场，大学生的消费心理更趋理性化转变、行为较为成熟的价值取向。大部分大学生在购买前会查阅有关资料，比如价格、性能、品牌等资料，然后决定是否购买。同时，大学生的消费权益保护意识随着我国法制的建立健全而日趋成熟，他们会用法律保护自己的权益。

三、当代大学生消费趋势的基本预测

1. 基本生活消费向营养型、质量型方向发展

从20世纪90年代开始，我国的消费水平逐渐由“生存型”向“享受型”发展，硬性消费比值下降，软性消费比值上升，恩格尔系数降至41.9%。预计未来几年消费结构必将更有利于生活质量的提高。

从消费的内容上看，一方面，大学生用于满足基本生存需要的消费比重大大降低，而用于改善学习条件的消费比重提高，用于满足精神文化需求的消费开始上升；另一方面，大学生日益重视健康消费，健康消费和精神文化消费将成为主要的消费内容，而传统的物质消费（吃、穿、住、行）或生存型消费将会变得更有质量。

2. 学习消费的比值将大幅度上升

知识经济时代带来的学习观念的变化，使广大大学生认识到学习不再是一件阶段性的事，而将伴随人的终身。另外，一个新型的教育方式——网络教育将会越来越成熟。许多大学已经开始这种现代远程教育的试点工作。网络教育在未来将可能成为“继续教育”的主流方式。

3. 休闲及娱乐消费呈现多样

在休闲及娱乐消费方面，大学生群体有着比其他年龄群体更为旺盛的需求，这在20世纪90年代已经开始显现。进入21世纪，大学生的这种需求必将愈加强烈，并将在休闲度假、旅游观光、体育健身等领域，显现出新的发展势头。

大学生越来越不满足于看电视、进影剧院这样一些静止的休闲方式，而是追求新颖、出奇、刺激和有品位的活动：迪厅、游戏机、台球和保龄球将更为普及；蹦极、攀岩、速降、滑翔、漂流、潜水、探险、探幽这类刺激的活动也有更多人尝试。

旅游观光消费，90年代在我国大学生中才开始流行，但发展的势头强劲。大学生是青年旅游者中的主体。未来大学生的旅游有两个趋势会更加凸显：一是首选自然风光；二是游出文化品位。

体育健身消费，随着校园体育场馆建设的增加，大学生的体育锻炼也将由单纯的室外场地转到室内室外并重。同时，健康消费还向保健器械、保健衣物、营养品等领域扩展，进入更高层次。

4. 人际交往消费成本昂贵

在我国步入信息时代的进程中，信息消费的发展迅如潮涌。调查数据显示，33%的大学生拥有手机，有37%的大学生希望购买电脑。随着手机、电脑等产品由商务消费转向生活消费，大学生上网率的增长，个人电脑的畅销，使大学生的消费心理由实用至上转向感受为本。

5. 模仿性的消费情结日趋明显

今天的大学生消费有着强烈的模仿性特征，有着很深的“白领情结”：名牌服装着身，手提电脑随身，信息把握在手，创造未来人生。发达快捷的消费信息、不断提高的

消费需求使大学生对时尚的领略和把握更为及时准确。一方面希望拥有舒适的物质生活，另一方面希望拥有高雅的精神享受。他们更有自己对生活的理解、对消费的选择，他们注重讲求生活的品位和质量，宁缺勿滥，宁高勿低。他们追求的是一种既有物质享受，又讲求精神生活的现代人的生活方式。

第四节　计　　划

一、计划的含义和作用

计划是某一个单位、部门或个人，对预计在一定时间内所要做的工作或所要完成的其他任务加以书面化、条理化和具体化的一种文书。

“凡事预则立，不预则废。”预，就是事先打算、安排的意思。有了计划，工作就能有条不紊地进行，就能提高自觉性，减少盲目性，成功的可能性就大；相反，事先没有做任何打算和安排，或者安排不周，工作就有可能遭受挫折，甚至归于失败。

具体的说，计划的作用体现在这样几个方面：一是有预见性。在制订计划时，要对今后可能出现的问题和遇到的困难，进行分析和判断，并提出相应的对策和措施。二是具有指导性。一份好的计划，应该是根据党和国家的方针政策及上级的指示精神，并且结合实际情况制订的，其指导作用也是很明显的。三是具有约束性。计划一经制订，就要认真贯彻执行。即使是自己制订的个人学习、工作计划，也应具有自我约束力。

二、计划的种类

按照不同的分类标准，计划可分为多种类型。

按其所指向的工作、活动的领域来分，可分为工作计划、学习计划、生产计划、教学计划、销售计划、采购计划、分配计划、财务计划，等等。

按适用范围的大小不同，可分为国家计划、地区计划、单位计划、班组计划，等等。

按适用时间的长短不同，可分为长期计划、中期计划、短期计划三类，具体还可以分为十年计划、五年计划、年度计划、季度计划、月份计划等。

按指挥性的强弱不同，可分为指令性计划、指导性计划。

按涉及面大小的不同，可分为综合性计划、专题性计划。

三、计划的写法

计划的种类很多，但不论哪种计划，一般都应当包括分析基本情况，明确任务要求及提出具体措施等几项内容，也就是要讲明“做什么”、“怎么做”、“什么时间完成”等事项。

计划通常是由标题、正文和落款几个部分构成的。

（1）标题。标题一般包括单位名称、适用期限和文种名称等几个项目，有时还要点明计划的内容要点，如《××省××厅1994年工作计划》、《××拖拉机厂1998年生产经营和流动资金需求计划》。

（2）正文。正文部分一般包括基本情况、目的和要求、步骤和做法、结语等几个方面内容。在“基本情况”部分，主要写明制订计划的依据。这部分也可以略去不写，直接就写计划事项；在“目的和要求”部分，要分条列项写明目标、任务及其完成事项等；在“步骤和做法”部分，要把完成任务所要经过的阶段、在各阶段所要采取的措施及人力、物力和财力的安排等写得非常具体、明确。也有的计划把这部分内容同“目的和要求”放在一起写。在“结语”部分，可以总结全文，表明完成计划的决心。将作为文件下发的计划还可以提出希望，发出号召，或者指明注意事项及检查修改的办法。这部分内容也常常略去不写。

（3）落款。落款一般包括制订计划的单位名称和日期两项内容。如在标题中已写明单位名称，这里可以省略。

四、制订计划的要求

在制订计划时，应当考虑以下要求：

第一，要符合政策。制订计划时，必须贯彻党和国家的有关方针政策以及上级指示精神，而不能与此相悖，否则计划就毫无意义，甚至会起相反的作用。

第二，要从实际出发。制订计划时，要把全局需要同本单位的实际结合起来，而不能说空话，更不能说假话。从某种意义上说，制订计划是一种主观行为，但要充分考虑客观条件，决不能单纯从主观愿望出发，按个人意志办事。

第三，要具体明确。计划一经制订，便具有指导和约束作用，要求人们在预定的期限去完成。计划内容具体、明确，把要做的事情写得实实在在，才便于人们照着做，也便于人们对照检查工作情况。

第四，要留有余地。在计划的实施中，常常会有某些不可预见的因素出现，在制订计划时要充分考虑到这一点，任务的提出和时间的制定等，都要留有余地。另外，执行计划也要有一定的灵活性，要能根据实际情况的变化，合理地调整计划。

五、例文

（略）

第五节　总　　结

一、总结的含义和作用

这里所说的总结，主要是就工作总结而言的，是事后对某一阶段的工作或某项工作的完成情况，包括取得的成绩、存在的问题、得到的经验和教训，加以回顾和分析的书面材料。

总结与计划对实际工作产生作用的方式不同。如果说计划主要是为了指导未来，那么总结则主要是回顾过去。而回顾过去，目的是从中总结出规律性的东西，是为了给今后的工作提供借鉴和帮助。毛泽东说过："人类总得不断地总结经验，有所发现，有所发明，有所创造，有所前进。"通过实践总结经验，掌握规律，然后回到实践中去，用以指导实践，经过实践、认识，再实践、再认识的过程，人的思想认识才能不断得到提高。因此，总结过去的工作情况本身，也是培养工作能力，提高认识水平的一个过程。

二、总结的种类

从不同的角度，可将总结划分为不同的类别。比较常用的分类方法是按其性质和内容的不同，将总结分为综合性总结和专题性总结两类。所谓的综合性总结，是对总结对象在一定时期内的所有情况进行全面反映和评析的总结；所谓的专题性总结，是对某项工作的情况和总结对象在某个时期的某个方面的情况，进行专门反映和评析的总结。

三、总结的写法

跟计划一样，总结一般也是由三个部分构成的，即标题、正文和落款。

（一）标题

总结的标题有多种形式，最常见的是由单位名称、时间、主要内容、文种组成的，如《××市财政局1999年工作总结》、《××厂2000年上半年工作总结》。

有的总结标题中不出现单位名称，如《创先争优活动总结》、《1999年教学工作总结》。

有的总结标题只是内容的概括，并不标明"总结"字样，但一看内容就知道是总结，如《一年来的谈判及前途》（《周恩来选集》上卷，人民出版社1980年版）、《走活三步棋，选好一把手》（《先锋》1996年第5期）等。

还有的总结采用双标题。正标题点明文章的主旨或中心，副标题具体说明文章的内容和文种，如《构建农民进入市场的新机制——运城麦棉产区发展农村经济的实践与总结》、《加强医德修养　树立医疗新风——南方医院惠侨科精神文明建设的经验》。

（二）正文

和其他应用文体一样，总结的正文也分为开头、主体、结尾三部分，各部分均有其特定的内容。

（1）开头。总结的开头主要用来概述基本情况。包括单位名称、工作性质、主要任务、时代背景、指导思想，以及总结目的、主要内容提示等。作为开头部分，要注意简明扼要，文字不可过多。

（2）主体。这是总结的主要部分，内容包括成绩和做法、经验和教训、今后打算等方面。这部分篇幅大、内容多，要特别注意层次分明、条理清楚。

主体部分常见的结构形态有三种。

第一，纵式结构。就是按照事物或实践活动的过程安排内容。写作时，把总结所包括的时间划分为几个阶段，按时间顺序分别叙述每个阶段的成绩、做法、经验、体会。

这种写法的好处是事物发展或社会活动的全过程清楚明白。

第二，横式结构。按事实性质和规律的不同分门别类地依次展开内容，使各层之间呈现相互并列的态势。这种写法的优点是各层次的内容鲜明集中。

第三，纵横式结构。安排内容时，既考虑到时间的先后顺序，体现事物的发展过程，又注意内容的逻辑联系，从几个方面总结出经验教训。这种写法，多数是先采用纵式结构，写事物发展各个阶段的情况或问题，然后用横式结构总结经验或教训。

主体部分的外部形式，有贯通式、小标题式、序数式三种情况。贯通式适用于篇幅短小、内容单纯的总结。它像一篇短文，全文之中不用外部标志来显示层次。小标题式将主体部分分为若干层次，每层加一个概括核心内容的小标题，重心突出，条理清楚。序数式也将主体分为若干层次，各层用“一、二、三……”的序号排列，层次一目了然。

(3) 结尾。结尾是正文的收束，应在总结经验教训的基础上，提出今后的方向、任务和措施，表明决心、展望前景。这段内容要与开头相照应，篇幅不应过长。有些总结在主体部分已将这些内容表达过了，就不必再写结尾。

四、总结写作的注意事项

（一）要坚持实事求是的原则

实事求是、一切从实际出发，这是总结写作的基本原则，但在总结写作实践中，违反这一原则的情况却屡见不鲜。有人认为“三分工作七分吹”，在总结中夸大成绩，隐瞒缺点，报喜不报忧。这种弄虚作假、浮夸邀功的坏作风，对单位、对国家、对事业、对个人都没有任何益处，必须坚决防止。

（二）要注意共性，把握个性

总结很容易写得千篇一律、缺乏个性。当然，总结不是文学作品，无须刻意追求个性特色，但千部一腔的文章是不会有独到价值的，因而也是不受人欢迎的。要写出个性，总结就要有独到的发现、独到的体会、新鲜的角度、新颖的材料。

（三）要详略得当，突出重点

有人写总结总想把一切成绩都写进去，不肯舍弃所有的正面材料，结果文章写得臃肿拖沓，没有重点，不能给人留下深刻印象。总结的选材不能求全贪多、主次不分，要根据实际情况和总结的目的，把那些既能显示本单位、本地区特点，又有一定普遍性的材料作为重点选用，写得详细、具体。而一般性的材料则要略写或舍弃。

五、例文

（略）

第八章 演 讲 稿

一、演讲稿的含义、特点

（一）演讲稿的含义

演讲稿也叫演说辞，它是在较为隆重的仪式上和某些公众场所发表的讲话文稿。演讲稿是进行演讲的依据，是对演讲内容和形式的规范与提示，它体现着演讲的目的和手段、演讲的内容和形式。演讲稿是人们在工作和社会生活中经常使用的一种文体。它可以用来交流思想、感情，表达主张、见解；也可以用来介绍自己的学习、工作情况和经验，等等；演讲稿具有宣传、鼓动、教育和欣赏等作用，它可以把演讲者的观点、主张与思想感情传达给听众以及读者，使他们信服并在思想感情上产生共鸣。

（二）演讲稿的特点

演讲是演讲者在现场与听众双向交流信息。严格地讲，演讲是演讲者与听众、听众与听众的三角信息交流，演讲者不能以传达自己的思想和情感、情绪为满足，他必须控制住自己与听众、听众与听众情绪的应和与交流。所以，为演讲准备的稿子就具有以下三个特点：

第一，针对性。演讲是一种社会活动，是用于公众场合的宣传形式。为了以思想、感情、事例和理论来晓喻听众，打动听众，“征服”群众，它必须有现实的针对性。所谓针对性，首先是作者提出的问题是听众所关心的问题，评论和论辩要有雄辩的逻辑力量，要能为听众所接受，并使其心悦诚服，这样，才能起到应有的社会效果；其次是要懂得听众有不同的对象和不同的层次，而“公众场合”也有不同的类型，如党团集会、专业性会议、服务性俱乐部、学校、社会团体、宗教团体、各类竞赛场合，写作时要根据不同场合和不同对象，为听众设计不同的演讲内容。

第二，可讲性。演讲的本质在于“讲”，而不在于“演”，它以“讲”为主、以“演”为辅。由于演讲要诉诸口头，拟稿时必须以易说能讲为前提。如果说，有些文章和作品主要通过阅读欣赏，领略其中意义和情味，那么，演讲稿的要求则是“上口入耳”。一篇好的演讲稿对演讲者来说要可讲，对听讲者来说应好听。因此，演讲稿写成之后，作者最好能通过试讲或默念加以检查，凡是讲不顺口或听不清楚之处（如句子过长），均应修改与调整。

第三，鼓动性。演讲是一门艺术。好的演讲自有一种激发听众情绪、赢得好感的鼓动性。要做到这一点，首先要依靠演讲稿思想内容的丰富、深刻，见解精辟，有独到之处，发人深思，语言表达要形象、生动，富有感染力。如果演讲稿写得平淡无味，毫无新意，即使在现场“演”得再卖力，效果也不会好，甚至相反。

二、演讲稿的种类

演讲按不同的分类标准，可以分成很多种类型，譬如领导人演讲、竞赛性演讲、论辩性演讲、竞选演讲、就职演说等。我们从内容性质的不同，把演讲稿分为以下几种类型。

（一）政治鼓动类

政治类演讲稿有三大特点：①话题的政治性；②内容的鼓动性；③严谨的逻辑性。

（二）学术交流类

学术类演讲稿具有下列特点：①学术性；②创造性；③通俗性。

（三）思想教育类

思想教育类的演讲稿有以下特点：①时代性；②劝导性；③生动性。

三、演讲稿的写法

演讲稿的结构分开头、主体、结尾三个部分，其结构原则与一般文章的结构原则大致一样。

（一）确定讲题，选择材料

（1）根据演讲活动的性质与目的来确立主题。演讲应有旗帜鲜明的主题，演讲的主题最能体现演讲的思想价值和审美品位。所谓旗帜鲜明的主题，有两层含义： 是听众听后就知道谈的主题是什么，二是鲜明地表现出演讲者的爱憎情感。只有有了旗帜鲜明的主题后，演讲才会具有深刻感人的艺术魅力。

（2）根据演讲主题与听众情况来选择材料。材料的选取和使用要考虑材料本身的价值，不宜总是妇孺皆知的故事和话语，不宜老谈观念问题或者以说教方式教育听众，这样会让人产生厌烦感。材料要有一定的新鲜感和独创性，才能激发人的兴趣，启迪人心，使人感动。演讲最忌讳的是重复别人已经讲过或听众已经熟悉的老生常谈，人云亦云是难以折服听众的。演讲者要善于选择新的有益的材料和见解，或者从新的角度、新的深度去认识老典型，从老典型中挖掘出别人没有发现的新意义来。材料的完整性把握要掌握好，不宜过于朦胧，也不必把烦琐的细枝末节也完全道出。但材料必须是明确的，使演讲细节化和视觉化。

（二）精心安排好开头、主体和结尾

1. 开头要先声夺人，富有吸引力

（1）开门见山，亮出主旨。一般政治性的或者学术性的演讲稿都是开门见山，直接揭示演讲的中心。比如宋庆龄《在接受加拿大维多利亚大学荣誉法学博士学位仪式上的讲话》的开头：我为接受加拿大维多利亚大学荣誉法学博士学位感到荣幸。运用这种方法，必须先明确把握演讲的中心，把要向听众揭示的论点摆出来，使听众一听就

知道讲的中心是什么，注意力马上集中起来。但这种方法容易显得过于平淡、冷静，很难吸引人。

（2）叙述事实，交代背景。比如恩格斯《在马克思墓前的讲话》的开头：三月十四日两点三刻，当代最伟大的思想家停止了思想……这个开头对事情发生的时间、地点、人物作出了必要的说明，为进一步向听众揭示论题做准备。运用这种方法开头，一定要从演讲的中心论点出发，不能信口开河，离题万里，更要防止套话、空话，败坏听者的胃口。

（3）提出问题，发人深思。写演讲稿的开头，可根据听众的特点和演讲的内容，提出一些激发听众思考的问题，以引起听众的兴趣。这种问题应该新颖、独特，确实能促使听众去思考。比如闻一多《最后一次的讲演》的开头：这几天，大家晓得，在昆明出现了历史上最卑劣、最无耻的事情！李先生究竟犯了什么罪，竟遭此毒手？他只不过用笔写写文章，用嘴说说话，而他所写的，所说的，都无非是一个没有失掉良心的中国人的话！大家都有一支笔，有一张嘴，有什么理由拿出来讲啊！有事实拿出来说啊！为什么要打要杀，而且又不敢光明正大地来打来杀，而偷偷摸摸地来暗杀！这成什么话？演讲稿一开头，闻一多先生便直截了当地连连发问，问句中又夹带着感叹句，如山崩水泻，势不可挡，一开始就把演讲推向了高潮。

（4）引用警句，引出下文。将警句、名人名言、诗词歌赋等与现实生活联系在一起，不仅可以使老观点穿上新衣服，使其新意盎然，而且可以增加演讲稿内容的深度，使演讲稿平中见奇，引人入胜。如温家宝总理出席十一届人大一次会议记者招待会的开场白：5 年已经过去了，“行事见于当时，是非公于后世”。历史是人民创造的，也是人民书写的。一个领导者应该把眼睛盯住前方，把握现在，思考未来。……5 年前，我曾对大家立过誓言：“苟利国家生死以，岂因祸福避趋之。”今天我还想加上一句话，就是“天变不足畏，祖宗不足法，人言不足恤”。一上来引用三个古人古语（朱元璋、林则徐、王安石），既恰到好处，又表现出总理的文化底蕴，令人钦佩。

2. 主体部分要层层展开，步步推向高潮

演讲稿在开头后要迅速转入主体，这是演讲的正文和核心部分，也是演讲稿的高潮所在，能否写好，直接关系到演讲的质量和效果。内容的安排，应注意以下几个问题。

（1）确定结构形式。演讲稿的理论依据和事实论据的组织安排要适当。演讲稿不能太长，一般 30 分钟左右最好。内容要求言简意赅，起到画龙点睛的作用。形式一般比较活泼，或旁征博引、剖析事理，或引经据典、挥洒自如，或层层深入，或就事论事。结构形式不管怎么变化，都要求内容突出、问题说透、推理严密、层次清晰、情理交融。

（2）层次分明。演讲中为使观众能够明确感到演讲层次的存在和脉络的清晰，应有意识地树立鲜明的有声语言标志来表明层次。可依靠排比段、过渡语等有声语言标志作用于听众的听觉，使听众感觉到层次的存在。也可以依靠演讲内容内部的逻辑联系来体现层次。议论型演讲稿，其段落之间或步步深入，或条项列目，或正反相衬，都包含着逻辑上的因果必然性，故可按提出问题、分析问题、解决问题的方式来体现层次。叙事型演讲稿，则可以人物认识的发展（由浅入深，由表及里，由局部到全局，由片面到全面，由怀疑到相信，由错误到正确，由落后到现今等）和感情的变化来体现层次，也可按事物发生的直接因果关系来体现层次，也可按事物存在的时间、空间、距离三维变化来体现层次，亦可按事物的类别、属性的聚集来体现层次，等等。

（3）构筑演讲高潮。“文似看山不喜平”。演讲稿更加要求节奏鲜明，张弛相间，跌宕起伏。要有波澜起伏的段落和引人入胜的高潮，力避平铺直叙，泛泛而谈。一个成功的演讲，不可能没有高潮。演讲的高潮，既是演讲者情绪最激昂、气势最强劲的时刻，又是观众情绪最激动、精神最振奋的地方。一次演讲，若能出现一次或几次高潮，说明演讲者与听众之间在感情上产生了强烈的共鸣，说明演讲者的信念与意志得到了响应，说明演讲者所宣传的观点和主张得到了听众发自内心的欢迎和赞同。演讲中高潮往往体现出三个特点：一是思想深刻、态度明确，最集中体现演讲者的思想观点。二是感情强烈，演讲者的爱恶、喜怒在这里得到尽情宣泄。三是语句精练。

如何构筑演讲高潮呢？首先，要注重思想感情的升华。通过对所举事例的准确的阐释分析，演讲者的思想倾向逐渐明朗，听众也能逐渐领会演讲者的思想观点，并有可能与演讲者的思想感情产生共鸣，从而构筑高潮。其次，要注意语言的锤炼。使用排比、反问等句式增加气势，运用比喻排比等修辞手法妙语连珠，也可借助名言警句把思想揭示得更深刻。同时，语言的富于变化，时而严峻论理，时而轻松谈笑，时而慷慨激昂，时而诙谐幽默，都会使观众情绪起伏，掀起一个个高潮。再次，要注意肢体语言及情绪的感染。演讲者可以运用充满感情的语言、自然得体的动作、真挚热烈的情感，为听众创造一个真切动人的意境而达到高潮。

3. 结尾要干脆利落，简洁有力

演讲稿的结尾是演讲稿有机的组成部分。演讲稿的成功，结尾很关键。如果演讲稿设计与安排的开头和主体部分很精彩，再加上一个耐人寻味的结尾，整个演讲就如同锦上添花，会给观众带来一种精神上的愉快和满足。好的结尾能揭示题旨，加深认识，给观众留下完整深刻的印象；能收拢全篇，统一完整，使通篇浑然一体；能鼓起激情，促人深思，耐人寻味，能让听众在反复回味中受到教育和启发。

演讲稿的结尾，是用最有力量的语言，在一个最短的时刻内，抓住听众，使其领会到全篇的完整意义。

演讲的结尾可以分为四种：

（1）总结概括——让听众获得一个整体印象。

（2）首尾呼应——有头有尾，融会贯通。

（3）点题示意——让人豁然开朗。

（4）展望号召——激发热情，推向高潮。

四、演讲稿的写作要求

（一）了解对象，有的放矢

演讲稿是讲给人听的，因此写演讲稿首先要了解听众对象：了解他们的思想状况、文化程度、职业状况如何，了解他们所关心和迫切需要解决的问题是什么，等等。否则，不看对象，演讲稿写得再花工夫，说得再天花乱坠，听众也会感到索然无味，无动于衷，也就达不到宣传、鼓动、教育和欣赏的目的。

（二）观点鲜明，感情真挚

演讲稿观点鲜明，显示着演讲者对一种理性认识的肯定，显示着演讲者对客观事物见解的透辟程度，能给人以可信性和可靠感。演讲稿还要有真挚的感情，才能打动人、感染人，有鼓动性。因此，它要求在表达上注意感情色彩，把说理和抒情结合起来。既有冷静的分析，又有热情的鼓动；既有所怒，又有所喜；既有所憎，又有所爱。

（三）行文变化，富有波澜

构成演讲稿波澜的要素很多，有内容，有安排，也有听众的心理特征和认识事物的规律。如果能掌握听众的心理特征和认识事物的规律，恰当地选择材料，安排材料，也能使演讲在听众心里激起波澜。换句话说，演讲稿要写得有波澜，主要不是靠声调的高低，而是靠内容的有起有伏，有张有弛，有强调，有反复，有比较，有照应。

（四）语言流畅，深刻风趣

要把演讲者在头脑里构思的一切都写出来或说出来，让人们看得见、听得到，就必须借助语言这个交流思想的工具。因此，语言运用得好还是差，对写作演讲稿影响极大。要提高演讲稿的质量，不能不在语言的运用上下一番工夫。

写作演讲稿在语言运用上应注意以下五个问题：

（1）要口语化。“上口”、“入耳”这是对演讲语言的基本要求，也就是说，演讲的语言要口语化。演讲，说出来的是一连串声音，听众听到的也是一连串声音。听众能否听懂，既要看演讲者能否说得好，更要看演讲稿是否写得好。如果演讲稿不“上口”，那么演讲的内容再好，也不能使听众“入耳”，完全听懂。如在一次公安部门的演讲会上，一个公安战士讲到他在执行公务中被歹徒打瞎了一只眼睛，歹徒弹冠相庆说这下子他成了“独眼龙”，可是这位战士伤愈之后又重返第一线工作了。讲到这里，他拍了一下讲台，大声说：“我‘独眼龙’又回来了！”会场里的听众立即报以热烈的掌声。演讲稿的“口语”，不是日常的口头语言的复制，而是经过加工提炼的口头语言，要逻辑严密，语句通顺。由于演讲稿的语言是作者写出来的，受书面语言的束缚较大，因此就要冲破这种束缚，使演讲稿的语言口语化。为了做到这一点，写作演讲稿时，应把长句改成短句，把倒装句改成正装句，把单音词换成双音词，把听不明白的文言词语、成语改换或删去。演讲稿写完后，要念一念，听一听，看看是不是“上口”、“入耳”，如果不那么“上口”、“入耳”，就需要进一步修改。

（2）要通俗易懂。演讲要让听众听懂。如果使用的语言讲出来谁也听不懂，那么这篇演讲稿就失去了听众，因而也就失去了演讲的作用、意义和价值。为此，演讲稿的语言要力求做到通俗易懂。

（3）要生动感人。好的演讲稿，语言一定要生动。如果只是思想内容好，而语言干巴巴，那就算不上是一篇好的演讲稿。广为流传的恩格斯、列宁、斯大林的演讲，毛泽东的演讲，鲁迅的演讲，闻一多的演讲，都是既有丰富深刻的思想内容，又有生动感人的语言。语言大师老舍说得好：“我们的最好的思想，最深厚的感情，只能被最美妙的语言表达出来。若是表达不出，谁能知道那思想与感情怎样好呢？”（《人物、语言及其他》）由此可见，要写好演讲稿，只有语言的明白、通俗还不够，还要力求语言生动感人。怎样使语言生动感人呢？一是用形象化的语言，运用比喻、比拟、夸张等手法增强语言的形象色彩，把抽象化为具体，深奥讲得浅显，枯燥变成有趣。二是运用幽默、风趣的语言，增强演讲稿的表现力。这样，既能深化主题，又能使演讲的气氛轻松和谐；既可调整演讲的节奏，又可使听众消除疲劳。三是发挥语言音乐性的特点，注意声调的和谐和节奏的变化。

（4）要准确朴素。准确，是指演讲稿使用的语言能够确切地表现讲述的对象——事物和道理，揭示它们的本质及其相互关系。作者要做到这一点，首先，要对表达的对象熟悉了解，认识必须对头；其次，要做到概念明确，判断恰当，用词贴切，句子组织结构合理。朴素，是指用普普通通的语言，明晰、通畅地表达演讲的思想内容，而不刻意在形式上追求辞藻的华丽。如果过分地追求文辞的华美，就会弄巧成拙，失去朴素美的感染力。

五、例文（2008 年抗击凝冰雨雪演讲稿）

请记住他们……

2008 年初的这场雪灾必将长久地留在我们所有人的记忆当中。我们要记住很多人，记住与老百姓们心连心的党和国家领导人，记住不顾生命危险抢修电力的工人师傅，记住日夜坚守岗位的铁路工作人员，记住及时伸出援手的人民解放军，记住奔波在堵车路段的志愿者，记住冒着寒风赶往救灾一线的所有人。

看到总理的鞠躬，许多人流泪了

在火车站的候车大厅，在无数怀着急切心情的旅客中间，在被封堵的道路上，在一线救灾人员的身旁，在满载被困乘客的客车里，一个瘦小而坚定的身影总能让大家感到温暖，他就是国务院总理温家宝。在过去的几周时间里，温总理频繁在受灾最严重的几个地区奔波，他走到哪里，党和政府的关怀就被带到哪里，感动就被带到哪里，战胜暴风雪的信心和决心就被带到哪里。当看到总理向排队候车的旅客们致歉，当看到总理向殉职工人的家属鞠躬，许多人流泪了。在灾难面前大家不曾害怕，从未退却，但总理的一句话，一次真情流露却让我们再也无法抑制内心的情感。让我们记住这眼泪，记住总理的鞠躬，这将是我们面对一切灾难的力量！

三位烈士提醒我们，这是一场战争

当暴风雪刚刚来临时，我们也许认为这只是一次自然灾害，认为那些冒着危险爬上输电塔架的工人们只是在做着理所应当的工作。但是罗海文、罗长明、周景华三位烈士的牺牲告诉我们，这是一场战争，一场没有硝烟的战争。为了保证百姓和企业的用电，让大家过一个好年，无数电力工人勇往直前，不惧艰险。他们也一样有家庭，有等着他们平安回家的爱人、孩子。可是没有他们的付出，国家的利益，人民的利益就得不到保障。让我们记住暴风雪中这一座座耸立在高架铁塔上的丰碑，他们让你我无比安心，让国家无比安心。

志愿者的笑脸是最温暖的符号

长时间的封路困住了许多司机和乘客，毫无改善的天气状况让他们无法预知何时才能走出困局。可是，他们并不是独自在等待，沿途的村民自发当起了志愿者，为司机和乘客送来食物和药品。一杯热茶、一包干粮、一桶燃油，哪里有困难，哪里就有救援。爱心在冰冻的公路上传递着。志愿者的笑脸是这个冬天最温暖的符号。几个月以后，我们就将迎来期盼已久的奥运盛会，奥运会的成功举办离不开默默奉献的志愿者，我们相信，所有在抗击暴风雪中奉献着爱心的普通人都将是奥运志愿者们的榜样。让我们记住他们的笑脸，几个月后我们将在奥运赛场上重温奉献、重温爱心。

谁为银白色的大地抹上生命的颜色

尤记得'98抗洪时解放军用身体筑起的那座长城，更难忘一次次灾害袭来时必然出现的那抹绿色。无论是抗洪抗旱、抗震救灾，解放军战士总是在用行动践行着“军民鱼水情”。为了抗击暴风雪，截至1月31日18时，军队和武警部队累计出动兵力20.7万人次，组织民兵、预备役59.4万人次，主要承担工程抢险、生活保障、维护稳定、远程输送等任务。他们再一次为银白色的大地抹上生命的颜色。有着这样的一支军队是国之大幸、人民之大幸，解放军战士不愧为最可爱的人。让我们记住这一抹绿色，这是党和人民最可依赖的力量。

暴风雪中，他们在守望

是谁让我们及时了解灾情进展，是谁让我们记住一个个感人的故事，是谁让我们结识一位位抗灾英雄，是谁用辛勤的劳动换来社会大众的信心、换来爱心的传播。没错，就是无数在风雪中坚定守望的新闻工作者。是他们用忠实的笔和镜头记录下总理对百姓的深情，记录下电力工人感人的事迹，记录下志愿者的笑脸，记录下解放军矫健的身影……当你打开电视机，请别忘了一幅幅画面的背后始终站着的是记者、编导、摄像。新闻工作者是社会的守望着，在灾难来临时，他们的守望就能迅速转化为力量，激励着你我。让我们记住这些新闻工作者，有了他们，全国各地的人民才能真正团结在一起。在过去的这些天里，我们经历了太多的感动、太多的震撼。让我们将这些记忆好好珍藏，这是我们整个民族、整个国家的宝贵财富。不经历风雨，怎能见彩虹。一个民族的成长，一个国家的强大，一个社会的进步少不了要历经磨难，更少不了在战胜困难时收获的这些“财富”。暴风雪终有停止的那一天，我们的爱心和力量却会历久弥坚，永远伴随着中华民族伟大复兴的脚步！

第九章 学术论文

第一节 学术论文的特点及分类

一、学术论文的概念

国家标准局在《科学技术报告、学位论文和学术论文的编写格式》中指出：学术论文是某一学术课题在实验性、理论性或观测性上具有新的研究成果或创新见解和知识的科学记录；或是某种已知原理应用于实际取得新进展的科学总结，用以提供学术会议上宣读、交流或讨论；或学术刊物上发表；或做其他用途的书面文件。

简而言之，学术论文也称“论文”、“科学论文”，是在各种科学领域内专门探讨学术问题、反映研究成果的一种应用文体。它既是进行科学研究的一种手段，又是描述科研成果的一种工具。

它和一般文章不同，具有科学性、理论性、独创性、专业性的特点。

（一）科学性

科学性是学术论文的生命。科学性就是学术论文反映自然、社会、思维等客观规律的分科的知识体系。简言之，科学的本质就是正确反映客观规律。

（二）理论性

理论性是说学术论文通过摆事实、讲道理，以理服人，是用理论并站在理论的高度来回答现实问题。它不能停留在就事论事的水平上，而要就事论理，以理论的原则对事物进行具体分析、阐发。

（三）独创性

独创性就是在你研究的题目范围内，前人（或同时代人）没有接触过的，或者虽有接触，但语意未尽，你能在他的基础上进一步加以研究，提出新的观点、看法，且论据确凿言之成理。

（四）专业性

专业性是说它不像一般文章那样面向广大读者，而是具有明显的专业特征，其写作对象是有关专业人员，即“内行人”。

二、学术论文的性质和功用

首先，学术论文是用来探讨学术问题，进行学术研究的重要凭借。

撰写学术论文，决不仅仅是文字表达问题。一篇论文质量的高低，也决不仅仅取决于行文阶段的工作做得如何。可以说，完整的论文写作过程同整个科学研究过程是相重合、相一致的，论文写作的过程也就是科学研究的过程。论文题目的确定也就是研究课题的选择，论文内容的形成也即研究成果的取得，而研究成果的取得是离不开课题研究的。可以说，课题研究是论文写作过程中的关键环节，也是科学研究的主要步骤。论文的执笔写作，也不是研究成果的机械反映，而是研究成果的深化和整理，是科学研究的继续。正因为论文写作同科学研究是密不可分的，所以人们常把论文写作作为培养和考察一个人的科研能力的重要手段。

其次，学术论文是描述科学研究成果、传播学术信息的主要工具。

要使科学研究的社会效益得以实现，就必须凭借一定的外在形式将其反映出来。科学研究成果，特别是社会科学研究成果大都是以文献的形式反映出来的，而在所有的学术文献中，可以说，学术论文又是反映研究成果的最简便、最适用的工具。

从社会发展的角度来说，撰写学术论文，记录科研成果的意义主要就体现在知识积累和学术交流两个方面；从论文作者个人的角度来说，通过撰写、发表学术论文，把科学研究成果公诸于世，研究者个人的劳动成果才能得到社会的承认，也才能使科学研究的社会价值得以实现。同时，学术论文也是考察一个人的学术水平的依据。一个人的知识积累、思维能力状况等都能在学术论文中体现出来，看学术论文，最容易看出作者的实际学术水平的高低。在现实生活中，人们也确实常把学术论文作为衡量一个人的专业水平高低的标尺。可见，无论是从社会发展还是从研究者个人发展的角度来说，都不能忽视学术论文的写作。

第二节　学术论文的选题及写作程序

一、学术论文的选题

（一）选题的意义

（1）选题能够决定学术论文的价值和效用。

（2）选题可以规划文章的方向、角度和规模，弥补知识储备的不足。

（3）合适的选题可以保证写作的顺利进行，提高研究能力。

（二）选题的原则

（1）选择有科学价值的课题。

（2）选题要有现实意义。

（3）选题要大小适当，难易适度。

（三）选题的步骤

（1）广泛收集资料，了解本学科的基本情况。

（2）认真分析思考，找到研究的突破口。

①开辟新天地，做前人没有研究过的课题。

②拾遗补缺，研究大有发展及有补充余地的课题。

③在纷争中寻找出路，研究存在争议的课题。

（四）选题的方法

寻求科研中的空白点。

寻找学术的争鸣点。

寻找社会实践的需求点。

寻找知识的概括点。

寻找科学定论的矛盾点。

寻找个人的兴趣点。

寻找学科和专业的熟悉点。

（五）选题中应注意的问题

避免过于宽泛。

避免人云亦云，敢于涉猎新领域。

避免选题偏颇，与实践脱离。

注意论证角度。

不必追求冷门。

（六）文章的取向

1. 论文的定位

新与旧的选择。一般说来，传统课题已经成熟，但如能推陈出新，从旧领域发掘出新内容也可以。

注重历史进程的回溯性论文通常注重实证，对宏观探讨不足，史料重视，阶段划分也清楚，但文章整体性不强，缺少历史的流动感，应把自己的主线由历史串起。

现实性文章贵新。大众性时尚性文章如果没有独到之处，则无价值。具体讲，理论性阐述性不要平，要有分析和主体性，从多方面多角度论述。经验性论文忌粗，评述性文章忌散，要把材料串起，不罗列现象。

前瞻性文章要务实。要注重主体和现实国情，要有宏观视野，否则会流于琐碎，丧失自己，学术本身也会迷失。寻求新的知识增长点。注意交叉学科的知识。

论文内容要集中，题目不要太大；论述朝一个指向；论点论证论据在于精，不重复引证别人引证过的例子；结构安排上每个分段控制字数，直线结构时把重点放在主要目的上。

2. 写作者的自我定位

定位自己的身份——科学研究者，不要写官样文章，空，科学研究不够，百花齐放不够。文章发表要和作者身份联系起来。结论是总结得出的，以议论为主。

定位自己的学术水平。要客观估计论文读者的水平，自己优势的范围有限，优势的程度也有限。读者水平与自己差不多，避免出现常识性废话，如，追根溯源，铺陈背景，唠叨，题外的不必解释，不要长辫子、大帽子、碎嘴子，不要重复众所周知的知识，喧宾夺主。

定位自己的地位。遵守刊物有关规定，内容要按约稿的具体要求。不要用尖刻的讽刺词语。

3. 文章内容定位

重视基础理论与体系结构的创新，扩大研究领域，深化研究内容。

重视历史研究与现实研究结合，突出现实问题研究。

重视同世界接轨，既要有中国特色，又要与世界融为一体。

重视理论与实践的结合，理论要接近实践，指导实践，融于实践。

力求争鸣和创新。

强调务实，扎扎实实做学问，不要赶时髦，注重个人学术思想建立，要使自己的研究有一定的特色和风格。

4. 初学写作者要防止两个极端

一为经验描述、工作报告式研究，某一系统的情况介绍，言之无物、偏颇浅显的经验介绍，毫无见解，作不出理论抽象和升华的文章是不值得写的。

二为空洞论述，浅入深出。大话空话连篇，缺乏充分证据。对于高深的学问应用通俗易懂的语言表达，即所谓的深入浅出，为学人普遍提倡。而对于本来就浅显的知识，普通的操作技术，为显示其所谓丰富内涵、深奥哲理而旁征博引，语言艰涩，令人难以卒读，即所谓的浅入深出。盲目媚外，或故意引用几百年前哲人的语言，蹈空而论，晦涩难懂，不知所云。

二、撰写学术论文的基本方法与步骤

（一）精心捕捉课题、构建课题

（1）课题要新，且能体现自己最有体验或最有修炼的东西；

（2）课题应是当前理论或实践中急需解决而又尚未解决的问题；

（3）课题宜小不宜大，宜窄不宜宽和泛；

（4）课题的构词要精练精彩，主题突出，点题到位，又具有吸引力；

（5）课题要有理论支撑。

（二）开展课题研究工作——素材阶段

（1）研究与课题有关的背景（生活背景、生产背景、教育背景、社会背景以及国际背景等）以及课题的支撑理论，确立课题的研究方向或要解决的具体问题，构思研究方案，起草研究大纲；

（2）选择研究方法（问卷调查法、实验法、文献法、演译法、探究法、归纳法等），设计研究工具；

（3）开展研究工作，收集并积累有关的信息和资料。

（三）研究、处理有关信息和资料，开展结题研究工作——总结阶段

（1）分析有关信息和资料，从中找出规律或共性，进行归纳总结或推理，得出结论性材料；

（2）处理并利用有关信息或资料，作为课题可利用的信息或有价值的资料，加以运用或发挥；

（3）撰写总结性报告或论文，并设计出有关的图表或图纸以及说明书。

第三节　学术论文的写作

一、学术论文的基本格式

学术论文一般由前置部分、主体部分、附录部分、结尾部分组成，最基本的有十项：题名、作者及所在单位、摘要、关键词、引言、正文、结论、致谢、参考文献、附录。

（一）题名

题名是一篇论文的总题目，是论文内容的高度概括，是论文精髓的集中表现。它以最简洁的词语反映论文中重要的特定内容的逻辑组合，让人一看题名就能清楚地了解到论文的主旨和中心内容。题名应醒目、精练、新颖。题名往往能决定读者是否阅读其全文。选择题名时应注意：

词语恰当，以适度的词语，恰如其分地表述文章的主要内容。

词语简明醒目，用词简洁、明了，避免用烦琐、长的形容词和不必要的虚词，选用本学科领域中最易概括，词义单一、通俗易懂，便于记忆和引用的、规范的术语。

准确无误地表达论文的中心内容，题名应使读者理解到文章的主题思想、主要观点和主要结论，是对论文重要内容的高度概括，避免使用含义笼统及过于一般化的词语。

字数适宜，中文标题一般不宜超过 20 个汉字，英文标题应与中文标题含义一致，一般以不超过 10 个实词为宜。

如需对题名加以补充，应采用副标题，一般是说明论文写作的原因、内容和范围。

（二）署名

给论文署名，不仅是对作者的尊重和应有的荣誉，而且表示文责自负。它位于题名之下，独占一行正中的位置，在另一行正中位置标明作者单位、地址和邮政编码。

（三）摘要

摘要是全文的高度浓缩，是文章内容缩略而准确的表达形式。不加评论与自我评价，不分段，一般不摘公式、方程式。一般要求英文实词不超过 250 个，中文字数一般在 200 ~ 300 个。

摘要的特点：忠于原文的传真性，限制字数的浓缩性，传递新观点、新理论、新技术的情报性，检索信息的筛选性和系统性。

摘要的内容：

目的——主要指成果研究、研制、调查等的前提，研究的目的和任务，所涉及的主题范围。若文献题名体现了研究的目的，摘要中的此项内容可省掉。

方法——主要指论文所用原理、理论、条件、对象、材料和工艺、结构、手段和程序、论点和论据等。

结果——指研究、开发、调研活动得到的新发现、新理论、新方法和新数据。把摘录的重点放在与前人研究成果不同的、使用价值更高的发现上面。

结论——指结果分析、结果分析比较、结果的评价和结果应用。

常见的行文格式：

采用第三人称，如：用……（方法）对什么问题进行了研究（实验、探讨、分析）。有什么主要发现、观点和与众不同的创建（结果、结论）。

（四）关键词

表达论文主要概念的规范化语言，是那些出现在论文标题（篇名、文题、层次标题）以及摘要、正文中，能表现论文主题内容具有实质意义的规范的、关键性的、可作为检索入口用的词语。一般以 3 ~ 8 个为宜。不考虑文法上的结构，不一定表达完整的意思，仅将几个词简单地组合在一起，用分号隔开。

（五）分类号

通常指《中国图书馆分类法》或《中国图书资料分类法》中的分类号，是分类语言的文字表现。

（六）正文

由绪论、本论、结论三段式组成。

绪论又称引言，简要说明研究工作的目的意义等，起引出本论的作用，置于本论前，不能脱离本论而单独存在。

本论是论文的核心部分，详细阐述研究成果，用有关理论进行推导、分析和周密的逻辑论证，提出新的、独创性的意见。

结论是对本论论点的强调，是对论文最终的和总体的高度总结，是本论的最终的必然逻辑发展，也是整篇论文的归宿和作者认识上的升华。

对正文的总的要求是：实事求是，客观真切，准确完备，合乎逻辑，层次分明，简练可读。

写好正文须注意的三点：一是要有资料和数据；二是要有概念、判断、推理、证明；三是要形成自己的观点，有独到的见解，用观点统帅材料，用材料阐明观点，做到材料和观点的有机统一。

（七）引文和附注

学术论文总是要援引经典文献或他人著作和文章中的材料、言论、观点的，所以总有许多引文和附注。文本中引用他人著作或文章中的文字，主要有两种格式：

段中引文。所引的文字夹在行文段落之间。段中引文也有两种方式,一种是引用原文,用引号加以表示;另一种是引用原意,属于概括引用,一般不加引号,而用冒号提示。

提行引文。所引原文独立成段。提行引文也有两种方式，一种是全部引文左边缩进两格，首行再空两格；另一种是左右都空两格，首行再空两格。为了醒目，加以突出强调，引文上下和正文各空一行。如果正文采用宋体的话，引文就应该采用仿体，以示区别。由于提行引文格式上十分明显，一般不加引号。

为了增强引文的说服力，要用注释的形式标明引文的出处。它一般包括：作者或译者、书名或篇名、发表的刊物名、出版社、发表和出版时间、引文所在页码。

（八）参考文献

在学术论文后一般应列出参考文献（表），其目的有三，即：①为了能反映出真实的科学依据；②为了体现严肃的科学态度，分清是自己的观点或成果还是别人的观点或成果；③为了对前人的科学成果表示尊重，同时也是为了指明引用资料出处，便于检索。它一般单独起页，并在页面正上方标明“参考文献”。

（九）致谢

致谢语句可以放在正文后，体现对下列方面致谢：国家科学基金，资助研究工作的奖学金基金，合作单位，资助和支持的企业、组织或个人；协助完成研究工作和提供便利条件的组织或个人；在研究工作中提出建议和提供帮助的人；给予转载和引用权的资料、图片、文献、研究思想和设想的所有者；其他应感谢的组织和人。

二、撰写学术论文的注意事项

（一）论文选题要考虑自己的主客观条件

在选择论题的时候，一定要考虑自己的主客观条件。所谓主观条件，就是指自己在论题的专业内容范围内，有没有浓厚的兴趣，以及一定的基础和积累，能不能有条理、有层次地加以展开和发挥。所谓客观条件，是指是否具有与论题有关的充分资料，即相关的文章和参考书。如果单凭自己的兴趣去选题，在论文构思和执笔时，就有可能文思枯竭、寸步难行。

（二）要有自己的见解和独创性

一篇学术论文如果没有自己的见解和独创性，它就失去了存在的价值和意义。有人完全是从教材上照搬观点和例子，那不等于是在抄书或记笔记吗？至少大家应该对某些学术观点进行深入的阐述和发挥。

（三）论文的内容尽量贴近现实

这是论文是否具有现实价值的一个重要因素。如果有可能的话，大家可以联系自己所从事的专业和实际工作，这样论文更会有现实的意义和实际的价值。学术论文如果离开了现实的需要，就会失去它存在的生命价值。

（四）论文的书写及格式要规范化

论文的书写及格式的规范化，可以增强论文的审美价值和阅读效果，这都是学术论文内容表达的需要。

第四节 毕业论文

一、毕业论文的概念

毕业论文是高等学校应届毕业生总结性的独立作业，是学生运用在校学习的基本知识和基础理论，去分析、解决一两个实际问题的实践锻炼过程，也是学生在校学习期间学习成果的综合性总结，是整个教学活动中不可缺少的重要环节。撰写毕业论文对于培养学生初步的科学研究能力，提高其综合运用所学知识分析问题、解决问题的能力有着重要意义。调查报告、工作总结及文学作品等各类非学术文体的文章不能作为毕业论文提出。

毕业论文从文体上看，归属于议论文中学术论文的种类。所谓议论文，是一种证明自己观点正确的文章，包括政论、文论、杂论在内，一切证明事理的文章均为议论文，或说理、或评论、或辩驳、或疏证，以达到明辨是非、解除疑惑、综陈大义、驳斥谬误等目的。

毕业论文就其内容来讲，一种是解决学科中的某一问题的，用自己的研究成果加以回答；一种是只提出学科中某一问题，综合别人已有的结论，指明进一步探讨的方向；再一种是对所提出的学科中的某一问题，用自己的成果，给予部分的回答。毕业论文注重对客观事物作理性分析，指出其本质，提出个人的学术见解和解决某一问题的方法与意见。

毕业论文就其形式来讲，具有议论文所共有的一般属性特征，即论点、论据、论证，这是文章的三大要素。文章主要以逻辑思维的方式作为展开的依据，强调在事实的基础上，展示严谨的推理过程，得出令人信服的科学结论。

二、撰写毕业论文的目的和意义

撰写毕业论文一方面是对学生的知识和能力的全面考核，另一方面是对学生进行科学研究基本功的训练，培养学生综合运用所学知识独立地分析问题和解决问题的能力。毕业论文是检验学生学习成果的重要方法，也是提高教学质量的重要环节。从论文的质量上能较清楚地反映学生学习知识的状况，对教学工作有极大的参考价值，是教学反馈的重要手段。

三、毕业论文的选题

毕业论文的选题应以学生所学专业课的内容为主，而不应脱离专业范围。撰写毕业论文既是一项科研活动，同时也是学习过程的一个步骤。大学生撰写毕业论文不仅是为了传播学术信息，推进学科的发展，更重要的目的还在于梳理、总结学习成果，反映学生对本门学科的基础理论及其他专门知识的掌握程度，如果选题脱离专业范围，就难以达到预期的目的。此外，选题还应鼓励学术创新，避免选择已经完全得到解决的常识性问题；鼓励选择同国家的建设与发展密切相关的现实问题，鼓励学生解决实际问题。

四、毕业论文的写作

一份完整、规范的毕业论文应当包括以下项目。

（一）封面

封面既可以提供有关信息，又可以起到保护作用。

封面所登载的内容主要有：

1. 分类号

分类号要在封面的左上角标注，一般应注明《中国图书资料分类法》的类号，同时也应尽可能注明《国际十进制分类法 UDC》的类号。

2. 本单位编号

一般标注在封面的右上角。

3. 密级

一般标注在封面的右上角，如果论文可公开发表，没有保密要求，就不需要标注密级。

4. 标题

标题要用大字号标于显著位置。

5. 责任者

责任者包括论文作者、指导教师、答辩委员会主席、评阅人及学位授予单位。个人责任者的职务、职称、所在单位名称及其地址，应当一并注明；责任者如为单位或集体，应当写明全称和地址。

6. 申请学位级别

学位主要分学士、硕士、博士三级，作者所申请的是哪一级学位，要标注清楚。

7. 专业名称

专业名称是指论文作者主修专业的名称。

8. 完成日期

主要包括论文提交日期、答辩日期和学位授予日期。

9. 印装日期

（二）衬页

封面之后和封底之前各有一张衬页。

（三）摘要

摘要是论文的内容不加注释和评论的简短陈述。摘要应当具有客观性、概括性和简明性。

（四）关键词

关键词是从论文中选取出来用以标示论文主要内容的名词性术语。

一篇论文应有 3 ~ 8 个关键词，以显著的字符另起一行，排在摘要的左下方。

（五）目录

由于毕业论文篇幅较长，所以一般要设目录一项。

（六）正文

正文一般包括绪论、本论和结论三个部分。

毕业论文的内容和结构要比交流论文复杂，为使文章的脉络更为清晰，毕业论文的主体部分大都有章节之分，而且要尽可能加上小标题，标示各个部分的内容要点。

（七）致谢

不是毕业论文的必备项目。

（八）参考文献目录

参考文献目录是评定论文作者的研究状况及钻研程度的一个重要依据。由于毕业论文的篇幅长、容量大，用作参考的文献多，所以毕业论文所列的参考文献的数目要多于交流论文。

（九）附录

不是毕业论文的必备项目。

以上项目有的是毕业论文的必备项目，有的是可供选择使用的项目。

五、毕业论文的写作要求

（1）坚持理论联系实际的原则。

（2）立论要科学，观点要创新。

（3）论据要翔实，论证要严密。

参考文献

[1] 朱东润. 中国历代文学作品选[M]. 上海:上海古籍出版社,1996.
[2] 徐中玉,齐森华. 大学语文[M]. 上海:华东师范大学出版社,2007.
[3] 李佐丰. 古文精选[M]. 北京:金盾出版社,2003.
[4] 萧涤非. 唐诗鉴赏辞典[M]. 上海:上海辞书出版社,2004.
[5] 唐圭璋,周汝昌,等. 唐宋词鉴赏辞典(唐·五代·北宋)[M]. 上海:上海辞书出版社,2004.
[6] 唐圭璋,周汝昌,等. 唐宋词鉴赏辞典(南宋·辽·金)[M]. 上海:上海辞书出版社,2004.
[7] 臧晋叔. 元曲选[M]. 北京:中华书局,1979.
[8] 王实甫. 西厢记[M]. 西安:陕西师范大学出版社,2009.
[9] 张万起,刘尚慈. 世说新语[M]. 北京:中华书局,1998.
[10] 曹雪芹,无名氏. 红楼梦[M]. 北京:人民文学出版社,1982.
[11] 罗贯中. 三国演义[M]. 北京:人民文学出版社,1953.
[12] 林文和. 文学鉴赏导读[M]. 北京:人民文学出版社,2004.
[13] 河南师范大学中文系现当代文学教研室. 中国现代文学作品选 [M]. 上、下册. 新乡:河南师范大学印刷厂,1995.
[14] 十一院校编写组. 当代中国文学名作选读[M]. 北京:光明日报出版社,1995.
[15] 席慕容. 席慕容经典作品集[M]. 南宁:广西人民出版社,2002.
[16] 诗刊社. 世界抒情诗选[M]. 沈阳:春风文艺出版社,1984.
[17] 鲁迅. 鲁迅文集[M]. 北京:九州出版社,2005.
[18] 郁达夫. 郁达夫精选集[M]. 北京:北京燕山出版社,2006.
[19] 沈从文. 边城[M]. 北京:人民文学出版社,2003.
[20] 钱钟书. 围城[M]. 北京:人民文学出版社,1991.
[21] 张爱玲. 张爱玲文集[M]. 四卷本. 合肥:安徽文艺出版社,1992.
[22] 金庸. 金庸作品集[M]. 36 册. 广州:广州出版社,2006.
[23] 王安忆. 长恨歌[M]. 北京:人民文学出版社,2004.
[24] 余华. 活着[M]. 海口:南海出版公司,2002.
[25] 刘震云. 一地鸡毛[M]. 武汉:长江文艺出版社,2007.
[26] 朱维之. 外国文学史(欧美卷)[M]. 天津:南开大学出版社,2009.
[27] 埃斯库罗斯,等. 古希腊戏剧选[M]. 罗念生,等译. 北京:人民文学出版社,2008.
[28] 莎士比亚. 莎士比亚全集[M]. 朱生豪,译. 北京:人民文学出版社,2010.
[29] 歌德. 浮士德[M]. 绿原,译. 北京:人民文学出版社,1994.
[30] 夏洛蒂·勃朗特. 简·爱[M]. 祝庆英,译. 上海:上海译文出版社,2001.
[31] 海明威. 老人与海[M]. 吴劳,译. 上海:上海译文出版社,2006.
[32] 川端康成. 雪国 古都 千只鹤[M]. 叶渭渠,唐月梅,译. 南京:凤凰出版传媒集团,译林出版社,1996.
[33] 董小玉,刘海涛. 现代写作教程[M]. 北京:高等教育出版社,2010.
[34] 陈子典. 应用文写作[M]. 北京:北京师范大学出版社,2007.
[35] 肖东发. 学位论文写作与学术规范[M]. 北京:北京大学出版社,2009.
[36] 耿云巧. 现代应用文写作[M]. 北京:清华大学出版社,2007.